ACRO
POLIS
衛城
出版

ACRO
POLIS
衛城
出版

李維史陀

實驗室裡的詩人

Claude Lévi-Strauss

The Poet in the Laboratory

Patrick Wicken
派翠克・威肯

梁永安 譯

目次

推薦序

在野性智慧的十字路口

今福龍太／東京外國語大學人類學教授

李維史陀首度訪日的第一場演講假東京的朝日廳舉行，在座大約有七百個忠實聽眾。大家對這位「結構主義」大師滿懷期待，但到頭來卻發現自己的趕時髦心態膚淺而不可取。這當然不是因為演講內容不夠水準，真正讓聽眾（包括我本人）愣住的，是李維史陀提了一個我們從未想過也沒有料到他會談的問題：人類學家的道德責任。演講中，他痛斥人類學家一直在全球各地推動一種知識恐怖主義，一直打著維護「部落權利」和「文化尊嚴」的幌子以遂一己的學術野心。李維史陀認為，在這種恐怖主義肆虐的過程中，人類學已深受斲傷，也因為這樣，任何人類學家都有責任竭盡所能去贖罪，想辦法幫助傳統社會重建自主性。任何人類學家都應該感到某種「虧欠」，並以此做為他們學術實踐的精神／道德基礎。另外，人類學家的全部著作也必須做為另類的人文主義的未來資糧，必須超越西方文明的爭勝心態和自毀性格所製造的死胡同。這是他的結語。我記得，在那一刻，在這場九十分鐘演講的最後，全場一片鴉雀無聲，人人都陷入深深的反省和嚴厲的自我批判。

那是一九七七年的事，站在講臺上的是西方哲學和人類學的一位巨人。事前，我們都以為他會暢談由他一手打造的「結構主義」的最前沿發展。距此僅僅幾年前，他的學術豐碑（四大冊的《神話學》）才剛剛出齊，而對大部分讀者而言，這套著作深奧難懂，近乎天書。換言之，在廣大讀者心中，李維史陀一直是個傳奇性人物，充滿神祕感。有鑑於此，那次演講真正讓人震撼之處，是它讓我們看到一個有血有肉的人，這個人極其淵博，但又充滿熱情和道德關懷，句句都是發抒自「人性」的最核心（「人性」是李維史陀終其一生都不倦思索的課題）。所以，出現在我們面前的是一個活生生的人，高度感性且富於想像力，既是理論家又是詩人，相信文字的力量不只來自邏輯嚴謹性，還是來自詩性創意和倫理關懷。這就是一九七七年發生在思想西半球另一端的事情：我們發現了李維史陀是個剛猛的道德哲學家和富於想像力的詩人。

《李維史陀：實驗室裡的詩人》有著同一種啟明效果，能把一個被迷霧繚繞的人物還原為一個活生生的人——一個在「人類學」實驗室裡工作的倫理詩人。作者威肯鮮明地勾勒出一個二十世紀思想巨人的多方多面，把他還原為一個有血有肉的人。這書也讓我們第一次有機會以鳥瞰的角度和整合的方式把李維史陀一百零一歲的人生盡收眼底。書中，威肯追述了李維史陀善感的早年歲月、他在巴西雨林考察的經過、他在波希米亞都市紐約的流寓歲月，以及他回到巴黎後跟存在主義者與其他結構主義者的交鋒。跳脫各種意識形態與學院成見，這部傳記直截了當、立論公允、包羅詳盡而又注意細節，讓讀者可以把李維史陀重組為一個質地飽滿的三度空間人物。

李維史陀思想始終關注的一個問題是勞作（labor）的「詩學」——不管這勞作是真實意義還是神話意義的。毫無疑問，他的其中一個主要學術關懷是人類思維的「修補術」（bricolage），而這種思維方式充分體現在美洲印第安人的神話。換言之，人類心靈有著一種詩性勞作（poetic labor）的傾向，會對意義做出野性的、結構化的加工。然而，還有另一個重要的「勞作」領域讓晚年的李維史陀深感興味：傳統日本匠人的世界。在一九七七至八八年五次訪問日本期間，李維史陀從北至南廣泛遊歷了日本列島，甚至造訪過關西和九州的小村子和沖繩的偏遠小島，主要目的是拜會一些能工巧匠：織布工、染色師傅、製陶匠、鐵匠、金匠、漆器匠、細木匠、釀清酒師、和菓子師傅、木偶戲表演師和傳統樂器樂師。這些會晤帶給他極深刻的印象，讓他深信日本和東方看待「勞作」的態度非常不同於一般。西方人把勞作看成是人對惰性物料的任意形塑，但日本人卻把勞作看成是人與自然親密關係的一種具體表現形式。他在身後才出版的一部日本文化論叢裡說過：「日本人的藝術長才表現在把詩意（poetic value）加入日常勞作。」[1]「詩意」一詞毫無疑問是源自古希臘的 poïesis 概念，而

poïesis意指「藝術地製作、創造」。做為一個詩人，李維史陀對日用尋常的手工藝勞作充滿崇敬——這一點，威肯在本書裡有詳盡的見證。

李維史陀的思想家身影極其偉岸，然而，他的思考方式和表達方式卻總是調子平靜、態度謙遜並帶著平靜的悲觀情緒。他的聲音總是伴隨著另一種謙虛的聲音，又特別是伴隨著野性思維的神話詩律（mythological prosody）。他在《神話學》系列裡從不用權威十足的「我」來自稱，又讓自己像個隱士似的，結廬在美洲印第安人集體智慧的對位運思（contrapuntal reasoning）裡（威肯在〈神話的星雲〉一章有漂亮闡述）。在《憂鬱的熱帶》，李維史陀曾以冷對千夫指的姿態強調，他擁有的是一種新石器時代的智力（a Neolithic kind of intelligence）：「就像土著所放的一把森林野火那樣，它有時會讓一片未被探索過的地方大放光明。它也許會在那兒加以施肥，再採摘若干穀物，然後，它會繼續邁進，把焦黑一片的土地留在後頭。」就像他指出過的，人類學的實踐是由土地與人類的相互回饋與相互剝削這兩重關係所牽引。他的勞作風格和思考風格就像是新石器時代的粗放農業，不會絕對講究效率或講究理性，而是以漫遊、放獵和即興為特色：一種爐火純青的「修補術」。因為夠謙虛，所以李維史陀可以讓自己被人類的肆恣天性引領，而這種天性是西方科學和技術早已在不知不覺中失落的。

必須指出的是，《憂鬱的熱帶》的最後一章記述了李維史陀在印度次大陸所得到的最深沉哲學冥思。在新大陸密集研究過仍然保存著野性思維的巴西印第安人之後，他又去了（或說是不自覺地回到）充滿異國風情的舊大陸邊陲。不管是站在犍陀羅（Gandhara）古文明的遺址前面時，還是在吉大港山區（Chittagong hill）一座墨人（mogh）的村子駐足沉思之時，他都設法總結自己思想追尋之旅的意義，把他的認識論之旅的起點和終點連結起來。在南美洲的雨林裡，他觀察過一個最小型社會的意義產生過程。另一方面，他又在塔克希拉（Taxila）的佛教遺跡見證到一個自視為消失中符號系統的文明是如何徹底破滅。所以，如果說西印度（美洲印第安社會）曾讓他看過意義誕生的一刻，那東印度（印度次大陸）就讓他深信意義的終歸消亡和自我否認。就這樣，人類原生思維（primordial thinking）裡的「空無」（饒有深意的，這個字是《神話學》系列全文的最後一個字）便終於與文化滅絕帶來的真空會遇了。正是這種返本歸元，這種從線性時間觀念的覺醒，讓李維史陀最終可以擺脫西方文明的糾葛——這文明一事無成，只知拚命追逐權力和隨之而來的惰性，最終只能面對自己的自毀。

他對日本和東方那種全貌性／泛靈性（holistic/animistic）的生活和思考方式持續感到興趣，而這種興趣應該會在不久的未來受到認真重視。在李維史陀看來，對於解決人類在現代世界所面臨的災難性問題，日本和東方提供了一條無可取代的線索。世界已經忘了自己原有的均衡，正在被自己那種機械化複製的惰性力量逐漸摧毀。在晚年，李維史陀非常關注現在世界的種種問題，包括了文化多樣性、性、科技、全球經濟和「他者」等各種問題。一九八六年，他以「人類學家與現代世界難題面對面」為題[2]，在日本進行了三場連貫性的講演，表達了他對西方文化已經無以為繼的深信不疑。其實，早在《憂鬱的熱帶》中，李維史陀便已預言過這些問題的出現：「從人類開始呼吸開始進食的時候起，期間經過火的發現和使用，一直到目前的原子和熱核裝置被發明出來為止，除了從事生殖活動的時候以外，人類所做的一切，不就只是毫不在意地破壞數以億萬計的結構體，把它們支解分裂到無法重新整合的地步嗎？」這個解體過程產生了無限多的「熵」（entropy，一譯「能趨疲」），讓世界不斷趨近完全惰性不動的地步。出之以一種苦澀的幽默感，李維史陀建議把「人類學」（Anthropology）改稱「熵學」（entropology），但另一方面又想方設法超克現代文明的死胡同。

透過閱讀李維史陀且真誠地回應他的整個人生和思想，我們將會去到一條新的認知地平線，在該處，東方、西方和原住民的知識會交會在一起，以一種未知的語言對話。在這個歷史脫臼又重新接合的所在，「自然」和「文化」的觀念將會向我們顯示一個全新的星座，其所反映的是「五官的賦格曲」或「平均律天文學」（這兩個都是《神話學》的章名），是人類最深邃的音樂性／神話性智力，是由李維史陀的「詩性創制」（poïesis）工藝所創造。在這個「野性」知識的輻輳之處，我們將會與一個無與倫比的詩人（他靜靜坐在偉大觀念的實驗室裡）分享到一種創意驚人的人類願景。

1. Claude Lévi-Strauss. *L'autre face de la lune: Écrits sur le Japon.* Paris: Édition du Seuil, 2011.（中譯本：《月的另一面：一位人類學家的日本觀察》，行人文化實驗室）
2. Claude Lévi-Strauss. *L'anthropologie face aux problèmes du monde moderne.* Paris: Édition du Seuil, 2011

今福龍太

東京外國語大學國際學研究院人類學及倫理學教授，著有《荒野的羅馬式風格》（荒野のロマネスク）、《混血主義》（クレオール主義）、《野性的科技》（野性のテクノロジー）、《最小限的恩寵——歷史與希求》（ミニマ・グラシア——歴史と希求）、《群島—世界論》等書，他也是李維史陀《懷戀聖保羅》（*Saudades de São Paulo*）日文版的共同作者。最新著作為《李維史陀，夜晚與音樂》（レヴィ＝ストロース　夜と音楽），二〇一一年七月由東京みすず書房出版。

推薦序

李維史陀的超現實思維

林徐達／東華大學族群關係與文化學系助理教授

若是說「臺灣的青壯代人類學家是帶著《憂鬱的熱帶》進入田野的」——取代了過往英國皇家人類學會的《人類學的詢問與紀錄》——這句話並不為過。因為某種微妙的因素，我這一代臺灣人類學的學院經驗與李維史陀的學界氛圍有某種程度上的重疊巧合。這是一種對異地文化帶有無法說出的神祕吸引力、對於相對稀少的人類學論著的高度閱讀興趣，但最終卻因此經由認識而感到「這一切都是徒然」的沮喪：「為什麼我跑到這裡來？……人類學研究的本質到底是什麼？……經由一項令人驚奇的啞謎，我的探險生涯，並沒有向我展現一個新世界，反而是造成把我帶回原來的舊世界去的結果。」[1]這種悲愴式文字描述符合了當時戰後法國社會普遍的失望和幻滅，也與一九九〇年代臺灣學生運動的情緒契合共鳴。即便在今日，《憂鬱的熱帶》中帶來「慢燃的悲觀主義」的獨特書寫調性[2]，依然罕見地在人文素養與知性上，使閱讀者猶似自我投射般而獲得暫時的救贖。

從那句極具諷刺的開場白「我討厭旅行，我恨探險家」開始，旅行成為「頹圮古老文明的毀滅命運」的見證方式，自始之後李維史陀的思維就是超現實主義了。在《憂鬱的熱帶》裡，李維史陀筆下的旅行暗喻著逃避、矛盾，或是在追求土著面具這類野蠻風俗（到頭來卻成為機械化文明強勢介入後的犧牲者，最終頹敗而蕩然無存）。這使得旅行做為認識世界的中介，目睹了敗亡命運的真相，自身卻成就一項荒謬的弔詭：「把野蠻生活消滅掉還不滿足，甚至還不知野蠻生活已被消滅的事實，讀者大眾還覺得需要熱切地用歷史早已消滅掉的人和社會的影子來滿足歷史的懷舊的食人主義」。[3]

現代人類對於古代文明的認識從對它們的侵略開始，它們的歷史也從頹敗後才被我們書寫。這正是李維史陀的體認——我們所追求的古老文化氛圍成為一種複製現代文明的垃圾，我們成為雙重弱點的犧牲品，被看得見的部分折磨、被看不見的部分所譴責：「我受一種雙重的病態所困擾：我所看得到的一切都令我大起反感，同時我又一直不停地責怪自己沒有看到那麼多我應該看得見的現象。」[4]於是李維史陀面臨進退兩難的處境：將時間推回一世紀以前的古代旅行者，因此得以目睹原始部落的文化圖像，卻同時失去對於「古老文明即將失去」的反省能力和歷史意義；或是成為現代的旅行者，面對強勢文明所帶給的扭曲或置換，哀嘆消逝不存在的古代文明。無論如何，當下的李維史陀充其量都是一位失敗者。

結果是，田野工作者擠縮在自身現代文明與眼前殘敗景觀的窄縫之間，無論是在個人認知或是企圖尋求的原始意義上，都顯得破碎而對立。這幅超現實主義景象將意義予以懸滯之後，換得一項嚴苛的反諷——在當下，李維史陀不由自主地不斷哼奏著蕭邦的鋼琴曲，「這支曲子，經過一種我當時已深切意識到的辛酸嘲諷的扭曲，居然成為我所遺棄在背後的一切的具體象徵。」[5]這段在李維史陀腦中業已遭到變形篡改的曲調，持續盤繞數週之久，但令人意外的，曲調中的音符並未因此不具任何意義地淡出，卻透露出一項結構性訊息：「揉線打結的舉動變得愈來愈無法抽離開來，以致令人開始懷疑或許整個曲子就要崩潰……一旦最後一個音符被聽見，達致最後一個音符的前面所有的音符都被映照明白，具有新意義：那些前行的音符所在追尋的，再也不會被視為是隨意而為了，而是一種準備工作，替那個想像不到的結束方式做準備。」[6]於是，田野調查隊伍的停滯不前、原始文明的逝散、大量卻不相關的神話文本，或是腦中無止盡反覆的音符旋律，帶給李維史陀在解釋系統上的冒險，使得那些具有神祕主義的紋飾樣式或圖騰分類，透過一種超越理解力的抽象方式，自主地架構出一套關於野蠻人思維的核心原則。

如此一來，此一「在叢林中尋找野蠻人」的田野挫敗，搖身一變成為一項傑出的書寫隱喻。這使得李維史陀面對新舊文明的更迭時，採取了偏好後者的「新石器時代」修辭姿態：「如果我可以保有現在的智識，而用仙女棒讓我回到十九世紀的氛圍，我想我也會活得很好。」[7]事實上，李維史陀確實辦到了。在一九五五年出版的《憂鬱的熱帶》中，普魯斯特式的嗅覺感官做為李維史陀認識這個世界的第一途徑或是殘存的混合記憶：波多黎各是我和美國的第一次接觸；我第一次聞到溫暖的汽車油漆發出來的味道，第一次聞到冬青樹的味道[8]；在我的想像中，巴西的意思就是一大堆七扭八歪的棕櫚樹裡面藏著設計古怪的亭子和寺廟，我認為那裡的空氣充滿焚燒的香料所散發出來的氣味[9]；於此形成對照的，是港邊熱度過高的船隻其走道上所瀰漫著的強烈味道，海洋的味道，船上廚房煮東西的味道和新油漆味的混合[10]；幾個禮拜以來所習聞的大海味道似乎不再那麼自由到處流暢；那大海的味道好像碰到一座看不見的牆，被擋住不能流動，不能再吸引住旅行者的注意力。[11]在法國的文化感知和文哲氣質中，一如普魯斯特認出椴花茶裡浸過的瑪德萊娜味道，使得貢布雷的景色都因此從茶杯裡浮現出來一般，李維史陀對於自己與新大陸的遭逢經驗，也相似地在氣味的記憶中釋放或傾倒。

這種普魯斯特式的況味並非巧合。在一九五八年的《結構人類學》中，李維史陀明白寫道「tout mythe est une recherche du temps perdu」，將神話視為一種追憶過往的探求。[12]一九六二年《野性的思維》更是明顯：在最後一章〈時光重現〉（如果將沙特論戰那一獨立章節予以排除的話）名為Le Temps retrouvé，或是Time Regained等，大膽地挪用自《追憶逝水年華》裡最後一冊卷名，將一位人類學家對野蠻人的自發性思維，駛往普魯斯特的不經意回憶之中（mémoire involontaire）。人類學家波恩（James Boon）——那位當初在《咫尺天涯》對話尾聲裡，李維史陀口中「年輕的美國學者」——曾以比較文學的論述範式指稱，李維史陀的圖騰制度猶似普魯斯特不經意回憶的結構形式：「對普魯斯特而言，不經意回憶是一道進入自身隱喻體系的入口，藉以做為連結知覺與存有的基本現象；類似的，李維史陀的潛意識分類亦是藉由每一單獨知覺彼此互動溝通所形成之結構。」[13]這種不經意回憶，正如當初不由自主地被曲調纏繞腦中，超越了回憶者本身的主體意識和經驗上的意義，以一種班雅明所謂的「時光迴旋」(convolution of time）方式，做為一項關於記憶與遺忘彼此交織的自發性收集。就這種觀點看來，超現實主義的「不經意性」凸顯了李維史陀神話學的無意識原則和拼貼技法。

一九四〇年代早期，李維史陀在紐約與一群負有盛名的藝文界人士結識，其中包括恩斯特、布勒東、馬松和杜象等人；他與前者經常偕同前往一間猶似「阿里巴巴寶藏」一般的古董店尋找原始文物。[14]李維史陀在《寬闊的視野》中說明自己「無意中」採用超現實主義的想法：「藝術家恩斯特的作品……是一種潛藏在下意識中，那些保留下來源源不竭的意象所散發出來的。」[15]這類強調偶發性意義、巧合的接縫或是缺席的再現（一如《娜嘉》），正是超現實主義的核心主角。例如，布勒東在《瘋狂之愛》（一九三七）中——這位曾經出現在《憂鬱的熱帶》裡，被李維史陀描述為「身穿厚外套，常在所剩無幾的船艙空間裡踱來踱去的藍態」[16]——提倡一種不經意的接觸與溝通，藉以決定在物質與精神世界二者之間所產生的神祕交換法則。對李維史陀而言，這種不經意接觸下所捕獲的神祕交換法則，在離開心愛的野蠻人，並對曾經感到厭憎的探險告別之後，也許將發生在一位人類學家與一隻貓短暫的凝視之中。

將《憂鬱的熱帶》與《李維史陀：實驗室裡的詩人》視為一份交互閱讀的文本，如此的結論應是適切的：有別於其他學科將知識做為解決社會議題的應用論述（包括澄清主體立場和相當程度的自我表態），或是通過理論的鍊金術，使得這類議題得以更為純淨而聚焦核心，相較之下，人類學總是偏好異質的正當性，並且挑戰單一價值，因此使得它成為最具備對知識自身提出批判的學門。人類學的訓練讓我們在複雜化一份看似簡單，甚至枯燥乏味的原始思維過程中，證實曾經存在著有別於我們自身社會的文化邏輯，或是在光影變化萬千的蹤跡中，在各個漫遊者的匿聲觀察中，學習如何欣賞一個讓人捉摸不定的城市萬花筒形貌、色調和組合，那兒至少還保有一份令人感到無法立即處理的莫名激情——那其中所暗藏的神祕性質，或許正來自古典人類學式的浪漫主義。但這顯然不是一項討喜的學科任務，甚至有些孤注一擲：旅行所追求的浪漫式藏寶箱之中，可能既不存在熱帶的香料，並且當初那一有關「野蠻人」的反諷想像，用來策勵自己進入田野的動機，也已遭摧蝕。結果是，那個被現代文明所推倒的部落記憶，伴隨著強勢文明的侵噬歷史，或是塵封於圖書館的檔案櫃之中，只得以一種悲傷的辯證姿態證明曾經存在。

這致使人類學在本質上傾向懷舊的情結。懷舊的基礎點來自於對當下的不信任，也同時因此成為對抗現代文明的修辭武器。但矛盾的是，懷舊總是依附著刮目相看的進步成就而增強，這或許正是福樓拜所謂的「悲傷的滑稽帶有一種難以言喻的魅力」。因此，只要這個社會仍舊保有「追求發展」的意識形態教條，以及夜以繼日地持續傳遞現代文明的神話寓言——我們所追求的「進步」，正是波特萊爾所感到悲傷的改變——這個世界便永遠保持一種超現實主義風格：進步與落後、文明與野蠻、理性與神祕等並置。在這類看似因過度簡化而使得心智判斷陷入二分法的危機中，這種超現實主義式思維存在著一份相對開闊的陳述企圖：「一個白人原來也可以只是一個人」、「什麼都不可能，因此一切都可能」。[17]於是，當我們惱怒地譴責現代文明，以一種一生懸命的姿態表達抗議時，我們對於現代化所帶來更多論辯後的批判思考，以及因為這種因素而推進了人類學知識，反倒矛盾地感到狂喜、新生。或者我們可以這麼說，一種在悲觀氛圍中關於頹敗與荒誕所帶來反思的喜悅，而這正是《憂鬱的熱帶》疊加在我們這一代人類學家的複雜心情。

謝謝這本著作的作者以及譯者，做為一本側面的傳記式書寫，注記了許多令人喝采的遺漏細節——三段婚姻（這部分恐怕比起人類學家所投入的神祕部落來得更具謎團不解）、龐大考察隊的處境描述、《奧古斯都封神記》的劇情構思、晚期李維史陀對於學生運動令人感到失望的排斥態度、一九八〇年代法國思想界的凋零，相對襯托出李維史陀的「一人學派」、以輕航機俯瞰的方式做為生命中回顧波洛洛人的最後一瞥。這些看似不重要的環節，卻因此讓讀者更加貼近李維史陀的生命經驗，而最終在閱讀上獲得一份美好記憶——如果允許我仿效李維史陀挪取普魯斯特的回眸話語：「直到後來才瞭解這一記憶何以會讓我變得那麼高興」——因為《憂鬱的熱帶》裡一段關於日落的描述，讓我在未來的某一瞬間，不經意地回想起自己曾經航行在印度洋的赤道無風帶上，而不至於感到太過孤單。

二〇一一年十二月五日

---

1. 《憂鬱的熱帶》聯經中譯本，一九八九，頁五二六—七。
2. 本書頁二三三。
3. 《憂鬱的熱帶》中譯本頁三七。
4. 同上引頁四〇。
5. 同上引頁五二八。
6. 同上引頁五二九—三〇。
7. 《咫尺天涯》英譯本，一九九一〔一九八八〕，頁一八一；同時見《憂鬱的熱帶》中譯本頁五四。

8. 中譯本頁二八；同時見本書頁一五二。
9. 同上引頁四六；本書頁六二。
10. 同上引頁六六；本書頁六六。
11. 同上引頁八九。
12. 法文版，一九五八，頁二二五。
13. 波恩，一九七二，頁一七八—八四。
14. 《寬闊的視野》英譯本頁二六一；同時見《咫尺天涯》英譯本頁三三；本書頁一五八。
15. 英譯本頁二四三。
16. 中譯本頁一二；同時見本書頁一五一。
17. 《憂鬱的熱帶》中譯本頁一七九及三五六。

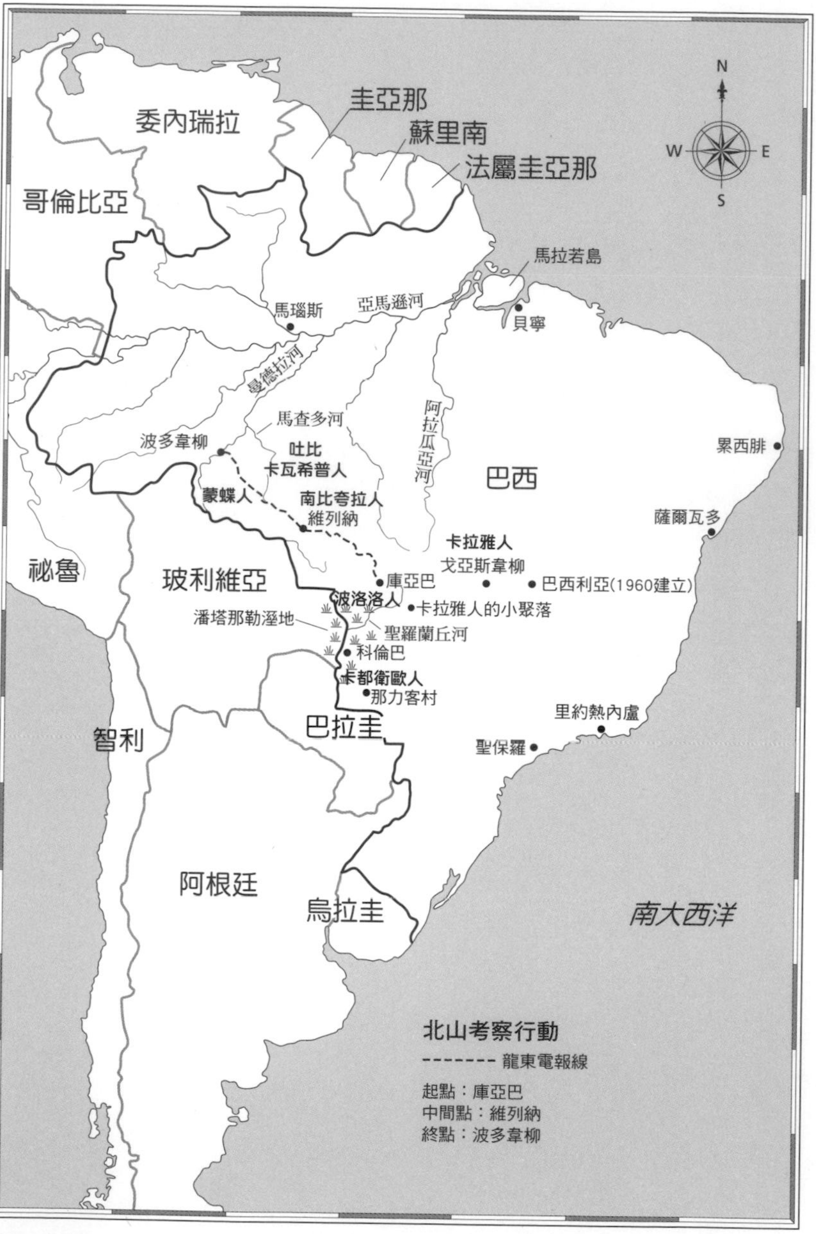
N
W
E
S
圭亞那
委內瑞拉
蘇里南
法屬圭亞那
哥倫比亞
馬拉若島
馬瑙斯
亞馬遜河
貝寧
曼德拉河
阿拉瓜亞河
馬查多河
波多韋柳
吐比
卡瓦希普人
累西腓
巴西
蒙蝶人
南比夸拉人
維列納
薩爾瓦多
卡拉雅人
戈亞斯韋柳
祕魯
玻利維亞
庫亞巴
巴西利亞(1960建立)
波洛洛人
卡拉雅人的小聚落
潘塔那勒溼地
聖羅蘭丘河
科倫巴
卡都衛歐人
那力客村
里約熱內盧
巴拉圭
智利
聖保羅
阿根廷
烏拉圭
南大西洋
北山考察行動
-------- 龍東電報線
起點：庫亞巴
中間點：維列納
終點：波多韋柳

緒言

有些人也許會想知道，我是不是自始至終都抱著一種堂吉訶德精神從事研究……著魔似地想要找出現在背後的過去。若是哪天竟有人願意費事去瞭解我的個性，我已提供了他鑰匙。

——李維史陀、葉希邦（Didier Eribon），《咫尺天涯：李維史陀對話錄》（*De près et de loin*），一九八八

一九三八年，三十歲生日的前夕，李維史陀人在巴西，率領著一支騾隊沿一條老舊破損的電報線緩緩前進。地處亞馬遜盆地的邊緣，這條電報線由一些歪斜的桿子、生鏽的電線和瓷殼接線器構成，逶迤穿過馬托格洛索州（Mato Grosso）西北部的崎嶇矮林地。李維史陀蓄著絡腮鬍，皮膚曬得黝黑，身穿粗布軍裝，頭戴殖民時代風格的遮陽帽，腳上一雙長筒皮

靴，要領導一支民族學考察隊前去研究南比夸拉人（Nambikwara）——這名稱籠統指涉在中央高地上零散分布的流浪族群，他們除了穿戴鼻羽（nose feather）*、手鐲和腰巾以外幾乎一絲不掛。沿著電報線再往前走，矮林地會被茂密叢林取代，考察隊得改乘獨木舟邁進，途中會遇到其他在雨林空地紮營的族群：他們是阿拉瓦克人（Arawak）、加勒比人（Carib）和吐比人（Tupi）的碩果僅存者。李維史陀的團隊還有另外三位專家，包括他第一任太太蒂娜（Dina）、熱帶醫學專家維拉爾（Jean Vellard）和巴西人類學家法利亞（Luiz de Castro Faria）。這次任務日後將會名聞遐邇並引起諸多爭議。

李維史陀從田野拍回來的照片哪怕在當日已顯得過時。在這些照片中，我們看見馱畜負著板條箱穿過荒野，看見戴遮陽帽的白人男性與幾乎全裸的土著混處一起，看見考察隊以珠子和布料換取弓箭和儀式器物，看見滿載東西的獨木舟和叢林裡的帳棚營地。還有一張照片呈現的是一條剝了皮的七公尺長大蟒蛇，牠剛產下的十幾條幼蛇還活著，在泥土地上蠕蠕挪動。李維史陀回憶說：「射殺這種蛇很費事，因為身體的傷奈何不了牠們，必須擊中頭部才有用。」[1]這些照片在在讓人聯想起十九世紀那種大型的科學考察。

它們還在另一個方面顯得與時代脫節。受波蘭人類學家馬凌諾斯基（Bronislaw Malinowski）的著名田野工作影響（其「田野」位於新幾內亞外海的初步蘭群島〔Trobriand Islands〕），民族學家已習慣長時間待在同一地點，孤身一人從事觀察研究。所以，在一九三〇年代，田野照片裡更可能出現的是搭在部落附近的一頂孤單帳棚，或雜亂擺放著筆記本的一張擱板桌，又或是裝著乾糧的一個帆布背包。這時的人類學界傾向於相信，人類學家需要經年累月融入所研究族群的生活方式，才可望獲得有價值的發現。但李維史陀的團隊卻不是這個樣子，他們一次走過了一千多公里的路，極少在同一地點停留超過幾星期。所以，他們的考察形態可說相當過時，差不多是同類型探險的最後一宗。

考察隊在近一九三八年底分道揚鑣：法利亞選擇取道亞馬遜河回到里約熱內盧，維拉爾和李維史陀則乘坐一艘小蒸汽輪船溯曼德拉河（Maderia river）而上，然後登上一架水陸兩用飛機前往玻利維亞的科恰班巴（Cochabamba）。[2]李維史陀從這趟考察得來的充其量只能說是浮光掠影的印象。他的田野筆記（現藏巴黎國家圖書館）給人一種欠缺條理的感覺，內容雜七雜八，既記載著土著族群的基本詞彙、讓人眼花撩亂的親屬關係圖表、編織技巧的插圖，以及動物、人臉和矛的速寫。筆記本裡還記載著維持一支探險隊所需的大量物資的明細。

這趟旅程，加上早前他在巴西更南部對卡都衛歐人（Caduveo）和波洛洛人（Bororo）所做的短暫研究，構成了李維史陀人類學家事業的肇始。李維史陀短暫地考察了六個星星點點分布於巴西內陸的土著文化，而非深入分析單一個族群。站在日後回顧，我們會發現他的這

* 譯注：橫穿過鼻中膈的一根鳥羽，用作裝飾。

個事業起點是適切的。這是因為，李維史陀透過各種民族誌小片段（如卡都衛歐老婦人臉上的繁複花紋、蒙蝶人〔Mundé〕的圓拱頂小屋和南比夸拉人的儀式性笛歌）所建構出來的作品體系，並不是要顯示某個族群的文化有多麼精巧複雜，而是要探索所有人類文化的共同特徵。

所以，李維史陀的巴西考察之旅雖深具十九世紀色彩，到頭來卻成了最前衛人文學作品的附庸。在十五年後寫成的回憶錄《憂鬱的熱帶》（*Tristes Tropiques*, 1955）裡，李維史陀憶述了這趟旅程的經過，讓當時崛起中的人類學變得聲名大噪。憑著田野筆記裡的各種一鱗半爪，他鑲嵌出二十世紀中葉的人類學家的自我圖像：所謂的人類學家，乃是一個深思的先行者，致力於擺脫西方文化的局限去發現另一個世界和另一種生存方式；他也是一個如受天譴的外鄉人，注定要在文化的邊陲漫遊，飽受慢性的無根之感所斲傷[3]，永遠不得安寧。與此同時，《憂鬱的熱帶》又是一種新方法的展示。透過這方法，李維史陀把他的所見所聞（南比夸拉人各式各樣的族群、他們在各電報站四周的流浪生活、他們向傳教士討來的破銅爛鐵、勉可維生的森林聚落、炎熱的氣候、灰塵蔽天的環境）結晶為一個高度風格化的原住民文化意象。這方法稱為結構主義，其任務是發掘出隱藏在所有文化底下的對稱性。在《憂鬱的熱帶》中，李維史陀勾勒出這種方法的早期輪廓，過程中從土著那些看似混亂的觀念和儀式中理出出人意表的條理性，讓讀者目眩神迷。

「總的來說，考慮過各種因素之後，我認為訪談是一種可憎的文類（genre）。」李維史陀有一次接受訪談時表示。雖然口口聲聲討厭訪談，但隨著《憂鬱的熱帶》帶給他的盛名與日俱增和結構主義運動的節節挺進，他又會反覆接受記者和學界同仁的訪談。在六〇和七〇年代，他常常出現在法國的電視上，會參與紀錄片的拍攝，退休後又給予作家暨哲學家葉希邦莫大榮寵，接受後者長時間的訪談——訪談內容在一九八八年出版成書，名為《咫尺天涯》（*De près et de loin*）。

然而，這些訪談讀得愈多，我們愈會感到文字與映像背後那個人的難於掌握。不管是在文字或畫面上，李維史陀都既近在眼前又捉摸不定。多年以來，他給出許多細節，卻沒給出多少實質。這難免讓人覺得，他讓人看到的只是一個色彩斑爛的表面，內裡卻始終深藏不露。他無個性特徵的閃族五官（他出生於一個祖居阿爾薩斯的猶太家庭）被拍入照片無數次，但照片中的他總是一副事不關己的態度。在經過安排所拍攝的照片裡（不管是站在巴黎一間檔案室的整排卡片櫃前面拍的那一張，還是穿著西裝、肩膀上站著隻鸚鵡的那一張），他都顯得與鏡頭格格不入，就像是在反抗為他宣傳的企圖。一九七〇年，奉《時尚》雜誌之命為李維史陀拍照的攝影師佩恩（Irving Penn）讓他包在一件大衣裡，翻領刻意翻起，眼鏡擱在額頭上，右臉被陰影遮蓋住。佩恩為畢卡索拍過一樣的照片，照片中的畢卡索也是半邊臉被大衣遮住，只看得見一隻眼睛，眼神炯炯地看著鏡頭，與此相較，李維史陀的表情則顯得難於解讀。即便是名流照片這樣操作嫻熟的攝影類型和佩恩這樣高明的攝影師，一樣無法撬開李維史陀的內核。

這種自我隱埋部分是有深意的。李維史陀在一九九〇年告訴法國人類學家奧熱（Marc Augé）：「我同意普魯斯特在《駁聖勃夫》（*Contre Sainte-Beuve*）裡表述的反傳記方法（anti-biographical approach）。[*]真正重要的是作品，不是湊巧寫了它的作者。我甚至會主張是作品假借作者寫出自己。個人無異於一種傳導的手段，只會以殘渣的方式留存在作品裡。」[4]但如果說作者只是殘渣，那李維史陀自己作品所包含的殘渣卻是極大極重的一團。他的文體有著鮮明特色而且難於模仿，而他對題材的處理又是那麼的高度個人化，泰半讓人無從批評起。

在畫面上，李維史陀總是表現出一種伯父般的和氣模樣。他會出現在《撇號》（*Apostrophes*，七〇和八〇年代的文化性電視節目），解釋他的理論的各種細節。他的演出變動不居，有時單調，有時較為生氣勃勃（當他打出一張知識王牌或把一件老掉牙的軼事做出妙用時便會如此）。在耐心解釋人類學謎題的過程中，他會不時流露出冷面笑匠式的幽默感和某種高盧人的魅力。這就是他沉溺在法國大眾意識裡的形象。對法國人而言，李維史陀是深受愛戴的國寶，是法國的人類學之父（到如今更是祖父或曾祖父），是法國知識分子譽滿全球時代的代表人物。

不過，如果我們把時鐘往回撥，一個大不相同的李維史陀便會浮現。一九五九年他上《一起來讀書》（*Lectures pour tous*）電視節目接受迪馬耶（Pierre Dumayet）訪談時，態度要嚴肅和一板一眼許多。[5] 穿著顏色肅穆的西裝和背心，他顯得多了一分稜角。當迪馬耶詢問有關北美民族誌的事實細節，他的回答帶有一絲自負的味道。他的五官線條銳利、輪廓分明，談吐流暢而不苟言笑。這是個處於事業巔峰的知識分子，行將進入聲望崇隆的法蘭西學院（這個菁英機構在十年前拒絕過他兩次），也曾經好幾次「放縱」筆尖[6]對批評者予以刻薄還擊。

把時鐘更往回撥，是那個在田野照片裡驚鴻一瞥的李維史陀。在這些攝於巴西的照片中，李維史陀流露的是另一種表情：比較沒那麼有自信，比較不友好。背後是乾旱的巴西大草原，這個世界主義的年輕人瞪著鏡頭，身上滿是塵埃又飽受跳蚤叮咬。這個在巴西內陸的李維史陀是個笨拙的啟蒙思想家（philosophe）[†]，在赤身露體的印第安人當中顯得十分醒目；又是個尷尬窘迫的法國人，在溪水裡洗澡時遇到笑著要搶他肥皂的南比夸拉少女會不知所措；他還是個探險家，知識上的匱乏對他來說要比身體上的不適更需要堅毅忍受。在這些

---

* 譯注：聖勃夫是法國十九世紀著名文學評論家，主張一部作品的內容與作者的生平息息相關。

† 譯注：「啟蒙思想家」指十八世紀推行啟蒙運動的一群思想家，他們喜歡禮讚原始文明的純樸善良，以此對比出西方文明的墮落。作者把李維史陀比作啟蒙思想家是因為他對原始文明也有著高度推許。

照片中，他看來是抽離的，是個旁觀者和觀察者，不是真正的參與者。[*] 當日後葉希邦問及他出田野時有沒有寫日記的習慣，他回答說：「我的情緒狀態對我來說不是那麼重要。」[7] 沉默寡言而彬彬有禮，李維史陀有時可以很孤傲。「他冷淡、拘謹，一派法國學院人的風格。」人類學家梅特羅（Alfred Métraux）在日記裡這樣記載他在一九三〇年代第一次與李維史陀碰面時的印象（兩人後來是長時間的朋友和同事）。[8] 老去後的李維史陀變得圓熟，但傳統法國人的矜持性格從未完全離他而去。繼承他法蘭西學院職位的埃里捷（Françoise Héritier）這樣說過：「除了學生時代的老朋友和家人以外，還會有人用「tu」（你）[†] 這個熟人間的互稱來稱呼李維史陀的嗎？我懷疑。」[9]

我第一次拜會李維史陀是在二〇〇五年，地點是社會人類學實驗室（Laboratoire d'anthropologie sociale），那是一個位於巴黎第五區的研究機構，由他在一九六〇年一手創立。第五區常常透著累積了幾世紀的學養氣息，除了有些街道是以笛卡兒、巴斯卡（Pascal）、居維葉（Cuvier）和蒲豐（Buffon）等名字命名以外，一些專門培養最優秀心靈的菁英機構也座落在這裡，包括了亨利四世中學、高等師範學院和法蘭西學院等。在這個「拉丁區」的東面，是那座落成於一九八〇年、象徵著法國包容性的豐碑：阿拉伯世界文化中心（Institut du Monde Arabe）。它那些穿孔和帶花紋的金屬窗格讓它看起來未老先衰，就像是前朝遺物。

再往前走是十七世紀的植物園（Jardin des Plantes），其幾何形狀布局裡散布一些墨西哥式溫室、裝飾藝術式（Art Deco）風格的冬季花園和一家老式動物園。

李維史陀的辦公室位於一個夾層，要爬上一道緊窄的螺旋形樓梯才到得了，屬於一家改裝過的十九世紀圓形劇場的屋頂的一部分。辦公室一邊是玻璃板，可以看到懸掛在中梁上的鐵製燈具。研究人員和圖書管理員在燈具下方忙碌著，或是敲打手提電腦的鍵盤，或是翻閱書目卡片。遠處的牆壁裝飾著花朵圖案、奇怪的盾形徽和中世紀的勃艮第盔甲。李維史陀的辦公室幾乎毫無異國風情可言（看不見面具和羽毛之類），有的只是書本和大致裝訂過的博士論文。李維史陀的樣子看起來和過去幾十年無大差別，只是皺縮了一些和衰弱了一些。他身上的粗花呢西裝現在對他變得略為大件，鬆垮垮掛在他身上。他彬彬有禮而充滿警覺性，只有他伸手從前胸口袋掏出地址本時才會洩漏出他年事已高的事實：這手會明顯顫抖。雖然已經九十好幾，每逢星期二和星期四他還是會到辦公室去，只是不再寫多少東西。我們的談話以他的巴西歲月為主題，而他說的話奇怪地結合著兩種異質成分：一方面，他提到的事都是我在其他地方就讀過（幾乎和他嘴巴說出來的一字不差），另一方面，他又流露出一種我沒預期的情緒：尖刻但反諷的虛無主義。

---

* 譯注：人類學強調田野工作者對研究對象應採取「參與的觀察」，即以融入的方式而非局外人的方式從事觀察研究。

† 譯注：法語另一個第二人稱單數代名詞是 vous，相當於中文的「您」。

我們從《憂鬱的熱帶》談起。那是他的巴西回憶錄，曾在一九五〇年代讓他聲名大噪。它始終是他唯一一本非學術性著作，裡面的文學風格只會在他更正式的作品裡隱約出現。我問他為什麼突然會放棄這種文類，此後從未重拾？他給了我一個坦白但讓人洩氣的回答：「我簽了合約，非寫不可，而且我需要那筆錢。」（這種回答在他很罕見。在別處，他都是用長篇大論而錯綜複雜的方式，說明自己寫《憂鬱的熱帶》的各種動機和文學抱負。）我們又談到了巴西原住民的現況。「他們的前景何在？」我問。「等你到了我這把年紀，就不會再去想未來的問題。」他以冷面笑匠的幽默回答。但接著，他又較為詳細地指出，巴西原住民的人口雖然不斷增加，又擁有自己的保留區並獲得愈來愈大的自決權，但就文化上來說，他們的傳統業已因為西方巨輪的輾壓而衰亡。

我好奇他對巴西利亞（Brasília）會是什麼觀感（這座現代主義風格的首都在李維史陀於巴西從事田野工作之日還不存在，但他一九八〇年代陪密特朗總統到巴西進行國是訪問時曾短暫一訪）。我猜想，這座城市會不會跟李維史陀的美學感性產生共鳴，因為他的結構主義研究方法富有形式主義特徵，而且又對圖案和設計深感興趣。沒想到他卻這樣回答：「我沒有足夠時間參觀，而且行程都是預先安排好的。但把我的作品和現代主義相提並論卻是大錯特錯。」他的這個回答後來反覆浮上我的心頭，因為李維史陀的結構主義跟現代主義運動看似有著千絲萬縷的關係。李維史陀看來不想談他的理論。當我問他他認為自己的作品會留下什麼遺澤，問他認不認為自己的理論會存續下去時，他的回答相當坦白：「我不知道，也不在乎。」我準備離開時，他的心情變得輕鬆起來，談到了大皇宮（Grand Palais）正在舉行的「巴西印第安人文物展」，又敦促我務必要看一看。[10]

第二個星期，我走在那些讓人目眩的羽毛頭冠陣列之間。有些頭冠是由豔麗的紅、藍兩色羽毛構成，頭冠的柳條框上裝飾著像是用混凝紙塑成的魚、鳥和美洲豹頭。展品中還包括一些在馬拉若島（Marajó，亞馬遜河出海口的一個大島）找到的四英尺高瓷製骨灰甕。李維史陀的收藏品是展覽會的壓軸。透過玻璃，我看到南比夸拉人的鼻羽、卡都衛歐人以幾何圖案裝飾的甕，還有波洛洛人用於儀式的飾物（我在《憂鬱的熱帶》讀到過這種飾物）。牆壁上懸掛著一排構圖漂亮的黑白照片，是李維史陀的萊卡相機所拍攝。投影機將他拍自田野的一些短片投射在牆上，反覆播放。影片介於早期的新聞畫面跟家庭影片，無聲、過度曝光、有點晃動，穿插著葡萄牙文的解說字幕。在令人難忘的一幕中，一個穿著襤褸花裙子的卡都衛歐老婦人把一些幾何形圖案畫在自己臉上（李維史陀終其一生都對這種圖案入迷不已）。牆上照片中那個蓄絡腮鬍的年輕人和我剛見過的那個老人幾乎毫無相似之處。時間所拉開的鴻溝看來是不可架接的，而李維史陀在這段期間所寫出的高如山積的作品只讓這鴻溝更形擴大。照片中那個幽幽人影感覺像是另一個生命，是活在一個不同的世紀。

我們第二次的會面地點是他位於第十六區的住家，而這一次他看來放鬆許多。在兩次會面期間，我們定期通信，而李維史陀有問必答。他住的是一棟寬敞的高級布爾喬亞公寓：堅實、舒適而且極端講究品味。牆上交雜裝飾著傳統藝術品和原住民文物，包括一個來自卑詩省的木碗、一張古代的小地毯和一幅鑲金框的浪漫畫風少女像。我們在他的書房裡交談，那是一個太空艙似的房間，有著堅實的鑲木地板和隔音門。書房中的寫字檯很沉重，粗厚的桌腳布滿精緻的雕刻，與之形成鮮明反差的是一張黑色的模組式沙發。他接過我的外套，掛在門廳上：可以想見，一個高齡老人做這種事只能是出之以慢動作。

他以經過深思熟慮的句子憶述往事，不時會因為需要呼吸而停頓一下。我問了他在巴西的經歷，問了他是怎樣逃離被納粹占領的法國，問了他在一九四〇年代流寓紐約時的生活，問了他跟布勒東（André Breton）和恩斯特（Max Ernst）等同是流亡人士的超現實主義藝術家的交往情況。我進而詢問他返回巴黎之後的情形和他在一九五〇年代的事業推展（當時他一度打算完全放棄人類學，改行當記者）。他起初很健談，滔滔不絕，但當我把問題轉入理論議題和結構主義的興起時，他開始出現疲態，回答內容愈來愈短。

我們最後談到的是一個當代話題：環繞布朗利碼頭博物館（Museé du Quai Branly）揭幕所引起的爭論。這座博物館體現著席哈克總統的雄心壯志，位於人類博物館（Museé de l'Homme）的正對面，外牆鋪滿植披（有人譏笑它的造型像一副巨大腸臟或是踩在高蹺上的中殿）。這個計畫引起了民族學純粹主義者對專業策展者的撻伐，引起了學院派和美學人之間的爭論。當成立博物館的計畫第一次付諸討論時，人類博物館裡響起了一片嘩然之聲。*據說，一些博物館主管把館內珍藏藏在自家起居室，不肯交給為布朗利碼頭博物館策展的美術系畢業生擺布。

這博物館的大展覽廳就像個半明半暗的巖穴，展品包括一些李維史陀從巴西蒐集回來的文物（地下室就叫「李維史陀演講廳」）。當我提到，有人批評該博物館的展出方式有讓展品異國情調化之虞時，他再次恢復生氣。「人類學是最民族自我中心的一門學科，」他說，「如果你指控凱布朗利博物館把展品抽離於脈絡，那羅浮宮裡那一大批宗教藝術品又要怎麼說？」所以說，我們可以用一種純美學眼光看待原住民藝術囉？「你想那樣做自然可以。」他回答說。這番思索似乎讓他筋疲力竭，訪談不得不到此為止。我幫他拍了兩張照片：他以空茫的眼神回瞪鏡頭，神情和他近期拍過的數十張照片一模一樣。

我發現李維史陀的態度坦率，甚至積極協助我填補細節，盡力為我回憶生平往事（這種事他毫無疑問已經做過無數次）。我隱約看到了一個有血有肉的人，看到他防衛森嚴的前沿陣地露出了一些小缺口。但他說的話仍然有點空泛，有點隱藏。他的內在沉默與他的舊大陸魅力不相伯仲。到頭來，他的面具仍然沒有挪開幾分。後來，我在信中斗膽問他一些私事（有

---

* 譯注：凱布朗利博物館的典藏來自人類博物館和國立非洲暨大洋洲藝術博物館。

關他第二段婚姻和他父親生病過世的情況），他禮貌而堅定地拒絕回答。

李維史陀來自一個大學受到少數菁英壟斷的時代，當時人文學的各分支還未完全建立專業性。人類學尚處於襁褓階段，只有為數幾十個學界人士在幅員仍然廣大的歐洲帝國的邊陲從事田野工作。世界地圖已經畫了出來，但就文化上來說，這地圖上的許多地區都幾乎一片空白。民族學家前往世界各地不是要尋找河流的源頭、未知的航道或峽谷，而是為了蒐羅宇宙觀、儀式與藝術。他們想要探索人類經驗的極限，想要擺脫十九世紀偏見的陰影，把人類文化的豐富多樣記錄下來。

做為一個自學的人類學家，李維史陀細讀過英美和法國的人類學經典，包括泰勒（Edward Tylor）、羅維（Robert Lowie）、弗雷澤（James Frazer）、葛蘭言（Marcel Granet）和牟斯（Marcel Mauss）的作品，主要是無師自通。他是同輩人類學家中少數未上過牟斯著名田野課程的人，卻無懼於自組民族學考察隊，而且刻意挑選盡可能偏遠的地點從事研究。他的博士論文並沒有指導教授，是在流寓美國期間寫成於紐約公共圖書館（但回到巴黎後，為了進入論文審查過程，他當然得找人掛名指導教授），後於一九四九年出版，取名《親屬關係的基本結構》（*Les Structures élémentaires de la parenté*）。因為起初被法蘭西學院拒諸門外，李維史陀在一九五〇年代常常懷疑自己是否該繼續人類學家的事業。不過，他孕育出的是一些真正具有創發性的觀念，不受當時的群體思維所囿限。

從超現實主義、語言學、美學和音樂汲取靈感，李維史陀在人文學裡闢出一條新的蹊徑。縱貫一生，他都致力於對親屬關係、原始宗教思想和神話做出推翻成說的重新詮釋。他是最寬闊意義下的人類學家，出入於最細碎的民族誌材料與文化共相（cultural universals）之間，出入於個別部落與心靈的普同法則之間。他的作品全集始於高度專技的民族學分析，卻結束於思索小說的誕生、西方音樂的演化和視覺藝術不可逆的衰亡。

由於流亡其間與俄國語言學家雅各布森（Roman Jakobson）邂逅，李維史陀注意到二十世紀思想最根本的一個轉換：從「意義」（meaning）邁向「形式」（form），從「自我」（self）邁向「系統」（system）。他聲稱自己的使命是「瞭解存有（being）與它自身的關係，而不是瞭解存有與我們自己的關係。」[11]——這項原則界定了結構主義方案，也在社會科學中牽引出一個姍姍來遲的現代主義轉向。透過雅各布森，他發現了瑞士語言學家索緒爾（Ferdinand de Saussure）的重要見解，並開始把它們應用在自己的研究。自此，語言變成了文化分析的主隱喻：就像索緒爾把語言視為一個由「音素」（phonemes）構成的系統那樣，李維史陀亦把文化看成是一個由對比元素構成的系統。

因為堅定主張文化的組織原則最終是由人腦的運作方式決定，李維史陀也在社會科學裡啟動了一場認知革命。他的夢想是把一直以來不相為謀的知識領域統合在一起：讓社會科學與「硬科學」殊途同歸，讓文化與自然殊途同歸。一反當時流行的哲學氣候，他把研究焦點放在心靈而不是個人，放在抽象思維而不是主體經驗，徹底擺脫當時稱霸思想界的兩種內省哲學（存在主義與現象學）。

李維史陀是唯一譽滿全球的人類學家——美國女人類學家米德（Margaret Mead）雖然也是大名鼎鼎，但名氣主要局限在英美世界內。從一九六〇年代開始，他成為法國媒體的常客，常常接受《世界報》、《費加洛報》、《新觀察者》（*Le Nouvel Observateur*）和《快報》（*L'Express*）的採訪。美國的《時尚》雜誌登過一篇介紹他的文章，攝影者和執筆人是布列松（Henri Cartier-Bresson）。他上過美國的電視，也接受過《花花公子》專訪。《紐約時報》、《華盛頓郵報》、《新聞週刊》和《時代》雜誌都報導過他，推許他對「野性思維」的結構分析是社會科學的一場革命，是一個哥白尼時刻，讓人類文化終於臣服科學方法的檢視。在英國，他接受過BBC的專訪，反覆出現在《泰晤士報文學增刊》的版面，名字也經常被一些大報提及。他在二〇〇九年十一月的死訊登上了全世界報紙的頭版。

雖然許多媒體寵兒都是名不符實的名人，但李維史陀的名氣卻具有堅實基礎。就像佛洛伊德曾用精神分析革命在垂死的精神病學領域弄皺一池春水，兩代之後，李維史陀也在人類學發揮了同樣的地震效果。就像佛洛伊德一樣，李維史陀的影響力波及到鄰近學科，成為了一種思考新風格的參考座標。就是透過他在《野性的思維》（*La Pensée sauvage*）最後一章對沙特的尖銳攻擊，傅柯、巴特和拉康才得以更快攻占戰後一直由卡繆、沙特和波娃所盤據的思想高地。哪怕下一代人不欣賞李維史陀的大理論風格，但由他發端的那些哲學爭論至今不衰。若是不理解李維史陀在二十世紀中葉造成的決定性轉向，我們亦無由瞭解當今最頂尖的一些思想家：如斯洛文尼亞的紀傑克（Slavoj Žižek）、法國的巴底烏（Alain Badiou）和義大利的阿岡本（Giorgio Agamben）。

做為二十世紀思想的樞紐角色，李維史陀的目光既前瞻又戀舊。他早期與前衛圈子過從甚密，樂於搭乘現代主義的新潮流。二次大戰後的科技發展讓他耳目一新，從而相信這些發展說不定可以為人類學所用。早期的電腦科技、模控學（cybernetics）、原子物理學和數學看來都可以為低科技但異常複雜的原住民社會與文化提供新的觀照。儘管他一再否認，但現代主義的各種技法（跳躍、錯置和拼貼）都是他這時期作品的主要特色。

但他同樣著迷於一些更早期的意象：鏡廳（hall of mirrors）、萬花筒、紙牌遊戲、埃及象形文字、時鐘和蒸汽機等。這些意象反覆出現在他的作品裡，被用作比喻。到了中年，他又受到十九世紀文化的巨大吸引，深深愛戀華格納的音樂、維爾內（Joseph Vernet）的浪漫海港畫，以及巴爾札克和狄更斯的小說。他討厭不具象藝術（non-figurative art），又表示自己早年會對超現實主義感興趣，不是被它的怪誕和著迷於性與死的題材所吸引，而是喜歡它優雅和時髦的一面（可以回溯到象徵主義的一面）。退休之後，他宣稱自己對二十世紀的音樂泰半失去興趣，也從不看電影，只讀至少出版了五十年的小說。[12]

本書是李維史陀漫長心靈生活的思想傳記，也是評價他的一個嘗試。它會追隨他從巴黎去到聖保羅，再進到巴西的內陸。它追蹤了他的動盪戰時歲月，敘述他如何逃離維琪政府治下的法國，流寓紐約，過程中又是如何尋覓出那團讓他的思想既趣味盎然又獨標一格的「殘渣」。本書不是李維史陀學術生涯的全紀錄，不會一一記載他在戰後發表過哪些講演、出版過哪些著作、參加過哪些會議和獲得過哪些獎項。本書也不企圖挖掘李維史陀的私生活。做為一個傳統的法國人，李維史陀對自己三段婚姻始終守口如瓶。他頭兩段婚姻相對短命，娶的分別是蒂娜・德雷福斯（Dina Dreyfus）和羅絲瑪麗・于爾莫（Rose-Marie Ullmo），最後一段婚姻則貫徹始終，娶的是莫妮克・羅曼（Monique Roman）。他有兩個兒子，洛朗（Laurent）是羅絲瑪麗所生，馬蒂厄（Matthieu）是莫妮克所生。李維史陀真正引人入勝之處不在於生平細節，而是這個苦行僧型的人物（他的個性與沙特一類魅力四射型知識分子大異其趣）是如何在二十世紀的一個特殊時刻攻占了理論與觀念的高地。雖然他的作品常常專門和艱深，但他就是有辦法同時在學院內外引起深深共鳴。

在本書的前半部分，我會較為詳細地考察李維史陀的思想形成階段，而這也是他人生較為周折多事的時期。我會從他在巴西從事田野工作的日子談到他流寓美國時期的生活，再談到《憂鬱的熱帶》的出版，以此追溯他思想的萌芽生長過程。從一九六〇年代開始，他的人生開始穩定下來，而他也一頭鑽進了神話、面具和原始藝術的世界，樂此不疲。「我沒有社交生活。我沒有朋友。我的時間一半在實驗室度過，另一半在辦公室度過。」他在一九七〇年代初期這樣告訴一個《世界報》的記者。[13]這話固然是一種誇大修辭，卻大體道出他晚年愈來愈離群索居的傾向。

本書的後半篇幅會把生平細節丟開，集中探討李維史陀的思想觀念。透過重新評價他的主要文章與書本，我設法在兩種截然不同的態度之間闢出另一條路：他一方面被一些批評者說得一文不值，另一方面又在法國和（說來奇怪）巴西繼續受到普遍推崇。讚嘆一個不凡心靈的驚人生產力不代表要對他的方案照單全收——畢竟這個方案有時不太實際，而且隨著李維史陀年紀愈大而愈往一個高度個人色彩的方向漂移。他在一九六〇年代取得的成功，反映出那是一個較為寬鬆（大概也是更有創發性）的時代，其時一些大膽和實驗性格的觀念可以製造風騷，而一個心靈的意識流猶能在文化裡烙下深深印記。他的極端高壽意味著他的人生可以做為我們理解二十世紀思想演變的一條重要線索。不管結構分析的未來會是如何，李維史陀的思想都是我們時代思想地貌的一個重要海岬。

1 早期歲月

「回到原始」（return to the primitive）就是回到共同體，但那也是一種回到神聖（the sacred），甚至是回到諸神。

——富尼耶（Marcel Fournier），《牟斯》（*Marcel Mauss*），二〇〇六

在塞納河轉而向南的河彎處，兩座石砌樓閣以弧形環抱著一個石頭平臺。這就是希特勒和施佩爾（Albert Speer）[1]在一九四〇年的合照地點，當時兩人一起站在夏瑤宮（Palais de Chaillot）前面，面對鏡頭微笑，背景是塞納河對岸的艾菲爾鐵塔。在德軍入侵的一年前，李維史陀正在夏瑤宮內新成立的人類博物館工作。那時他還是個年輕的人類學家，剛從巴西的田野工作歸來，在博物館裡忙著為他在馬托格洛索州用珠子換來的鼻羽、葫蘆瓢和弓箭編目，以便用於一個將會流產的展覽。

這地點不只迴響著人類學在法國的歷史，也迴響著前衛藝術在二十世伊始的演化。創建於一九三八年，人類博物館標誌著現代化和專業化民族學展覽在法國的肇始。回顧這博物館的前身，即民族學博物館（Museé de l'Ethnographie），我們不啻是走進了另一個世界。民族學博物館位於具有摩爾人風格和拜占庭風格的特羅加德羅宮（Palais du Trocadéro），最初收藏的主要是前哥倫布時期的美洲文物，但後來隨著法蘭西帝國在非洲的擴張而收入許多非洲文物，如矛、鼓、面具等（從在西非沿岸港口叫賣的殖民地商販購得）。館中藏品都是按主題歸類而不是按地區或部族歸類。館員把樂器堆在一個角落，把布料堆在另一個角落。有些長廊專門擺放木雕小人像，有些後房間裡堆滿象徵多產的器物，所有的展品幾乎都不會標明是出於何地何族。

「我第一次去到那地方（是德朗〔André Derain〕敦促我去的），潮溼和腐爛的氣味直灌我的喉嚨。」年輕的畢卡索在一九〇七年回憶說，他當時造訪了民族學博物館迷宮似的長廊。「我難過死了，想一走了之，但終究留了下來，細細研究。」天生的美學直覺讓他被博物館裡的東西深深吸引。幾年前，他得到過一個西非面具，但他沒有視之為骨董或原始文物，而是把它看成具有自足價值的藝術品加以研究。但真正讓他茅塞頓開的是特羅加德羅宮裡的寶藏。讓畢卡索深受震動的不只是它們變化多端、扭曲和充滿詩性自由的造型，還是它們包含的一個啟示：藝術不需要是現實的寫照。用民族學的語言來說，原始藝術具有一種「魔術」

功能，可以捕捉住人的恐懼和欲望，用顏色和形式呈現出來。畢卡索日後表示：「明白了這個道理的那一天，我找到了自己的道路。」[1]

拍攝於一年後（也就是李維史陀出生的這一年）的一張著名照片很有說明作用。照片中，二十七歲的畢卡索坐在蒙馬特的「洗衣舫」畫室裡，面前放著一對非洲木雕像，背景的一邊是一個豬頭骨，另一邊是放滿前哥倫布時代小雕像的書架。照片中看不見任何古典文物、基督教聖像和文藝復興時期的繪畫，反映著新一代的藝術家亟欲跳脫傳統，往別處尋求靈感。與畢卡索同一時期獲得啟悟的藝術家還有德朗、弗拉曼克（Maurice de Vlaminck）和格里斯（Juan Gris）等，他們紛紛向達荷美（Dahomey）及象牙海岸等地的土著藝術取經，而紀堯姆（Paul Guillaume）等著名收藏家也開始購買非洲雕刻品。著名雕塑家布朗庫西（Brancusi）在一九一八年創作出〈無盡的柱〉（Endless Column），造型古怪而肖似圖騰柱。總之，一支新的現代藝術出現了，它的作品在在與原住民藝術難以分別。

現代的法國人類學就是誕生於發霉的民族學博物館向專業的人類博物館轉換的過程中。當李維史陀長大期間，社會學對儀式和宗教的興趣慢慢蛻變為一種饒富潛力的人類學探究形式。以大有影響力的《社會學年鑑》（*L'Année sociologique*）為中心（這份刊物是涂爾幹為推廣社會學而於十九世紀末創辦），一群社會學者開始向圖騰制度、祭祀和「原始」宗教思想等課題伸出觸鬚。這個新的探究方向既得力於時人雅好異國情調事物的風氣，又反過來助長這種風氣。雖然深具學術取向，它亦與前衛藝術圈多所交流（其與新興的超現實主義運動關係尤其密切，因為這運動已把「原始」的觀念奉為圭臬）。

涂爾幹的外甥牟斯（Marcel Mauss）在法國人類學興起的早期扮演著關鍵角色。二十世紀之交，他在高等研究實用學院（Ecole Pratique des Hautes Etudes）的第五組主持一個講席（半個世紀後李維史陀將主持這個講席），稱為「未開化民族的宗教之歷史」（現代宗教的起源在當時是一個很熱門的課題）。牟斯泛觀博覽，既讀遍了殖民地官員、傳教士和探險家撰寫的報告，又讀遍了英美世界第一批專業的民族學研究成果，對全世界部落社會的風俗習慣如數家珍。終其一生，牟斯都不斷挖掘這些材料，用它們產出了一系列題材奇怪但出色的綜合性研究：有論人格的，有論禱告的，有論身體運動的，有論死亡的暗示性的。他寫過一本篇幅不大的經典之作《禮物》（*Essai sur le don*），此書日後將會深受李維史陀倚重。除此以外牟斯還留下一籮筐未完成的作品。[2]

牟斯清楚地意識到，雖然《社會學年鑑》正向著人類學的領域移動，但在研究機構的建置上，法國仍遠遠落後於英國和美國。他夢想創立一個「民族學機構、研究中心或系所——用什麼稱呼都無妨」，以把一個散落在不同機構的研究領域統合起來（這些不同機構包括了殖民地學院、國家自然史博物館和他自己所屬的高等研究實用學院第五組）。但要到他舅舅涂爾幹過世許久，連同好些《社會學年鑑》的菁英成員歿於第一次世界大戰，牟斯才終於得以圓夢：一九二六年，民族學研究中心（Institut d'Ethnologie）在聖賈克路開幕。[3]

牟斯有著運動員的體格、銳利的眼神和一大把絡腮鬍，授課常常是即席發揮卻引人入勝，聽講者除人類學學生以外還有傳教士和殖民地官員。他會用一些聳動的民族誌內容（如食人肉風俗、女祭司賣淫和各種古怪的割禮）為講演加料添味，又會謳歌平凡無奇的事物：「跟珠寶或最稀有的郵票比起來，一口錫罐更能代表我們的社會。」[4]他還會給學生提供田野工作的實用建議：沖洗底片時手腳要快；把補給物資的明細登記在索引卡片上；撰寫田野日記；「別輕信，別大驚小怪，別失去耐性。」他也指出有哪些課題也許值得研究：如武器的種類、料理食物的方法（生食、煙燻、風乾、水煮、燒烤還是煎炸）、衣料的類別等。諷刺的是，牟斯本人並不喜歡旅行，甚至不喜歡在歐洲本土旅行，而且只在摩洛哥從事過短期田野工作，毫無任何重要的田野經驗可言。

牟斯的觀念不只讓有心研究土著文化的人產生共鳴，還吸引到有興趣的業餘愛好者、哲學家和藝術家的注意。像巴塔耶（Georges Bataille）之類想要尋找新觀念的知識分子，也開始爬梳葉脈豐富而多變的民族學材料。過去一度被認為只是古文物研究的民族學，現在被認為深具現代性格。這種交流是雙向的。在課餘時間，牟斯會到花神咖啡廳（一個前衛藝術家和詩人愛去的場所）跟學生碰面，一直談到入夜。到了星期天，他們又會去博內路的尼格羅舞廳（Bal Nègre），觀看美國黑人女舞者約瑟芬・貝克（Josephine Baker）跳舞。

在一九二〇年代的巴黎，「非洲」（至少是法國大都會所理解的「非洲」）成了文化的試金石。在「美好時代」（Belle Epoque）*的巴黎音樂廳，諸如豪華歌舞廳（Folies Bergères）、巴黎娛樂場（Casino de Paris）和香榭麗舍劇院（Théâtre des Champs-Elysées），這些夜生活場所演出的節目雜七雜八，混合著滑稽秀、動物表演、歌舞和戲劇，但到了一九二〇年代，它們的表演主力變成了爵士樂隊（由第一次世界大戰後留下來的美國黑人士兵組成）。比李維史陀年長七歲的作家暨超現實主義者、後來又成了民族學家的雷利斯（Michel Leiris）這樣回憶他被深深吸引的經驗：「爵士樂是一種戰鬥口號，是用當下的斑斕色彩製成的狂歡會標語。這是尼格羅人的第一次展現，是黑色伊甸園神話的第一次展現。這神話把我帶到了非洲，然後又把我帶得更遠，帶進了民族學。」[5]

雖然當時的法國人類學尚處於起步階段，但原始文化重新受歡迎的趨勢讓民族學博物館內那些塵封文物該如何處理的問題受到重新省思。一九二八年，社會學家李衛（Paul Rivet）接掌了民族學博物館，並隨即在業餘爵士樂手和專業博物館人員里維埃（Georges-Henri Rivière）的協助下開始了整頓工作。他們清理出展覽的空間，用金屬櫃將一堆堆文物分門別類，並陳列在一樓半圓形展廳的玻璃櫃裡。藉由一些上流社會的志工（穿高跟鞋的有閒女士）幫忙，他們把圖書館加以現代化，為展品標示上說明文字。李衛一面把自己從墨西哥帶回來的收藏安置在館中，一面設法把館內龐大而雜亂的十九世紀異國物品整理出一些條理來。

李衛和里維埃足智多謀，對宣傳和募款都很有一套。他們成功說服阿爾及利亞總督和北非的殖民地官員贊助，搞了一個「撒哈拉文物展」，並大獲成功。在「大洋廳」開幕的那一天，他們請來巴黎最頂尖的模特兒魚貫走過展覽廳。還有一次，他們為募款而辦了一場拳擊賽，找來號稱是非洲人（其實是巴拿馬人）的羽量級拳擊明星布朗（Al Brown）與牟斯較量。[6]

在這種藝術與觀念的豐沃混合下成長的人當中，李維史陀將會是最有影響力的人物之一。美學物品與民族學器物之間的緊張關係在法國由來已久，最近隨著布朗利碼頭博物館的開幕重新浮上檯面。[7]李維史陀是少數未聽過牟斯授課的新一代人類學家之一，但他卻是在一個籠罩著濃濃藝術氣息的環境中長大，而且還年輕便認識了許多超現實主義運動的成員（包括這運動的領袖布勒東）。雖然日後他將會愈來愈跟自己的現代主義根源劃清界線，但現代主義的影響力卻在他的全部作品裡斑斑可見。他進入人類學的途徑將會是迂迴的。就像許多最終走入這一行的其他人一樣，他沒有走哲學的康莊大道（哲學在當時還是進入法國學術系統的主要門徑），而是選擇了一條沒多少路標的小路，沒有回頭。

＊ 譯注：十九世紀末至第一次世界大戰爆發之間的時代。這時期因為相對和平、科學和藝術蒸蒸日上，所以被歐洲的上流社會視為「黃金時代」。

李維史陀出生於一個世俗化的猶太家庭，父母雙方都祖籍阿爾薩斯。他的家位於普桑路（rue Poussin），地處巴黎第十六區的邊緣。夾在布隆森林與塞納河之間，第十六區當時還未完全都市化：道路盡頭分布著一些小農場，途中夾雜著租金低廉的舊物店和藝術家工作室，是巴黎相對貧窮的一個角落。李維史陀所住的公寓大樓是他誕生前幾年才落成，與巴黎到處皆見的十九世紀中期公寓大樓無甚分別，只多了些許新哥特風格的味道：入口大門上攀緣著兩根鍛鐵的藤蔓，每戶的半圓形陽臺以混凝土的葉狀裝飾支撐。

雖然家境並不寬裕，但李維史陀卻是在十九世紀上流社會的遺聞軼事的包圍下長大。他曾祖父以賽．史陀（Isaac Strauss）是在一八二六年二十歲時從史特拉斯堡（Strasbourg）搬來巴黎，以便在巴黎音樂學院學習小提琴，學成後先是擔任義大利歌劇院（Théâtre-Italien）的小提琴手，終而成了知名的指揮家、作曲家和管絃樂團指揮，在拿破崙三世統治時期於維琪（Vichy）經營過一支溫泉交響樂團，也主持過杜勒麗帝國舞廳（Tuileries imperial balls）和巴黎歌劇院的演出。他與奧芬巴哈（Offenbach）合作過，還被白遼士（Berlioz）在回憶錄裡約略提過。前往歐洲各地公演時，他會蒐購各種家具和藝術品，稍後又把收藏重心放在猶太的禮儀器物（安息日油燈、香料盒和以斯拉卷軸等），讓他位於維琪的「史陀別墅」內擺滿這些東西。如今，這批收藏品的殘餘部分陳列在巴黎克呂尼博物館（Musée de Cluny）的「史陀廳」，供人參觀。

部分是一八八〇年代的經濟不景氣導致，史陀家族的財富在下一代手中由盛轉衰。李維史陀的父親雷蒙（Raymond）被迫走一條務實路線，入讀高等商業學院，畢業後在巴黎證券交易所找到一份低微的工作。他娶了遠房表妹艾瑪·李維（Emma Lévy）為妻（艾瑪的父親是拉比，她來巴黎是為了學習打字和速記）。因為生性善感，對藝術充滿熱情，雷蒙無法安於當一個小職員，最後做出一個大膽決定：入讀美術學院，並開始以畫肖像畫維生。「他的偶像是（十八世紀洛可可派肖像畫家）德拉圖（Maurice Quentin de la Tour），」李維史陀日後說，「他畫了很多彩色蠟筆畫，但顯然都不是時人會感興趣的作品。」[8] 一九〇八年十一月二十八日，艾瑪在布魯塞爾（雷蒙當時受邀至該地為客戶作畫）生下夫妻倆的唯一子女：古斯塔夫·克勞德·李維史陀（Gustave Claude Lévi-Strauss）。直到去世，李維史陀都保存著父親的一幅油畫，畫的是他誕生那個房間的窗外景觀。雷蒙也給兒子畫過許多栩栩如生的油畫：有一幅畫的是身穿條紋罩服的小李維史陀騎在搖木馬上，另一幅是少年李維史陀的輕粉彩肖像。

雖然李維史陀算不上是在貧窮中長大，但他父親的職業選擇意味著他們家只能是胼手胝足的布爾喬亞，不是殷實的中產階級。不過，雷蒙和艾瑪卻是以典型的布爾喬亞生活方式養育兒子，包括暑假會帶他到諾曼第和布列塔尼度假。後來他們又設法在法國南部的塞文山脈（Cévennes）買了一片破敗產業，供暑假度假之用。但他們週期性會碰到經濟瓶頸，需要靠雙方家族的支援舒緩。事實上，由於李維史陀父母是遠房表親，所以雙方家族的關係非常密切，儼如「是一個家族而非兩個家族」。[9]每星期，兩家人都會在李維史陀祖母萊雅．史陀（Léa Strauss）的家中聚餐。每年一次，她會把飯廳的家具罩子拿開，讓全家人大吃一頓，午餐後再到墓園給祖先掃墓。

第一次世界大戰爆發後，李維史陀的父親被徵召入伍，但因為健康不好而獲派相對安全的職務，擔任救護車的醫護兵。艾瑪害怕德軍會攻入巴黎，便帶著五歲的李維史陀去了諾曼第，然後又去了布列塔尼與幾個妹妹和外甥住在一塊。危險減退後，一行人去了凡爾賽，住在外公李維拉比的大房子裡，地點離李維史陀父親的駐紮處相當近。

在凡爾賽，李維史陀對自己的猶太根源有了最初且矛盾的體認。一方面是他那個當拉比的外公，為人靦腆而極度虔誠。他那棟隨處蔓延的房子既是住家又是崇拜所。在《憂鬱的熱帶》裡，李維史陀回憶，每次從一條室內通道走往猶太會堂，他都會心情忐忑，具體感受到自己是從一個溫暖的世俗空間走向冷冰冰的神聖空間。會堂裡總是陰沉沉，只有在他父親也參加崇拜時才會暫時有生氣。他另外記得的一些事情是：他外公吃每頓飯前都會先禱告；他外婆會在贖罪節守齋；掛在飯廳牆壁的一幅宗教卷軸寫著：「細細咀嚼食物對你的消化有益。」

另一些回憶來自他媽媽。她雖然是拉比的女兒，但跟幾個姊妹一樣是在天主教女校唸書。她會在公園裡偷偷把火腿三明治交給李維史陀和幾個外甥，然後幾個小孩躲在石像後面三兩口把三明治吃掉，以免外公看到難過。在李維史陀父親那一邊，猶太傳承要更加古怪。他的一個叔叔沉迷於聖經釋經學，在李維史陀三歲時自殺死亡。另一個叔叔出於反叛心理當了天主教教士，但後來又還俗，在瓦斯供應局當低級職員。

對李維史陀父母世俗化的生活而言，宗教只是背景雜音。夫妻倆不過猶太節日，「但他們會談論這些節日」。[11]他們住在凡爾賽時固然給李維史陀辦了猶太成年禮，但此舉只是為了讓他外公高興。他們骨子裡都是愛國的法國人：還住在凡爾賽的時候，年輕的李維史陀受到父母鼓勵，曾把口袋裡的零用錢捐作戰費。停火協議簽訂後，他父親帶他到歌劇院附近一棟大樓一個好位置觀看勝利遊行。李維史陀很早便知道，在一個反猶太風氣還是很盛的社會裡，一個猶太味濃濃的名字意味著什麼。在學校，其他同學會霸凌他，稱他為「骯髒的猶太人」。「那你怎樣回應？」《文學雜誌》（*Le Magazine Littéraire*）的記者在一九八〇年代問他。「以拳頭回應。」他回答說。在下一場世界大戰裡，霸凌將會升級為迫害，他的家人將會失去一切，而他自己也得為了保命而遠走他方。

李維史陀沒有兄弟姊妹，加上普桑路的公寓是住家兼畫室，裡面雜七雜八的東西引發他活躍的想像力。他的家是一個思想與藝術素材的貯藏室：畫架、畫布、顏料、一個湊合的暗房（他父親用來沖洗委託畫肖像者的照片）、骨董和一架架的書。「我父親和兩個叔叔都是畫家。」李維史陀回憶說，他其中一個叔叔是「美好時代」的成功畫家亨利（Henry Caro-Delvaille）。「我母親和她兩個姊妹都是嫁給畫家，所以，我從小就是在藝術家的工作室裡長大……那全然不是一個學術性環境……當我開始學習讀書寫字時，手上既有鉛筆又有畫刷。」[12]

身處父親買回來的各種文化小玩意之間，李維史陀的想像也夾雜著異國風味。他聽著家裡留聲機播放的美國靈歌，又用零用錢在小田路一家商店買來一些日本家具的迷你模型，擺設在一個盒子（裡面鋪襯著父親給他的日本浮世繪布料），想像那是一個遠東的房間。十歲時，他讀了粉紅色封面的濃縮版《堂吉訶德》，一讀為之著迷，重讀了許多遍，最後可以整本記住。他父母為了娛樂客人，會隨意翻開這書其中一頁，唸出幾句，李維史陀隨即毫不猶豫地把後面的文字背出來。[13]在祖母家吃午餐的時候，他會坐在一個角落讀拉比什（Eugène Labiche）的十九世紀喜劇劇本，一面讀一面咯咯笑。[14]

雷蒙雖然資財不豐，卻給了兒子一種讓人豔羨的文化養成。他會購買最廉價的歌劇院座位，讓兒子從早歲就熟悉華格納的各種歌劇。他們每星期都會到夏特雷劇院（Théâtre du Châtelet）聽科洛納（Colonne）和帕德盧（Pasdeloup）古典音樂演奏會，會在羅浮宮消磨長長的下午，又讓兒子在巴黎歌劇院學小提琴。他父親朋友眾多，都是些活躍的評論家、作家和藝術家，家裡每逢晚上和週末便高朋滿座。他們很多人都喜歡小李維史陀，會盡量滿足他的好奇心，會建議他讀哪些書、看哪些畫和聽哪些音樂。

受父親鼓勵，李維史陀小小年紀便試做過每一種類型的藝術作品。「利用散落畫室各處的粉蠟筆頭，我開始畫一些自以為算是立體主義的作品……我還鮮明記得它們幼稚的構圖：畫中一切都是扁平的、二維的，毫無表達體積的意圖。」[15]到了少年時代，他又開始拍照和自己沖洗底片，創作電影劇本，寫過一些以兩把小提琴和一部鋼琴演奏的三重奏樂曲。他也在紙上設計歌劇服裝和舞臺，甚至嘗試創作一部歌劇劇本，但只寫出序幕便放棄了。

第一次大戰結束後，他進入離家幾公里的冉松德薩耶中學（lycée Janson de Sailly）唸書，一直唸至中學畢業會考為止。與普桑路的波希米亞氣氛大異其趣，冉松德薩耶中學的教育相當嚴格，教室裡充滿舊大陸的古板氣息。每堂課上下課都會以擊鼓聲宣示，寫作文會讓學生「備感苦惱」，因為校長和副校長會當著全班面前鄭重地公布成績，「使我們垂頭喪氣或滿心狂喜」。不守紀律者會受到嚴厲懲罰。[16]放學之後，他會「像羅曼（Jules Romain）筆下的雅萊斯和傑潘利安那樣」[17]，徒步探索附近的城區，有時也會跳上一輛巴士，坐在後頭的露天座位，任巴士帶著他在巴黎市內繞來繞去。長更大之後，他又跟友朋結伴，探索巴黎的郊區，最遠一次去到了科爾梅耶昂—帕里西斯（Cormeilles-en-Parisis）的石膏採礦場，那兒距離第十六區約有十六公里遠。

就在李維史陀快要成年之時，前衛藝術亦開始繁花盛放。一九二三年，史特拉汶斯基（Stravinsky）的芭蕾舞劇《婚禮》（*Les Noces*）在巴黎首演，其簡約的抽象、波浪起伏似的往復合唱，以及對打擊樂和鋼琴的使用，俱引起巴黎市民議論紛紛。當時李維史陀十四歲，看過其中一次演出後恍如受到當頭棒喝，以致第二晚馬上重看了一遍。多年後，他在回憶錄裡表示，這齣芭蕾舞劇「幾乎讓我先前的音樂假定為之崩潰」。[18] 他在《生食與熟食》（*Le Cru et le cuit*）書中寫道，哪怕到了中年，猶感受得到《婚禮》和德布西（Claude Debussy）的象徵主義歌劇《佩利亞與梅莉桑》（*Pelléas et Mélisande*）所帶給他的「粉碎性」衝擊力。[19]

他也開始會到第八區波艾蒂路的羅森堡畫廊（Rosenberg）去朝聖，因為那裡的櫥窗不時會有畢卡索的新作品展出。他日後形容，畢卡索在一九二〇年代中葉畫的靜物畫對他「形同是一種形而上的開示」。[20] 所以，當他父親一個朋友——大有影響力的評論家沃克塞爾（Louis Vauxcelles）——邀李維史陀為其準備創辦的新刊物寫一篇稿子時，李維史陀擬出的題目是〈立體主義對日常生活的影響〉。[21] 為了給這篇稿子找材料，他訪問了藝術家萊熱（Fernand Léger），得到對方「極端友善的接待」。「那文章有發表嗎？我忘了。」他說。[22]

現代藝術對李維史陀來說清新、打破規條且充滿知性挑戰性，但對他父親來說卻是災難一場。從凡爾賽復員歸來後，雷蒙被他在藝展裡看到的東西嚇了一大跳。在他離開巴黎的這段日子，前衛藝術已經從邊緣位置打入巴黎最知名的主流畫廊。坎魏勒（Daniel-Henry

Kahnweiler）之類的知名收藏家也開始購買形狀參差而顏色衝突的油畫（李維史陀的父親在證券交易所工作時見過坎魏勒）。隨著藝術品味在一九二〇年代的轉變，加上攝影的普及化，人們對寫實肖像畫的需求大為萎縮，讓雷蒙本已不多的收入更是岌岌可危。自此，他只能想盡辦法，湊合著用各種手工活計幫補家計（常常是由兒子一起幫著做）。李維史陀日後回憶說：

> 有一個時期，我們全家都投入印染布料的工作。我們先是用麻膠板雕刻出圖案，在上面塗上膠水，然後把圖案印在絲絨上，接著在膠水上撒上各種顏色的閃光粉。……另一個時期，家父曾製作一些仿漆木的中國風小几。他還做過一種燈，玻璃燈罩貼上廉價的日本浮世繪。只要是可以支付月結單的工作他都會試試。[23]

早慧的李維史陀很年輕便開始讀大思想家的作品。還在唸中學的時候，他便透過納坦博士（Marcel Nathan）發現了佛洛伊德。納坦是法國精神分析先驅，也是李維史陀一個同學賈克（Jacques）的父親。在納坦的推薦下，李維史陀讀了《精神分析引論》和《夢的解析》。這兩本書都帶給他深刻而持久的影響。在其學術事業的前半葉，他將會重訪佛洛伊德感興趣的許多理論領域，包括亂倫禁忌、伊底帕斯神話和圖騰制度。另外，他的晚期著作《嫉妒的製陶女》（*La Potière jalouse*）是一部與佛洛伊德的長篇對話，給予了佛洛伊德同等程度的推崇與批判。

一九二五年夏天，另一個元素加入到當時十六歲的李維史陀身上：政治。透過父親的朋友，他認識了比利時工人黨的激進分子沃泰爾（Arthur Wauters）。當李維史陀要求他解釋自己的理念時，沃泰爾「像個大哥哥那樣」對待他，向他介紹了各種社會主義的經典，包括馬克思、恩格斯以至饒勒斯（Jean Jaurès）和蒲魯東（Pierre-Joseph Proudhon）的作品。[24]透過沃泰爾安排，李維史陀到比利時工人黨的黨部作客了兩星期，目睹這個政黨的運作模式，以及怎樣透過跟工會結盟把社會主義理念付諸實踐。日後，他形容這一次經驗是「一趟完全的發聾振聵」，把「一個思想和社會的新世界向我揭開」。[25]回到巴黎之後，他讀了《資本論》，一面在中學裡研讀哲學。「我一點都不瞭解它。事實上，我在馬克思作品裡發現的是另一些對我來說全新的思考形式：康德、黑格爾……」[26]

從政治理論到前衛藝術到經典作品，李維史陀的閱讀範圍愈來愈廣。在經典作品方面，他除了讀盧梭和夏多布里昂（Chateaubriand）等法國經典作家以外，也讀狄更斯、杜斯妥也夫斯基和康拉德的小說。李維史陀無懼於厚重的作品，還一度對巴爾札克極大部頭的《人間喜劇》（*La Comédie humaine*）深深著迷。《人間喜劇》一共十七冊，由彼此關聯的故事構成，相當於一部記錄法國大革命至路易腓力（Louis-Philippe）統治期間法國面貌的文學性民族誌。

李維史陀不只把這小說系列從頭讀到尾，還讀了十遍。另一部對他大有影響力的作品是紀德（Gide）的《沼澤地》（*Paludes*），此書是一部諷刺文學，走的是象徵主義路線（李維史陀日後亦會被象徵主義吸引）。

天性上是個思想的雜食者，李維史陀在廣袤的西方文化大草原上不斷漫遊，從法國文學到哲學到藝術各領域的現代主義無不嚐嚐。他很明顯是個天賦聰慧的人，有能力吸收各種新理論和新觀念，而當時的巴黎又剛好處於一個文化爆炸和充滿創意的時期。然而，直到中學歲月行將結束之時，他仍然不太清楚要把自己喜好探索的心靈安頓在哪個方向。「我太缺乏條理了。」他日後自承。

通過中學畢業會考後，李維史陀於一九二五年秋天進入了通向法國知識菁英階層的快速道路：從冉松德薩耶中學轉入孔多塞中學（lycée Condorcet）的「預科班」就讀。「預科班」是專為那些打算考入德隆望尊的高等師範學院的學生而設。成立於法國大革命之後，高等師範學院位於巴黎第五區的烏姆路（rue d'Ulm），一向執文科教育的牛耳。它的畢業生（被稱為「師範生」）占滿法國各個文化機構的高位要津。許多大學教授、出版社主管、博物館館長和教育系統的高階官員都是由「師範生」出任，形成了一個人數眾多且排他性強的俱樂部。

高師院的入學試是法國教育體系中最難的考試，李維史陀得要在孔多塞中學修習兩年才有資格應考。但一年後他就感到膽怯。其他同學讓他自愧不如，他們人人都是一副未來「師範生」的架勢：「我感覺自己以後不可能是他們的同班同學。」[27]更重要的是，他知道自己在考試上缺乏競爭力。數學讓他頭疼，希臘文也讓他興趣缺缺，而這兩科都是入學試必考的。他的歷史和地理科老師卡昂（Léon Cahen）給他寫過評語，讓我們對時年十八的李維史陀的心靈可以有眩目一瞥：

> 有價值，還會有發展。懂得很多。思想銳利，有見解。但這些品質往往會被一種近乎宗派主義的頑固所損害，因為他喜歡堅持一些斷然的、黑白分明的論點，而且他的思想有時會將就於一種頗為平庸的風格，缺乏精確性和細節分疏。[28]

一九二六年，在哲學科老師克雷松（André Cresson）的建議下，李維史陀打消了入讀高師院的念頭。他到先賢祠（Panthéon）廣場那組新古典風格的建築註了冊，成為巴黎法學院的學生，另外又在索邦大學報讀哲學系，打算取得雙學位。他就是在索邦認識未來的太太蒂娜。蒂娜是猶太裔法國人，帶有俄國血統，早年在義大利住過一陣子，為人有主見而好內省，就像李維史陀一樣是個殷切的社會主義者和哲學系學生。

李維史陀日後解釋說，他會選擇唸哲學，是因為這學科較容易，而且與他感興趣的其他領域比較兼容。「我對繪畫、音樂和古物都感興趣，而這些領域都或多或少與哲學有關聯。

若選擇其他專門學科，我就不得不把謀生之道與諸多興趣區隔開來。」[30]他這個選擇同時還出於一個實際理由：在當時，哲學是「唯一可以提供一個年輕布爾喬亞知識分子謀生之道的方法」，而家裡不穩定的經濟情況讓他更需要實際一點。[31]不過，在普桑路知性氣氛濃烈環境下長大的他只覺得大學生活枯燥無味，時間都是花在死記硬背厚厚的法律教科書和生吞活剝各種他不瞭解意義何在的哲學表述，並受訓使用聽起來冠冕堂皇、實則空洞而機械化的語言。

為填補大學生活帶給他的空虛感，李維史陀有一段時間熱烈參與政治活動。當時，受一九一七年俄國共產革命的激揚和第一次世界大戰的教訓（很多人都把這場戰爭視為資本家的內鬥），左派在法國政壇成了一股不可小覷的力量。法國共產黨成立於一九二〇年，但李維史陀偏好立場較溫和的「工人國際法國支部」（Section française de l' Internationale ouvrière）。當李維史陀開始投入學運時，「工人國際法國支部」已經嚐到權力的滋味，是眾議院裡占大多數席位的「左翼聯盟」的一分子。

這個時候，李維史陀認識了路易大帝中學（Louis-le-Grand）一群左翼學生的領袖勒弗朗（Georges Lefranc）。受其鼓勵，李維史陀參加了「社會主義研究小組」（Groupe socialiste interkhâgnal）：其成員形形色色，有社會主義者、有共產主義者，也有來自一個叫「年輕共和」（La Jeune République）的基督教運動的分子。每逢星期四下午，這群人都會在塞納河左岸的地理學會（Société de Géographie）開會，討論各種課題（包括工廠的工作環境、工人的串連、工會和殖民主義等）。由於會議會邀請一些擲地有聲的來賓演講（社會主義明星戴阿〔Marcel Déat〕和布魯姆〔Léon Blum〕都受邀過），讓這個論壇多了不少分量和威望，顯得不只是個學生協會。日後勒弗朗把它比擬為由「一批政治學與經濟學的自學者」所組成的「編制外大學」。[32]李維史陀從一開始就積極投入，參加辯論和發表講話。他最早發表的一篇作品就是出現在這個時期，談的是法國煽動家和作家巴勃夫（Gracchus Babeuf）。這篇叫〈巴勃夫與共產主義〉的文章本是他在孔多塞中學時應老師卡昂的要求而寫，發表處是比利時工人黨的內部刊物《野玫瑰》（*L'Eglantine*）。李維史陀日後覺得這篇文字不值一提，稱之為「一場意外」，說他「寧可忘掉有過這回事」。[33]

這期間，李維史陀都是在索邦大學枯燥乏味的課堂和地理學會的刺激政治會議之間兩頭轉。他修了心理學、倫理學、社會學、邏輯和哲學史，在先賢祠廣場旁的法學院上了一些民法、刑法和憲法的課程。課餘時間他會閱讀社會主義的刊物，並與馬克思的作品角力。李維史陀決定把論文題目定為「歷史唯物論的哲學假設——特別是以馬克思做為參照」，找來社會學家布格列（Célestin Bouglé）當指導老師。布格列（他日後會當上高師院的校長）本身亦是社會主義者，也是涂爾幹的《社會學年鑑》的主要協力者之一。有鑑於馬克思在當時的法國還是個敏感課題，所以他雖然答應當李維史陀的指導老師，但為了保險，又要求他另寫一篇談聖西蒙（Saint-Simon）的論文（聖西蒙是個較古典的思想家，因此也是個較安全的題目）。當時的李維史陀已胸懷遠大目標。他把自己視為潛在的左派哲學家，一心想把古典思想和激進思想綜合起來：

在偉大的哲學傳統（我是指笛卡兒、萊布尼茲和康德）和政治思想（以馬克思為代表）之間搭起一座橋梁的想法對我非常有誘惑力。時至今日，我仍然理解當初自己何以會有那樣的夢想。34

隨著大學學年的過去，他的政治參與亦更上層樓。一九二八年，他成了「社會主義大學生聯盟」（Fédération des étudiants socialistes）的總書記（該組織由三家高師院的「師範生」構成）。同一年，他負責籌備「法國社會主義大學生第三屆大會」，又開始在聯盟的刊物《社會主義大學生》撰文。為了賺點錢，他也在大皇宮的地下室為「艾菲爾鐵塔廣播電臺」唸國際勞動局的簡報。翌年，他當上國會議員莫納（Georges Monnet）的助理，職責包括管理辦公室、起草立法議案、旁聽國會的辯論和代老闆寫文章。一九三〇年，他成了一個左翼智庫「十一人小組」（groupe des onze）的主席，這小組的工作是要研究如何在全球各地動員左派的力量。這時他才二十一歲，在在看來都是個新左派的尖兵，政治前途無可限量。

「你有在『工人國際法國支部』鼓吹革命嗎？」一個採訪者在一九八〇年代中葉這樣問他。「那要看你所謂的革命是指什麼。」李維史陀以外交辭令回答，「我不是列寧主義者，所以拒絕用暴力手段推動社會變革。相反的，我們一小群激進分子組織了一個政治運動（現在的人會稱之為一個『趨勢』），稱作『建設性革命』（Constructive Revolution）。」日後他解釋說，「建設性革命」雖然是漸進式轉化，但仍然具有徹底性：

> 如果我們日復一日不斷創建具有社會主義精神的機構，這些機構就會挾其優越性而得以一點一點擴大，就像是資本主義蠶繭裡的蠶蛹，到最後，資本主義蠶繭只會剩下一個枯乾的空殼，最終掉落。[35]

雖然投注在政治的時間愈來愈多，但李維史陀從未忘卻父親在他身上誘發的廣泛文化與趣。他繼續泛閱博覽、參觀美術館和思考藝術與美學問題。出於機緣湊巧，他當過多產小說家馬格里特（Victor Margueritte）一段短時間的助理——介紹他認識馬格里特的是另一位小說家尚松（André Chamson），其工作室就位於莫納的辦公室旁邊。這助理工作負責的是促銷馬格里特的和平主義小說《人類的祖國》（*La Patrie humaine*），包括親手把有作者簽名的贈書送給一百個有影響力的巴黎人和撰寫新聞稿送去給媒體。馬格里特是象徵主義詩人馬拉美

（Stéphane Mallarmé）的表兄弟，在巴黎的文學界活了一輩子，當時已是七十歲的老人，脾氣變得很暴躁。在他那棟位於第十七區的豪華公寓當助理時，李維史陀聽他講了許多有關巴爾扎克、左拉、龔固爾兄弟和雨果的軼事。

《社會主義大學生》從一九三〇年起新增「書本和評論」專欄，由李維史陀主編，他同時也定期為專欄寫稿，由是多了一個抒發文學志趣的出口。在這專欄裡，他談過閱讀托洛斯基文體的快感（但他並不附和托氏的政治觀點），讚揚杜思妥耶夫斯基，並將康拉德高舉為「二十世紀最偉大的小說家」。他也寫過許多書評，有一篇是評勒維索恩（Ludwig Lewisohn）的美國通俗小說《激情的罪惡》（*Crime passionel*），一篇是評美國黑人作家所寫的《班卓琴》（*Banjo*），另一篇是評塞利納（Louis-Ferdinand Céline）的《茫茫黑夜漫遊》（*Voyage au bout de la nuit*）。[36] 塞利納對世界的前景充滿悲觀，而這種悲觀情緒將會流連在李維史陀身上，並在他記述自己的巴西神傷之旅的《憂鬱的熱帶》裡重新浮現。

他早期最有趣的文章之一是〈畢卡索與立體主義〉，那是他代馬格里特捉刀，刊登於巴塔耶創辦的短命前衛雜誌《文件》（*Documents*）。李維史陀一方面以一種不落窠臼的方式攻擊了立體主義，另一方面又對畢卡索讚譽有加。他主張，立體主義並不是許多評論家所以為的那樣，代表著一種與印象主義的徹底決裂，反而是歷史悠久的布爾喬亞藝術風格的一部分，專為迎合一小群圈內人的品味而創作。立體主義只是把視覺遊戲轉換為知性遊戲。就像印象主義一樣，它是一種把經驗編碼的聰明方式，是「一種貴族藝術，與較早期的宗教藝術淵源密切」。但畢卡索卻不一樣。他是個美學天才，有著一雙不可思議的利眼和一種自發創作的才具。他有能力一刀切開真實（reality）的核心，把其熾烈（intensity）給掀開來。畢卡索可以「喚起最完全裸體的刺痛羞愧感，所以，當他畫一個男人脫下襯衫時，你會覺得這男人是在把自己的皮給撕下來」。女人在他來說就像一塊「肌膚板子」，可以任他自由發揮。就連平凡不過的事物（瓶子、玻璃杯、菸斗等）在畢卡索筆下都會充滿懸疑，總是「籠罩著靜悄悄而讓人害怕的氣氛，就像行將會發生什麼意外、暴亂和災難」。[37]

由於這篇文章，李維史陀觸碰到某種文化氛圍，隨著他年紀愈大，這種氛圍會讓他愈感興趣。《文件》體現著當時法國前衛文化喜做奇怪融合的特徵。在它短短十五期的壽命裡，民族學文物和現代藝術被共冶一爐，流行文化與古怪物事被擺在一塊。在這本雜誌裡面，你可以同時看到非洲面具、阿茲特克（Aztec）文字、畢卡索的畫、美國低俗小說的封面、屠宰場的照片、一隻大腳趾的特寫照和論塵埃與唾液的文章。雷利斯把《文件》形容為一本「雙臉神（Janus）出版品」*，說它的一張臉是朝向「文化的高聳空間……另一張臉則是向著一片人們得在沒有地圖或護照的情況下涉險而過的荒野」。《文件》的供稿者包括了牟斯、雷利斯和民俗音樂家舍費爾（André Schaeffner）。這份刊物的編者巴塔耶有許多人類學方面的興趣，後來也跟法裔瑞士人類學家梅特羅（Alfred Métraux）發展出深厚的友誼（梅特羅是李維史陀的未來同事與密友）。

差不多同一時期，李維史陀與自己的未來專業也發生了另一次偶遇。當時李維史陀的父親受到委託，為即將舉行的「殖民地博覽會」裝飾馬達加斯加展館，兒子亦一起幫忙。「我們就像一間文藝復興時代的畫室，包括家人、學生在內，每個人都被找來幫忙。」[39]工作地點是特羅加德羅宮裡的民族學博物館（不久便會在李衛的主導下變身為人類博物館），一共有三十公尺長的牆面要裝飾，每個人都埋頭苦幹。李維史陀負責畫部分人物和背景，他父親則專畫精細度較高的部分（包括殖民地官員和馬達加斯加少女的群像）。[40]我們不太知道李維史陀對「殖民地博覽會」有何感想。這個在凡仙森林（Bois de Vincennes）舉行的博覽會既有吳哥窟的巨大複製品，又有模仿非洲和印度支那布置的村落，最後還出人意表地把密蘇里州出生的約瑟芬·貝克選為「殖民地之后」。博覽會非常受歡迎，但卻不是沒有引發批評的聲音。

其時，前衛藝術圈和左翼圈子已經開始有人對殖民主義發起撻伐。包括布勒東和坦奎（Yves Tanguy）在內，一群超現實主義者聯署和散發了一份名為〈別參觀殖民地博覽會〉的宣言，斥責法國在海外的殘暴行徑，呼籲當局「立刻從殖民地撤出，並起訴那些須為安南、摩洛哥和中非洲屠殺事件負責的將軍和行政官員」。其中一個連署者阿拉貢（Louis Aragon）還

* 譯注：雙臉神為古羅馬門神，兩張臉分別朝向不同方向。

搞了一個與「殖民地博覽會」打對臺的展覽，利用一九二五年「裝飾藝術展」留下的舊展館展出來自非洲、大洋洲和美洲的原始藝術。

在當時，李維史陀對殖民主義的態度要溫和許多。他在《社會主義大學生》針對該議題的一期特刊中寫道：「『殖民化』一詞是指用武力迫使在社會和經濟方面不太發達的群體臣服於發展較高的群體。」這番話含有家長主義的味道，等於是大致接受殖民主義有其必要性。但李維史陀在文中又強調，殖民當局在殖民地所取得的利益應用於幫助原住民，並受到一個國際性社會主義組織的監管。[41]這當然是一種歐洲中心的觀點，日後也會被李維史陀自己所摒棄。他的許多作品都將隱含對殖民主義的批判，而他很快就會親身體驗殖民主義的後遺症。

雖然是個如飢似渴的閱讀者，但他對於當時法國稱為民族學的學問還沒有什麼接觸。「我對人類學一無所知，」他日後在回憶錄裡說，「我從未上過這方面的課，而當弗雷澤博士（《金枝》〔*Golden Bough*〕的作者）最後一次到索邦大學演講那一回（應該是一九二八年），我雖然知道這消息，卻沒想過要去聽講。」[42]多年後李維史陀將對弗雷澤的作品做出批判性重新評估，錯過這次機會讓他日後遺憾不已。

反芻過一部部法學大部頭並跳過一個個為應考者而設的哲學鐵圈後，李維史陀取得了法學和哲學學位。但前頭還有一道艱難考驗：他必須參加「中學教師資格考」。資格考分為筆試與口試兩部分，只有四分之一的考生會通過，通過的人可以取得中學老師資格，日後也有望成為大學講師。做為這過程的一部分，李維史陀必須回母校當兩星期實習老師。與他一起在冉松德薩耶中學實習的是兩個未來的思想界巨人：作家西蒙．波娃（Simone de Beauvoir）和哲學家梅洛龐蒂（Maurice Merleau-Ponty），兩人當時都是二十出頭。在李維史陀的記憶裡，波娃看起來「非常年輕，膚色如農村姑娘般清新有光澤。她有著鮮脆但甜美的一面，就像是紅蘋果」。[43]他在一九三一年七月參加了「中學教師資格考」，一起應考的有阿爾基耶（Ferdinand Alquié，他日後是索邦大學的哲學教授和哲學家德勒茲〔Gilles Deleuze〕的指導老師）和自苦甚深的作家暨哲學家西蒙娜．韋伊（Simone Weil）。乍看之下，竟有那麼多未來的大人物老是碰在一起誠屬湊巧，但那其實只是法國學術教育體系有多麼菁英主義、圈子有多麼小和多麼巴黎中心化的一種反映。這種現象一直要等到一九六〇年代才開始式微。

李維史陀碰到的其中兩道考題是「休謨作品裡的因果概念」和「應該從非時間性角度還是從歷史角度看待哲學？」後者將是他日後反覆在作品裡觸及的課題。至於口試（面對一小群主考員就一個課題談四十五分鐘），他抽到的題目是「有應用心理學這回事嗎？」他被帶到索邦大學圖書館，有七個小時的準備時間。一去到那裡，他就吃下家庭醫師開給他的一小瓶抗壓力藥物，不料馬上就感到噁心想吐，接下來整整七個小時都是躺在兩把椅子裡。「七小時暈船感！」他說，「我去到那些主考面前時形如死人。因為未能事先準備，我只好即席發揮，結果被認為相當精采。就我記得，我只講了斯賓諾莎。」[44]

李維史陀一次就通過口試，得了第三名。以他的年紀來說，這是一個非凡成就，更何況他一直對課堂所教的東西不感興趣又外務繁多。知道考試結果後他跑去買了一本占星學的書。「我不是相信這種東西，只是要當作報復，向自己證明我還沒有失去獨立思考的能力。」[45]但他這種興奮心情沒能維持太久，一回到家，他就發現家裡一片愁雲慘霧。經濟大蕭條的殺傷力終於波及他的大家族：他叔叔的股票投資全部泡湯，而這位叔叔一向是李維史陀父母遇到經濟瓶頸時的主要紓困者。李維史陀不久便會當上老師，有一份普通收入，但這收入一大部分都會用來幫補家計。

服過兵役後（先是在史特拉斯堡當了四個月的二等兵，然後被調到巴黎負責給上司剪報），李維史陀有兩所中學可以選擇，一所位於蒙德馬桑（Mont-de-Marsan），另一所位於奧比松（Aubusson）。他選擇了在蒙德馬桑的維克托—迪呂伊中學（Lycée Victor-Duruy）任教（蒙德馬桑是僻處法國西南部的一個小城，位於朗德省〔Landes〕大森林的邊緣）。一九三二年九月，赴任的前夕，李維史陀娶了蒂娜。他們是一對思想取向的夫妻，兩人都是二十出頭，都在中學系統任教，都有希望成為大學講師。結婚時蒂娜還沒參加「中學教師資格考」，但將會在翌年通過。日後回憶他們前往阿基坦區（Aquitaine）的旅程時，李維史陀說：「那同時是我的第一份工作和第一個蜜月。」[46]

他待在蒙德馬桑的時間不長，但享受了一段快樂時光。他新婚，有一份新工作，還有一個他完全不熟悉的法國角落可供他探索，凡此都讓人愉快。教書工作對他完全是新鮮事，他也滿懷熱忱地從零開始備課。他也有多餘的時間可以滿足自己的政治興趣，透過與當地社會主義群體的接觸建立起活躍的社交生活。他曾競選當地的市議員，卻以鬧劇收場。有一次，他兒時的朋友德雷福斯（Pierre Dreyfus）開著一輛雪鐵龍去探望他，兩人一起出遊，車子交由李維史陀駕駛，不料他一個不小心，把汽車開出路面，掉到溝裡去。因為是無照駕駛，他只好退出競選。翌年，他被調職到皮卡第（Picardy）的拉昂（Laon），因為地點離巴黎比較近，加上他太太被派到亞眠（Amiens）教書，所以兩人就搬回普桑路父母家，把課排在同幾天上完。

才開始在皮卡第教書，李維史陀便感到煩躁不安。他的環境完全談不上理想：需要上課那幾天他都得住宿在中學附近的一家破舊旅館。但他的焦慮主要是心理上的。意識到自己將會不斷重覆教同樣的課程讓他意志消沉。一九三三年十月，做為尋求大學教職的一小步，他提出了撰寫博士論文的申請。然而，當大學老師的前景在他看來跟當個中學老師相差無幾。此時，他也失去了搞政治的熱忱。一九三四年，他離開了「十一人小組」，以抗議該小組的極端化和對「工人國際法國支部」愈來愈不客氣的態度。這個決定有力地終結了他的政治參與，讓他年輕時代的義憤和理想主義隨風而逝。

雖然李維史陀父親大多數時候都手頭拮据，但一九二〇年代中葉受託裝飾馬達加斯加展館那一次卻讓他獲得一筆不菲報酬。他從這筆錢拿出五千法朗，在塞文山脈附近的瓦勒羅格（Valleraugue）買下一座廢棄的蠶桑農場。「那裡形同廢墟，我們去的話都只會露營，但它對少年時代的我卻非常重要。它也讓我瞭解到荒野可以有多麼荒涼。」[48]為了放鬆巴黎的緊張生活，他有時候會到四周的山岳健行。他專挑沒路的地方走，沿著天然的斷層線前進，繞行過石灰岩的側肋，爬上斷崖，再跌跌絆絆地走下遍布巨礫的小丘，一面走一面推敲四周地貌的地質形成過程。

遠離巴黎讓他的思想得到綜合。一個觀念以不同形式反覆浮現在他腦際，這觀念他很早便已牢牢掌握，此後從未拋棄過。對李維史陀而言，真實總是有兩個層次，一個是事相（reality）的層次，一個是從分析而得的潛文本（subtext）層次。在一個又一個例子裡，這兩者的關係都錯綜複雜而違反直覺：不管是隨機分布的巨礫、岩面上鋸齒狀的裂縫，還是一片由森林轉變成的乾草地，這一切都不過是板塊運動、海洋潮汐和地底變化的外顯跡象。一片地貌只是外表，一次變形，其基底下潛藏著一個地質學的「主意義」（master-meaning）——一個作家稱之為「世界的無意識心靈」。[49]經濟上的現象也是如此：經濟成果醜惡不均的分配方式，以及隨之而來的社會與政治動盪，這些全都是事相，而它們的潛文本得要到馬克思別出新裁的抽象架構去尋找：包括他的剩餘價值理論、勞動異化理論和商品拜物教理論。同樣的例子也見於心理學：一個女病人呈現歇斯底里和性冷感的症狀，而且會做一些奇怪的夢，包括夢見一棟房子失火、夢見找回一個珠寶盒、夢見自己想要前往火車站時碰到百般阻擾，這一切要怎麼解釋？再一次，答案位於另一個分析的層次，要從佛洛伊德對於「自我」（ego）、「超我」（superego）和「本我」（id）三者關係的理解才能獲得解釋。

李維史陀日後會把地質學、馬克思主義和佛洛伊德稱作是他的「三位情婦」，是指導他思想生活的三位繆思女神（英譯本很靦腆地把「三位情婦」譯作「三大靈感來源」[50]）。受哲學家柏格森（Henri Bergson）的影響，他的大學老師被困在自己的知覺裡，只關心認知機制（知覺、意義和理性）是如何通達事相的問題。李維史陀系統性地反抗這種立場。受他三位「情婦」的幫助，他發現自己可以看穿事相的混亂表象，並隱約意識到它們是受到哪些原理的規範。他將會奉獻一生去破譯這些原理。

為自己尋覓一種志業的過程中，李維史陀隱隱意識到有一個新的探究領域正從人文學的邊緣興起。「當時，哲學系畢業生的圈子裡盛傳，民族學可以提供一條出路。」他回憶說。[51]在一九三〇年代，民族學研究終於在法國站穩腳跟，但起步要比英美世界的人類學家晚了幾十年。當時，最為大眾所知的民族學活動是「達喀爾—吉布提考察行動」（Dakar–Djibouti expedition），負責其事的考察隊溯尼日河而上，一直到衣索比亞，對沿途（主要是一些法國屬地）的土著文化進行研究。考察隊由曾任飛行員的格里奧爾（Marcel Griaule）率領，雷利斯負責文書工作，一行共有九個學者，受託的任務是「研究某些黑人族群和他們的各種活動」，以及「填補民族學博物館的不足」。他們不負所託，帶回來三千五百件器物。達喀爾—吉布提考察隊展開任務時，參加過牟斯田野技巧課程的第一代學生也奔向了世界各地。例如，與李維史陀同屬哲學系畢業生圈子的蘇斯戴爾（Jacques Soustelle）前往墨西哥研究阿茲特克文化；梅特羅回到自己小時候居住的阿根廷，創辦了一個民族學研究機構；其他人更是遠赴格陵蘭、法屬印度支那和馬來半島各邦。

讓李維史陀對民族學益發感興趣的一個人是作家尼贊（Paul Nizan）。他是李維史陀的堂妹夫，剛出版了《阿拉伯半島的阿丁》（*Aden Arabie*, 1931）一書，描寫自己如何不滿巴黎的教育而逃到阿丁（類似的不滿情緒日後將會出現在李維史陀的回憶錄《憂鬱的熱帶》裡）。就像當時許多左翼知識分子那樣，尼贊對法國傳統的教育制度感到幻滅。在《阿拉伯半島的阿丁》裡，他把自己唸過的高等師範學院形容為「荒謬」和「可憎」的機構，又哀嘆那裡教導的古典哲學空洞無物，與贗品無異。他說，因為受這種菁英主義教育之害，讓他二十歲時在什麼都不懂的情況下被投入到「無情的世界」，唯一學會的只是「三種優雅成就：希臘文、邏輯和一大堆字彙」。[52]做為自己時代一個不得安寧的激進分子，尼贊看出人類學包含著若干本真性（authenticity），又認為從事這方面的研究也許會適合李維史陀的氣質性情。同一時期，李維史陀讀了羅維（Robert Lowie）的《原始社會》，深受它的清新氣息所啟迪（這書其實相當枯燥乏味）。書中，羅維描繪了一個知識分子如何努力擺脫一些陳舊的觀念，改為師法一個自身之外的參考座標：人類學家的田野經驗。田野的魅惑力十分巨大。它結合了旅遊與知性，結合了理論與實踐，而在法國的傳統裡，它甚至可以涵蓋哲學與藝術。如果投入人類學的研究，李維史陀不只可以甩掉中學老師單調乏味的教學工作，還可以生平第一次離開歐洲。

「巴西是我最重要的人生經驗，」李維史陀在二〇〇五年接受《世界報》的訪談時說，「這不只是由於它遙遠、反差大，還因為它決定了我的事業取向。我欠這國家一個大恩惠。」[53]不過，正如他自己所承認，他會選擇巴西做為目的地純屬偶然，因為當初邀請他去教書的地點換成是南太平洋或非洲，他一樣會二話不說地接受。事實上，當布格列在一九三四年一個秋日早上打電話告訴他，心理學家仲馬（Georges Dumas）正在為新成立的聖保羅大學物色教師時，李維史陀早在心靈裡收拾好行囊，只差還沒想好要到哪裡去。另外，他對於要不要選擇人類學做為專業也還沒有打定主意：更早前，他寫過一封信給牟斯，表示自己想到海外遊歷一番——也許是以人類學家的身分，也許是以記者的身分。[54]

為打動李維史陀，布格列把聖保羅形容為一個落後於時代許多的城市，說郊外到處都看得見印第安人。這讓李維史陀遐想連翩，在腦海裡看到棕櫚葉蓋的屋頂、「造型古怪的亭子和樓閣」，又彷彿聞到燒灼的熱帶香氣（日後他解釋說，這聯想是Brésil〔巴西〕和grésiller〔燒得哧哧響〕二詞發音接近所導致——換言之是一個帶有普魯斯特況味的聯想[55]）。李維史陀聯絡了仲馬，對方答應讓他主持社會學的講席。[56]

被派出去給一家初生大學印上歐洲文化保證的老師共分三梯次，李維史陀屬於第二梯次。與他同一梯次的還有行將大名鼎鼎的歷史學家布勞岱爾（Fernand Braudel）、哲學家莫古埃（Jean Mangüé）和葡萄牙暨巴西文學的專家烏爾卡德（Pierre Hourcade）。除布勞岱爾外，他們全是外省的中學老師，是學術位階上較低的一群。莫古埃是在毫無心理準備的情況下收到邀請信，信中仲馬告訴他，這份教職可讓他兼享「尼斯（Nice）的好天氣」和「豐厚的酬勞」。[57]就連布勞岱爾會雀屏中選都帶點運氣成分：「他們要找的是索邦的教授，卻找不到。我當時是副教授，層次只比門房略高一點。但他們最後沒有法子，只好用我。」[58]

行前，由法美委員會（Comité France-Amérique）作東，這批年輕學者被邀至維克托—埃馬紐埃爾大道（Victor-Emmanuel，今稱羅斯福大道）的一座棄置宅邸，參加餞行宴。外燴包商在散發著霉腐味的空屋裡清理出一片空間，擺上一張小桌子。席中，仲馬為了給在座各人加油打氣，便告訴他們，他們身為法國的文化大使，必然會受到巴西上流社會的款待，有機會經常出入賭場、賽馬場和夜總會（聽在一批在外省過著手停口停生活的資淺中學老師耳裡，這種前景很有超現實味道）。最後，仲馬給了他們一個父執輩的叮嚀：注意服裝儀容。他建議他們到中央市場附近一家叫「珍奈特十字架」的店做一套好料子西裝，說自己年輕時常光顧這家店。[59]

還留在巴黎期間，李維史陀盡力蒐集有關巴西的資訊，想多瞭解些這個他幾乎一無所知的國家。透過介紹，他會見了巴西駐法大使丹塔斯（Luís de Sousa Dantas），而丹塔斯告訴他（有別於布格列所說的），巴西原住民早在十六世紀便被野蠻的葡萄牙殖民者用大炮屠殺淨盡（諷刺的是這大使本身帶有原住民血統）。李維史陀又參加了美洲印第安人研究學會（Société des Américanistes），開始讀鮑亞士（Franz Boas）、克魯伯（Alfred Kroeber）和羅維等北美人類學家的著作，又讀了各種早期探險者和船難故事的印象式記述：例如德國士兵施塔登（Hans Staden）的回憶錄，描述他在十六世紀遭吐比南巴人（Tupinambá）俘虜後的所見所聞；又例如法國歷史學家特維（André Thévet）的著作，書中記述了維萊加格農（Villegagnon）在里約熱內盧建立短命法國殖民地「南極法國」（France Antarctique）的始末。[60]

但真正讓李維史陀心往神馳的作品是雷利（Jean de Léry）的《巴西遊記》（*L'Histoire d'un voyage fait en la terre du Brésil*）。雷利是神學院學生，曾在「南極法國」待過八個月，對海灣四周的土著進行過研究。他的書糾正了特維的許多錯誤，具有鮮明的準民族學色彩。書中對吐比人（Tupi）具有詩情畫意的描述，顯示出這個族群在受到殖民主義蹂躪前有多麼剛健純良。做為巴西原住民最早期的第一手證據，雷利的書觸動了李維史陀繼承自盧梭的「高貴野蠻人」（noble savage）觀念。* 這是他一直秉持的信念，哪怕是在巴西蠻荒地帶目睹過土著文化有多麼殘破之後還是如此。他日後回憶說：「雷利的作品幫助我逃離自己的時代，得以和『超現實』重獲接觸——這個『超現實』不是超現實主義者所說的那種，而是一種比我親眼目睹的真實還真實的現實。」[61]

登船前往巴西前夕的李維史陀是個怎樣的人？從表層看，他是個新婚的高中老師，收入普通，樂於有機會到外國換換環境。就像他之前和之後的許多青年那樣，他的政治理想主義業已消散，沒能存活到大學畢業之後多久。他在法國的教育系統待過很長時間，包括在一所著名的巴黎中學唸過書，在索邦唸過大學，服完兵役後又在外省初執教鞭。氣質上，他有當時巴黎年輕知識分子的嚴肅，只偶而會流露出冷面笑匠的幽默感。西蒙．波娃回憶說：「他總是板著臉的表情讓我望而生畏，但他總是可以把它善加利用。讓我覺得非常有趣的是，他會用超然的聲音和木然的表情向我們聽眾解釋激情有多麼愚蠢。」[62]

在這個表層下面，業已沉積著一些觀念和影響力。文化興趣上，他受到前衛藝術的誘惑，只不過，他對現代主義者斷然否定傳統的做法又總是態度矛盾。在十九世紀中葉，他的祖輩便已經是文化菁英的一員，而到了一九二〇年代中葉，他父親又因為現代主義的風行而幾乎陷於失業。李維史陀的早年經驗跨騎在兩個不同的時代，一方面是他父親對第三共和時期的舞廳和歌劇院的緬懷，另一方面是他自己對前衛藝術家那些簡陋工作室的著迷。待李維史陀年歲漸增，父親對他的影響力將會擴大。另一方面，儘管他後來屢屢貶斥現代主義藝術，但某些前衛的元素卻始終烙印在他的思維風格裡。

他從一開始就對藝術著迷，特別是對音樂著迷。「我從兒時起便夢想當作曲家，至少是當指揮家。」他說，但未能如願。他試過作曲，卻只發現自己有著跨不過的局限性：「我的腦子缺了某些成分。」[63]做為補償，他將會在學術著作中注入形式和內容兩方面的藝術元素，包括使用拼貼寫作手法和引用文學典故，以及經常把原住民文物與古典音樂及藝術相提並論。

李維史陀經常說，法國大學裡教的那種哲學反思方式瀰漫著「一種幽閉恐懼症似的、土耳其浴般的氛圍」，讓他深感厭惡。另一方面，這種思考風格又一直是他的根本。雖然屢屢聲稱討厭哲學的知性遊戲，但他明顯對抽象論證和形而上概念感到自如，而他後來的作品也總是散發著哲學風味。不管他修讀法律有多麼半心半意，法學訓練仍然給了他一個進行思想論證的系統方法（有時是獨斷方法）。日後，當他與批評者交火時，他打發對手的方式就像

* 譯注：「高貴野蠻人」指的是原始民族雖然生活原始，卻性情高尚，充滿美德。盧梭等啟蒙思想家後來把這觀念發揚光大。

一個大律師打發控方的證人。

李維史陀明顯具有不凡的聰慧，但這種聰慧又不無短處。他能夠快速而儉約地吸收新觀念，但過程中又會剝去許多內容，轉換成某種思想速寫。消化過一大堆材料之後，他會把它們煮成一鍋原理格言和思想反射的濃縮蘸汁。他的「三位情婦」（佛洛伊德、馬克思和地質學）被他化約為簡單的原理：事物的表層總是騙人的，真理要在做為基礎的底層才找得到。老師卡昂對他的評語值得我們再一次回顧：「懂得很多」、「思想銳利，有見解」、「近乎宗派主義的頑固」、辯論時喜歡堅持「斷然的、黑白分明的論點」，缺乏「細節分疏」。這個評斷也許有點苛刻，但卻讓讀過李維史陀作品（特別是早期作品）的人不能不有同感。

李維史陀能有機會早早便讓他的多元興趣獲得聚焦是一大幸事。當他準備啟程前往巴西時，新大陸也在向他招手。他在那裡發現的東西起初將會讓他困惑。需要經過慢慢熬煮（超過十年的閱讀和反省），他才會最終明白箇中意義。

2 奇風異俗

我的記憶會一一喊出他們的名字：卡都衛歐人、波洛洛人、南比夸拉人、蒙蝶人、吐比卡瓦希普人（Tupi-Kawahib）、墨人（Mogh）和庫基人（Kuki）；每個名字都提醒我這地球上的一個地點，以及我人生中和世界歷史上的一個時刻……他們是我的見證，是我的理論觀點與現實之間活生生的聯繫。

——李維史陀，《結構人類學》（*Anthropologie structurale*），第一卷，一九五八

一九三五年二月初，李維史陀與太太蒂娜登上停在馬賽港的門多薩號（Mendoza）。在《憂鬱的熱帶》裡，他對這個時刻的回憶充滿各種朦朦朧朧的感官感覺，因為那事實上是他日後多次出航美洲的經驗所融合而成。隨著輪船徐徐駛進大海，港口的油汙味被海風吹散。半睡半醒之間，他聞到了一種由鹽、新漆油漆和廚房煮食混合而成的味道，耳朵裡聽到了

「引擎的運轉聲和海水拍打船身的聲音」。[1]當時他二十六歲，第一次離開歐洲，準備航向巴西。

門多薩號是一艘八千公噸的兩煙囪蒸汽輪船，專門載送貨物橫渡大西洋。李維史陀住的是頭等艙，也是船上寥寥無幾的乘客之一。甲板空空蕩蕩，可任人溜躂。他和同仁會在舞廳大小的飯堂裡吃午餐，在吸菸室抽菸，在寬敞的艙房裡一連閱讀幾小時，消磨時間。蓄八字鬍的乘務員會給他端來大盤的頂級小母雞或大比目魚排。輪船開過地中海途中，穿著藍色工作服的水手會打掃空蕩蕩的走廊，或是給通風管油漆。從乘客的角度觀之，那是一艘豪華的鬼船，至於它有多麼寬大和舒適，則要等李維史陀日後坐上擠得要命的難民船逃離納粹歐洲時方能充分體會。

到過阿爾及爾後，門多薩號先後在西班牙和摩洛哥沿岸的港口停靠，日間卸貨，夜間航行，然後便南下朝達喀爾而去。船一開到公海，連群結隊的海豚和海鳥便不見了，只剩下「接連一片又一片」的海和天。[2]橫渡大西洋的三個星期間，李維史陀大部分時間都是處於強烈的知性興奮狀態，「幾乎總是一個人在船橋漫步，眼睛睜得大大，內心卻與世隔絕，就像生怕會忘掉剛看過的景物。」[3]他有一種奇怪的感覺：不是船在動而是四周的景物在動，猶如舞臺上的旋轉布景。

有一次，他看到落日像一團顏色融化在海面之後，寫下了一篇頗長的抒情性文字，後來收入《憂鬱的熱帶》。就像許多銳意創新的少作那樣，這篇文字的文學技巧目不暇接，連篇都是意象、比喻和觀念。在一共七頁的篇幅裡，他先後把雲比擬作金字塔、青石板、史前墓石牌坊、空中的暗礁、蒸汽瀰漫的洞穴，甚至還一度把雲比作八爪魚。天空被他描繪為一層層看不見的水晶、一些虛無飄渺的城壁、散發著各種顏色：朦朧的藍色、「粉紅與黃色；蝦紅、鮭紅、亞麻黃、草黃」。文中甚至用了一些來自歌劇的比喻：泛光燈、舞臺布景和事後演出的「序曲」（舊日的歌劇顯然有這種演出）。[4]這是一個用力過猛的文學實驗，但其中一些風格化元素日後將會在李維史陀的其他作品再度出現。就連在他那些最難啃的學術文章裡，李維史陀仍然雅好描繪細節和使用比喻，以及對自然的形式與過程表現出莫大興趣。

早在巴西海岸線出現以前，他便嗅到了從陸地飄來的森林、水果和菸草氣味。第二天一大早，一片模糊的海岸輪廓出現眼前——那是馬爾山（Serra do Mar）的參差斷崖。沿著這山向南開去，途中是一片片沙灘、熱帶森林和變黑的岩石。然後，船隻在一些零散分布的球狀島嶼之間穿行了一陣，便趨近了著名的瓜納巴拉灣（Guanabara Bay），可以遠遠望見里約熱內盧和它那些直豎手指似的山峰和花崗岩巨塊。

眼前的壯觀風景與李維史陀所熟悉的歐洲風景截然不同。這風景屬於一個不同的層級，其恢弘他從未體驗過。多年之後，在回憶這段往事的時候，他指出，要能欣賞這風景，看的人必須做出心理調適，調整心中的視角和比例，因為其巨大無朋會讓人整個被縮小。然而，當門多薩號終於在里約熱內盧泊港時，李維史陀卻備感失望。因為不管他心理怎樣調整，眼前的光景仍然大大違反他一向用來判斷美醜的古典比例原則。糖塔峰（Sugar Loaf）和科爾科瓦杜山（Corcovado）都太過巨大了，與四周環境顯得格格不入，而且它們歪歪斜斜的樣子就像是「無牙嘴巴裡的……牙齒殘根」，彷彿是大自然尚未施工完成便丟下不管。高聳的山峰和超巨大的港灣只留下些許空間給這座城市，被迫壓縮在一些狹窄的走廊地帶，儼如一些「套在太緊手套裡的彎曲手指」。[5]棕櫚夾道的林蔭大道和世紀之交的建築風格，都讓里約熱內盧看似十九世紀的尼斯或比亞里茨（Biarritz）。李維史陀日後寫道：「這個熱帶地區與其說是異國風情，不如說是過時落伍。」[6]他對里約熱內盧之美的小覷讓巴西人至今不能釋懷，甚至被寫進了費洛索（Caetano Veloso）的著名歌曲〈外國人〉（O Estrangeiro）裡：「人類學家李維史陀討厭瓜納巴拉灣／他認為它像個無牙嘴巴。」但李維史陀本人告訴我，他不喜歡里約熱內盧只是第一印象，待日後多次重遊便愛上了這城市。[7]

他在里約熱內盧住了幾天，徒步到處探索。人行道上鑲嵌著些葡萄牙進口的米黃色和暗藍灰色石頭，構成一些漩渦和有機圖案，就像古代的馬賽克畫。走在巷子裡的時候，他注意到「內」與「外」在這裡並不是一清二楚的，因為店鋪會把部分貨物擺放到店面外，咖啡廳的門外也堆著一堆堆綠椰子。「我的第一印象是，里約熱內盧就像是米蘭的騎樓街

（Gallerias），阿姆斯特丹的廊廳（Galerij）、全景拱廊街（Passage des Panoramas）*或是聖拉札爾火車站（Gare Saint-Lazare）大堂的露天翻版。」[8]

帶著一本雷利寫的《巴西遊記》，李維史陀費力想像昔日海灣四周星星點點分布著吐比南巴人聚落的樣子。從繁忙的市中心商業區，可以看到錯雜在一片片山腰上的「法維拉」（favelas）†，但在當時，它們更像是一些鄉村風味小村子而不是（如今天所見）擠得密不透風的貧民窟。較富裕的佛拉曼戈區（Flamengo）和波塔弗果區（Botafogo）環抱著海灣延伸，而透過一條隧道，可以去到面向大西洋的柯帕卡巴那區（Copacabana）——這一區在當時還只是個田園風味的小鎮，但行將快速發展為一個「超級坎城」（super-Cannes）。

留在里約熱內盧的最後一晚，李維史陀坐上纜車，去到科爾科瓦杜山的半山，在一個可以飽覽海灣景色的平臺與幾位美國同仁共進晚餐。稍後，他回到門多薩號，展開最後一段海上航程，前往桑托斯（Santos）。在如注大雨中，輪船沿著沒多少人居住的海岸線行駛，途經一些建於十八世紀淘金熱時期的破落港口。一度把這些港口連接於內陸金礦的石板道路業已消失，被覆蓋在雨林所落下的無數樹葉下面；森林地面上不時可以看到一些生銹的馬蹄鐵，見證著曾經有騾隊在這裡來來去去。締造這些港口的財富早被搬光，運到葡萄牙用於興建修

---

* 譯注：巴黎第一條拱廊街，類似商場。

† 譯注：這個詞專指巴西的貧民窟。

道院、皇宮和別墅。

到達桑托斯之後，門多薩號停在一些堆滿一袋袋咖啡豆的貨船旁邊。法國教師團一行人在滂沱大雨中下了船，迎向在碼頭上等著他們的梅斯基塔（Júlio Mesquita）——他是《聖保羅州報》的老闆，也是聖保羅大學的主要創校人之一。接下來，眾人分坐幾輛汽車，沿著今已廢棄的馬爾路（Caminho do Mar）前往一百公里外的聖保羅。開過一個遍布香蕉種植園的溼溽平原後，地勢便陡地升高，而陣陣水蒸汽亦開始被馬爾山上熱帶森林的冷涼空氣取代。車窗外盡是各種李維史陀見所未見的植物，儼然是「陳列在博物館裡的一層層標本」，讓他看得目瞪口呆。[9]從山頂上回望大海，景致無比壯觀：「就像是天地初開之時似的，水與陸交融在一起，被籠罩在一層粉紅色的薄霧裡，香蕉種植園隱約可見。」[10]自此而下便是一片坡度平緩的高地，途經一些衰竭的咖啡種植園和一間由一個日本移民所蓋的古怪小屋，接著便進入了聖保羅的郊區。

梅斯基塔讓他們下榻在名字恰恰好的「終站飯店」（Hotel Terminus），一行人在安頓下來以前都會住在這裡。嘉年華會此時正進行得如火如荼，所以，在抵達的第一個晚上，他們便大著膽子，探索四周的街道。附近街區有一棟房子窗戶洞開，傳出隆隆的音樂聲。走近之後，一個站在門口的高個子非洲裔巴西人告訴他們，想要跳舞的話可以進來，但不要光站著看。李維史陀回憶說，自己舞步笨拙，幾次把舞伴的腳給踩著——對方是一個非洲裔巴西女人，接受他邀舞時「面無表情」。11

李維史陀抵達聖保羅那年頭，巴西正經歷現代化，行將擺脫殖民時代的陰影。但現代化的腳步時斷時續，涵蓋面也不平均。因為少了太平洋的誘惑，西向開拓運動並不成功，愈深入南美內陸便愈是受阻於沼澤和森林。大部分人口仍然住得離大西洋很近，若不是聚居於沿海的城市或小鎮，就是住在郊區大片大片的咖啡種植園、甘蔗田或養牛場四周。

僅有三百萬人住在李維史陀即將前往探索的廣大內陸地區。部分由原住民構成，這些內陸社群是一度繁盛的採橡膠業的產物，但橡膠現已枯竭，內陸居民端賴亞馬遜盆地的主要水道維持生計。中西部曾有過若干採礦的木屋小鎮，但今已廢棄，如擱淺般被遺棄在矮樹林裡。再向南走，開荒計畫正逐漸打開帕拉那州（Paraná state），讓大片大片森林轉化為牧草地。人數愈來愈萎縮的原住民要不是被吸入到新開拓的市鎮，便是逃離它們，被圈禁似地住在政府劃定的保留區裡，或是靠傳教士接濟，或是淪落為被剝削的廉價勞工。

隨著歐洲移民的湧入和工業化的開始，巴西最大幾個城市開始形鑄出自己的專有形象：里約熱內盧以歡樂之都自居，聖保羅則以工業之都自居，其與里約熱內盧的關係如同米蘭之於羅馬。但傳統鄉村社會的痕跡仍隨處可見。例如，聖保羅的郊區還設有專供來自內陸的騾隊紮營的營地，而在里約熱內盧的山丘上，窮人仍然會種菜、養豬和養雞。基本建設寥寥無幾。貨車才剛開始要取代騾隊的作用，但泥濘和兩旁草木過盛的道路讓汽車交通曠日費時。現代主義建築師尼邁耶（Oscar Niemeyer）回憶說，在一九四〇年，有一次他要從里約熱內盧開車前往米納斯吉拉斯州（Minas Gerais）的貝洛奧里藏特（Belo Horizonte），途中一度因為路況極差，得要動用牛隊來拉車。[12]

經濟大蕭條重創了巴西以農礦產品為基礎的經濟，而當李維史陀抵達之時，該國正經受著發生在歐洲的同一種政治動盪。一九三〇年，巴西農產品價格崩盤，而瓦加斯（Getúlio Vargas）亦在同一年發動政變，當上總統。透過與法西斯主義暗通款曲，他的政權將會搖搖晃晃地存活過一九三〇年代。他一方面拉攏以納粹為師的「統合黨」（Integralists）並打壓共產黨，另一方面百般安撫有權有勢的地主集團和新興的都市菁英。在這種環境中，左翼知識分子的處境將會愈來愈艱難。不過，在文化上，住在巴西的法國人仍然被視為高人一等。秉承十九世紀的帝國遺緒，法國仍然被認為是歐洲精緻文化的高點。李維史陀一行人甚至不用擔心葡萄牙文不靈光的問題，因為他們盡可以用法語授課——在城市的菁英階級之間，法語是一種通用語。[13]

與里約熱內盧不同的是，聖保羅帶給李維史陀極佳印象。「那是個不同凡響的城市，」他稍後回憶說，「仍然只有中等大小，但卻處於極大的變動中，往往只有幾英尺之遙，你就會從十八世紀的伊比利亞世界走進了一八八〇年代的芝加哥。」[14]聖保羅正快速發展為巴西的工業中樞。其人口剛超過一百萬，第一批高樓大廈剛出現在天際線，高樓大批湧現的時間指日可待。以一波波新移民（主要是義大利裔）做為動力，新房子接連不斷地建起，把四周的農耕地轉變為一小片一小片的建築工地、菜圃、牧草場和混凝土。當時造訪過這城市的一個旅人回憶說：「空氣輕快，街道響著叮叮噹噹的聲音，電力照明的廣告招牌大刺刺挑戰著天上的星星。」這裡既有新財主的各種奢侈享受（例如建在一個人工湖邊的小遊艇船塢和開始如雨後春筍出現在郊區的豪華公寓），也有舊財主（他們的財富可回溯到十九世紀用奴隸耕作的種植園）年深日久的大宅子和它們種滿尤加利樹與芒果樹的大花園。

李維史陀用他從巴黎帶來的萊卡相機，把這移民城市的熙攘繁忙捕捉在一系列的黑白照片裡，拍照時偶爾會加上七十五毫米、光圈一點五的「雨果—邁耶」鏡頭，但不常用，因為這東西「太重而不實用」。[16] 日後，李維史陀將會從這些照片中挑出一批，出版為照片集《懷戀聖保羅》（*Saudades de São Paulo*）。在這些照片裡，我們看見大街上熙來攘往，男人穿著皺巴巴的襯衫，女人穿戴著厚重的斗篷、胸針和珍珠項鍊，騎著馬的牧工把牛群驅趕過一輛市中心的電車前面。照片裡還有工廠的煙囪、老舊的房子和貧民窟。粉紅色的馬蒂內利大樓（Martinelli Building）*已接近落成，樓頂豎立著顫巍巍的霓虹燈廣告招牌，象徵著一個新時

* 譯注：巴西第一座高樓。

代即將來臨。李維史陀的父親出現在其中兩張照片裡，表情莫測高深（他在兒子任教於巴西的第一年來過聖保羅）。其中一張，他站在兒子屋前鑲著茉莉花邊的鐵門旁，透過自己的相機面對鏡頭；另一張，他站在一堵牆壁前面，牆上有一個標誌，寫著「土地出售」。據李維史陀回憶，那時他們父子倆常常一起外出拍照，比賽誰能拍到最精采的映像。

＊＊＊

現在，李維史陀再不用忍受巴黎和外省的小公寓、量入為出的日子、冷死人的冬天和一次大戰後的節衣縮食。因為薪水比他在法國的時候多三倍，李維史陀夫妻過得非常寬裕，並為此感到不習慣。到達聖保羅未幾，他們便租下一棟有圍牆和花園的大房子，地點離聖保羅大道（Avenida Paulista）極近。搬入之前，李維史陀請房東在花園裡種了一棵香蕉樹，好讓他「可以有一種置身熱帶的感覺」。更後來，等他到內陸數次考察之後，花園裡還會增加一隻鸚鵡和一隻捲尾猴。[18]他以藍花楹軟木製作的十九世紀晚期鄉村風格家具布置房子。他們發現家裡甚至請得起一個傭人和買得起一輛幾乎全新的福特轎車。歷史學家布勞岱爾的手筆還要闊綽：買了一輛雪佛蘭並請來一個司機開車送他到大學上課，又在飯店包下兩個房間，一間自住，一間放圖書和資料。

這批法國教師自視為文化大使，開始時自成一個圈子，與同校的巴西同事保持些許距離。晚上，他們會一起去看蓋賓（Jean Gabin）或儒韋（Louis Jouvet）主演的寫實電影。[19]到週末，他們會探索聖保羅的郊區，從城北的咖啡種植園一直去到城南溪谷的簡易道路。不過，這群法國教師在大學裡有一種彼此競爭的氣氛，甚至有一點勢利眼的味道。李維史陀回憶說：「所有人都認為巴西的成敗攸關自己的事業前途，所以全都設法在自己四周建立一個排外的宮廷，好顯得比同事更重要。這種調調非常法國、非常學院，但那裡是熱帶，搞這種事有一點荒謬而且不太健康。」[20]

從任教於聖保羅大學一開始，他便給自己選擇了一條艱難的道路。他的職位是社會學講師，照理說應該講授當時蔚為主流的涂爾幹學說，但他卻不喜歡涂爾幹那一套，嫌它的政治取向太保守、太規範。這一點大概是受尼贊的影響，因為在一九三二年出版的《看門狗》（*Les Chiens de garde*）一書中，尼贊曾經批評說，出於涂爾幹學說在學界的獨霸，「老師會教導學生要尊敬國家，要贊成階級合作，要接受一切現狀，要加入對國旗和布爾喬亞式民主的膜拜。」[21]不管怎樣，李維史陀都因為讀了鮑亞士和羅維的作品而更趨近於文化人類學（cultural anthropology）和英美那種以出野工作為主導的研究方法。仲馬的外甥巴斯蒂德（Paul Arbousse Bastide）對此不以為然，設法迫使李維史陀回歸正統，除了要求他講授涂爾幹的理論，也要求他講授十九世紀哲學家孔德（Auguste Comte）的實證社會學（positivist sociology）。見李維史陀不當一回事，他便展開活動，設法開除李維史陀。幸而，得到地理學家蒙別格（Pierre Monbeig）特別是布勞岱爾等同事的力挺，李維史陀未被解聘，教學的獨立性也完好無缺。[22]

他所開的課預示了一些他會在日後大力探討的領域。這些課有的談親屬關係（以「家庭社會學」的課名講授），有的談圖騰制度（課名是「宗教社會學」），有的談跨文化研究（課名是「比較社會學」），用的是為數不多的參考書，主要是涂爾幹、羅維、根納普（Van Gennep）和韋斯特馬克（Westermark）的著作。在稍後一次會議中，他又涉足了一個日後將會與自己的名字變成同義詞的領域：神話。這個會議的名稱是「佩羅（Charles Perrault）*的故事」，目的是比較童話故事與原住民神話的異同，又探究了神話與原住民世界觀的關係。他這時感興趣（但日後會丟棄）的另一個領域是體質人類學（physical anthropology），當時這個學科還沒有受到納粹德國的種族主義所汙染。就像許多外國人一樣，李維史陀對巴西人的膚色和顱相多樣性深感著迷（這種多樣性是多世紀的種族間通婚所導致）。他預期，巴西會是研究基因遺傳學的完美實驗室，又贊成成立一個研究部門去製作文化人類學與體質人類學上的地圖。[23]

利用現成的材料，李維史陀給學生設計出一些實用的作業。例如，在他開的親屬關係課程要考試時，他會要求學生從一系列的親屬關係圖表去推斷圖表中的人是受什麼樣的關係法則規範，並判斷誰可以跟誰結婚。[24]另一項作業是要求學生利用聖保羅市政府的檔案資料去對一八二〇年代的聖保羅做出社會學分析。「我讓學生去研究他們自己的城市，」李維史陀回憶說，「我們會針對某一區——有時甚至是某條街——進行討論。」[25]

對布勞岱爾和李維史陀這些思想家而言，巴西提供了他們思考、閱讀和研究的空間。「那是一個進行研究工作和反思的天堂。」布勞岱爾回憶說。先前他曾雇用一個攝影師把幾千份資料文件拍成微縮底片，正好趁住在聖保羅的時候把這批資料好好鑽研一番。「我以這種方式度過了三個美妙的年頭：冬天放假時住在地中海，其餘時間待在巴西。巴西給了我餘暇和妙不可言的閱讀機會。」[26]

一段時間之後，李維史陀夫婦突破了讓人窒息的法國小圈圈，與一個由巴西知識分子和作家構成的圈子建立起交情[27]，也因此無意中加入到巴西文化邁向現代化的一個重要時刻。在一九三〇年代，這個國家重新發現了自己的根源。受法國前衛潮流中的象徵主義／超現實主義所影響，巴西藝術家把目光轉向一些道地的巴西題材：貧民窟、森巴舞、非洲裔的咖啡種植園工人、鳳梨、巨嘴鳥。這個土生土長的現代主義運動以女畫家阿馬拉兒（Tarsila do Amaral）的作品（例如她畫的胖女人、仙人掌、棕櫚樹）為極致，並以「食人」（Anthropophagy）

---

* 譯注：十七世紀法國作家，「童話故事」文類的開創者。

的稱號自居。這個詞出自奧斯瓦．安德拉德（Oswald de Andrade）的《食人者宣言》（Manifesto antropófago）。在這份宣言中，安德拉德反對西方的理性主義，鼓吹「具有解放性的原始主義」，又指出巴西文化的生命力表現在它能夠吸食其他文化，消化它們的精粹後再改形換貌為某種嶄新和原創的東西——堪稱是後現代主義這個詞出現之前的後現代主義。前此被認為是落後和土氣的東西搖身成了文化復興的基礎。其時，弗雷雷（Gilberto Freyre）歌頌巴西種族混合的修正主義經典《主與奴》（*Casa-Grande e Senzala*, 1933）剛出版，而亞馬多（Jorge Amado）亦已開始寫出他那些探索巴伊亞州（Bahia）陰暗面的歹徒小說，如《狂歡節之國》（*O País do Carnaval*）、《汗珠》（*Suor*）和《儒比亞巴》（*Jubiabá*）。古典作曲家維拉—洛博斯（Hector Villa-Lobos）也轉向地方性的民俗音樂，尋求靈感。

李維史陀夫妻成了詩人暨音樂家馬里奧．安德拉德（Mário de Andrade）[*]的好友，此君是上述運動的領袖人物。安德拉德興趣廣泛，其中一項是當時所謂的「民俗」，曾資助一些考察隊到巴西西北部採集民俗音樂。以類似於羅麥克斯（John Lomax）搶救美國民俗音樂的方式，安德拉德建立起一個巨大的音樂資料庫，蒐羅了包括巴西最遙遠小鎮在內的各地民謠小調，如新奴工歌謠、非洲裔巴西人的音樂舞蹈和農民音樂等。

蒂娜成了這個民俗學社的積極成員（學會以安德拉德負責掌管的聖保羅市政府文化局做為基地），既參加會議又發表文章。她也開了一門課，稱為「民族學的科學」，內容兼含體質人類學、語言學和考古學。她非常強調對原住民器物的細部研究，因為她相信牟斯的這個信念：「幾乎所有原住民生活的現象都可以透過物質器物解碼。」為此，她教導眾人怎樣從事系統性的記錄工作，包括怎樣製作預先設計的問卷，怎樣利用繪圖、照相和拍攝影片做為輔助工具。課程假文化局的陳舊閣樓進行，吸引到一批忠實的聽眾，從晚上八點一直進行到午夜。[28]

據上過李維史陀課又上過蒂娜課的達庫尼亞（Mário Wagner Vieira da Cunha，他後來是聖保羅大學的經濟學教授）回憶，蒂娜與安德拉德非常要好，並因此引起了一種緊張氣氛：

> 就像我們所有人一樣，他（指安德拉德）非常喜愛蒂娜，因為她長得漂亮，年紀又跟我們差不多。李維史陀對這種情況感到吃味，而且事出有因……因為「民族學與民俗學社」有許多會要開，我那時常去他們位於森西納托—布拉卡街（Cincinato Braga）的家。有蒂娜在，我們就會談個不停。李維史陀老是想阻止。他不會走進我們聊天的房間，但會在附近的房間來回踱步和跺腳，像是說：我就在這裡，而我希望你們趕快結束談話。

* 譯注：他是奧斯瓦．安德拉德的弟弟。

在達庫尼亞看來，蒂娜和李維史陀是南轅北轍的兩個人：「他冷冰冰，她卻豪爽親切。你無法想像這樣的兩個人竟會結婚。」[29]

城市裡的生活（包括教書、參加上流社會的飲宴以及跟巴西的知識分子聚會）只是李維史陀聖保羅生活的其中一面。他生活的另一面發生在聖保羅的城外，因為每逢週末和放假，他和蒂娜便四出探索。在郊區，他們發現了形形色色的敘利亞和義大利移民的聚居區，又把各種非洲裔巴西人的歌舞拍成紀錄片（其中六分鐘的影片至今還保存在聖保羅的市立檔案庫[30]）。城市之外，他們去了一些以德國人、義大利人或波蘭人為大宗的偏僻小鎮，另外也探索過日本移民的封閉農業社區。

他們第一輪較遠的旅程是前往「開荒地帶」（pioneer zones）。這地帶是由英國的「帕拉那種植園有限公司」鋪向內陸的一條鐵路所打開。沿著鐵路，每隔十五公里左右，工人就會砍伐出一片空地，讓一個小鎮建立起來。這些小鎮由土石路面和簡陋的木造房屋構成，居民大多是來自東歐的移民。位於鐵路線愈遠端的小鎮人口便愈少：第一個聚落住著一萬五千人，第二個有五千人，接著是一千人、九十人和四十人，最外緣的一塊林間空地則只住著一個法國人。[31]

「開荒地帶」的小鎮讓李維史陀著迷不已。這些塵土飛揚的小鎮成形於內陸微紅的泥土上，是城市的雛形，是一些「在大自然與人工的會合點上」變出來的新實體。隨著道路的開闢把小鎮分為一區區，區又分化為商業區和住宅區，聚落自行發展出各種中央軸線和邊緣軸線，各種平衡軸線和垂直軸線，其發展方式完全是當初催生它們的政治家和生意人所始料未及。李維史陀感覺到此中包含著一種泛見於人類的模式，是因應人類環境所產生的一種無意的反射動作。「一如聲音和香味具有顏色和重量感，」他寫道，「空間有自己的值（values）。」[32]而這些「值」又會深深模塑人類的行為。一個漫不經心的觀察者也許會覺得這些小鎮沒什麼，但李維史陀卻很快意識到它們隱藏著深一層的秩序性，即便是置身於再傳統不過的民族學的場景，他也能在一些部落的房屋分布形態中看出一種高度結構化的模式。

更往西的帕拉那州仍然是一片荒野，不在開荒計畫的涵蓋範圍內。就是在這片巨大的森林裡（如今則是遍布甘蔗田和牧牛場），由一名印第安人保護局（Serviço de Proteção aos Indios）的人員帶路，李維史陀和蒂娜第一次接觸到巴西的原住民。李維史陀懷著滿腔的浪漫憧憬來到巴西：「當時我處於強烈的知性亢奮中，感覺自己將要重演十六世紀第一批探勘者的歷程。我即將為自己發現新大陸。這裡的一切——景色、動物和植物——似乎都十分神祕。」[33]急著證明自己身為人類學家的資格，他即將親自見證文獻中讀過的異文化體驗。但是當他走在帕拉那州的森林裡，進入一個提拔吉人（Tibagy）的小聚落時，卻被當頭澆了一盆冷水。

小屋地板上散落著各種工業化的七零八碎：搪瓷盤子、劣質餐具和「一部縫紉機的骨架殘骸」。除傳統的弓箭外，提拔吉人也使用老式手槍。他們知道有火柴這回事，但仍然偏好以摩擦小木條來生火。在一屋子的破爛中，李維史陀發現一副雕刻精美的石臼石杵，有可能是跟另一個土著族群交換而來。他覺得提拔吉人「不是完全道地的印第安人，更重要的是，他們不是野蠻人（savages）」。他日後指出，這個經驗「奪走了我幼稚憧憬裡的詩意成分」。[34]

三個人重新上路，在馬背上一連騎了幾天，絆絆磕磕沿著一條兩旁長滿三十公尺大樹的窄徑前進。不時會有一小群印第安人跟他們錯身而過，成一縱列默默走在森林裡。旅程盡頭是桑吉羅尼莫（São Jerônimo）保留區：那是一片開闊的林間空地，分布著一系列破敗棚屋，住著超過四百五十個卡因岡人（Kaingang）。凡是巴西原住民吃過的苦頭卡因岡人都吃過：大流感、被德國殖民者捕殺，然後是印第安人保護局出於好意卻有欠考慮的「安撫」政策，最後落得被丟棄在殘破不堪的保留區裡。

卡因岡男性穿一條破爛長褲，女性穿棉布連衣裙或是「只用一條毯子裹住腋部以下」。[35]從白人殖民者那裡，他們學來一些粗淺的釣魚技術（包括在一根樹枝末端綁上魚鉤，或是以一塊破布當魚網），也會在樹林裡砍伐出一些空地，種植香蕉、地瓜和玉米。在他們的小屋裡，李維史陀看到的也是雜七雜八的廉價工業產品：鍋子、盤子、食具和（很有超現實主義味道的）一把雨傘。他一直盼望找到精雕細琢的器物，不料卻只找到垃圾——這倒是很符合十九世紀詩人洛特雷阿蒙（Comte de Lautréamont）對美的著名定義（這定義是超現實主義的一大靈感來源）：「一部縫紉機跟一把雨傘在一張解剖桌上的不期而遇。」李維史陀原想設法換來幾件卡因岡人碩果僅存的傳統物品（包括一種把葫蘆挖空而成的容器），但最後決定作罷，因為他覺得自己「居然想奪走他們僅剩的那麼一點點東西，著實可恥」。[36]

當地人仍然會享用一種傳統美食稱作「可洛」（koro）。那是一種淺白色的小蟲，生長在森林地面腐爛中空的樹幹裡。由於數十年來被歧視和迫害，卡因岡人變得對自己的文化深以為恥，所以每逢有外人來到，都會把「可洛」藏起來，不敢示人。李維史陀決心要看一看「可洛」長什麼樣子，他在一個空無人跡的村子遇到一名發燒的印第安人，於是用了一種不太光明的手法：「我們把斧頭塞在他手裡，對他又搖又推的。」那人沒什麼反應，於是「我們成功把這個可憐的人拉到一根樹幹旁邊」，斧頭才一揮，溼漉漉的樹幹就被劈開，露出一大群蠕動的「可洛」。猶豫半晌之後，李維史陀把一條「可洛」丟進嘴裡，細細咀嚼，發現牠的味道結合了「牛油的甘美和椰奶的風味」。[37]

就這樣，李維史陀得到了他第一次（也是五味雜陳）的田野經驗。他碰到的不是雷利筆下雄健的吐比南巴人，而是在不斷擴張的工業文明邊緣垂死爭扎的族群文化。他來得太遲了，剩下來的只是一灘文化死水，只是一團令人沮喪的雜燴，傳統與現代在這裡相互交混又相互敗壞。這趟經驗印證了他對西方的一個惡感：西方文化是一股腐蝕性力量，正在融解人類既有的各種文化成就。他知道，如果他想一瞥較不受擾亂的土著文化，就必須走得更遠。他同時也意識到，這乃是人類學家的宿命。就像他們所研究的原住民一樣，人類學家被迫要趕過西方文化的擴張速度，而且注定徒勞無功。

一九三五年十一月，大學學年告終，大部分來自法國的教員都回歐洲度假去，但李維史陀和太太卻留在巴西，準備來一趟貨真價實的田野工作。才一代人以前，聖保羅州的地圖還有大片大片的空白地帶，上面注明「住著印第安人的未知地區」。[38]而到了一九三〇年代，為了要與更加隔絕於世的原住民有第一手接觸，李維史陀必須跨越聖保羅州的州界，進入馬托格洛索州。馬托格洛索州當時還是廣袤的荒野，只靠著鐵路、河流、土路和騾徑與外界連接。此行主要是靠自費，部分得到聖保羅市文化局的資助。受里約熱內盧的國家博物館（Museu Nacional）所託，途中李維史陀會考察這個地區內的幾個考古遺址，但他自己主要是想研究巴拉圭邊界一帶的卡都衛歐人[39]，並打算「透過一條迄今未能確定的路線」[40]，一訪馬托格洛索州中部的波洛洛人，為巴黎新成立的人類博物館蒐集資料和器物。

李維史陀高中時期的朋友史爾茨（René Silz）專程從法國過來參加這趟考察。一行三人先是坐飛機去到聖保羅以西三百五十公里的小鎮包魯（Bauru）。一排又一排低矮的咖啡樹出現在輕型飛機下方，在山丘上形成一道道的起伏，像是葡萄園一樣。繼而是點綴著牧草地的內陸褐色大地，它鐵銹色的泥土是那麼無邊無際，會讓（蒂娜記道）「任何剛來到巴西的外國人馬上留下深刻印象」。[41]去到包魯之後，他們把行李——「一個行李箱、兩個袋子、三個海軍袋、三頂帳篷、一個藥品包和一卷塑膠布」[42]——搬到一列燒木頭驅動的火車上，展開穿過聖保羅州西部的旅程。火車搖搖晃晃朝著耶斯帕蘭查港（Porto Esperança）前進途中，迎面不斷吹來從乾旱大地揚起的微紅色細塵，讓火車廂蒙上一層灰塵。他們在馬托格洛索州州界換上另一家鐵路公司的火車，接下來鐵路線變得筆直，地貌變得平坦，車窗外是巨大穹蒼下無盡的森林與田野。[43]綠色植物都已經枯死，只剩下枯乾的灌木叢，疏落分布著一些硬木樹和棕櫚樹。聖保羅州牧草地的肥牛不見了，取而代之的是一些在蟻丘遍布的矮林裡覓食的瘦牛。這片史詩氣勢的地貌蒼涼卻漂亮，正如蒂娜所形容的：「荒涼、憂鬱，但多麼雄偉，多麼動人。」[44]

三人按照國家博物館的指示進行了幾天考古探勘，然後蒂娜就病倒了，於是先返回聖保羅。李維史陀和史爾茨繼續前進，途經米蘭達（Miranda）時短暫接觸過一群鐵蘭諾人（Terena Indians），這裡離巴拉圭河畔的耶斯帕蘭查港只有幾站的距離。他們在耶斯帕蘭查港的總站換乘另一條鐵路支線，沿著一條顫危危的鐵軌繞行於潘塔那勒溼地（Pantanal wetlands）邊上。沼澤裡腐爛植物的氣息從火車地板透入車廂，隨之而來的是大群大群的蚊子。這片溼地縱橫交錯著幾條河流，區內有許多泥濘的池塘、堤防和灌木林，面積如同英格蘭大小，是世界最大的野生動物區之一。火車車窗外不時會出現「維阿多」(veado，一種鹿)、野生鷓鴣或一群白鷺，讓李維史陀喜出望外。

隨著火車愈深入遙遠地區，他們的儀容和服裝愈發顯得與別人不同。車上其他乘客（大多數是在鐵路沿線工作的鐵路員工）聽說這兩個外國人遠道而來是為了尋找原住民，都覺得不可思議，猜想那只是幌子，用來掩飾此行的真正目的：探尋黃金、寶石或礦物。

他們在一個叫「十二公里」的車站下車，覓路去到由兩個法國人經營的一座牧場（當地人美其名為「法蘭西莊園」〔Fazenda Francesa〕），是他們前往卡都衛歐人聚落考察的基地。他們在牧場待了六星期，等待蒂娜歸隊。[45]現在他們又再次身在牛鄉了，這一次是在巴拉圭的邊界附近。「法蘭西莊園」的作用類似殖民地前哨站，經營一家價格高昂的貿易行，並雇用原住民當牧工，飼養瘤牛（zebu）。李維史陀在這裡購買了足夠的食糧（包括米、豆子、木薯粉、馬黛茶〔mate〕和咖啡——這些都是巴西內陸的主食），另外又買了「一大堆用於交換原住民器物的東西」，其項目雜七雜八，有送給小孩的洋娃娃和玩具動物，有送給婦女的小鏡子、珠子項鍊、手鐲、戒指和香水，也有一些「較嚴肅的禮物」，如布料、毯子和男性服裝。[46]然後，由一些在農場打工的原住民當嚮導，他們踏上此行最後一程，騎了三天的馬，去到最大一個卡都衛歐人的聚落：那力客村（Nalike）。

穿過潘塔那勒溼地外圍的草原和泥土路，又登上波多奎那山（Serra da Bodoquena）之後，他們抵達一個生長著灌木和仙人掌的臺地。從那裡，他們沿著一條叫「印第安人路」的陡徑往下走（小徑非常陡，他們必須牽著馬徒步行走）。坡底是一片稱為「印第安營地」的林間空地，他們在那兒紮營和進食。此地已經是潘塔那勒溼地的中心地帶，地勢極為平坦，因此大部分雨水都會積聚在平原上，不會流入四周的河流系統。

離主村落數公里之處，考察小組於皮托口河（Pitoko river）河邊遇上一個卡都衛歐人的小聚落：皮托口河「是一條靜靜的溪流，它神祕地發源自潘塔那勒的某處，然後又以同樣神祕的方式突然消失」。在那裡，留有兩間昔日被印第安人保護局用作辦公室的破敗平房，考察小組便在裡面掛起吊床，暫歇下來。李維史陀設法弄到幾件卡都衛歐人仍在製作的陶器，但一看之下大失所望。「……皮托口河的印第安人已經徹底開化——最不好意義下的『開化』，換言之已經丟失了自己的文化。」蒂娜記道。[47]

在旅途的最後一程，他們選擇午夜摸黑出發，想利用較涼快的天氣趕路，不意卻在半路遇上激烈的熱帶風暴：兩小時的打雷和閃電，「像大炮一般轟個不停」。[48]待狂風雷暴歇息後，前方出現了一個溼漉漉村莊的輪廓。村民早就透過原住民牧工構成的情報網絡得知有白人要來，正焦慮不安地等待著，不知這次隨白人一道來的是什麼壞事。

很多方面，卡都衛歐人都陷於提拔吉人和卡因岡人的同樣困境，換言之，他們曾經一度強大，是地區內的霸主，對鄰居鐵蘭諾人頤指氣使，但如今卻輝煌不再，只得靠酗酒消愁，過著貧窮的牧工生活。但卡都衛歐人跟提拔吉人或卡因岡人之間仍存在著一項重大差異：他們雖然飽受白人的掠奪和疾疫的摧殘，又在巴拉圭戰爭（一八六四—七〇）期間被拉伕去打仗，但十九世紀旅行家筆下所記載的卡都衛歐物質文化仍有部分保存了下來。

據李維史陀形容，卡都衛歐男性都堪稱雕刻家而女性都堪稱畫家。[49] 他們製作的器物包括了彩繪陶器、銀片串成的項鍊和雕刻而成的小木像（有些是用來當神像，有些是給小孩當玩具）。不過，他們最讓人目眩神迷的藝術作品卻是繪在婦人和女孩臉上的花紋圖案（過去是用刺青方式刺上）。十九世紀晚期，在巴西極西陲待了超過十年的義大利探險家博賈尼（Guido Boggiani）曾把這些花紋圖案攝入鏡頭（他後來在巴拉圭邊界被一群以為他是巫師的土著殺害）。李維史陀看過博賈尼所拍的照片，卻沒料想到這種習尚仍然存在。

繪臉時，卡都衛歐女性會用竹製的小抹刀，沾上簡尼巴波果（genipapo）的汁液，再在臉上畫出線條。汁液本是透明，但經過氧化後會變成黑色。這些圖案的基本模式是在嘴巴四周畫上卷形紋和藤蔓紋，再把臉部分為四部分，各畫上精緻的幾何圖案。這種「臉畫」極為細緻複雜，可以把當事人臉上的缺陷蓋過，完全稱得上是藝術，絕不是李維史陀後來在巴西內陸看到那種原始和粗糙的臉部裝飾可以比擬。起初李維史陀每看到一幅「臉畫」都會拍照存證，但被拍的女人都會向他收錢，而且會要求他一次拍好幾張，後來為節省底片，他便假裝拍照，付錢了事。他試過自己把這些花紋圖案畫下來，後來改為給婦女們紙張讓她們自己來畫（這件事對她們輕鬆容易）。他蒐集了幾百幅這樣的「臉畫」，它們彼此相似卻不是一模一樣，基本元素包括了S形紋、螺形紋、十字形紋、對反的雙螺旋紋、外捲的藤蔓紋和內捲的藤蔓紋。這些圖案的獨特處不在於元素本身（有些花紋類似西班牙的巴洛克風格，有可能是採借過來），而在於它們彼此的結合方式。因為，它們常常是以大致對稱（但不完全對稱）或顛倒的方式兩相排列在一起，看來遵從著某種難於破解的邏輯。

因為深受卡都衛歐人的美學世界吸引，李維史陀開始忘掉田野生活的種種不舒適。他在一封寫給贊助人安德拉德的信中表示：「這裡的生活環境當然嗆得要命。潘塔那勒的氣溫總是熱死人，但有些晚上，那力客村又會冷得讓我們忍不住發抖，而蚊子更是多得超過想像。不過，這裡有許多引人入勝和讓人孺慕的東西，以致其他事情變得微不足道。」50

在兩星期停留期間，李維史陀給卡都衛歐女人拍了一系列的臉部特寫照片。它們讓我們看見，在較老的老婦人臉上，花紋圖案會掩蓋住她們凹陷的臉頰和額頭的皺紋，給人的感覺就像是中世紀羊皮卷上的裝飾花紋；而在年輕女孩的臉上，較簡單的花紋會從她們嘴巴四周向外輻射，像是盛放的花朵，非常誘人。李維史陀還拍了兩卷影片，讓人可以一窺他的回憶錄《憂鬱的熱帶》的舞臺背景。兩卷都是默片，前後只有幾分鐘，中間穿插著葡萄牙文說明字幕：「黃昏」、「那力客村的成年禮」、「製作掛床」、「繪臉」。轉速略快，畫面搖搖晃晃而有時過度曝光，這些影片帶有古老影片的逼真感（vérité）。其中一個掠過整座村子的搖攝鏡頭把李維史陀和他朋友史爾茨的背影也攝入了畫面裡。兩人穿一樣的服裝，看起來像十九世紀的殖民地探險家：白色的寬鬆軍裝，束著高腰腰帶，腰帶上連著用來放獵刀的小皮套。讓他們的服裝更見完整的是腳上的結實獵靴和頭上的遮陽帽——就像李文斯頓（Livingstone）*戴的那一種。在另一個畫面裡，蒂娜與一個卡都衛歐婦女談得起勁，談的似乎是她拿在手上的一串項鍊。

那力客村更像一個西部拓荒者的營地，而非原住民的聚落。一個拉近的攝影鏡頭讓我們看見這裡的文化有多麼混種：在一間沒有牆壁的小棚屋裡，一個男人正用一根稻稈喝著馬黛茶，他旁邊有個幾乎全裸的女人看來正在編織一條裝飾用的腰帶，而在背景處，有個穿著牛仔裝的土人坐在營火旁邊（當鏡頭轉向他的時候，他把寬邊的牛仔草帽向前偏斜，遮住自己的臉）。在另一個不穩定的畫面裡，幾個女人蹲坐在一塊，在散落於她們四周的紙張上畫著臉部裝飾圖案。其他的畫面包括：一個穿破爛連衣裙的老婦人對著一面小鏡子給自己繪臉；一個較年輕的袒胸女子探著身體，把簡尼巴波果的汁液塗在一個枕在她大腿的女孩臉上。影片結束於一個老婦人的臉部特寫：這張臉令人嘆為觀止，就像鑲滿首飾珠寶。她滿布皺紋的臉上平均覆蓋著虛線和漩渦紋，兩隻眼睛彷彿是「從一片裝飾繁複的紗幕後面向外窺望」。51 她毫不閃爍地瞪著鏡頭，表情讓人捉摸不透：你想把這表情解釋為充滿敵意、厭世、漠不關心或無聊皆無不可，又也許她只是因為不習慣被人拍攝而顯得不知所措。

此行成果豐碩，讓兩位法國「莊園主」印象深刻：他們一直以為卡都衛歐人只是些酗酒的懶漢，不意卻看到李維史陀帶回來一批精美的工藝品，包括了陶罐、鹿皮和木刻品。自此之後，兩位「莊園主」開始與卡都衛歐人培養交情，用土著的藝術品來裝飾農莊。但這段關係最後以悲劇收場：十年後，其中一個「莊園主」被當地一個印第安人殺死。猜測其死因時，李維史陀這樣說：「那兩個單身漢不太可能抗拒得了印第安姑娘的魅力，因為每逢節日，她們就會赤裸上身，而且身上裝飾著她們耐心繪畫出來的黑藍兩色旋渦紋。這些花紋和她們的肌膚貼合無間，就像是裹在肌膚上的一層珍貴的蕾絲。」李維史陀自感對這起死亡事件負有一些間接的責任，相信那被殺的法國人「與其說是死於印第安人，不如說是死於一小隊年輕人類學家的闖入所帶給他的頭腦混亂」。[52]

李維史陀從那力客村蒐集到許多器物，但更讓他印象深刻的是卡都衛歐人的「臉畫」。接下來的歲月，他將會反覆回到它們，寫出一些探討它們的文章，又在《憂鬱的熱帶》裡用一整章篇幅描繪自己剛看到它們時的感思。在近期接受的一次訪談裡，他把卡都衛歐婦女稱作「大藝術家」[53]，認為這群土著雖然處於文化哀落狀態，卻仍然能夠固守一些具有美學吸

＊譯注：十九世紀的英國探險家暨傳教士。

引力和知性挑戰性的傳統，著實了不起。不過，李維史陀還需要等待多年才能獲得分析這些「臉畫」的思想工具。還在巴西的時候，他曾嘗試用一個較傳統的理論來解釋，認為「臉畫」的源頭可能可以追溯到幾千公里外的馬拉若島的陶器圖案。他後來拋棄了這種解釋。不過，待他建立起自己的解釋時，「臉畫」早已從世上消失。那力客村在李維史陀到訪過的十年後被棄置，而繪臉的傳統亦逐漸消失在的拓荒前沿區的文化碰撞中。

過去一年來，李維史陀一直在進行一趟遠離西方之旅，過程緩慢而艱辛：先是從巴黎去了聖保羅，又從開荒者的小鎮去到帕拉那州的原住民保留地，然後去到住得更遠的卡都衛歐人中間（他們的文化正處於解體前的最後階段）。下一階段，他將會設法一圓親臨古典田野現場的夢想，找出一個住得夠遠也因此天真未鑿的部落，看一看那些讓西方想像力心往神馳的物事：護陽套（penis sheath）、多彩頭冠、鼻羽、唇飾物和身體彩繪。為滿足這個願望，他決定尋訪波洛洛人。他從一些管道得知，雖然波洛洛人和天主教撒肋爵會的傳教士有著長時間接觸，也開始接觸到一些西方的工具、衣物和疾病，但他們看起來還是夠道地的土著，男性尤其如此：他們運動員似的身體上塗抹著植物顏料，裝飾著貝殼、棕櫚葉和羽毛。他們高度儀式化的生活方式、他們的神話、多姿多采的宇宙觀，還有物質文化，能讓一個年輕而雄心勃勃的人類學家滿載而歸。

但李維史陀要獲得這獎品並不輕鬆。首先，他得花許多天時間，搭乘一艘蒸汽輪船從七彎八拐的巴拉圭河溯流而上，去到地區首府庫亞巴（Cuiabá）。從那裡，李維史陀改乘貨車，途經一些探勘金礦的簡陋營地，再循一條半荒廢的道路一直去到聖羅蘭丘河（São Lourenço）。這旅程的最後階段陷入一片混亂。因為路面溼軟和兩旁的草木過度茂盛，貨車常常會被泥淖絆住或被叢生的樹葉擋住去路。一行人常常要想辦法把貨車從泥濘中弄出來和搬開倒下的樹木，許多個晚上都只能睡地上，靠著把橡膠雨衣對摺當成防溼布以保持乾燥。[54]大部分橋梁都已被森林火災燒斷，逼得他們要坐在車中涉水而過，或是找到木筏把貨車載到對岸。待抵達聖羅蘭丘河（據說這裡有第一個波洛洛人的聚落），他們卻只找到五間空無一人的小屋，而整條村子也籠罩在薄霧裡。生氣之餘，他們向四面八方尋找，卻一無所獲。他們唯一碰到的是個臉色蒼白的漁夫，而據他所述，這一帶爆發了黃熱病，村民四散奔逃；下一個波洛洛人的聚落是客賈拉村（Kejara），位於河流上游某處。

考察隊伍接著花了一星期划獨木舟，逆著維美爾侯河（Rio Vermelho，聖羅蘭丘河的一條支流）的熱帶瀑流溯河而上。在上游處，他們遠遠看見一些赤身露體的人。李維史陀在大約三十年後回憶說：「回想當時的情景彷如昨日。在河邊紮營的時候，我們看見兩三個人影站在水邊，身體頗紅。他們是我們看到的第一批波洛洛人。」[35]幾個考察隊員走過去，設法和波洛洛人交談溝通，卻發現對方只懂一個葡萄牙語單字：fumo（菸草）。透過交換手勢，他們得知客賈拉村就在幾小時航程之外。兩個波洛洛人先走，回去通知族人有外人即將到訪的消息，李維史陀一行隨後踏上此行最後一程。

當天稍後，爬上陡峭的河岸以後，李維史陀終於看到了他哲學思考中的「有美德的野蠻人」（virtuous savage）：一共有一百四十多人，而且並沒有受到多少外來文化同化的跡象。他備感疲累和興奮，「又餓又渴又頭腦昏亂」。[55]與他先前碰過的其他原住民不同，波洛洛人並不靦腆或邋遢，反而顯得驕傲自信，身上因為塗了一層由胭脂樹種子和動物脂肪混合而成的紅色顏料而顯得光彩熠熠。他注意到，波洛洛人所住的大屋子「與其說是建築出來的，不如說是綁在一起捆出來的」，樣子就像一件用「草質天鵝絨」編織的大衣服，用來保護他們赤裸的身體。[56]波洛洛人有說有笑地把探險小組的行李拿到一間十二公尺長、五公尺寬的房屋，安排李維史陀夫婦跟巫師一家（外加一個年老的寡婦）同住。（蒂娜身材修長，長得有點像頑童模樣，穿的是褲子，加上頭髮剪短，所以波洛洛人以為她是男的，沒想到要給她特別安排住處。[57]）李維史陀處於一種高度興奮的狀態，他日後回憶說：「我一邊把自己安頓在大屋的一角，一邊不假思索地吸入上述各種印象。」[58]他們把先前獵到的一隻「伊拉拉」（irara，獾的一種）送給波洛洛人當禮物，而波洛洛人在吃「伊拉拉」時會先舉行複雜的儀式，包括搖晃填充著砂石的葫蘆和由男人隨著節奏吟唱調子低沉的歌曲。李維史陀日後形容，波洛洛音樂的細緻複雜程度可媲美歐洲最好的作曲家。[59]

選擇這個村子做為研究對象其實有點隨興成分。那位給他們當嚮導的漁夫會帶他們到客賈拉村來，是因為風聞這裡的波洛洛人種植菸草，而這種作物並不在下游生長（他的消息正確無誤：當探險小組要離開時，獲得波洛洛人贈與三百株菸草[60]）。這是一個有點隨機的選擇，卻帶給了李維史陀一次真正的田野工作經驗。他此行蒐集到的材料將會跟隨他一生，每過一段時間便會再次出現在他的作品裡。許久之後，撒肋爵會傳教士有關波洛洛人神話的記載又將會成為《神話學》四部曲（這是李維史陀學術生涯的冠冕）的主軸。

他只逗留了三個星期，期間記錄下一大堆波洛洛人的儀式和宇宙觀（婚禮、葬禮和神話），又努力讓自己蒐藏的原住民器物更加豐富。一九六〇年代他在法蘭西學院接受訪談之時回憶說：「其時，我們迷醉在一個卓異文化的無比豐富和五光十色裡……那是一個已經拋棄時間的社會，而試問，又有哪種狀態會比拋棄時間和活在現在時態（present tense）之中更能讓人回到過去？因為在這種狀態中，過去會不斷活化起來，就像它被保存在神話與信仰裡的樣子。」[61]

然而，更引起他注意的是一種平凡無奇得多的物事。就像在「開荒地帶」旅行的時候一樣，此時他也受到客賈拉村的平面布局所吸引。村中所有房屋都是蓋在一片空地的周圍，空地中央座落著一間只許男性進入的長形會所。他透過一個譯員問了各種問題，又走訪每一間小屋，探問屋中人與其他屋子裡的人是什麼關係。他把得來的資料在空地的泥土上畫出一些圖式，揣摩村中各人的權利、義務、層級關係和互惠關係是根據哪些複雜的規則來界定。

浮現而出的架構雖然複雜，卻十分優雅。有一條看不見的南北走向軸線把整個村落劃分為兩個半偶族（moiety）——即兩個彼此通婚的繼嗣群（descent group）；每個半偶族又分為四個氏族，每個氏族又劃分為三個等級。婚姻只容許在兩個半偶族之間進行，又只限同一等級的男女可以通婚。一旦結婚，一個男人便得帶著全部家當搬到軸線的另一邊生活，即住到妻子娘家那一邊。除上述的南北走向軸線以外，村子還存在一條與河流平行的東西走向軸線。住在軸線東邊的人有責任為住在西邊的人辦喪事，反之亦然。其結果就像「一場芭蕾舞劇，在其中，村子的兩個半偶族卯足勁地為彼此而活和透過彼此呼吸；他們以狂熱的互惠方式交換女人、財物和勞務；他們讓子女通婚，負責埋葬彼此的死者……」[62]這個系統跟波洛洛人緊密結合，因此撒肋爵會的傳教士早早便知道，若是改變村落的布局，將會造成文化急速解體。

就像卡都衛歐人的臉部花紋圖案一樣，波洛洛文化的這套「幾何學」讓李維史陀深受震動。在馬托格洛索州遙遠邊區的這片林間空地，竟體現出一整套歷經時間所演化出來的規則，像電腦一樣的冷靜對稱（symmetry）。由「一些煙幕似的制度設計」所指導，波洛洛人活出了一種井然有序的生活。[63]他們居住的小屋看似漫無章法，其實卻是一部精密的機器。整個巴西中部的高地都看得見這種構成圓形的房屋布局方式，由此可見它是杰語族（Ge linguistic group）的一個共同特徵。這時，李維史陀只能隱約感受到他看到的東西對人類學有著更寬廣的意涵，但日後，他將滿懷深情地回顧波洛洛人，並誇大他們對他的理論的影響。一九九〇年代初期，他告訴一支為他拍攝紀錄片的劇組：

> 現在，在追溯我的思想發展的過程中（這種事對我很難，因為我的記憶力很糟糕），我有一種感覺：我一直都是個後來人們所稱的「結構主義者」，哪怕我還是小孩的時候便是如此。然而，與波洛洛人的相遇還是帶給了我重大的啟示，因為他們都是些偉大的結構主義理論家。他們真是老天爺賜給我的禮物！[64]

就像在卡都衛歐人那裡一樣，考察隊也給波洛洛人拍了一些老式的紀錄片，片中的波洛洛人在攝影鏡頭前面演出了各種日常生活的情景。影片中，我們看到一個波洛洛人擺出拉弓的樣子（但沒有真正放箭），看到兩個男人賣力地用一根木竿子鑽木取火，看到一種拖著腳步跳的舞蹈，看到幾個波洛洛男人為顯示體力而把一個一點五公尺高的圓盤（由草和曬乾的棕櫚枝編成）高舉過頭，還看到划獨木舟的情景。就像許多業餘攝影師所拍的默片那樣，這些搖搖晃晃的畫面也是瀰漫著神祕感、情緒張力和憂鬱氣氛——這一切復又被李維史陀在影片裡驚鴻一瞥的現身所加強。在其中一幕，當攝影鏡頭追隨著河中划行的修長獨木舟移動時，李維史陀的身影突然出現：他穿著殖民時代風格的服裝，背靠著大樹枝，抽著菸，看著獨木舟在面前滑過。

一九三六年十一月，李維史陀帶著妻子航向歐洲，要回法國過冬。他的行李包括幾個板條箱，裡面放著許多原住民的器物——主要是來自卡都衛歐人和波洛洛人，也有一小部分是來自鐵蘭諾人（卡都衛歐人的鄰居）和卡因岡人。其中一個箱子裝著一組波洛洛人的「牛吼器」（bull-roarer）。所謂的「牛吼器」，是一片細長的木板，其兩端尖細，繪有拱形圖案和斑點，用捲上的麻繩旋轉時會發出低沉的嗡嗡聲。這聲音被認為是神靈所發出，婦女聽到都會非常害怕。波洛洛人很不情願拿這東西跟李維史陀交換，最後雖然同意了，但有一個附帶條件：李維史陀得把「牛吼器」鎖在箱子裡，直到抵達庫亞巴方可取出。

利用這組「牛吼器」，連同他從巴西一個世人所知甚少的地區帶回來的可觀收藏（包括了毛皮、頭冠、樂器等），李維史陀辦了一個展覽會。這是第一個用人類博物館名義舉辦的展覽，取名為「馬托格洛索州的印第安人」。因為當時人類博物館還沒有對外開放，展覽遂於聖恩諾郊區路（rue du Faubourg Saint-Honoré）和波艾蒂路交會處的懷登斯坦畫廊（Wildenstein Gallery）舉行。這安排雖是權宜之計，卻又恰當不過，因為同一畫廊在一年後將會舉行一個盛大展覽，展出頂尖超現實主義藝術家的作品。

據李維史陀回憶，這個展覽得到的是「禮貌性的評價」[66]，然而，巴西的《商業日報》（*Jornal do Comércio*）卻有讚不絕口的評論：

許多知識分子、旅行家、藝術家和好奇人士在傍晚參觀了藝廊，圍繞在一千件物品的四周嘖嘖稱奇。這些物品包括了陶器、毛皮、面具、掛床、打獵弓箭和其他原住民藝術的樣本，是李維史陀伉儷在造訪波洛洛人和其他部落時蒐集而來。李維史陀對這些物件的解說讓參觀者聽得入迷，他們都對展品的新穎和美感感到驚訝和深受魅惑。[67]

這些展品的其中一些（一個羽毛球、一根用於喪禮的豎笛、一件用犰狳爪子做的垂飾、珠母貝的圓盤和刺蝟的剛毛）至今還可以看得到，存放在布朗利碼頭博物館（位於艾菲爾鐵塔兩條街外）一個玻璃展示櫃裡，供人參觀。讓人驚嘆的是，雖然已經經過幾十年，那些裝飾用的羽毛仍然鮮豔，在博物館半明暗的環境裡照樣亮眼。

除了舉辦展覽會之外，李維史陀還發表了他第一篇具有學術分量的論文：〈試論波洛洛印第安人的社會組織〉（Contribution à l' étude de l' organisation sociale des Indiens Bororo）。[68]發表在《美州印第安人研究學會期刊》，此文詳細探討了波洛洛人的半偶族和氏族的結構，以及這種結構與村子平面布局的關係。這篇文章的發表標誌著李維史陀踏入了一九三〇年代法國人類學的小世界。牟斯大為激賞，把李維史陀譽為「法國對美洲研究的重大希望」。[69]這篇發表於一九三六年年底的文章未幾便流傳世界各地，在法國、巴西和美國都受到評論。就連苦幹實幹的田野工作者亦對李維史陀的文章讚譽有加，其中一位是德國人類學家溫克爾（Curt Unckel），他曾經孤獨地在巴西中部進行過多年研究，又給自己取了一個土著名字：尼姆衍達朱（Nimuendaju）。他給李維史陀寫了一封加油打氣的信，希望李維史陀以後有機會可以進行更適切的長期研究。他另外還寫了一信給美國的羅維，談李維史陀和他的作品——此舉為李維史陀建立起他在美國學界的人脈，而這人脈不久便證明對李維史陀性命攸關。

李維史陀日後指出，他這篇早期作品會受到熱情歡迎，與其說是因為它具有「些許優點」[70]，不如說是因為出現的時機恰到好處。在當時，南美洲乃是北半球人類學界的新處女地，而美國的學者也對有關巴西的研究深感興趣。事實上，李維史陀也覺得自己與土著的接觸為時太短，對自己取得的成果亦評價不高。在寫給尼姆衍達朱的回信中，他表示：「遺憾的是我逗留在波洛洛人中間的時間非常短暫。對某些問題，我只能有依稀的想法，有需要再一次回到他們那裡，停留更長時間，才可望獲得解答。希望你會原諒我這個簡陋的回覆。」他這種自貶的調子雖然沒有見於《憂鬱的熱帶》，卻會在日後他回應別人對其田野工作品質的質疑時一再出現。[71]

在一些敏感的事項上，與土著建立互相信賴關係誠屬必要，也凸顯出李維史陀蜻蜓點水式停留方式的不足之處。因為對他研究的對象缺乏充分瞭解，他的行為有時會讓人哭笑不得。例如，當他向波洛洛婦女要求換取她們的假髮時（這東西在波洛洛人中間是一種母傳女的東西）就引得她們勃然大怒。[72]他也試過要收集卡都衛歐人和波洛洛人的完整體質人類學數據，但也失敗了。有關這一點，從田野回來之後，他曾向巴西的記者解釋說：

我們只收集到少許的人體測量數據，而且統統都是得自印第安男性，因為印第安女性靦腆而矜持。不管是在卡都衛歐人還是在維美爾侯河的波洛洛人那裡，我們都無法得到骨架和骨頭的尺寸……血型的資料一樣難以取得，因為印第安人拒絕抽血。要想為他們照相也很困難，因為他們害怕死亡和詛咒。[73]

這些早期和印象主義式的田野工作風格為李維史陀日後發展出來的方法定下了調子。他喜歡把具有形式相似性的民族誌材料並列在一起，以之為基礎進行大膽和直觀性的模型建構。一次又一次，這種「打帶跑」的策略都有所收穫，帶來一些有時會連老練民族學家亦為之驚豔的清新視野。人類學固然強調長時間的田野沉浸，但一個人類學家也有可能會因為太過注意細節的挖掘而變得見樹不見林。李維史陀卻反其道而行，用自己的想像力填補空白，建構出一些像是憑空而來的模型。

一九三七年三月，李維史陀帶著蒂娜回到聖保羅，展開第三學年（也是最後一學年）的教學工作。因為自知那有可能是他待在巴西的最後時光，李維史陀決定要充分利用。他計劃進行一次大規模而遠程的民族學考察，但在籌備期間繼續利用空檔進行了一些短途旅行，而其中一次更是演變為一趟即興的田野工作。那是在七月，當時他找來了莫古埃（Jean Mangüé）和古爾丹（René Courtin）一起出遊——古爾丹是蒙彼利埃大學（University of Montpellier）的法律系畢業生，剛被召募到聖保羅大學任教。坐著古爾丹新買的福特轎車，他們向北行進，打算去到「他的車子所能去到的最遠之處」。[74]他們的穿著各如其分：莫古埃穿靴子、棉布襯衫、寬邊草帽，配備一把刀子和一把左輪手槍；古爾丹穿法蘭絨褲子、羊毛外套，帶著一支散彈獵槍，樣子就像「要到塞文山脈打獵」；李維史陀穿的還是他那套殖民時代風格的探險裝，脖子上掛著相機，頭戴「福爾摩斯風格」的遮陽帽。[75]

他們途經坎皮納斯（Campinas）的咖啡種植園，開入烏貝蘭迪亞（Uberlândia），渡過了巴拉那伊巴河（Paranaíba）的急流。之後就是一個到處都是巨大蟻丘的半乾燥平原區，讓古爾丹的福特轎車可以如魚得水，風馳電掣。經過未來的州首府戈亞尼亞（Goiânia）時，他們看到一百棟左右蓋到一半的房屋和一家飯店。飯店的造型像是被丟在紅色平原上的巨大水泥盒子：這個醜陋的建築宣言讓李維史陀倒抽一口涼氣。他日後寫道：「光是害怕災難就足以印證這座要塞的存在合理性，而災難也真的已經發生：環繞我們四周的寂靜和凝滯就是它的不祥餘波。」[76]他們繼續推進至鑽石買賣中心戈亞斯韋柳（Goiás Velho），那是一個巴洛克風格的小城，街道由圓石頭鋪成，長滿棕櫚樹的山丘上看到許多粉蠟筆色調的十八世紀義大利風格房屋。再往北，車子便開無可開，因為前面就是阿拉瓜亞河（Araguaia river）——那是一條巨大的水道，會繼續奔流一千三百公里匯入亞馬遜河的河口。

就是在阿拉瓜亞河的河岸上，他們遇到了一個卡拉雅人（Karaja）的前哨小聚落。卡拉雅人的村落遍布整個河谷，一直延伸至世界最大的河間島：面積兩百萬公頃的巴納納爾島（Ilha do Bananal）。多個世紀以來，卡拉雅人都在這地區流浪，有時捕魚和獵龜，有時在森林裡種植玉蜀黍、木薯和西瓜。不過，他們有些人現在流落到了巴西邊區城鎮的外緣，會向路過的旅客兜售工藝品。李維史陀坐下來，設法和他們溝通，而且顯然取得一些成功。「我很驚訝他是怎麼看得懂那些人的手勢，」莫古埃回憶說，「對我和古爾丹來說，這些手勢只是一些啞謎。」[77]在李維史陀問問題和記筆記的時候，一個靦腆的小女孩向古爾丹和莫古埃展示兩個帶有巨大陽具的陶娃娃。李維史陀蒐集了好幾個這種未烤過的陶娃娃，它們的頭髮是用黑蠟黏成，有著樹皮所做的束腰布和鼓脹的大腿。讓李維史陀印象深刻的是，這些陶娃娃跟奧瑞納史前文化（Aurignacian culture）的小人像頗有相似之處，而且也跟墨西哥瓜盧佩達（Gualupita）的赤陶土人像有幾分類似。[78]他拍了些照片，其中一幅是一個穿寬鬆連衣裙的女人正在端詳一個陶娃娃；另一幅則是一個女人坐在草蓆上，手上拿著一把刀，面前放著一罐染料和一個繩線球。

在卡拉雅人中間住了幾天以後，李維史陀一行人打道回府。回程的路上，古爾丹的福特轎車因為開了一千五百公里的爛路（這些道路一般都是供騾隊和牛車使用），開始出狀況：車頭的懸吊彈簧斷掉，導致引擎落在車軸上。他們勉強再開了一百公里，才在一個小鎮找到人進行湊合的修理：一個技工用一塊長條形的金屬把引擎暫時重新固定住。接著又是六百公里的顛簸之旅。當福特轎車好不容易開進聖保羅州之後，古爾丹瞥了兩個同伴一眼：「從汽車後座，我看見坐古爾丹旁邊的李維史陀雖然神情嚴肅，卻隱藏不住我們三個人皆有的雀躍心情。這種心情來自於我們即將回到城市，可以享受它的各種舒適設備——特別是浴室。」[79]

正當李維史陀還在計劃投入更紮實的田野工作時，一九三〇年代的政治動盪業已開始影響他的生活。在里約熱內盧的街上，以納粹為師的「統合黨」黨員踢著正步，身上掛著類似萬十字章的Σ形黨徽。這群人又出版了《巴西：銀行家的殖民地》（*Brazil, Colony of Bankers*）和《聖保羅的猶太會堂》（*The São Paulo Synagogue*）等粗糙的宣傳品推廣反猶太主義，把從希特勒手下逃到巴西的猶太難民稱作「人類垃圾」。跟民族學有點古怪關係的是，此輩在振臂互相敬禮時會口呼「anauê」(吐比人的招呼語)。極左派亦沒有閒著，共產黨的煽動家揚言要起義，發動了激烈的罷工和暴力抗爭。面對這種亂糟糟的情勢，瓦加斯總統採取的是一條愈來愈極權主義的路線。這時，原先被從大老遠請來而備受禮遇的法國籍大學教員開始受到猜疑。李維史陀的處境特別敏感，因為他既有法國社會主義者背景，又與知名的左派人士和反法西斯鬥士李衛(即人類博物館的館長)關係匪淺。「我們想要獲得續約變得無限困難。」莫古埃回憶說。[80]

在法國，政治鐘擺卻是往相反方向移動。李維史陀從短波收音機得知一個讓他大為興奮的消息：社會主義政黨組成的「人民陣線」在國會選舉中獲勝，而莫納也被任命為部長(李維史陀在一九二〇年代當過莫納的祕書)。他預料，莫納會把他召回法國輔助政務。若真是如此，「我將會登上第一艘向外開的輪船。」李維史陀日後回憶說。[81]但這樣的事情並未發生。回顧起來，這是他人生道路的一個分水嶺：「我昔日的同志忘了我。所以，其他事件，還有我新踏上的方向便接管了其餘的一切……」[82]就這樣，在一九三〇年代中葉，李維史陀的政治抱負完全熄滅了，而這也恰恰是他的人類學家事業剛要起步之時。

3 龍東電報線

試想像，有一塊土地像整個法國那麼大，四分之三面積從沒被人探索過，只有小群小群的土著（世上現存最原始的人群之一）在裡面流浪，還有一條電報線從一頭貫穿到另一頭。

——李維史陀，《憂鬱的熱帶》，一九五五

李維史陀開始物色一個適合進行大型民族學考察的地點。他在做選擇時有兩個基準點可資參考：一是他自己與波洛洛人的短暫接觸經驗，另一是尼姆衍達朱對巴西中部原住民的較詳細研究。透過與尼姆衍達朱通信，李維史陀得到一個印象，那就是兩人所遇到的族群雖然相隔一千多公里遠，卻多有相似之處。他由此假設，零散分布在巴西中部的各族群其實都屬於同一個文化群與語言群：杰族（Ge）。杰族當初可能是住在沿岸地區，但在歐洲殖民者還沒來到之前，他們受吐比瓜蘭拉人（Tupi-Guarani）所驅，被迫遷移到環境惡劣的內陸地區。葡萄牙人來到之後，發現吐比文化以一個巨大的弧形分布在從亞馬遜走廊至巴西沿岸再至巴拉圭河的內陸地區一帶，杰族則只能待在中部高地的崎嶇稀樹乾草原。現在，他們成了人類學研究的前沿地帶。

李維史陀雄心勃勃，打算穿越這地區，對「巴西人類學進行一次橫剖面研究」，要從庫亞巴一直去到曼德拉河。他計劃，在一批專家的陪同下，花一年時間穿過這片巨大綿延的荒野，目的是（正如他傲然表示的）「瞭解美洲」而不是「透過研究一個個案去瞭解人類的本質」。李維史陀的目標不只是考察杰族，還要去接觸阿拉瓦克（Arawak）、加勒比（Carib）和吐比（Tupi）文化。日後他會認為就連這樣的涵蓋面還是不充分的。他在一九五〇年代寫道：「今天，我明白了我們必須把西半球視為一個整體來研究。」[1]

李維史陀最終選擇了一條形勢險惡的行進路線。它起始於庫亞巴，然後沿著一條斜線向西北方而去，路徑約略與玻利維亞的邊界平行。起初，考察隊是走在一個平原區，區內滿布乾旱矮樹林，然後是一片乾草原，草原上樹木低矮而分隔遙遠，每棵樹都樹幹多瘤而樹枝歪扭。再往北走便進入中央高地，會遇到一系列亞馬遜河的支流，凡是有這些支流流經之處都覆蓋著灌木林，否則便只是一片焦乾。到了中途的維列納（Vilhena），景觀再一次改變：瀰漫的灰塵會被陣陣水蒸汽取代，餅乾色的矮樹叢也會被亞馬遜雨林的深綠大樹取代。在一九三〇年代的地圖上，李維史陀所走的這片地區幾乎一片空白。這個前沿區的最南面是一些礦藏已枯竭的金礦區，最西北是採橡膠人建於河邊的貧窮聚落。世人對這一區所知甚少，僅能根據區內一座山（其實只是一座岩石露頭）的山名給這一區取名為「北山」（Serra do Norte）。這裡看來實在不是一個旅行的好地點，更遑論是進行一趟大型的民族學任務。不過，它卻包含一個有利因素：沿途有一條電報線蜿蜒穿越，而為了鋪設這條電報線，當局在四分之一個世紀以前曾在森林裡闢出一條窄路。

這條電報線的鋪設者是龍東（Cândido Rondon, 1865–1958），他是一位軍官，也是印第安人保護局（今日的聯邦機構「國家印第安人基金會」前身）的創立人。個子矮小、站姿畢挺、蓄著濃密的八字鬍，龍東是其時代的稀有動物：雖然是一位邊陲地區的開拓者，但他對印第安人的困境卻深感同情，並相信有辦法把他們同化為巴西人，在社會裡擔任職員或女裁縫的工作。龍東相信實證主義（Positivism）：那是一種以孔德的理論為基礎的世俗宗教，強調可以透過冷靜運用科學和技術而帶來進步。在漫長的事業生涯中，龍東其中一項功績是隻手探索了日後的龍東尼亞州（Rondônia）的大部分地區，途中與許多土著族群發生過和平的接觸，這之前，區內土著與歐洲人有過的「接觸」都是零星戰鬥。

一九〇七年，龍東奉命把巴西的電報網絡從庫亞巴延伸至亞馬遜河，目的是讓聯邦首府里約熱內盧的政令可以一路傳達到玻利維亞的邊境上。第一件要做的是闢出一條路徑。工人在沿線挖出一個個地洞，插入歪扭的樹木做為電報桿，再在桿頂裝上瓷殼接線器，在桿與桿之間拉上電線。途中每隔一段距離便設立一個電報站，裡面配備皮椅、電話交換機和收發摩斯電碼的電報機。起初一段開路工作相對容易，但等工程隊進入到森林後，工人便得在三十五度的溼熱高溫下砍伐許多硬木和厚實的植被。瘧疾在工人間肆虐，牲口開始死亡，士氣一片低落。但龍東以嚴格的軍紀督促工人，每天工作結束後都會堅持對工人訓話，現場還會播出巴西總統的幻燈片並用留聲機播放巴西國歌。

在這之前，沿線的原住民看到過的白人頂多是路過的採橡膠人。隨著電報線慢慢深入森林，他們會定期走近施工工地，瞧瞧看看。我們實在難於猜想，看到幾百個工人帶著馱畜和堆積如山的裝備在森林裡開出一條走廊時，他們是作何感想。但從日後的報導，我們得知他們最後對電報線的用途做出了一種自然主義的解釋：把會發出嗡嗡響的瓷殼接線器看成是蜂巢。

不過，也有些原住民群體與電報線建設隊伍發生了更緊密的接觸。在一些照片裡，我們看見龍東熱情地把棉布長褲發放給原住民小孩，或是把巴西國旗披在他們身上。龍東還讓他們學習一些「進步」的習慣，例如，一張照片顯示，有些帕雷西人（Paresi）的小孩排成幾排，在白人老師的指導下進行柔軟體操。在另一張照片中，我們看到一個老師正在教導一支原住民小孩組成的管樂隊如何駕馭長號、小喇叭和單簧管。龍東也讓小孩學習讀寫和基本的數學，外加一些實用的課程（男孩學習修理皮鞋和摩斯電碼，女孩學習縫紉、刺繡和打字）。

龍東電報線從不曾正常運作過。出於電報線不時脫落、停電、電報站停擺等種種理由，龍東電報線的服務時斷時續，不堪信賴。而且不管怎樣，當最後一批電報桿被插入地裡的時候，連綿七百公里的木頭電報桿和電報電線業已落伍過時。在十年施工並造成數百名工人死亡之後，電報線的功能已悄無聲息地被無線電發報機所取代。而到了李維史陀準備要沿著電報線探險之時，龍東的宏大計畫所剩下的只是為數不多的電報線員工——他們因為欠下內地商人一屁股債而無法離開，只能繼續守在孤零零的電報站裡。至於其他廢棄的電報站，則像是對龍東實證主義願景的一種非難：它們被傳教士用作基地，準備讓當地原住民改變信仰。[2]

一九三七年十一月，巴西的學年結束，李維史陀回到巴黎，讀了談及北山和杰族為數不多的著作，包括了：巴西人類學家平托（Roquette Pinto）所寫的經典民族誌（他曾陪同龍東一起在龍東尼亞進行探險）；尼姆衍達朱對巴西中部土著的研究；龍東委員會就興建電報線所做的第一批調查報告；羅斯福（Theodore Roosevelt）的回憶錄（羅斯福於一九一〇年代曾由龍東陪同在南美洲探險）。得到人類博物館館長李衛的資金資助並拿到寫給巴西有關當局的介紹信之後，李維史陀便到雷奧米爾路（Réaumur）和塞巴斯托波大道（Sébastopol）交叉口的批發商店買入大量小東西，準備用它們來交換原住民的文物。因為跟波洛洛人打過交道，所以他知道巴西印第安人大概會喜歡些什麼東西。他買的主要是小珠子，顏色以黑、白和紅色為主，因為這些都是印第安人熟悉的顏色（他們靠棕櫚果取得黑色染料，靠珠母貝取得白色染料，靠胭脂樹樹皮取得紅色染料）。

回到巴西之後，李維史陀還得通過重重關卡才能成行。最大的攔阻來自「藝術及科學考察監督委員會」（Conselho de Fiscalização das Expedições Artísticas e Científicas）。這個委員會是在仇外情緒愈來愈高漲的一九三三年創立，目的是監控外國人在巴西所進行的研究。李維史陀起初設法透過國家博物館的名義進行申請，其後又把聖保羅大學給拉進來，說這是一趟「法巴兩國」合作進行的考察，蒐羅到的民族學材料也會由雙方分享。申請過程中他還必須得到印第安人保護局的同意，但這個機構起初卻不願批准，這是因為李維史陀要去的地區內並沒有該局的人員，而且擔心考察隊會讓邊區開拓者與印第安人本就脆弱的關係更加岌岌可危。李維史陀此行打算要研究的南比夸拉人曾在一九二五年殺死過七個電報線員工，又在一九三三年殺死過六個基督新教傳教士。還有一個傳言說，幾年之前，有一個電報線員工被發現下半身埋在土裡，胸口插著十幾支箭，頭上放著摩斯發報機的按鍵盤。[3] 最後，得到安德拉德和作家米利特（Sérgio Milliet）的介入，印第安人保護局、國家博物館、文化局和聖保羅大學四者達成了協議，願意為李維史陀背書。不過印第安人保護局事先聲明，它不保證李維史陀一行人的人身安全，也規定考察隊遇到襲擊時不可以報復。[4]

按照李維史陀的原定計畫，探險隊此行將包含五個不同領域的專家：一個人類學家（蒂娜）、一個民族學家（他本人）、一個博物學家／生物學家（維拉爾博士）、一個語言學家（尼姆衍達朱博士）和他的高中同學史爾茨（李維史陀給他的頭銜是「製圖師」）。但這個計畫沒有實現。首先是史爾茨沒有空，而尼姆衍達朱也婉拒了邀請，表示他需要撰寫他對卡內拉人（Canela）和謝倫特人（Sherente）的田野調查報告，況且他與羅維有約在先，要一同到巴伊亞州南部去研究杰族的另一分支。不過，尼姆衍達朱的推辭其實是另有原因。先前他在《美洲印第安人研究學會期刊》讀過維拉爾所寫的巴拉圭考察報告，發現此人的方法具有鮮明的十九世紀色彩。維拉爾在報告裡提到，他的考察隊去到一個瓜雅基人（Guayaki）的聚落時遭對方以弓箭攻擊，便開槍還擊。瓜雅基人不敵，落荒而逃，但把一個小孩遺留在村子裡。維拉爾洗劫了村裡的器物，帶走小孩，給他測量身高體重並拍了照，又想把小孩留在巴拉圭首都亞松森交由一戶人家撫養，認為觀察他的成長過程應該會相當有趣。尼姆衍達朱對維拉爾這些粗暴的做法大感震驚，才會不願與他共事。

對於取代人選，國家博物館堅持要派二十五歲的巴西人類學家法利亞加入考察隊。法利亞的田野筆記遲至二〇〇一年才告出版，題為《另一觀點：北山考察日記》（*Um Outro Olhar: Diário da expedicão à Serra do Norte*）。在這部姍姍來遲又平淡乏味的著作裡，法利亞提到當初他得知自己雀屏中選時大感驚訝。與李維史陀不同的是，法利亞對地區性巴西音樂與民俗文化有更濃厚的興趣。他在考察隊的處境有點為難，是個不受歡迎的成員。正如他在多年後指出的，他被當成是個「麻煩」，甚至被當成是有潛在危害性的人物。部分原因在於，他是代表國家博物館監督考察隊的行動，但有責任向博物館報告。「我有權終止考察行動。」他在一九九七年接受訪談時指出（他在這次訪談不久後便過世）。[5]李維史陀也對考察隊裡多出一個人類學家感到不自在，因為這樣一來，他等於有了一個競爭對手。他寫信給國家博物館的館長托雷斯（Heloísa Alberto Torres），指出「考察隊多出來的一個民族學家將沒有多少事好做，因為此行得到的科學資料都將應用在我的博士論文裡」。[6]他也對法利亞充當耳目的角色感到不悅，私下藐稱他為「稅務稽查員」。[7]

一九三八年四月，準備工作進入最後階段，法利亞與李維史陀碰了面，一起把考察行動所需的龐大裝備備妥。這些裝備重約一千四百七十公斤，包括一部笨重的無線電發報機、一部打字機、一部大片幅的「康塔法列克斯」相機、一批獵槍和三千發子彈。這時，他們的考察計畫業已引起媒體相當大的興趣。《小晚報》（*Diário da Noite*）在採訪過李維史陀和法利亞之後大肆吹噓，說是此行將可「蒐集到行將毀滅的美洲印第安人的所有可能知識」。《每日晚報》（*Folha da Noite*）則帶點輕鬆的口吻補充說：「在許多箱為考察而準備的物品中，包括了將要送給原住民小孩的大量玩具。」[8]

因為訂不到飛往庫亞巴的機位，法利亞不得不舟車勞頓，先坐火車到科倫巴（Corumbá），也就是李維史陀造訪卡都衛歐人時走的那條路線，接著再坐船沿巴拉圭河溯流而上，前往庫亞巴。一九三八年五月二日傍晚，他登上一艘兩層的明輪船埃奧洛號（Eolo），看見甲板上掛滿許多吊床。去到自己的船艙時，他失望地發現船公司沒有按他原來的要求，讓他獨居一室。艙房裡已經放著別人的行李，而雙層床的下鋪也放著兩本書：一本是十九世紀德國民族學家施泰嫩（Karl von den Steinen）所寫，另一部是巴西人類學家平托（Estevão Pinto）的作品。原來，非常湊巧的，船上除了滿載著鑽石商販、敘利亞小販和形形色色的馬托格洛索州人以外，居然還有另一位乘客也是人類學家：來自哥倫比亞大學的民族學者奎因（Buell Quain）。

帶有近乎拉丁人的膚色和突出而勻稱的五官，奎因出生在美國中西部一個醫生家庭。他先前已在斐濟進行過田野工作，研究了該群島島民的文學和史詩。法利亞先前已經遇過奎因，當時奎因在里約熱內盧的國家博物館進行研究。法利亞甚至曾經幫奎因找來過一本書：彼得魯洛（Vincenzo Petrullo）的《巴西馬托格洛索州的原始民》（*Primitive People of Mato Grosso, Brazil*）。埃奧洛號需要一星期時間才到得了庫亞巴，而在這段輪船溯流而上的期間，兩位同房的人類學家談了許多話。奎因告訴法利亞，自己計劃在欣古河上游（Upper Xingu）進行為期一年的田野調查。「一個難得的巧合讓我們碰在了一起，」法利亞記道，「兩人都是要往偏遠地區，都是受同一種渴望所驅使。」[9]

除奎因以外，當時還有另外幾個哥大博士生人在巴西：露絲・朗德（Ruth Landes）在薩爾瓦多市研究康東布萊教（Candomblé，非洲裔巴西人的一種宗教），瓦格萊（Charles Wagley）在巴西中部研究塔培拉佩人（Tapirapé），李普金（William Lipkind）在阿拉瓜亞河研究卡拉雅人（李維史陀上一年也在阿拉瓜亞河前面遇到過卡拉雅人）。

到達庫亞巴之後，法利亞、奎因和李維史陀都下榻在黎巴嫩人經營的海濱廣場飯店（Esplanada）。因為同樣是異鄉客又同樣是人類學家，奎因和李維史陀一見如故，相談甚歡。漸漸相熟後，奎因向李維史陀透露，他在離開里約熱內盧之後出現了一些症狀，而他相信自己是得了梅毒。李維史陀勸他回里約熱內盧找專家診治，但奎因沒有聽勸，在庫亞巴待了好一陣子後便往欣古河上游出發。

在等維拉爾從亞松森來到庫亞巴的空檔，李維史陀和法利亞盡量蒐集有關電報線沿途的原住民的資訊。整條電報線尚餘大約一百個員工駐守（部分線段仍然能夠運作），他們背景駁雜，包括半西化的帕雷西人、貧窮的巴西人和少許孤僻的歐洲人。這些員工偶爾會碰到南比夸拉人，雙方靠四十個左右的單字（葡語和南比夸拉語單字各占一半）溝通。

李維史陀向還在運作的電報站發出電報，問了一系列簡單問題：「區域內有印第安人嗎？他們友善還是會發起襲擊？他們會帶物品來販賣嗎？他們會要求禮物嗎？他們會不會在固定時間出現？他們會說葡萄牙語嗎？他們穿得像文明人嗎？他們會邀文明人到村子去嗎？」[10]經過一段時間的等待之後，答覆開始點點滴滴進來。一個電報站告訴他，有一群「木嘴巴」(Beiços de Pau，這樣稱呼是因為他們下唇塞著圓形飾物）最近攻擊了一個電報站。據信他們住在離電報線一段距離之外，並不會說葡語，至於是操何種母語並不清楚。另一個電報站則回覆說，當地的南比夸拉人會反覆弄斷電報線，藉此「顯示他們是我們的敵人」，有時還會發出暴力威脅。住在維列納附近的原住民似乎較為友善，但看來常常內鬥。一個剛好來到庫亞巴的電報線員工證實了這些消息可靠，但李維史陀的其他查詢卻沒什麼下文。法利亞去了印第安人保護局的辦公室一趟，但對方告訴他，該局位於地區內的哨站都已經關閉，對區內的情況不得而知。[11]

這時奎因已單獨進入了亞馬遜流域。與李維史陀同行的除了他太太、法利亞和維拉爾以外，還包括二十個男人、十五頭騾、三十頭牛、幾匹馬、好幾噸的裝備和一輛大貨車。待在庫亞巴做準備的那一個月，他們都在物色適合的人手和牲口，到最後，李維史陀買下了方圓十五公里內可買到的每一頭騾。他招募到的人員都是當地貧窮的葡萄牙裔，每人的報酬是一支來福槍和每天小量津貼。[12]去到中部高地之後，考察隊的食物將會是鹽醃牛肉、乾果和路上打到的任何獵物。嚮導會在有需要的時候才在路上召募。當所有人員和裝備在庫亞巴的郊外集合完畢後，這支隊伍看起來更像是一支巡迴各地的商隊而不是科學研究考察隊。

在《憂鬱的熱帶》裡，這支龐大的後勤隊伍常常是看不見的，獨留李維史陀一人站在舞臺中央。事實上，「北山考察行動」完全不能符合馬凌諾斯基所立下的田野工作準則：艱辛學習土著的語言，讓自己沉浸在被研究對象的文化裡。它也與康拉德式（Conradesque）的極端孤獨之旅大相逕庭，因為考察隊的人數大部分時候都比他們在路上遇到的土著還要多。由於這支後勤隊伍既龐大又複雜，甚至讓法利亞抱著民族學的研究精神把它的運作方式記錄下來，包括記錄了腳伕是怎樣把特別設計的木頭框架套在牛背上，再把板條箱安排得恰到好處，讓它們在牛背上保持平衡。[13]

不過，在正式啟程前，李維史陀還得先向人類博物館要一筆錢來彌補額外的開支。他在信中向李衛解釋說，庫亞巴的物價比他上次去的時候上漲了許多。另外，這地區因為充滿危險，他必須擴大自己的隊伍，而給養和牛隻的數量也隨之需要增加。事實上，三十頭牛並不足馱負考察隊六個月所需要的補給物資（不過，這支隊伍最後待在荒郊野外的全部時間比原先以為的要短，這是因為它經常停留在電報站附近）。他計算過，現有的補給物資只夠供考察隊去到考察路線的盡頭，所以，他需要額外經費以供回程時購買物資並將蒐集到的文物往回運。「我因此被迫向你要求額外的四萬法郎。」他說，又懇請李衛在十二月一日前把這筆錢存入位於巴黎史瓜皮路三號的加拿大皇家銀行。[14]李維史陀希望可以在曼德拉河上游找到地方兌現支票。

這支考察隊的規模讓人聯想起十九世紀（甚至十八世紀）的南美洲科學考察行動，聯想到洪堡（Alexander von Humboldt）*和拉孔達明（Charles Marie de la Condamine）†兩位和他們的馱畜、腳伕和獨木舟。就像洪堡和和拉孔達明一樣，李維史陀想透過旅行獲得啟蒙，由此獲得探險家的全面視野而不會被局限在單一個案裡。此行顯然也跟幾年前的「達喀爾—吉布提考察行動」多有相似之處，因為那次考察也是沒有採取英美那種密集投入田野的方法，完全無所謂的「土著化」（going native），全程都雇用譯員。畢竟，這支隊伍的目的不是要把沿路碰到的文化給鉅細靡遺地記錄下來，而是要探索黑人文明的世界觀和宇宙觀。

* * *

考察隊的主體在牧工的吆喝聲中啟程，馱畜慢慢向遠處開拔，足下揚起陣陣灰塵。按照計畫，要等畜隊出發一個星期後，李維史陀和其他人才會坐上人貨車，前去位於庫亞巴以北五百公里的烏帝阿里帝（Utiariti）電報站與畜隊會合（他們預期會在烏帝阿里帝找到第一群南比夸拉人）。屆時，貨車將會留在帕帕加尤河（Papagaio river）岸邊，車上物資改由牛隻馱

* 譯注：德國博物學家、自然地理學家，一七九九年曾赴中南美洲考察，歷時五年。

† 譯注　法國博物學家和數學家，一七三五年去過祕魯考察，一七四三年又在亞馬遜河進行了考察。

負，然後考察隊便會真正深入不毛。

　　把一箱箱藥物、彈藥、工具和給養都搬上大貨車後，幾位人類學家在六月六日（星期一）破曉前幾小時踏上行程。讓李維史陀極為不快的是，他們才開了幾小時路程便趕上了畜隊：原來一整個星期下來，牧工和馱畜僅僅推進了五十公里。「看到這種情形，我大發脾氣——此行的第一次，但不是最後一次。」李維史陀回憶說。[15]他這時才明白，考察隊的前進快慢全要看牛隻的臉色。李維史陀從來未能適應內陸旅行這種慢吞吞的步伐：牛隻老是需要吃草和休息，而牠們背上的東西也因此老是要卸下和再次整裝。有時，因為牛隻不配合，考察隊得被迫在某個鳥不生蛋之地耗上一整天。

　　李維史陀幾個人稍後丟下畜隊，坐貨車先朝烏帝阿里帝而去，途中經過一連串景象蕭瑟的衛星城鎮。在西侯札利歐（Rosário Oeste），他們遇上一個體格強健的卡波科羅人（caboclo），他剛從烏帝阿里帝來到這裡。「他是第一個談到印第安人甚至南比夸拉人而不會面有懼色甚至不由自主害怕的人。」法利阿在日記記道。[16]更讓人高興的是，據這個卡波科羅人所述，目前有大約五十個左右的南比夸拉人在烏帝阿里帝電報站附近出沒。這是個好消息，因為這樣一來，李維史陀便不怕待在烏帝阿里帝的時候無事可做（為了等畜隊趕上，他們說不定得在烏帝阿里帝待上三星期）。

　　出西侯札利歐之後不久，貨車便在童巴奪山（Serra Do Trombador）多碎石的山徑上拋錨：傳動軸的一個鍊輪折斷了。他們派人打電話到庫亞巴，找人從里約熱內盧叫一個新零件，火速送過來。接下來他們因為無事可做，便掛上吊床，靠「睡覺、做夢和打獵」來打發時間。[17]打獵成果豐碩：司機和另外兩個人打來一頭小鹿和一隻犰狳，供大家飽餐。法利亞在筆記裡形容那頭小鹿是「一頓美妙餐點」[18]，而李維史陀則在寫給安德拉德的信中打趣說犰狳是「探險家俱樂部菜單上的佳肴」。[19]飯畢，他們圍坐在營火四周喝馬黛茶，聆聽司機等人講述內陸各種有關食蟻獸、美洲豹和印第安人的神怪傳說。

法利亞為這個短暫插曲留下了一張照片。照片中，長得孩子氣的蒂娜穿著寬鬆夾克、騎馬褲和高筒皮靴，坐在地上寫東西（法利亞說她是在寫「田野筆記」，但當時田野工作其實尚未展開）。她四周是一片多碎石的灌木叢，地上堆著一堆燒焦的樹枝、一些金屬餐盤、一口錫罐子和一些鍋子。一張吊床鬆垮垮掛在貨車後頭。李維史陀站在吊床後，頭上戴著遮陽帽，目無表情地張望著。

新的鏈輪送到並安裝好後，他們再度向電報線出發。在帕雷西（Pareci），他們看到一些「木嘴巴」所丟棄的武器，又從電報線員工那裡得知，有人看到這群印第安人在遠處出沒。李維史陀一行在附近一片沼澤地紮營，但一夜都睡不安穩，因為幾英里外的夜空老是飄著縷縷煙霧，幾乎可以肯定就是從土著的營地升起的。

這時，他們業已到達電報線的所在地。自此而下，歪扭的電線桿將會連綿到天邊，途中會經過一片由沙子、礫石和矮樹林構成的荒原。這種結合，讓李維史陀聯想到法國畫家坦奎（Yves Tanguy）那些神祕、詭異、背景黑茫茫的風景畫。等在李維史陀前頭那個「憂鬱的熱帶」並不是蔥翠的雨林，而是一個沙塵滾滾的平原，一年裡除了四個月的雨季外，其他時間都被烘烤得乾巴巴。

電報線沿線有一系列從中央高地流入亞馬遜盆地的河流通過，而每碰到一條河流，考察隊便要大費周章一番。到達庫亞巴河以後，他們把貨車上的物品卸下，再把貨車推到一艘搖擺擺的木筏裡（木筏由一個綁在四艘淺底獨木舟的木頭平臺構成）。過河期間，渡伕向他們證實，烏帝阿里帝（就在三里格外）確實有一群南比夸拉人出沒。當泥土路在下一條河流前面結束時，李維史陀第一次看到了他此行打算要研究的主要對象。據法利亞記載，他們看到河的對岸站著三個土著（李維史陀只記得兩個）[20]，他們「全身赤裸、中等身高，體格壯碩」，正在等著他們抵達，旁邊站著一個來自魯耶那（Juruena）的耶穌會傳教士（魯耶那位於更前方的電報線上）。幾個南比夸拉人笑著幫他們提行李，拿到一間建築電報線時用來收藏器具的草屋，那是魯耶那傳教團為他們安排好的歇腳處。

在《憂鬱的熱帶》裡，李維史陀曾用感情豐富的文筆記載他第一次進入波洛洛人村子的感想，但《憂鬱的熱帶》對南比夸拉人卻沒有類似的記載，只是直接切入民族學方面的話題。

不過，在從田野寫到聖保羅給安德拉德的信中，李維史陀倒是很忠實地談到了他第一天身處南比夸拉人之間的觀感：

> 有關旅途的情況我將會略過不談。巴西這地區是一片被上帝遺棄了的灌木荒野，而我們在這荒野中一共開了七百公里的車。我們受到烏帝阿里帝電報站員工的熱烈歡迎，他們在河岸處為我們準備了一間漂亮小屋——他們顯然很用心，因為小屋就位於南比夸拉人營地的旁邊。寫這信的當兒，我周遭有十五個男人、女人和小孩，全是赤裸裸的（可惜的是他們的身體並不美）。有鑑於他們就是五年前在魯耶那殺害一個基督教傳教團的同一族人（甚至是同一批人），他們對我們的態度可說是極為友善。可惜的是，我們的研究工作看來勢必困難萬分：附近找不到譯員，他們又完全不懂葡語，操的是一種我們看來不可能聽得懂的表音語言。不過我們才剛到這裡二十四小時而已。[21]

就像波洛洛人一樣，南比夸拉人也是用一個音樂晚會來招待幾位人類學家。李維史陀等人坐在火邊聽著催人入眠的歌聲，南比夸拉人則隨著拍子跺腳。

在卡都衛歐人中間，李維史陀曾被婦女極為精緻的臉畫深深吸引，而在波洛洛人的村莊，圓形空地中央那飛機棚大小的長形屋和村民那套高度發展的形上學也曾讓他大為動容。南比夸拉人卻幾乎沒有什麼明顯的文化表現，讓李維史陀有點找不到著力點。

南比夸拉人的語言混濁而低沉。他們赤身露體睡在土上，每逢凌晨時分溫度下降，便會挨近營火的餘火取暖。他們喜歡用灰燼塗抹身體，以致來回穿過稀樹乾草原時乍看就像蒼白的鬼魅。他們的家當寥寥無幾，統統都是放在長桶形的簍子裡，遠行時會像雪巴人那樣將簍子的把手套在前額，揹在背上。在乾季期間（這是南比夸拉人一年中的流浪階段），他們的「房屋」都相當簡陋，是用樹枝插在地上再蓋上棕櫚葉構成，每天會在固定時間轉移方向，以幫助他們遮陽、擋風和蔽雨。他們不生產陶器，手工製品亦寥寥無幾。倒是可以看到一些從龍東時代遺留下來的短柄斧、空的汽油桶、錫罐子和雜七雜八的煮食器皿——這些東西都是他們在跟電報線員工斷斷續續接觸的時候要來。獨木舟在他們是聞所未聞，如果有需要渡河，他們會抱著一捆漂流木。他們做飯不用香料和鹽，飯燒好後會放涼再吃。如果說南比夸拉人有什麼技術成就可言的話，那就是他們會使用沾了毒的箭打獵。但在開闊的稀樹乾草原，打獵並不容易。如果打不到獵物，他們就會以漿果、棕櫚果、蚱蜢、小小顆的蜥蜴蛋和老鼠大小的蝙蝠果腹。

就連護陽套亦不常見（這種東西在南美洲的採集狩獵族群之間很普遍）。不管是男人女人，南比夸拉人都是幾乎全裸，只穿戴著一系列飾物：鼻羽、竹子纖維編的唇飾（labret）、曬乾棕櫚葉做的臂帶和腰帶、簡單的貝殼項鍊、犰狳尾巴做的手鐲，以及偶爾一見的美洲豹皮兜帽（僅限男人穿戴）。就像擁有一大堆這一類飾物似的，南比夸拉人經常按照自己的心情換穿不同的飾物和改變飾物的搭配方式。

遠行時，南比夸拉人會成一縱列穿過稀樹乾草原，樣子就像「一隊螞蟻」。[23] 同行的是一個雜七雜八的動物園：從簍子上方探出頭的公雞和母雞（龍東曾大力鼓勵土著飼養家禽）、鸚鵡、站在女人頭頂上的小猴子和綁在母親大腿上的小嬰兒。南比夸拉女性的身高不高，跟她們的簍子對照之下顯得更嬌小。這些簍子裡放著各種最基本的物品：引火物、蠟球、骨頭、牙齒、刺蝟的剛毛、小石頭和貝殼。它們形同遊牧民族的基本工具箱，是各種急就章發明的素材，但與李維史陀蒐集到的其他族群的器物相比當然要相形失色。

與有著種種嚴格規定的波洛洛人相比，南比夸拉人的行為舉止顯得漫不經心而隨興，彼此間喜歡逗笑和表現出親密舉動。哪怕是大白天，他們照樣會三三兩兩互相愛撫。李維史陀仔細觀察過這些愛的擁抱：「我從未看到過有最輕微的勃起。」不過，他本人顯然無法做到心無邪念。「看著一個或幾個漂亮姑娘赤裸裸躺在沙地上，在我腳前扭動身體，發出取笑似的笑聲時，真的讓人很難……無動於衷。」每天早上，他在河裡洗澡時都會備感尷尬，因為一些南比夸拉女人會圍著他，摸他身體同時試著搶他肥皂（一幅留存至今的照片顯示出他被一群土著婦女圍住時的窘相）。[25] 有時，李維史陀會發現他的吊床被女人睡過，因為上頭留有她們用來紋飾身體的胭脂樹染料。他由此得到一個結論：「生活在全裸狀態的人並非不曉得端莊為何物——他們只是對端莊有不同的定義。」與此形成鮮明對比的是伊斯蘭教的女性罩袍，後者會讓人「動輒陷於焦慮」。[26]

考察隊安頓好之後便投入工作，整個早上都會從事觀察。用過午餐後，隨著氣溫升高到超過四十度，他們會午睡一下，下午再重讀自己的筆記。他們會拍照，也畫圖畫。「畫得很差，」法利亞記道，「但做為記錄資料則算是不錯。」[27]他後來哀嘆考察隊寧可大費周章帶來一部笨重的電報收發機，卻竟然沒帶可替訪談內容和原住民音樂錄音的器材。

李維史陀勤於記筆記，但卻從不會像蒂娜在聖保羅教學生那樣，用一些預先設計的問卷來問問題。他反而是在一些法式作業簿裡記下一堆雜七雜八的資訊。除寫上日記般的札記外，他會在筆記本裡畫上親屬關係圖表、用五線譜記錄原住民歌曲，並記下一些最基本的土語單字。[28]本子裡也記錄著考察隊成員需要買的東西「魯茲*：冰塊、襪子、喉藥、阿克法底片……我：太陽眼鏡、酒、刮鬍刀。」凡是已經購買的項目便在旁邊寫上「買了」二字。途中購入的大量給養亦屢屢出現在筆記本裡：「六十公斤米、十公斤鹽巴、一阿羅瓦（arroba，約合十四公斤多一點）的糖。帳篷、步槍、斧頭、收音機。」還有些紙頁抄錄著摘引自法文書、英文書、德文書和葡萄牙文書的文字，或是有關巴西的參考文章和參考書的名稱，或是一些他接觸過的人的名字（包括奎因的名字）。筆記本各處散見手繪的圖畫：有畫植物的、有畫護陽套的、有畫一隻猴子頭部的、有畫一個懷孕婦女的，再來是一些粗略的地圖和聚落平面圖。[29]

與他十五年後在《憂鬱的熱帶》裡所做的那些生動記述相比，他的田野筆記顯得像是流水帳。例如，在跟南比夸拉人首度接觸之後，他只在筆記本裡寫下像是交差了事的幾句話：「見到原住民和分送小禮物。用過晚餐。晚上前去拜訪了這些印第安人。唱歌跳舞。」在這些簡短和不連貫的紀錄之間，李維史陀常常會插入一些抱怨田野工作艱辛的苦水：「非常冷的晚上，月光很快被雲遮蔽，床硬得要命……工作一天後回到營地，只見到處都爬滿昆蟲……焦慮和無所作為的一天。」他也喜歡一廂情願地把看到的風景類比於自己祖國的風光，像是把巴西中部的某些斷崖比作高朗格多克（Haut-Languedoc）的山岳，或是說某片林區讓他聯想起法國中部的森林。

他日後承認：「我的筆記做得很粗糙，看到它們這樣胡亂湊在一起讓我深感惶恐。」[30]他的田野筆記確實有點順手揮毫的味道。除了普遍缺乏條理外，內容比重也不平均。例如，他有些素描畫得很仔細（如畫編織技巧和卡都衛歐婦女嘴邊花紋那些），但另一些素描卻近乎塗鴉：他畫的美洲豹、犰狳、魚和鳥都像出自小孩手筆。[31]這筆記給人的整體感覺是：它出

* 譯注：法利亞的名字。

自一個尋找靈感的藝術家手筆，不是出自一個學術工作者。

因為關注物質文化，李維史陀很多時間都是花在設法用小禮物來換一些小東西（鼻羽、弓箭等），維拉爾則對箭毒馬鞍子（curare，一種用於讓獵物窒息的毒物）進行了實驗。他先是觀察南比夸拉人製作毒液的過程，看著他們把箭毒馬鞍子根部的鐵銹色外皮刮去，投入一個馬口鐵罐裡用營火加熱。一煮沸，罐裡的液體馬上變成深紅色並冒泡，然後收縮為一種濃稠漆黑的糊狀物質。南比夸拉人要打獵前都會先把箭頭沾在這種濃液裡。維拉爾拿一隻狗來做實驗，把箭頭刺進狗的腿裡，停留五分鐘。狗的腿馬上變僵，身體搖搖晃晃。再一刺，牠便窒息而死。「顯示出正面效果。」法利亞在田野日記裡記道，又在旁邊附上一隻死狗的淒慘照片。[32]

夜幕低垂後，南比夸拉人會圍坐在營火四周，熱烈聊天。李維史陀坐在旁邊，設法猜測他們說些什麼，而小孩子會圍著這些客人團團轉，拉他們加入遊戲。等南比夸拉人躺下要睡覺，考察隊便會告退。回到小屋後，李維史陀會掛上吊床，再罩上一頂盒子形狀的蚊帳（這是庫亞巴的女縫紉工專門為他設計）。

考察隊三個專家之間似乎沒有什麼合作可言。「我都是單獨工作……在這裡工作，個人主義是一種必要的方法。」法利亞記道。他日後回憶說，李維史陀「沉默內斂，他跟維拉爾或我都沒有真正的關係可言。我們都秉持絕對的個人主義：各人寫下自己的筆記。維拉爾不知道李維史陀在筆記裡寫了些什麼，反之亦然」。[33]李維史陀天性孤僻，更適合從事馬凌洛斯基風格的田野工作（至於他怎麼會動念搞一次大型且後勤作業複雜的考察，只有天曉得）。當然，他會防著法利亞，也是出於專業與政治兩方面的考量。但不管怎樣，在一片窮鄉僻壤，這種彼此防備的光景還是會讓人覺得古怪，甚至帶點精神官能症的味道。

這支團隊才工作了兩星期，一種由蒼蠅散播的淋菌性眼疾便在南比夸拉人中爆發了開來。得病者很快便變得極為痛苦，坐在或趟在沙地上抱頭呻吟，而他們的家人則弄來一些草藥，透過捲成錐形的樹葉幫病人塗敷患處。到了七月十日，蒂娜也受到感染，眼睛不斷流膿。李維史陀從庫亞巴叫來藥物，但和維拉爾商量過後認定蒂娜的情況太嚴重，不適宜再待在田野工作。他們陪她回到庫亞巴，然後她再獨自回聖保羅，接受治療。人在聖保羅的亞德拉德是從朋友阿爾瓦倫加（Oneyda Alvarenga）一封語帶驚恐的來信得知這消息：

> 你知道李維史陀夫人幾乎盲掉而且也許會失明嗎？她在馬托格洛索州得了膿性結膜炎，而她丈夫則因為戴了眼鏡，逃過一劫（別人是這樣說的，但我覺得這個理由很荒謬）。其他的情況我便不得而知。她已經回來了，而且也許今晚就會離開，前往法國。李維史陀則會繼續待在南比夸拉人中間進行研究。[34]

蒂娜回到巴黎後眼疾完全康復（但如果當初她不加以治療，真有可能會瞎掉）。這種病具有強烈傳染性，以致接下來幾星期，考察隊所有成員（李維史陀除外）無一倖免。法利亞的日記記載了這病症的推進過程：八月七日：「每個人都可怕地受到一種膿性眼炎的感染。」八月八日：「我也得了那種其他人已患上的眼炎。它真的很要人命。」八月十日：「一整晚都難過得要死。我沒能睡著片刻，飽受一種幾乎難以忍受的疼痛所折磨。」[35]任誰都料不到，這趟籌備了幾個月的田野工作幾乎才一開始便陷於停擺。

李維史陀獨自沿著電報線前進到肯波諾弗（Campos Novos）。「旅途很長又沒趣……穿過乾旱森林的過程漫長而艱難。」他在筆記本上潦草寫道。[36]在這個貧困的電報站，他一個人待了兩星期，等待其他人康復，期間靠著吃野鴿子、番石榴和腰果（caju）維生，情緒變得很低落。那裡不多的居民也是飽受鉤蟲和瘧疾所苦。與烏帝阿里帝的情況不同，這裡的兩個南比夸拉人群互看不順眼，又特別不喜歡李維史陀。他退到一邊，看著這兩群人彼此叫囂（他們互相辱罵，抓著自己的陽具指向對方，又想搶對方的弓箭，但最後以和解收場：交換手鐲、胭脂樹染料和葫蘆以示言歸於好）。

充滿幻滅感又無法工作，李維史陀只好重讀自己的田野筆記打發時間。他檢視自己所畫的親屬關係圖表，記下一些新得到的想法，但未幾就對這種「資源回收」的活動感到厭煩。

他陷入憂鬱情緒，飽受自怨和自我懷疑的心情困擾：

我離開法國且中斷大學事業快五年了。這段時間裡，我那些更明智的同仁已開始攀爬學院的階梯，至於有政治傾向的那些（我一度有過這種傾向），業已是國會議員，很快便會當上部長。但我自己呢？我在這片沙漠荒原裡跋涉著，追蹤寥寥無幾和可憐兮兮的殘餘人類。[37]

惱怒之餘，他乾脆丟開一切，開始創作一部戲劇，把它寫在田野筆記本的後頭。取名《奧古斯都封神記》（*L'Apothéose d'Auguste*），這戲劇的靈感來自十七世紀法國劇作家高乃依（Pierre Corneille）的古典悲劇《桑納》（*Cinna*）。[38]故事一開始講述羅馬元老院在討論是不是要把奧古斯都封為神明，但故事的中心人物卻是桑納（Cinna），他深受奧古斯都妹妹卡蜜兒（Camille）的愛戀。他雖然也愛卡蜜兒，卻因為討厭社會禮法，所以選擇自我放逐，在荒野裡流浪了十年，靠著吃蜥蜴和蛇類維生。他拒絕順著社會為他安排好的路徑走，想要靠自我放逐來建立名聲，以此做為迎娶卡蜜兒的資格。

隨著故事的推進，李維史陀借桑納來自況的用意愈來愈呼之欲出。就像李維史陀一樣，桑納開始懷疑自己的冒險事業有無價值可言。他的本意是透過流浪獲得真知，但到頭來卻發現這是癡人說夢，「是一個陷阱和幻影」。冒險故事只存於聽故事者的腦子裡，不存在於現實，因為冒險者「所看到的土和其他土沒兩樣，所看到的草也和其他草沒兩樣」。桑納變得毫無鬥志，每天只管吟誦伊思奇勒斯（Aeschylus）和索福克勒斯（Sophocles）的作品，但最後連這樣做都覺得毫無意義，因為這些作品慢慢在他眼中失去美感，只會讓他想起「塵土飛揚的道路、燒焦的草和被沙子刺紅的眼睛」。李維史陀也有類似體驗：在穿過巴西內陸途中，他發現自己腦子裡老是縈繞著蕭邦鋼琴練習曲（作品十第三首）的旋律，揮之不去。[39] 故事進入第三幕之後，劇情推向了一個典型的古典方向。奧古斯都被朱庇特派來的老鷹告知，他若想成為神，就得像桑納一樣，進行一趟消失之旅。奧古斯都把桑納找來，告知他自己遇到的兩難。兩人最終商量出一個可以解決彼此困境的辦法：由桑納來刺殺奧古斯都，因為這樣一來，奧古斯都便可永遠被人記住，而桑納也可實現他反抗社會的目標。

到第三幕結束時，靈感便拋棄了李維史陀。他就像桑納一樣陷入了瓶頸。旅行曾許諾帶給他一個觀念和體驗的新世界，但現在，他卻被困在巴西偏遠內陸一個鳥不生蛋的小鎮，也被困在自己的頭腦裡。難道說，他不辭千里沿著一條電報線尋找原住民的真理，為的就只是回歸到古代的神話故事去嗎？

孤單、沮喪、期望的重擔、一事無成的預感、瘋狂的陰影，李維史陀終於嚐到了現代田野工作的真味。不同於其他任何學科，那個時代的人類學研究是以一種最大的孤絕為基礎，把地理上和文化上的對外隔絕視為通向真知灼見的途徑。對李維史陀來說幸運的是，他還有探險隊的其他同伴可以相濡以沫。不管他們之間的關係有多疏遠，彼此仍然有著相同背景，可以談談話。

在欣古河工作的美國人類學家奎因卻沒有這種選項。他研究的特魯梅人（Trumaí）是個不好相處的族群。因為受到鄰居蘇亞人（Suyá）和卡馬尤拉人（Kamayurá）的圍困，特魯梅人終日生活在恐懼中。在寫給導師露絲·潘乃德（Ruth Benedict）的信中，奎因指出：「這裡的所有死亡皆是由謀殺導致，沒有人指望自己可以活得到下一個雨季。」這一小群土著還因為性緊張而分裂：一個女孩如果因為長癬而沒有人願意承認她是親戚，就會淪為族中的妓女。為了學特魯梅人的語言也讓奎因吃盡苦頭，也沒有特魯梅人願意幫助他。「他們之中沒有人志願提供我任何具有民族學價值的資訊。我花了三個月挖掘他們的社會結構，但所獲無幾。」[41]

奎因的田野工作沒能持續多久：他因為沒有進入該地區的許可文件，被印第安人保護局勒令離開。回到里約熱內盧後，他住在破舊的古斯塔夫客棧。客棧所在的拉帕區（Lapa）是一個紅燈區，到處都是酒吧和跳蚤充斥的妓院，而且嘉年華會正進行得如火如荼。這期間，法裔瑞士人類學家梅特羅途經里約熱內盧（他是要前往布宜諾斯艾利斯），和「考恩」

（Cowan）*聚了一聚，在座的還有奎因的哥大同學瓦格萊。梅特羅在日記裡記道：

> 考恩談了他在欣古河的經歷，然後又侃侃而談他的梅毒。我聽得出來，在他大刺刺的坦白和自嘲裡面，隱藏著一絲走投無路者故作頑強的味道……考恩喝得很醉，嗓門很大，整間餐廳都是他的聲音。瓦格萊用輕細的噓噓聲提醒他小聲。[42]

備妥需要的許可文件後，奎因再一次前往欣古河上游，這一次改為研究克拉奧人（Krahô）。但才一開始工作，他便收到家裡的幾封來信，隨之陷入了極深的憂鬱狀態。他把信燒掉，然後在兩個印第安小伙子的陪同下突然離開了村子。兩天後，他們去到一個叫卡羅利納的小鎮（位於今日馬臘尼昂州〔Maranhão〕和托坎廷斯州〔Tocantins〕的交界）。從那裡，他給里約的國家博物館館長托雷斯寫了最後一封信：「我得了觸染性疾病，快要死了。這信將會在我死後才寄到，應該將它消毒。我希望我的筆記和錄音機（可惜沒有錄到什麼）可以寄回博物館。請代我把筆記寄回哥大。」[43]他的兩個原住民同伴在晚上離開，接著奎因便以刮鬍刀割自己的手和腳，想要自殺，見不成功便拿了吊床的繩子到客棧附近一棵樹去上吊。

奎因的死充滿謎團。包括李維史陀在內，許多人都認為他是相信自己得了梅毒才會自殺。但當地一位與奎因相熟的理髮師卻認為這是無稽之談：奎因健康良好，完全看不見梅毒的跡象。[44]另外也有人猜測，他的死是跟酗酒、家裡的問題或隨意的性關係（有可能是同性戀關係）有關。[45]不管真相為何，奎因都是人類學史上的一個悲劇角色，見證著田野工作的壓力，反映出孤單一個人長時間待在一個不可預測甚至有敵意的環境可能會很有殺傷力。為奎因整理遺稿的人類學家墨菲（Robert Murphy）指出：「一種孤獨感瀰漫在他的筆記裡。」[46]許多人類學家挺了過去，奎因則由於壓力而折斷。

＊　＊　＊

李維史陀沒有把《奧古斯都封神記》寫完，只寫出二十頁便放棄了。該是重新開始工作的時候了，他必須打起精神，收起自我懷疑。他返回魯耶那那個老鼠為患的耶穌會傳教站，與少了蒂娜的考察隊重新會合。

他們將要研究的是一個移動的對象，一群在自己廣大領域裡漫遊的土著。李維史陀本就想要看看南比夸拉人在平原上移動的本色，而不是他們在一個電報站四周打混的樣子。事有

＊譯注：奎因的暱稱。

湊巧，先前在烏帝阿里帝那群南比夸拉人的頭目來了魯耶那，正打算穿過中央高地，前往一個傳統會合地點，跟分處各地的南比夸拉人舉行聚會。該會合地點離魯耶那幾天路程，而且就位在一九二〇年代七個電報線員工被南比夸拉人殺害的同一地區。那頭目不太願意讓考察隊隨行，唯恐其他南比夸拉人會不高興。後來經過李維史陀再三遊說，他勉強答應了，但條件是李維史陀得要縮減隨行人數，只許帶四頭牛做為馱畜。

為了配合四頭牛，南比夸拉人選了一條不同於他們平常所走的路徑。出發沒多久，法利亞便注意到南比夸拉人的隊伍中完全沒有女人，清一色是帶著打獵武器默默走路的男人。李維史陀一行人開始擔心起來，反覆摸索手槍：他們不能不擔心，因為他們帶的乾糧不多，而他們進入的地區既廣大又沒有多少特徵可資辨認往回走的路徑。這種擔驚受怕的心情直到中午才告解除：他們看到帶著小孩和動物、揹著簍子的南比夸拉婦女走在前頭——原來婦孺更早便出發了。最終紮營後，頭目帶領族人打獵，卻不成功，族人又餓又惱，差點沒有鬧造反。考察隊有自己帶的乾糧可吃，南比夸拉人則只能吃擣碎的蚱蜢果腹（連他們自己都覺得這種食物不怎麼可口）。

經過兩天艱難的旅程後，他們抵達位於溪流旁的一片開闊空地。這是一片多碎石的營地，錯雜著一些菜園。氣氛很凝重。一群群南比夸拉人陸續從中央高地抵達。夜幕垂下時，李維史陀點算了一下，算出四周大約有七十群土著，而他們顯然是自十多年前遭遇過電報線員工後便再沒看到過西方人。隨著氣溫下降，李維史陀一行人按照南比夸拉人的方式在沙地上打地鋪，但一整晚都因為提心吊膽而睡不好。

不自在的共處氣氛維持了好幾天。在前景不看好的情況下，李維史陀進行了一次帶有超現實味道的民族學實驗。就像在卡都衛歐人那裡做過的那樣，他把一些白紙和鉛筆分送出去。這是一種奇怪的舉動，因為南比夸拉人既不會寫字又不會畫畫，只懂得畫一點點粗淺的紋飾（如畫在葫蘆上的圓點和鋸齒狀線條）。他們起初沒搭理那些紙筆，但慢慢開始拿起筆來，在紙上從左至右畫出一條又一條的波浪形線紋。在沒有人推一把的情況下，他們又開始在紙上「寫」東西。那頭目更進一步，向李維史陀要來一本便條本。被問及一些民族學方面的問題時，他會把答案「寫」在便條本上。然後，當李維史陀開始跟他們交換物品時，那頭目又把交換的項目一一記錄在紙上，再大聲「唸」出來。

李維史陀意識到，那頭目寫下的塗鴉其實是有意義的，哪怕不是字面的意義。憑著直覺，這個頭目瞭解到紙張、筆記本、筆和記號是包含著力量的，而民族學的問與答則猶如一種神祕的儀式。頭目的做法相當實際，以流暢的儀式來對應一種陌生的文化，交換珠子、箭頭和布匹的同時也交換了符號。李維史陀由此得到一個結論：在一開始，書寫乃是攸關權力的事情，只有到了更後來才被用於美學和思想用途。書寫不是什麼人類文化成就的巔峰，它一開始乃是為了創造階級分野而設，是一種把識字者擡高到無文大眾之上的手段。「書面溝通的首要功能是促進奴隸制度。」李維史陀寫道。[47]

回程的路上差點鬧出災難。李維史陀騎的騾子因為不聽話，讓他遠遠落後在大隊後頭，很快在矮樹林裡迷了路，《憂鬱的熱帶》對這一幕有讓人哭笑不得的描寫。[48] 日落時，他開始為自己可能要一個人在森林裡過夜而忐忑不安（森林充滿兇險，而且他身上也沒帶糧食）。不過，有兩個南比夸拉人回頭把他找著，帶到紮營地去。回魯耶那後，考察隊再次沿著電報線前進，途經肯波諾弗去到維列納，在那裡研究了兩群南比夸拉人——沙班內人（Sabané）和塔倫跌人（Tarundé）。「工作進行得順利極了。」他日後回憶說。事實上，他的工作順利到當那些南比夸拉人想要離開時，李維史陀還送了他們幾袋麵粉，要把他們多留一陣子，好讓他把研究完成。[49]

十五年後寫作《憂鬱的熱帶》的時候，李維史陀將會回頭檢視這些他從南比夸拉人蒐集回來的文化斷片，回顧他待在電報站四周和穿過平原的日子，憶述他與為數不多的印第安人的相處經驗（其中充滿溝通上的挫折）。《憂鬱的熱帶》致力的是一種哲學性的綜合，所以不管他有沒有見證過南比夸拉人傳統文化的餘燼其實都無關宏旨。對李維史陀而言，這些在高地上孤單流浪和邋裡邋遢的土著就是盧梭筆下的「自然人」，即身處自然狀態而未被文明社會所汙染的人類。他們代表著人類社會的胚胎，毫無一絲紋飾，是化約到只剩最核心成分的人類社會。雖然盧梭說過，他所謂的「自然人」只是一個理念（ideal）而「大概從未存在過」，但李維史陀卻自信他已找到了活生生的「自然人」。然而，發現一種原文化（ur-culture）卻只為他帶來一個更深的難題：「我一直在尋找一個簡無可簡的社會，但南比夸拉社會卻簡到了最極點，以致我能找到的只是一個個個體。」[50]

十月底，他們再次沿著電報線往前推進。在從翠斯布里蒂斯（Três Buritis）到巴勞美加索（Baráo de Melgaço）的途中，乾旱的稀樹乾草原開始被青翠的草原取代，到處都看得見棕櫚樹、野鳳梨和一簇簇土生種的栗子樹。轉變了的環境帶給考察隊一些大啖美食的機會。他們打來形形色色的異國風情獵物，再以法式料理的手法烹調一道道佳肴，包括了威士忌烤鸚鵡、焦糖烤賈古鳥（jacu，樣子像雉雞的本土種鳥類），再來還有烤凱門鱷尾巴。現在，他們每隔幾天就有機會換洗結滿乾泥巴的褲子，而這還是出發以來頭一遭。[51]

從這裡，他們開始了「北山考察行動」的第二階段。隨著森林愈來愈濃密且路徑愈來愈窄，他們把尚餘的馱畜給打發掉（一半在沿途的採橡膠人小鎮賣掉，另一半派牧工循來路帶回烏帝阿里帝）。少了馱畜的牽絆讓李維史陀大為愜意，因為考察隊的步伐將會大大加快。自此而下，這支瘦身過的考察隊將會改以獨木舟前進。

巴勞美加索的電報站指揮官借給他們兩艘輕便獨木舟，考察隊以半漂浮半撐船的方式從馬查多河（Machado river）順流而下。兩艘小船一共載著五個人、一些板條箱和兩個南比夸拉人的簍子（用來裝載乾糧和用具）。這時，李維史陀的靴筒上多了隻小捲尾猴。牠名叫魯西達（Lucinda），才幾個星期大，是南比夸拉人送給李維史陀的禮物（牠的長相因為被李維史陀畫進了筆記本而永垂不朽）。南比夸拉人四處移動的時候都是讓小猴子待在頭上，所以魯西達一度想要住在李維史陀頭上，但李維史陀後來成功教會牠抱在他的靴筒上。沒想到這種安排極不利於在濃密的雨林中跋涉：牠老是被多鉤刺的矮樹叢刮到，不斷發出尖叫。李維史陀幾次想改變牠的習慣，讓猴子抱住他的手臂，卻徒勞無功。[52]

向下游前進了兩天後，他們在如注大雨中到達布門塔布埃魯（Pimenta Bueno）的電報站，狂暴的雨水把獨木舟打得東歪西斜。在這裡，他們吃了自庫亞巴以來的第一頓正式午餐。在電報站工作的印第安人告訴他，有兩個土著部落仍生活在這一區的森林裡。在馬查多河一條支流溯流而上的第五天，他們去到了第一個部落。那是一個不知名族群的僅存者，居住在離河岸一公里遠的森林裡。

他們稱自己為蒙蝶人，聚落位於一片大略砍伐過的橢圓形林間空地，由幾間拱頂小屋構成，住著二十五個男、女和小孩。李維史陀是第一個接觸到他們的學者，這當然是一項殊榮，會讓任何雄心勃勃的人類學家脈搏加快。但這個榮譽主要是象徵性的，因為李維史陀在蒙蝶人中間只待了四天，而且沒有譯員在場。不過，李維史陀卻把這個榮譽說得很大，聲稱自己對於蒙蝶人的「思考方式和社會組織的一些方面」取得了洞察，也搞懂了他們的「親屬體系和一些語彙（包括身體各部分的語彙和顏色的語彙），那是對照一張我總是帶在身上的圖表問來的」。[53]

與邋裡邋遢、喜歡在身上塗灰的南比夸拉人大不相同，蒙蝶人是極挑剔的脫毛者，會把全身體毛仔細拔除。他們身體矮壯，喜歡穿戴飾物，包括用半透明樹脂做成的唇飾、珠母貝項鍊和珠子串成的穿鼻飾。他們的語言也不像南比夸拉人那般低沉混濁，反而是清脆響亮，「就像敲鈸的聲音」。[54]蒙蝶人透著的異國風情既懾人，又謎樣。「他們就像鏡子裡的影像那般近在我的眼前。我摸得著他們，卻無法理解他們。」[55]要打破這個魔咒便要訴諸理解的行動：問問題，記錄他們的儀式、神話和宗教，以及畫出他們的親屬關係圖表。

考察行動接近尾聲了。維拉爾因為得了瘧疾，撤退到烏魯帕（Urupá）去養病，如此，考察隊的學者只剩下李維史陀和法利亞。但還有一群原住民是李維史陀想要看看的。從採橡膠人和布門塔布埃魯的電報站員工口中，從龍東委員會調查報告提到的點點滴滴，以及從尼姆衍達朱的民族學著作當中，他得知有一群吐比卡瓦希普人（Tupi-Kawahib）存在，而他相信，這群人是一度發煌於亞馬遜河中游和下游的偉大吐比文明的最後後嗣。在十六世紀的頭幾十年，吐比卡瓦希普人的祖先曾接觸過踏上巴西海岸的葡萄牙人和法國人，並成了最早一批民族學實驗的對象。出於一種浪漫主義的情懷，李維史陀希望可以為這個有四百年歷史的民族學探索畫上句點。

但頭一回的接觸卻讓他頗為氣餒。在森林深處，探險隊碰上兩個跟他們朝相反方向而去的吐比卡瓦希普人，一個穿著破舊的睡褲，另一個全身赤裸，只戴著護陽套。李維史陀透過譯員得知，吐比卡瓦希普人正準備丟棄自己的村子，前往布門塔布埃魯。「這完全不符合我們的計畫。」李維史陀寫道。為了獲得更「信實」的民族學材料，他大力游說他們留下，又答應贈送禮物，吐比卡瓦希普人的頭目才勉為其難答應。[56]

全村共有二十多人，其中兩個嚴重失能，這群吐比卡瓦希普人幾乎已無法在森林裡存活。他們即將丟棄的屋子四周長滿矮樹叢，牆上用紅色和黑色的胭脂樹染料畫著一些形象嚇人的蟾蜍、狗和美洲豹，樣子就像正在牆上爬。村子後方有一個木頭大鳥籠，裡面養著一隻角鷹，村民會定期從牠身上拔下羽毛，用作飾物。有些婦女的項鍊上串著空彈殼，透露出他們從前可能跟白人發生過衝突。

考察隊才剛安頓下來要開始工作，意外便發生了。當時，他們從庫亞巴雇來的一個牧工埃米迪奧（Emídio）在森林裡打鴿子。他們從村子裡聽到槍聲，繼續是一陣痛苦的尖叫。原來是槍枝走火，讓埃米迪奧的手給轟掉了。「真是不可思議，」法利亞記道，「骨頭碎掉，神經外露，幾根手指也斷了。」[57]大夥商量要怎麼辦，一度考慮要幫埃米迪奧截肢，但考慮到他是以趕牛為業，需要用到兩隻手，便打消主意。於是他們改為替他清理傷口，塗上消毒藥水，再用棉布和紗布包紮，然後往河邊走去。陷於神智不清狀態的埃米迪奧跌跌撞撞走在眾人前面，其他人努力跟上。去到河岸邊的時候，埃米迪奧已經極度不適。他們剝開他的繃帶，發現傷口已經長蛆，便設法把蛆除去。法利亞陪著埃米迪奧去到下游，然後讓人把他帶到波多韋柳（Porto Velho），再坐飛機回庫亞巴。期間，李維史陀繼續留在吐比卡瓦希普人的村子，要把田野工作完成。這個意外事件顯然讓他的心神大受震動。在筆記本的其中一頁，我們看到一幅達利（Dalí）風格的圖畫，畫著一些扭曲的手指頭、大拇指、肢體和滴淚的眼球。[58]

李維史陀紮營在河邊，但吐比卡瓦希普人仍計劃要盡快離開森林。從一幅富表現力的照片裡，我們看到當時的李維史陀蓄著濃密鬍鬚，戴著黑框圓眼鏡，站姿局促而左手握拳。小猴子魯西達攀在他的右靴上，以一條鍊子跟李維史陀的皮帶相連。他右手邊是一張拼湊起來的木桌子，桌面上整齊放著一些露營用具，包括一些變黑了的馬口鐵罐和一個錫盤子（盤中有一顆不知名的大水果和半根看似木薯根的東西）。背景處，寬闊河流滔滔流向遠方。照片左側最邊邊處站著一個裸體的男孩，望向李維史陀。同一張照片後來被收入照片集《懷戀巴西》，但小孩的部分被裁切掉。[59]

李維史陀花了兩星期記錄下他眼前這個衰頹中的文化。其中一個儀式是在發酵玉米酒之前舉行，其過程非常複雜，從前需要動用幾個處女向一個一點五公尺高的玉米酒桶吐口水，但今日已經簡化，僅由三個小女孩向一個杯子咳嗽。這裡實行的是一夫多妻制，但已到達了無法維繫的邊緣，因為頭目一個人就獨占全村六個女人的其中四個（另兩個女人一個是他的姊妹，另一個是老婦人）。讓李維史陀感到奇怪的一點是，吐比卡瓦希普人既不吸菸也不種菸草。這種事在巴西中部的土著之間相當罕見。例如，南比夸拉人便都是大菸槍，而蒙蝶人也會把菸草磨成粉，用一根一公尺長的管子吹入彼此鼻孔。反觀吐比卡瓦希普人卻奇怪地對這種感物質到恐懼：「每次看到我們拿菸出來抽，那頭目便會語帶挖苦地大聲說：『那是糞便！』」[60]這種對菸草的強烈反感顯然歷史悠久，因為許多年前當龍東第一次碰著他們的時候，這些印第安人看到誰抽菸便會憤怒地把他叼著的菸給拔掉。

此行的高潮是一場讓人眩目的「表演」，李維史陀把它比擬作一齣輕歌劇，說它就像是「一齣異域版的《婚禮》*」。演出者是村子的頭目，他就像被附身似的，不斷「變身」為各種角色，說說唱唱出不同的故事（李維史陀把他使用的不同曲調比作來回交錯的詠嘆調和《葛利果聖歌》的沉思性旋律）。透過譯員的解說，李維史陀努力跟上錯綜複雜的劇情（其中涉及到賈賓鳥〔japim〕、不同的森林動物和「一根棍棒、一根杵和一把弓」）。即便譯員母語流利，要他把這麼複雜的劇情翻譯出來仍然非常困難，更何況是要用葡語來傳達，而李維史陀也從來無法對葡語感到自如。饒是如此，他還是把大部分劇情記在筆記本上（一共花了二十頁篇幅），又記下超過四十種曲調（每種曲調對應一個角色）。[61]這場演出的規模可媲美華格納的歌劇：共上演了兩晚，全程八小時。最後，那頭目筋疲力竭，完全失去理智，竟拿起一把刀子衝向太太。其他人趕忙制止，讓他太太可及時逃到森林去。[62]

這幕差點上演殺人戲碼的「終曲」標誌著李維史陀民族學之旅的結束。回程的路上，他們途經一連串採橡膠人的城鎮。在烏魯帕等待汽艇把他們載到曼德拉河去的時候，維拉爾因為不耐煩，威脅說要離隊，獨自走陸路回家。「這會完全打亂我們的計畫，完全是一種荒謬和可譴責的固執。」法利亞在日記裡記道。[63] 最後，他們把維拉爾勸得回心轉意，並坐船前往雅卡雷伊（Jacaré）。一去到曼德拉河，他們就登上一艘蒸汽輪船，坐到波多韋柳（Porto Velho）。法利亞在這裡與其他兩人分手，搭蒸汽輪船沿亞馬遜河前往下游的貝寧（Belém），再從貝寧回里約熱內盧。李維史陀和維拉爾則登上一架水陸兩用飛機，前去玻利維亞的科恰班恰。飛機上坐滿帶著雞鴨的農民，也讓他們見識到玻利維亞國內航線的驚險。之後，他們在科倫巴重新進入巴西，朝庫亞巴而去。到一九三九年一月，當李維史陀回到烏帝阿里帝的時候，時序已進入雨季，那裡的南比夸拉人開始重新搭建他們的小屋。至此，他的考察之旅算是全部結束。把原住民器物搬上大貨車之後，他便坐著大貨車一路回到庫亞巴，再從那裡把板條箱空運回聖保羅。自此之後，李維史陀再不曾出過田野。[64]

「這趟旅程漫長而艱難，」李維史陀在寫回聖保羅給安德拉德的信上說，「但我永遠不

---

* 譯注：《婚禮》是史特拉汶斯基創作的芭蕾舞劇，本書第一章曾提及。

會忘記這八個月，它們充滿讓人目眩的體驗。從科學的角度看，我想我帶回來了一些好材料，很多都是新的，勢必會深深改變時下的見解。我由衷相信這趟考察將會留下自己的印記。」[65]不過，從學術專業的角度看，李維史陀的田野工作卻達不到人類學當時的品質標準。整趟考察的時間比原訂計畫縮短了許多。一年縮水為八個月，其中還有兩個月是在庫亞巴進行行前的準備工作。疾病、意外和補給問題也進一步壓縮了李維史陀與原住民接觸的時間。剩下來的時間又有很大一部分是花在記錄和蒐集原住民的器物（他日後曾為此表示後悔）。當初，還在人類博物館為考察行動做準備時，牟斯曾灌輸他一種觀念：「對文化物件應有一種真正神祕主義的崇敬態度」，這讓他去到田野的時候自覺有責任關注物質文化，但如此一來，他能用在調查土著信仰與制度的時間自然變少。[66]就連身處南比夸拉人中間的時候，各種實際的問題也讓他的研究有許多偏差。區區幾個月的觀察，加上要透過譯員以葡萄牙語做為中介，這樣的成果自難與英美人類學界產出的那種深入觀察相比。

隨著人類學在二十世紀的日趨成熟，李維史陀的田野事業飛快過時。到了一九五〇年代，已再沒有人類學家可以靠著一本散漫的田野筆記和蜻蜓點水式的田野接觸而在學界立足。田野工作的成功常有賴於人類學家與原住民的親密互動，但李維史陀考察隊的大陣仗往往不利於這種互動的進行。在一九六〇年代接受ＢＢＣ訪談時，李維史陀煞費苦心要把他的巴西田野工作說成像另一回事。被問到民族學家的出現會不會改變他們所研究的文化時，他回答說：

如果你派一支照相師、攝影師和錄音師的龐大人類學團隊前去一個小部族，你當然有可能會改變它的文化。我從沒那樣做，也從不認為那樣做妥當。在這方面，我仍然是一個馬凌諾斯基的信徒，相信田野工作應該孤獨進行，帶的器材愈少愈好，最好只帶一部筆記本和一枝鉛筆，讓自己盡可能沒有侵入性。[67]

不過，待退休後，他卻以坦白態度回應批評者。在一九九〇年代晚期接受一次訪問時，他表示：「我不想過分強調我的田野工作有多重要。但我得到的成果比某些批評者所以為的要多，而我也是第一個承認我的工作總的來說只是成績平平。」他把自己在南比夸拉人中間取得的資料稀少形容為是把「田野工作帶到了它的負面極限」，又把自己在田野的經驗比作精神分析師的自我分析訓練。[68]在巴西內陸的那幾個月把他帶進了人類學這門學科的潛意識，讓他瞭解到民族誌撰寫的過程，並獲得了評價他人同類作品的專業眼界。它也有助於促成他日後的「慣技」：一種元民族學（meta-ethnography），其基礎不那麼是自己的田野調查，而是大規模的泛文化比較，即從全世界原住民的資料庫取樣，進行綜合。「所以，我就乾脆承認吧：我早早就意識到自己是個書齋人，不是田野工作者。」他在一九八〇年代晚期這樣告訴葉希邦。[69]面對面的研究從不符合他那傳統的、學院人的個性。他認為，田野工作是侵入性的，包含著「一種程度讓人尷尬的輕率」。[70]

在考察隊的其他成員中，把田野中的李維史陀描摹得最為詳盡的是法利亞。在晚年接受的一次訪談中，他把李維史陀界定為一個哲學家，一個生活在觀念世界裡的人，苦苦忍受田野工作只是為了取得專業資格。「那是李維史陀為了被承認為一個真正人類學家所必須付出的代價。」他對法國《解放報》（*Libération*）的記者這樣說，又說：

> ……用俗語來說，他「不是那塊料」。他跟別人溝通有困難，而距離文明世界和諸般舒適設備那麼遠也讓他感到無趣乏味……那趟考察其實更像是旅行而不是田野工作：準備工夫做了幾個月，但與原住民待在一起的時間卻寥寥無幾……對李維史陀來說，要接受那麼不舒適的環境是很困難的。營地整天建了又拆，拆了又建，對他來說真是受夠了。他如假包換是個「印第安人中間的哲學家」。[71]

法利亞佩服的人是巴西醫生暨人類學家平托（Roquette Pinto）：他曾經與龍東一起探索過後來的龍東尼亞州，而他為該地區所寫的民族誌至今仍被視為經典作品。法利亞對李維史陀的太太同樣印象深刻：「如果蒂娜・李維史陀始終留在隊上，我們的收穫將會大為改觀。」

指出她因為眼疾而被迫返回聖保羅一事讓考察隊蒙受重大損失。我曾經向李維史陀轉述這番話，他當時坐在巴黎寓所書房的黑色皮革沙發裡。他的回答毫不含糊：「蒂娜對民族學不感興趣。她骨子裡是個哲學家，不是民族學家。」又指出她在聖保羅大學和田野裡的積極表現更多是一種策略而不是出於熱情。「聖保羅和巴西都是處女地，」李維史陀解釋說，「露骨地說，我們想要占領這塊處女地。她的方法是透過民俗研究和體質人類學，我的方法是透過社會學。」72

不過，對李維史陀批評得最不客氣的人是維拉爾。他不喜歡考察行動那種漫無章法的調調，跟法利亞一直處不好，考察後期又得了瘧疾需要臥床。「那趟考察是徹底的敗筆。」他告訴梅特羅說。

李維史陀的田野工作確實有不足之處，但它們加起來卻不只是蓋在他人類學家證書上的圖章。他探索了巴西，透過鐵軌、汽車、騾隊、馬匹、獨木舟或徒步跋涉了幾千公里，而在當時，內陸旅行仍是困難和危險的事。李維史陀也是個有天分的作家和攝影者，能靠著有限的材料為巴西的一系列原住民族群塑造出鮮明的塑像。不像那些株守著某個單一族群且常把民族誌寫得只有內行專家能看懂的人類學家，李維史陀對卡都衛歐人、波洛洛人、南比夸拉人、蒙蝶人、吐比卡瓦希普人的描寫非常鮮明，活現了巴西原住民文化的豐富和多樣。他把這些五光十色的文化比擬作「一個沒有了羅馬的中世紀，即從一個建制良久且無疑非常揉雜的體制裡產生的雜燴」。[73]

論者對他的田野工作時間太短這一點多有批評，但誠如法國人類學家貝珊（Alban Bensa）所說的：「人類學家有可能在田野耗上十年卻寫不出任何有意思的東西。」與此相反，李維史陀是一位「好的觀察者，而更重要的是，他是自己觀察所得的睿智分析者」。[74]

返回歐洲前夕，李維史陀去了桑托斯一趟，跟同是研究美州印第安人的梅特羅會面（梅特羅是要前往阿根廷的途中路過巴西，只會停留幾小時）。兩人先前通過信，這是兩人第一次碰面，日後將會發展出長期和密切的友誼。他們把妓女滿街的破落碼頭丟在後頭，漫步於風沙撲面的桑托斯海灘。梅特羅對李維史陀的第一印象談不上極佳：

> 李維史陀來了。他看起來就像個從埃及壁畫裡走出來的猶太人：同樣的閃族鼻子，同樣的閃族鬍子。我發現他為人冷淡、拘謹，一派法國學院人的風格……李維史陀討厭巴西。他認為瓦加斯是個不講原則的獨裁者，一心只想把持權力不放。他的獨裁讓巴西本質上成了一個警察國家。李維史陀看不到南美洲有任何未來可言。他幾乎傾向於認為，這種失敗是一種全面性的詛咒。他已經決定離開巴西，認為在這裡不可能有從事研究的

空間。[75]

李維史陀已經受夠了。以葡萄牙薩拉查（Salazar）的獨裁政權做為榜樣，瓦加斯總統的「新國家」（Estado Novo, 1937-45）*已經把巴西變成了一個祕密警察、告密者和電話竊聽猖獗的國家。當局取締政黨，開始關押左翼的異議分子。外國人也受到猜疑，入境之後必須到警察局報備，說明前來巴西的理由。信件會受到審查，有些還會在郵局裡神祕失蹤。雖然不若墨索里尼義大利或納粹德國那樣有侵略性和活力充沛，巴西的法西斯主義對李維史陀這一類左翼知識分子仍然是一大威脅。

他唯一的選擇就是收拾行囊，返回歐洲。但他不是說走就走得成。做為他和國家博物館爭吵的一個餘波，當他一登上前往歐洲的輪船時便受到拘捕，被關在自己的船艙裡，由一個巴西海軍軍官和兩個來福槍上了刺刀的士兵看守。當局認為他沒有出口執照便擅自把蒐集到的原住民文物帶離巴西是非法行為。現在，他的研究成果（無可取代的器物、書本和田野筆記）面臨被沒收的危險。事情最後平安落幕，當局採信了他的解釋：他已照約定把考察行動所得的一半器物分給了聖保羅的一個學術機構。[76]不過，維拉爾的部分收藏品卻受到查扣，

* 譯注：巴西總統瓦加斯根據一九三七年十一月公布的新憲法而遂行獨裁統治的時期。

包括一些土著的人骨、本土種的蜂鳥和一批無脊椎動物的標本。

船隻開航後先後在里約熱內盧、維多利亞（Vitória）和薩爾瓦多市靠港。在薩爾瓦多市停留那一次，李維史陀下船到著名的歷史城區佩洛尼奧（Pelourinho）溜躂了一番。這個上城區座落著幾百間巴洛克風格的教堂，經過其中一間時，李維史陀停下來拍了照。這時，一群「打赤膊的黑人小孩」上前求他幫他們拍照。他拍了幾張，沒想到竟因此遭到逮捕，再次被拘留了一段短時間。當局所持的理由是他的行為可能有損巴西的名譽，因為「如果照片在歐洲登出，便會坐實有黑皮膚巴西人存在的謠言，並坐實巴伊亞*街頭有無鞋可穿的頑童打混的謠言」。[77]

船出港後，巴西的海岸收縮為綠色的輪廓線，晃了幾晃後便消失在海面遠處。在前頭等著李維史陀的是一九三〇年代晚期的歐洲：處於懸崖邊緣的歐洲。此時，在大西洋中央，他將會遇到一艘又一艘開向美洲的客輪，它們的二等船艙裡擠滿猶太人，每個人的全部家當都塞在破破舊舊的行李箱裡。

* 譯注：薩爾瓦多市又稱巴伊亞。

4 流寓

先前沒人告訴過我……紐約是座高山城市。我是十月第一個黃昏才意識到這個，那時，落日用虛無飄渺的橘色把摩天大樓的樓頂點燃，就像山岳間的落日，河谷隨之籠罩在一片冷涼的陰影裡。我就在站在底下的峽谷裡，站在磚頭變暗的街道上，有一陣猛烈但清爽的強風吹過。

——魯熱蒙（Denis de Rougemont），《兩個世界日記》（*Journal des Deux Mondes*），一九四八[1]

李維史陀在一九三九年三月底回到巴黎，等著他的是亨利四世中學秋季學期的教師缺。過去五年來他都風塵僕僕，在大西洋兩岸來來回回，浪跡於巴西中部的荒原。他帶回了第二批原住民文物、幾千張照片和一落仍散發著木餾油味的田野筆記（當初它們曾浸泡過木餾油以防白蟻蛀食）。現在，李維史陀行年三十，該是盤點收穫、舉辦展覽、整理筆記和開始撰寫博士論文的時候了。

他人在國外的期間，人類博物館開幕了，以迎接一九三七年的萬國博覽會。回顧起來，這個博覽會彷彿預示了日後會發生的事情：德國展館與蘇聯展館兩相面對，前者由施皮爾設計，垂掛著卍字旗，後者同樣龐然，豎立著拿鐵錘和鐮刀的農工巨像。反諷的是，先前施皮爾設計紐倫堡的群眾集會場地時，卻是以格蘭披治賽車場為藍本。

在人類博物館，李維史陀打開從巴西運回來的六個板條箱，把七百件器物一一取出——那都是他用彩色珠子和布料交換而來。因為主要是來自南比夸拉人，這批蒐羅不及上一批有看頭。這一次看不到波洛洛人的牛吼器、裝飾精美的嘎啦器（rattle）和直笛，有的只是鼻羽、有缺口的葫蘆瓢和手工粗糙的簍子。不管有多麼平平無奇，這批東西都是他好不容易才帶回來。他靜下心來進行費事的分類和編目工作，準備讓它們放在人類博物館簇新而專業的空間裡展出。

大概是為了調劑編目工作的枯燥乏味，李維史陀利用空餘時間動筆創作一篇小說——一篇從民族學角度切入且「帶點康拉德調調」的故事。小說取材自一篇報紙的報導，情節牽涉一個與「貨物崇拜」（cargo cult）*相似的情景：一群船難難民用一部留聲機騙得一個太平洋島嶼上的土人相信，他們的神即將降臨人間。這篇小說最後留下的只有標題（「憂鬱的熱帶」）、一篇描寫落日的抒情文字（就是他在門多薩號上寫的那篇，後來又被《憂鬱的熱帶》回收利用）和寥寥幾頁的草稿（現存法國國家圖書館的李維史陀檔案）。小說的主角塔拉馬斯（Paul Thalamas）就像幾年前的李維史陀一樣，是個前往熱帶地區的旅人。故事情節頗為引人入勝，結合了一些情感誇大的筆觸（「他深深吸入一口氣」——這是小說的起句）和一些笨拙的哲學斷想：「模模糊糊的，塔拉馬斯想起了柏克萊（Berkeley）的著名理論：這位英國的主教主張，視知覺是相對的，證據之一是在天頂上看到的月亮和地平線上看到的月亮明顯不同。」[2]李維史陀當時還未能掌握小說的節奏，但他若是把自己可畏的學術精力改用在文學上，說不定一樣大有可為。不管寫得如何，這份殘稿顯示出，無論李維史陀插手的是哪一個領域，用的都是同一種很法式的「慣技」：把戲劇與哲學共冶一爐。

就像他投入過的其他藝術創作計畫一樣，這部小說他只寫了十五頁便放棄了，理由據他自言是「寫得太差」。[3]「我很快便意識到自己寫不來，因為我缺乏想像力，也沒耐性從事那種寫活一個角色和營造氣氛所必須的細部描摹。」[4]

沉浸在博物館的工作和小說創作中，李維史陀對整個歐洲正在醞釀的事件毫無知覺。「你

---

* 譯注：貨物崇拜：二十世紀早期美拉尼西亞人（Melanesian）的一種信仰。為回應歐洲人的壓迫，原住民先知預言救贖的日子終會到來，屆時，在碼頭或飛機場卸下的貨物（它們是殖民者的權力象徵）將不是從外國而來，而是原住民的神祇和祖先送來。屆時，白人將會一夕間淪落到社會最底層，反觀原住民則會從此過上舒適優渥的生活。

感覺得到戰爭行將爆發嗎？」他在一九八〇年代被這樣問及。「沒有，」他回答說，「我也感覺不到希特勒或法西斯主義的威脅。我就像大部分人一樣，是完全盲目的。」[5]就連歐洲猶太人所受到的威脅也沒能讓他感到不對勁。看到德國的猶太難民不斷湧入法國，他仍然認為納粹的反猶太主義只是小資產階級嫉妒猶太銀行家由於高通脹率而大發其財所引起。他傾向於認為那是一種可以趨避的自然災難（就像火山爆發），而非某種災難性的社會變遷。[6]

李維史陀計劃舉行的展覽從未實現。他才剛把展品編排好，戰爭就爆發了。淒涼的防空警報常常響徹巴黎，呼籲市民趕快進行防空演習；林蔭大道上處處都是路障和檢查哨；士兵在各棟知名的紀念性建築四周把沙包堆得高高，又把珍貴的藝術品移至安全地點存放。這時，除了需要面對戰爭之外，李維史陀還面臨了一場個人性的動盪：一九三九年春天，他與蒂娜仳離了，一段十一年的婚姻（很大一部分是在巴西度過）至此結束。這對夫妻曾是緊密的工作夥伴，在巴西內地同甘共苦，共同經歷田野工作的刺激和乏味。他們離異的七十年後，我詢問李維史陀這事是怎麼發生的。他高齡九十八，回答我的問題都是用短句，常常會在兩句話之間停頓良久。「她生活在自己腦子裡，」他說，「我從不知道她想些什麼。」然後又暗示兩人之間還有別的問題。在離婚一段時間之後，李維史陀得知蒂娜與安德拉德之間有過「一些浪漫通信」。[7]

十一月，英國遠征軍陸續抵達法國，開拔過還殘留著第一次世界大戰時期草皮的田野。

法國新兵在英倫海峽至阿登（Ardennes）之間挖掘壕溝和構築掩體，想要把防禦線拉長到馬其諾防線的北部。李維史陀也接到入伍令。他形容自己的戰爭體驗就像是田野工作的延續。他才回到巴黎，剛在博物館和自己的書桌安頓下來，準備要在秋天重執教鞭，便又再度風塵僕僕。接下來幾個月，他將會去到更多自己沒料到會去的地方，得忍受許多的露宿、罐頭食物、無聊乏味和不舒適。

在「假戰」（drôle de guerre）*的頭幾個月，他被派往郵電部審查電報（這工作「滑稽透頂」[8]），然後又被派去受訓，以充當英國遠征軍的聯絡官。他的英語馬馬虎虎，但還是通過了考試，被派駐在馬其諾防線尾巴的盧森堡邊界。當時德軍尚未入侵法國，他沒多少事好做。春天期間，他常到周遭的山林遠足，而據他日後自言，他就是在五月初的一次遠足中，第一次依稀悟出結構主義的哲學基礎。他看著路上一叢蒲公英，陷入沉思。他細細檢視蒲公英那像是濛著一圈灰色光暈的花冠，以及成千上萬的細絲構成的完美球形。為什麼這種植物和其他所有植物可以發展出這麼規則和幾何形狀的外形呢？「就是這樣，我找到了自己思想的組織原則。」他日後回憶說。[9]蒲公英從它自己專有的結構要素，展現為一種獨特且能立刻辨識的外形。自然界千差萬別的不同物種也是在基因的層次被決定的，是因著極幽微的基因差

* 譯注：這個歷史術語是指英法已經對德宣戰但雙方還沒有真正交戰的階段。

異而發展成為各種不同的形狀。人類文化或許就像大自然一樣，有著自己的結構原則。這些原則是深藏著的，但卻具有終極的決定作用，就像基因密碼可以產生出大自然的各種幾何形狀那樣。日後，這種思路將會貫穿李維史陀的所有作品，體現在他對親屬關係、圖騰制度和神話這類社會與文化現象所做的分析。

德軍在西線突然展開的攻勢讓李維史陀從哲學冥思中回過神來。消息傳來，比利時和荷蘭都受到了轟炸，而在離李維史陀駐地北邊不遠處，一波波的坦克車從阿登森林的窄徑紛紛湧現。在色當（Sedan）渡過默茲河（Meuse）之後，德國的裝甲車師團不費吹灰之力便突破了法國的防線，在開闊的鄉郊揚起一片灰塵並留下濃濃的煤油臭味。

德國的輕易取勝讓法國上下飽受心理創傷。日後的知名民族學製片家魯什（Jean Rouch）回憶說：「真是可怕……我們發現，學校裡教的那一套——法軍戰無不勝——是假的。年老的軍官因為怯戰而紛紛掉頭逃跑。這不是一場真的戰爭。才一個月，整個法國就被占領了。我們都對輸掉這場戰爭引為奇恥大辱。」[10]魯什當時還是土木工程學系的學生，接下來幾個月，他騎單車從馬恩河（Marne）一路騎到中央高地（Massif Central），沿途炸毀橋梁以減慢德軍的推進速度。

就在德國閃電戰快速深入法國領土的這時，一個蘇格蘭兵團開進了李維史陀的駐地。由於該兵團有自己的聯絡官，用不著李維史陀，他和同袍便離開尋找自己的軍團，最後在薩爾特河（Sarthe）上的村子與本軍團重新會合。「這件事大概救了我們一命，」李維史陀日後回憶說，「因為幾天後，該（蘇格蘭）兵團便被殲滅了。」[11]在接下來那一片混亂的幾星期裡，李維史陀發現自己深陷於巨大人流中。路上人滿為患，一些汽車為了避開壅塞的交通，會乾脆開在樹叢之間。川流不息的難民潮堵塞住所有通向南方的道路，人人都想趕在快速推進的德軍來到前早走一步。一夜之間，有八百萬法國人展開遷徙。歷史學家胡內勒（Gaston Roupnel）見證了這個災難性場面：

> 我是一九四〇年七月初開始寫《歷史與命運》（*Histoire et destin*，他的最後一本著作）。當時，從我住的小村莊哲維—尚貝丹村（Gevrey Chambertin）裡，我已見過幾波難民潮沿著大路移動，人人都像出埃及一樣落魄可憐，有開車的、有坐牛車的、有徒步的，全都可憐巴巴地擠在路上，其中夾雜著沒有武器的士兵……好一片讓人恐慌的情景，而這竟是法國！」[12]

李維史陀的軍團以鐵路和運牛的貨車做為交通工具，沿薩爾特河去到科雷茲河（Corrèze）和阿韋龍河（Aveyron），但對於接下來是要去波爾多向德軍投降還是逃往地中海，上級軍官之間卻有不同意見。幸而，他們最後選擇了南行，抵達還算安全的貝濟耶（Béziers），駐紮在拉爾札克高地（Larzac plateau）。奇蹟似地，在經過一趟雜亂無章的撤退後，李維史陀竟又回到父母家的門前：當時他父母已經躲到塞文山脈的度假村屋避難。

他繼而與軍團一起去了蒙彼利埃。在那裡，他離開營房，前往大學找工作，毛遂自薦為即將舉行的中學會考的哲學科典試員。他被雇用了，解除動員之後，他把時間平均分配給大學和家裡。他在蒙彼利埃再次遇到巴西的旅伴古爾丹。當時古爾丹正在著手建立一個地下反抗軍的網絡，而到戰後，他將會成為《世界報》的創辦人之一。

就這樣，李維史陀毫髮無傷地度過了戰爭，唯一的戰鬥經驗是撤退時遇過一些俯衝的斯圖卡式俯衝轟炸機，造成他頭頂上方的木瓦裂開掉落。現在，他安安全全地住在「維琪法國」*，家人就在附近，又有一份大學的工作。不過，到了九月初的時候，他卻自己去招惹危險。他去了維琪一趟，請求當局讓他回到巴黎的亨利四世中學任教。當時法國的猶太人都往南逃，他卻要求回到北方，也就是被納粹占領的地區。這是一個大不尋常的舉動，因為法國已有四萬個外國籍猶太人被送進集中營。[13] 雖然對法籍猶太人的公開迫害尚未展開，但納粹占領區的限制已愈收愈緊。

一九八〇年代接受葉希邦訪談時，李維史陀表示，他會有這種舉動是因為自己「缺乏想像力」，看不出箇中風險，才會傻傻地想要回巴黎去。（他又補充說：「這種危險意識的缺乏對我的田野工作很有幫助。」）[14] 因為不太相信這個隨口說說的回答，我在訪談李維史陀時曾再次問他當初怎麼會想要回巴黎教書。他回答說：「我知道猶太人受到威脅，但卻認為最好的躲藏方法是盡可能生活得一切如常。」[15]幸而，主管中等教育的官員不答應他的要求，拒絕把任何一個擁有這麼明顯猶太姓氏的人送到占領區，又改為建議他到佩皮尼昂（Perpignan）一間學院教書。當李維史陀抵達該學院時，一種新的氣氛已經甚囂塵上。同事對他的態度都很古怪，也竭力避談與猶太人處境和納粹種族法令有關的問題。只有一個體育老師私底下同情李維史陀的處境，兩人便成了密友。

李維史陀在佩皮尼昂只待了幾星期便回到蒙彼利埃，在一間理工學院裡擔任預科班的哲學老師（這是他人生最後一次在高中教哲學）。因為學生對哲學興趣缺缺，而李維史陀自己的興趣早已轉向人類學，所以上課只是行禮如儀：他自顧自唸講義，任由臺下的學生嘰哩呱啦聊天。

李維史陀在課餘時間埋首閱讀。特別讓他驚艷的一本著作是葛蘭言（Marcel Granet）的《古中國的婚姻範疇和親屬關係》（*Catégories matrimoniales et relations de proximité dans la Chine ancienne*），這書引起李維史陀深深共鳴，其所引發的思緒將會在他去到美國之後繼續發酵。葛蘭言是法國首屈一指的漢學家，精研中國經典古籍、術數命理學和封建制度。《古中國的

* 譯注：未被德國占領的法國領土，主要是法國南部，由首都設於維琪的法國傀儡政府統治。

婚姻範疇和親屬關係》是一部用力甚深之作，也是釐清古中國親屬關係的最初嘗試之一。李維史陀對親屬關係的問題並不陌生，因為他在巴西就跟這個問題角力過，觀察過波洛洛人的半偶族和南比夸拉人關係緊密的小家庭。不過，與李維史陀不同的是，葛蘭言並不想停留在描述的層次，而是設法要弄懂親屬系統的機制，找出一組客觀規則以說明乍看武斷的親屬關係背後的理路。他的一些概念在日後將會被李維史陀重新拾起，包括了：親屬體系表現的對稱性有著數學般的必然性；亂倫禁忌具有正面的功能，其作用猶如一片相斥的磁場，可以促進交換的進行。葛蘭言又暗示這些規則具有普同性（不過他是透過某種演化論架構來說明這一點），指出古中國與今日澳洲原住民的親屬系統多有相似之處。書中的論述稠密難懂，還有許多複雜的圖表：三角錐裡有螺旋形符號、圓圈裡擺著星號、相互交疊的箭頭。「我被迷住了。」李維史陀這樣回憶當時的心情。[16]但他同樣深感挫折。他覺得葛蘭言的解釋太晦澀，有些資料兜不攏，提出的規則太花俏，讓本來就複雜的親屬關係更添複雜。不過，葛蘭言設定的目標將會變成李維史陀的畢生追求：超越描述的層次而進至一個更抽象的層次，尋找出一些可以由簡馭繁的規則讓複雜紛紜的現象變得清澈透明。

三星期後，基於維琪政府在一九四〇年十月三日發布的第一批反猶太法令，李維史陀被校方開除。他回到父母的屋子去住，這一次多少意識到自己和家人的處境非常兇險。「我已經感到自己是集中營的潛在飼料。」他日後回憶說。[17]他有過有一些不切實際的想法，以為可以躲到塞文山脈去，過著像南比夸拉人的餐風露宿生活，以此逃過迫害。不過，他最後當然考慮到出亡。這時，仲馬答應幫他在聖保羅大學找一份新職，回巴西去便成了一個可能選項。[18]他甚至想像自己可以重拾在南比夸拉人中間的田野工作：他先前只觀察過他們生活中流浪的一面，如果能夠密集觀察他們在雨季期間的定居生活，將可把整幅畫給補齊。

於是他再去了維琪一趟，要到剛遷至該市的巴西大使館申請簽證。《憂鬱的熱帶》對這一幕有滑稽的記載：大使把圖章舉起，眼看就要蓋在李維史陀打開的護照上，然而，他旁邊一個使館人員提醒他，新的法令已經實施，讓大使愣在那裡，圖章遲遲沒有落下。李維史陀最後空手而回。

隨著可能選項一個個消失，他忽然收到一封信，而這封信對他人生的決定性猶如六年前布格列打給他的那通電話。信是洛克菲勒基金會寫來，要邀請他到紐約的社會研究新學院（New School for Social Research）任教。成立於第一次世界大戰戰後，社會研究新學院一直幫助備受法西斯主義和反猶太主義所威脅的歐洲知識分子。第二次世界大戰爆發後，它開始接納一波波來自歐洲的知識分子，讓他們可以逃離戰爭和迫害。李維史陀會有這份好運，除了因為得到梅特羅和羅維相助（羅維很欣賞他對波洛洛人所做的研究），也因為他嬸嬸艾琳（Aline，他已故畫家叔叔亨利〔Henry Caro-Delvaille〕的遺孀）住在美國，而她又得到有錢朋友的資助，為李維史陀提出申請。得到這消息後，李維史陀寫信給蒂娜（她也是猶太人），信中說如果她也想離開法國，可以以他太太的身分同行。[19] 但蒂娜選擇留下，後來還在地下反抗軍的活動中扮演一個角色。李維史陀父母將會留在維琪法國，坐困在塞文山脈的度假村屋中，直到戰後才能返回普桑路的公寓。

李維史陀要入境美國不是問題，但要出境法國卻是問題。隨著戰爭愈來愈如火如荼，要離開法國變得愈來愈困難。自法國北部被占領後，有些猶太人和「不受歡迎者」的出亡方法是攀越庇里牛斯山，再取道西班牙前往葡萄牙的中立港里斯本。在那裡，他們可以搭乘「肯納德輪船公司」（Cunard）的輪船或是（有錢的話）搭乘新開航的「汎美飛剪公司」（Pan-American Clipper）的民航服務。另一個離開法國的方法是從馬賽出去，這方法更直接，但仍然需要辦一大堆證明文件：財力宣誓書、受雇工作證明、簽證、良民證和維琪的出境證。申辦每種證件都需要另一種證件做為前提，形成一個環環相扣而讓人氣餒的流程。

當時，有幾千人聚集在馬賽，想要辦妥各種所需的證件並找到一個可以離開歐洲的臥鋪，其中包括了藝術家恩斯特（Max Ernst）和馬松（André Masson），還有作家凱斯特勒（Arthur Koestler）和諾貝爾物理學獎得主邁耶霍夫（Otto Meyerhof）。他們得到了美國貴格會的福萊（Varian Fry）及其「緊急拯救委員會」（Emergency Rescue Committee）的大力幫助——「緊急拯救委員會」是另一個搶救歐洲知識分子的民間組織。氣氛相當緊繃。維琪政府的憲兵在港口來回巡邏，奉命逮捕任何拿不出通行證的「破壞分子」。有些人會無緣無故失蹤。

與李維史陀同乘一船的俄國革命家塞爾日（Victor Serge）回憶說，他們在馬賽的生活是「命懸一線」，許多人都是「巴黎的俊秀……事業正值巔峰」，卻落得「悽悽惶惶，神經緊繃到最高點，疲倦不堪」。[20]儘管有種種艱難，許多人仍然成功逃出法國，並在紐約、布宜諾斯艾利斯和墨西哥市等地成立了一些藝術家群體。例如，布勒東就連同福萊和塞爾日在紐約租了一間有十八個房間的雅比別墅（Villa Air-Bel），用它來舉辦展覽、「拍賣會」、戲劇晚會和喜劇晚會。

一九四〇年，法國經歷了一個溫暖得異乎尋常的秋天，但隨之而來的卻是有紀錄以來其中最寒冷的一個冬天。一股刺人的乾冷西北風從中央高地吹起，席捲整個隆河谷地（Rhône Valley）。地中海地區大雪紛飛。食物和煤油的短缺都標誌著漫長而艱苦的戰爭歲月已經開始。備齊所有證明文件之後，李維史陀從塞文山脈南下馬賽，整天到各船公司打探消息。他聽說有一艘前往馬提尼克（Martinique）*的船即將開航，經過打探，得知這輪船屬於「海運船公司」——正是他每次往返巴西都搭乘的同一家船公司。一個船公司職員認得李維史陀，向他證實的確有一艘船要在下個月開向加勒比海，但卻勸李維史陀不要搭乘，理由是他「不願看到從前的頭等艙乘客像牲畜一樣被運載」。[21]

* 譯注：法國的海外省，位於加勒比海東部。

李維史陀收拾好還剩下的所有民族學材料（筆記、索引卡片、地圖、圖表、照片和底片），準備航向美洲。靠一個走私者的幫助，他的板條箱得以神不知鬼不覺上了船艙。一九四一年三月二十五日，他在兩排法西斯衛兵的監視下登上了停泊在珍妮特碼頭的保羅—勒梅赫樂船長號（Capitaine Paul-Lemerle）：

……我們在兩排頭戴鋼盔和手持輕機槍的機動衛隊之間登船，他們把整個碼頭邊圍封起來，阻止登船的乘客與送行的親友接觸，用推撞和辱罵的方式打斷人們的道別。這次航行一點都不像孤獨探險，更像是遞解囚犯。[22]

保羅—勒梅赫樂船長號是一艘甲板吱嘎作響的蒸汽輪船（「樣子像插著一截菸屁股的沙丁魚罐頭。」塞爾日指出[23]），這次出航共搭載三百五十個「不受歡迎者」（分別來自德國、奧地利、捷克、西班牙和法國的猶太人和政治煽動者），儼如「一座漂浮海上的集中營」。[24]幾百人睡在打通的大船艙裡，睡的是小小張的硬床和以麥稈填充的床墊。身在難民中的還有古巴藝術家林飛龍（Wifredo Lam）、德國小說家安娜・西格斯（Anna Seghers）和塞爾日。據李維史陀所述，塞爾日「鬍鬚剃得精光，臉蛋皮光肉滑」，說話聲音「奇怪的中性」，完全不符合他心目中的陽剛革命家形象。[25]

船上的衛生設備很簡陋。船的兩側各有一排臨時搭建的衛浴間，左舷的一排供男性使用，右舷的一排供女性使用，每間單間有一個通入海的鋅槽充當馬桶，還有一個只會滴出涓涓細流的蓮蓬頭。不過，李維史陀告訴我，乘客的情緒並不低落，反而相當興奮，「更像是要出發去冒險。」[26] 一張當時在甲板所拍的照片可以為證。照片中，幾個女人愉快地微笑著，一面聊天一面抽菸，男人則充滿自信地看著鏡頭。在人群後面，有兩個剛學步的小孩被大人高高舉起，背景是廣闊的大海。

因為是「海運船公司」的熟客人，李維史陀分配到船上僅有的兩個客艙的其中一個臥鋪。與他同一客艙的還有三個乘客，一個是奧地利的金屬業鉅子，一個是要回家去的富有馬提尼克人（「有理由相信，在全船人中，只有他一個不是猶太人或外國人或無政府主義者。」[27]），最後一個是個神祕兮兮的北非人，他的手提箱裡放著一幅竇加（Degas）的畫作。船上其他乘客都是受到輕蔑對待，唯獨這個人備受禮遇。他自言，他花幾個月坐船去紐約只是要待幾天。要到了一九七四年，李維史陀才憑一則訃聞的照片得知此人名叫斯馬扎（Henri Smadja），當過《戰鬥報》的總編（該報是卡繆在戰時創立的地下反抗軍報紙）。至於他當時為什麼會搭乘這艘難民船則不得而知。

保羅—勒梅赫樂船長號在阿爾及利亞的奧蘭（Oran）和卡薩布蘭加短暫停泊後，便沿著非洲海岸直朝達喀爾而去。在卡薩布蘭加排隊等待上岸走走時，李維史陀突然聽到前頭有人在檢查護照時自稱是布勒東。當時布勒東在法國大名鼎鼎，而李維史陀的名字卻幾乎沒人聽過。不過，李維史陀還是馬上走上前自我介紹，兩人自此成為朋友。兩人都是嚴肅的審美家，都是以冷淡和帶點形式化的態度看世界，不過，兩人又同時受世紀中葉的現代主義熱潮感染，對「原始」和「潛意識」著迷不已。因為沒書可看，兩人便以聊天打發時間，讓對方看自己那些艱深的理論筆記，交換彼此對藝術、超現實主義和美學鑑賞的看法。李維史陀還寫了一篇文字，細細評論布勒東有關自發創造性（spontaneous creativity）的見解，設法解決超現實主義者的「自動主義」（automatic）創作原則（這種原則主張藝術家創作時應該不要打草稿，任由偶發性和隨機的事件引導）與藝術家明明需要藝術技巧和專業知識之間的矛盾。藝術創造是怎麼能夠光憑潛意識的牽引的呢？對這個問題，李維史陀提出了「非理性省察」（irrational awareness）的觀念來加以回答，主張真正的藝術家在進行自發性創作時會夾帶進一種原創性的靈感。布勒東寫了一篇文字做為回應，談到藝術可帶來一種「超性欲」（para-erotic）的美學快感，又認為這種快感足以把藝術跟出於一時衝動的塗鴉之作區分開來。他在結論裡說，李維史陀的「非理性省察」觀念本身也許就是產生於一個潛意識或「前意識」（pre-conscious）的層次。[28] 哪怕是在橫渡大洋的艱難環境中，布勒東仍不忘隨時注意隨機發生的美學事件。一度，他發現掛在甲板上的一頭牛屍和插在船尾而飄揚在旭日下的國旗所形成的對比非常美。「一九四一年四月的那個神祕組合看來是富含意義的。」他說。[29]

開進熱帶之後，船上的環境更惡劣了。升高的溫度逼得每個人都走到甲板上，也讓甲板變成了晾曬衣服、打地鋪、育嬰和露天用餐的地方。[30]乘客開始盡量早起，以便可以單獨使用廁所，避免「集體蹲坐」的尷尬；淋浴用的水一滴下便在熱帶氣溫中成了水蒸汽。過習慣貴族生活的布勒東被測試到了最大極限。李維史陀在《憂鬱的熱帶》裡寫道：「布勒東非常無法適應這種苦事，他在甲板上所剩無幾的空間裡踱來踱去，身上裹著厚厚的起毛大衣，樣子像隻藍色的熊。」[31]因為經歷過原始克難的生活環境，加上睡的是相對舒適的客艙，李維史陀比較能處之泰然。「我在那條船上學到了一些人類學。」他幾十年後對《華盛頓郵報》的記者說。[32]

當馬提尼克在望之後，全體乘客都雀躍不已，以為幾個星期下來終於可以好好洗個澡。但這個希望迅速落空。駐守這殖民地的軍官都是些粗魯的民族主義者，忠於維琪政府而沒有任何一丁點反抗意識。由於待在一個孤懸海外的小島無所事事而悶得發慌，一船「叛徒」的來到正好可以供他們宣洩怒氣和挫折感。保羅─勒梅赫樂船長號才一泊港，便有一支穿熱帶軍裝且全身武裝的軍隊登上甲板，以瞪眼和咆哮的方式盤問每一個人，最後又把所有乘客送進一個軍營拘禁。

布勒東被分開來單獨處理。他被迫繳了九千法朗的「押金」，後來雖然得以取回，但仍然得付出一千五百法朗，做為他有幸被拘禁在前痲瘋隔離地普因提羅傑（Pointe-Rouge）的

「拘禁費」。當他出示邀他到美國演講的邀請函時，一個軍官呵斥說：「你把美國人搬出來一點用都沒有。」布勒東最後終於獲釋，但得到這麼一句臨別贈言：「馬提尼克這裡不需要什麼超現實主義或過現實主義（hyperrealist）的詩人。」[33]

李維史陀被指控為「收美國人錢的猶太裔共濟會成員」，又被告知：「所謂的法國猶太人比外國猶太人還要不堪。」[34]但好運仍然與他同在。在船長的說情下（這船長是李維史陀從前往返巴西之旅的大副），他得以免於被拘禁，獲准登岸。另外獲准登岸的還有那個馬提尼克人和斯馬扎。他們同坐一輛老爺福特轎車，用低檔在山路上爬行，途經生長在火山土壤的果樹和羊齒植物，掩映在薄霧裡。李維史陀覺得這片風景很怡人，比巴西那些會讓人產生憂閉恐懼的森林和大草原還要符合他對熱帶的理想化遐想。

從馬提尼克，他搭乘一艘瑞典的運香蕉船去了波多黎各的聖胡安（San Juan）。這是他第一次真正感受到美國的氣息，哪怕此時他還是身在加勒比海的邊緣：

> ……我呼吸著帶有汽車噴漆氣味和冬青樹氣味的溫暖空氣……這兩種完全不同的氣味是美式生活享受的兩個極端，一端是車子，另一端是洗手間，處於兩者之間的是收音機、糖果和牙膏。日常用品店裡的女店員穿著水仙花色的連衣裙並留著一頭紅褐色頭髮，而我試著去想像，她們塗得像面具厚的脂粉後面到底在想些什麼。[35]

不過，迎向他的「官方歡迎」卻不是歡迎而是敵意。他的入境文件已經過期，所以得打電話到紐約請求更新，其間受到一種類似軟禁的對待：到哪去身邊都會跟著兩個警官。三星期之後，聯邦調查局派來一個專家檢查他的田野筆記。看到索引卡片裡提到施泰嫩的經典之作《巴西中部的原住民》（*Unter den Naturvölkern Zentral-Brasiliens*）讓這個幹員大為起疑，但他最後還是同意予以放行。至此，在馬賽登上一艘人擠人難民船的幾個月之後，李維史陀終於可以擺脫一切羈絆，前往紐約。

當他踏上最後一程的同時，另一個猶太知識分子——俄國語言學家雅各布森（Roman Jakobson）——亦正坐船逃離歐洲。開過最近被擊沉的「俾斯麥號」（Bismarck）的殘骸後，雅各布森的輪船便緩緩行駛在北大西洋的水域上，朝紐約而去。兩人日後的邂逅標誌著一種新的思想氣候的開始：屆時，人類學和語言學將會匯流在一起，也讓親屬研究和音素研究這兩個看似不相干的領域會合在一起。

一九四一年五月底，李維史陀踏上紐約的土地，有的僅是一個板條箱、若干人際關係和小筆現金。他的流亡之旅——始於馬其諾防線後頭那些看似平靜的山林——至此終於全部結束。他向社會研究新學院辦了報到手續，當時這所學院已成了流亡人士的落腳中心之一。迄李維史陀到達之時，已經有大約三萬名的法國男女逃到紐約。他們有些是有錢難民，來美國只是為了避開戰時的不舒適，另一些則是一文不名的藝術家和學院人士。法文報章期刊和小型的法文書出版業已經站穩腳跟，也常常有以法國藝術家為主角的音樂會、展覽和戲劇可供觀賞。

就像一九三九年五月的歷史重演一樣，李維史陀發現他有一個可支薪的暑假可以享受。在那個溼溽得異乎尋常的春天，他對紐約展開了探索。他在各條大道上蹓躂，不時會鑽進橫街走走，這樣一直從唐人街去到西二十三街周遭的波多黎各移民聚居區，或是從「小義大利區」一直走到聯合廣場附近的成衣區，聞到一排排的血汗工廠「散發著中歐的酸臭氣味」。他走訪了沒落中的上西區和它那些建於世紀之交的宏偉公寓（當時已成為租給窮人的分租公寓），又去看了東城區的宅邸。「在這裡，每走過幾條街便會去到一個不同的國家。」他日後寫道。[36]紐約的都市多元文化主義讓他驚異，是他見所未見；歐洲的城市要待二戰結束帝國解體後才會體驗到多元文化的味道。

他一面走一面用他的民族學家眼睛打量四周的景物。雖然華爾街一帶簇聚著摩天大樓，但他卻覺得這片都市面貌「鬆散得讓人吃驚」。[37]當時的曼哈頓還沒像日後那樣高樓林立，而在那個年代最高的一些建築的陰影下，星羅棋布著鄉村似的住宅區、農舍式建築、紅磚公寓樓房、溫室和空地。如果說里約熱內盧是一個過時的城市，是十九世紀巴黎的熱帶翻版，那麼，紐約的時間就是彎來曲去的，它的社會網絡由移民、金錢和移動性不斷改變著。與其說紐約是個摩登的城市，不如說是個多層次的城市，穿插著舊時和外省的美國風格，雜交著歐洲和亞洲的影響力，以及一些暗示著即將來到的時代的事物：「猥褻的」體香劑廣告、百貨公司讓人目眩的櫥窗、駁雜的服裝風格。[38]

在下百老匯逛二手書店的時候，李維史陀意外找到一些《美國民族學局年度報告》（*The Annual Reports of the Bureau of American Ethnology*），而且每本才賣幾美元，不禁大為感動。「我幾乎無法形容這項發現所帶給我的心情，」他日後回憶說，「這些極神聖的書冊還是原來的樣子：綠色封面燙金字體的裝幀，代表著我們對美洲印第安人還能獲得的知識的大部分。而我竟然可以買下來，私人擁有。這是我從未敢夢想的。」[39]他省吃儉用，逐漸把各期的《美國民族學局年度報告》蒐羅齊全（只有一期始終找不到），其內容極為豐富，從中美洲的象形文字到太平洋西北海岸的欽西安人（Tsimshian）神話，包羅萬象。

李維史陀也到各家博物館參觀。雖然它們的展品在廣度和深度上有所不足，卻在數量和細節的用心兩方面取勝。美國自然史博物館（American Museum of Natural History）那些栩栩如生的實景標本讓他看得入迷不已：這裡有來自世界各地的動植物標本，經過填充和布置後活現在參觀者眼前，每片葉子和每根鬍鬚都一絲不苟，就像一座定格的動物園。該博物館的一樓（它在世紀之交由美國人類學之父鮑亞士管理）專門陳列太平洋西北海岸印第安人的文物，還布置出一連串聚落的模樣，範圍涵蓋從阿拉斯加到卑詩省到奧勒岡州一帶（這一帶產出過一些美洲最精緻的前哥倫布時代藝術）。博物館的寬闊走廊排列著圖騰柱、黑曜石面具和雕刻精美的木頭櫃子。李維史陀在這些展廳每次都流連幾小時，把每件文物都看個仔細。

其中一件展品件特別讓他心神不寧。那是溫哥華四周的薩利什人（Salish）製作的「斯瓦希威」面具（sxwaixwe mask）。這面具非常與眾不同，它的嘴巴張大，兩隻眼睛以長條形向外凸出，就像兩根圓柱體。「它看起來跟其他面具截然不同，」李維史陀三十年後回憶說，「形狀不同，風格不同，最特別的是它那雙向外凸出的眼睛。我納悶的是，這雙凸眼是幹嘛用的？它們的意義為何？作用為何？」[40]這些問題，李維史陀將要等到事業生涯的晚期才能回答。當時他還沒可用的理論工具，日後，等他發展出這些理論工具之後，將會在一九七〇年代以《面具之道》（*La Voie des masques*）一書回頭分解舊疑。但不管怎樣，他都慢慢跟太平洋西北海岸的印第安藝術發展出一種他所謂的「難分難解的紐帶」[41]，因為這種藝術除了吸引著他的美學感性，還挑戰著他的知性。

有一次，李維史陀到格林威治村（Greenwich Village）造訪超現實主義畫家坦奎，在第十一街和第六大道的交界附近看到有一間小小的工作室正在出租，一看之下非常喜歡，便馬上租了下來。從工作室地下室通過一條暗黑的走廊再走上一道樓梯後，可去到一個雜草叢生的小花園。工作室設備簡陋，只有一個臥室，裡面有一張床、一張桌子和兩把椅子，旁邊連著起居室。李維史陀親自畫了一幅畫來裝飾這個工作室，那是「一幅取法超現實主義的大型油畫，色調陰沉，畫著兩隻像是融化在畫面其他元素裡的互扣大手。」事實上，這幅畫是他巴西時代一幅舊作的延伸，就是他在牧工埃米迪奧不慎轟掉自己一隻手之後所畫的那一幅。[42]起居室的茶几上放著一個玻璃菸灰缸、一個金眼戰士的小木像和一根卑詩省圖騰柱的小模型。[43]他用來寫出五百多頁博士論文的書桌寬僅一公尺。[44]李維史陀有所不知的是，資訊理論之父夏農（Claude Shanon）就跟他住同一條街（不過他倒是從鄰居聽說過，附近有另一個鄰居正在著手「設計一個人工腦子」[45]）。接下來幾年，兩人將會在互不知道對方存在的情況下鑽研同一組基本問題（一個是透過研究電腦的迴路板，一個是透過研究親屬關係）。

做為紐約的藝術家聚居區（這裡的房子狹小、設備簡陋而租金便宜），格林威治村很快就住進大批流亡美國的超現實主義者。坦奎和布勒東都是住第十一街，馬塔（Roberto Matta）住第九街。杜象（Marcel Duchamp）也是住在格林威治村——他來美國之後先是在佩姬．古根漢（Peggy Guggenheim）的「黑爾居」(Hale House）住了一陣子，然後便搬到這一區，建立其著名的極簡主義工作室：整個工作室只有一個房間，放著一桌一椅和一個包裝箱；做為裝飾，他在牆上釘了兩枚釘子，又在其中一枚掛上一段繩子。美國藝術家也紛紛進駐附近的街區：當時還年輕尚未出名的波洛克（Jackson Pollock），還有福特（Onslow

Ford）、高爾基（Arshile Gorky）和馬瑟韋爾（Robert Motherwell）都是住在前後幾條街外。[46]村內的生活非常熱鬧。這裡有賣自製義大利麵的小吃館，有賣水果和蔬菜的攤販，而沿著麥克杜格爾街（MacDougal Street）有一些夜總會，會演奏慢節奏的爵士樂直到深夜。不過，法國人卻抱怨區內找不到咖啡廳（咖啡廳是巴黎波希米亞生活的主要骨幹）。李維史陀也有鄉愁，但卻是不同的一種。雖然骨子裡是個法國人，但長時間生活在南美洲卻讓他產生了無根之感：「我常常會夢見法國地圖，而地圖中的法國是一個我幾乎不認識的法國。」[47]

透過布勒東，李維史陀很快成為超現實藝術家圈子的座上賓。他受到他們邀宴，參加這些超現實主義者玩的各種惡名昭彰的客廳遊戲，包括了「真心話」（類似於「說真話還是顯膽量？」）、用類比手勢猜啞謎、解讀塔羅牌和「創作接龍」（各人輪流說一段話和畫一幅小圖畫，看看最後連起來是什麼模樣）。這些藝術家會彼此拜訪，一起出外用餐，參加佩姬・古根漢辦的雞尾酒會和到哈林區的薩瓦舞廳（Savoy Ballroom）跳舞到凌晨。

李維史陀從一開始便對恩斯特一見如故，後來又與馬松成為好友。他仰慕坦奎，但覺得這個畫家難相處。杜象對他「極其友好」，而李維史陀與詩人暨藝術評論家瓦爾特伯格（Patrick Waldberg）的友誼也一直延續到戰後。[48]瓦爾特伯格回憶，兩人常一道去曼哈頓上館子，吃各種異國風味的菜餚，包括巴拿馬烏龜蛋、燉駝鹿鍋、蠔湯、墨西哥的油椰子幼蟲和

「有絲綢口感的章魚」。[49]透過瓦爾特伯格的眼睛，我們對身處人生關鍵時期的李維史陀有很好的一瞥：

> 他散發著一種我會稱之為尊貴的氣質：身材頎長，有著一張輪廓分明的長臉，雙目深邃而銳利，眼神有時悠遠而憂鬱，有時專注而警醒……與他不熟的人會覺得他的態度難相處甚至冷冰冰。……我還記得他的沉默可以有多麼凝重：有一次，一個不受歡迎的傢伙想從他嘴巴裡掏出什麼話，但他不說就是不說，讓氣氛凝重得不得了。不過，如果是跟信得過的朋友在一起，他就會親切可人，妙語如珠，甚至熱情洋溢。[50]

與超現實主義者的交往讓他得到許多新觀念的澆灌。他們作品的主要關注——潛意識、神話、非理性和錯置（juxtaposition）——讓他深感興味。超現實主義者把人類學和心理學看作現代主義的兩大關鍵學科，喜歡用約略消化過的民族學材料和被他們偶像化的土著藝術做為創作資糧。在大戰爆發前幾個月，藝術家塞利格曼（Kurt Seligmann）才在卑詩省一個貿易站待了近四個月，考察太平洋西北海岸印第安人的儀式和藝術品，又把一尊高十八公尺的圖騰柱運回巴黎的人類博物館。布勒東也是原住民器物的熱切蒐集者，這些收藏擺滿他位於巴黎的工作室。恩斯特亦是如此：當他坐著佩姬·古根漢的別克敞篷車從聖莫尼卡（Santa

Monica）返回美國東岸途中，半路上還停下來觀看霍皮人（Hopi）的舞蹈並蒐集用三葉楊樹根雕成的小人像。

在紐約，恩斯特意外碰到一個更豐富的寶藏。有一次，他路經第三大道一間德國人開的古物店時，眼角瞥見一根西北海岸印第安人製作的湯匙（當時店內正舉行世界各地的湯匙展），眼睛登時一亮。恩斯特找店老闆卡萊巴赫（Julius Carlebach）談了談，而對方表示，如果恩斯特有興趣，他可以弄到一整批西北海岸原住民文物。恩斯特馬上便買了下來。起初他不肯向同仁透露該店的地址，甚至當塞利格曼表示願意用自己收藏的一批巫術圖畫交換地址時，他照樣拒絕。但布勒東最後還是把店家給查到。

沒多久，李維史陀和所有超現實主義者便蜂擁前往卡萊巴赫的店，掏錢大買各種東西：特奧蒂瓦坎人（Teotihuacán）的石頭面具、西北海岸印第安人的木雕、因努伊特人（Inuit）和美拉尼西亞人的藝術品等。卡萊巴赫品味平庸，但受超現實主義者的指導，開始買進一些木雕面具和刻有雙關圖像的碗和棒。他的貨源是美國印第安人博物館（Museum of the American Indian）位於布朗區（Bronx）的貨倉，裡面多的是所謂的「副品」*，一件以五十美元的價錢出售。一天下午，兩輛計程車開到貨倉前面，裡頭坐著包括恩斯特、布勒東和坦奎等一票超現實主義者，還有李維史陀和藝術評論家迪蒂（Georges Duthuit）。由一個守衛接應，他們在貨倉裡東看西看，挑選自己喜歡的物件，不久之後，那些被選中的物件便神祕地去到卡萊巴赫的店，上架出售。

對收藏家而言，二十世紀中葉的紐約不啻一座寶庫。全球的流離物品都被沖到這個世界性的大都會來。只要找對門路，你就可以買到成箱的祕魯古物、一整架子的納斯卡（Nazca）花瓶、一盒盒自俄國革命搶救出來的珠寶和一匣匣稀有的喜多川歌麿浮世繪。這些東西被人放在曼哈頓橫街的公寓、車庫和棚屋裡，以非正式的方式出售。二手商店裡也堆滿十六世紀的西班牙和義大利家具。那時候李維史陀的手頭不算寬裕，但還是買下了一個托斯卡尼的古董餐具櫃。戰後他將會把它運回歐洲，用來布置巴黎的公寓。[52]

一九四二年，在布勒東和恩斯特的相助下，美國超現實主義藝術家霍爾（David Hare）創辦了《VVV》雜誌，其風格與當年巴塔耶辦的《文件》相近，內容結合了詩、藝術、人類學、社會學和心理學。其宗旨是「要在所有跟藝術和行動（action）相關的領域裡，將已死的部分和活著的部分區分開來」，而要做到這一點，便需要「兼具驗屍官和助產士兩者的技能」。[53]雜誌的第一期就像一個時間膠囊，捕捉住了一個時代的奇思怪念和藝術偏執，內容有一些論神話、論童年和論夢境意象的文章，又討論了如何透過自發性達到藝術的純淨境界。而相當不協調地夾雜在艾梅．塞澤爾（Aimé Césaire）一些詩歌和一批超現實圖像中間的，

* 譯注：即博物館就同樣樣式多買一件的器物。

是一篇李維史陀所寫的文章。

在這篇名為〈印第安人的化妝術〉（Indian Cosmetics）的文章裡，李維史陀回頭檢視了那些讓他縈繞於心的神祕旋渦紋和螺旋紋，也就是多年前他用相機為卡都衛歐婦女留影過的那些臉部裝飾圖案。這一次，他開始把分析焦點放在這些裝飾花紋的形式面和美學面：

> 這些高度發展的構圖既不對稱又平衡，開始於臉上的這個角落或那個角落，然後毫不猶豫地往外發展，一直達到上述的既不對稱又平衡的效果為止。它們顯然是源於一個不變的基本主題，而十字紋、捲鬚紋、迴紋和螺旋紋又在其中扮演著重要角色。儘管如此，每一幅圖案仍然自成一件原創作品：各種基調被當事人以別出心裁的方式重新組合，用豐富的想像力甚至一種大無畏的精神不斷推陳出新。54

這篇短文是一扇有趣的窗口，可以讓人一窺處於理論突破前夕的李維史陀的思考方式。在在看來，他像是正在摸索一條途徑，想要調和統一性與差異性，調和類型性（genre）與原創性。

李維史陀在同一期《VVV》雜誌還寫了一篇文章推崇馬凌諾斯基（這位現代田野工作之父剛剛過世）。他大大讚揚了馬凌諾斯基對人類學的貢獻，指出馬氏不只在田野方法上取得突破，還把「民族學與精神分析學這兩個我們時代最革命性的學科」結合在一起。又說自此以後，所有民族學都可以被區分為「前馬凌諾斯基」和「後馬凌諾斯基」兩大類。不過，這篇評論卻帶著一條有刺的尾巴，有鑑於李維史陀的未來理論取向，這條尾巴可說具有高度反諷性。他批評馬凌諾斯基「對歷史有著難以解釋的輕蔑」和「絕對的低視物質文化」。[55] 李維史陀始終對物質文化感到興趣，但卻會否定歷史方法適用於民族學。

暑假那幾個月，李維史陀設法重拾他學術生涯的主軸。他終於開始整理田野筆記，要用它們來寫出一篇可出版的論文。他決定用英文來寫這篇論文，哪怕他當時對英語的駕馭仍然不是得心應手。他也接觸了一些美國人類學界的領航燈。他先是聯絡上當時在華盛頓史密森尼學會（Smithsonian Institute）任職的梅特羅，兩人隨後變成了好朋友。梅特羅每到紐約都會到格林威治村找李維史陀，晚上李維史陀會讓他睡臥室，自己架一張行軍床睡在起居室。那時，梅特羅正在主編《南美印第安人手冊》（*Handbook of South Amercian Indians*），便邀李維史陀撰寫一些有關巴西中部原住民的條目。羅維和克魯伯都在加州教書，但每逢來到紐約都會約李維史陀碰面。李維史陀也拜會了人類學家林頓（Ralph Linton）和潘乃德，並因此領教到一些學術鬥爭的滋味：潘乃德和林頓出了名的不對盤，兩人會私下邀李維史陀吃晚飯，在他面前說對方壞話。

不過，對李維史陀來說，最大的榮幸是可以拜見鮑亞士。鮑亞士的田野工作始於一八八〇年代，先是在巴芬島（Baffin Island）研究因努伊特人，繼而研究了包括瓜求圖人（Kwakiutl，現稱夸夸嘉夸人〔Kwakwaka'wakw〕）在內的太平洋西北海岸印第安人，後來成了哥倫比亞大學第一位人類學教授，任教長達三十七年。體格矮小而精神矍鑠，蓄著濃密的八字鬍和一撮山羊鬍，鮑亞士是第一個對美洲印第安人的語言、體質人類學與物質文化進行詳細田野研究的學者。他教出來的眾多學生——包括了米德、潘乃德、羅維和薩皮爾（Edward Sapir）——後來也把人類學帶進了美國各大學院。「所有美國人類學都是源於鮑亞士。」李維史陀日後指出（他這話毫不誇張）。[56]

李維史陀一到紐約就寫信給鮑亞士。雖然他當時是個沒沒無聞且幾乎未發表過著作的人類學家，卻得到鮑亞士熱情接待。後來他去了鮑亞士位於哈德遜河對岸的家，有機會欣賞到鮑亞士收藏的許多瓜求圖人木雕。鮑亞士也給他講了一件他愛跟客人講的軼事。有一次，他把一個瓜求圖人（他的報導人）帶來紐約。對方是第一次來紐約，卻對櫛比鱗次的摩天大樓、地下鐵和人行道上川流不息的人流毫不動容。真正引起他注意的是那時候還在時代廣場看得到的畸人秀（由一些侏儒或長鬍鬚的女人演出）。這個瓜求圖人在紐約也培養出一種特殊的美學興趣：常會目不轉睛地看著樓梯扶手上的銅球和自助洗衣店裡滾攪著衣物的烘乾機——情形就好比人類學家也常常會固戀（fetishise）原住民文化的某些方面。[57]

更後來，在一九四二年底，李維史陀與鮑亞士見了最後一面，地點是一場餐會（這場餐會將被記入人類學的歷史）。舉辦這場餐會是為了歡迎另一位法國流亡人士：人類博物館館長李衛。來賓包括鮑亞士的高足米德、潘乃德和林頓。李衛一直都在南美洲的哥倫比亞進行研究，這一次來紐約是前往墨西哥途中路過。那是一個嚴寒的冬日，眾人圍坐在大學教職員俱樂部的一張大圓桌。「鮑亞士非常健談，」李維史陀回憶說，「談話談到一半，他突然猛地向後一倒，摔在地上。我坐他旁邊，趕忙把他扶起。最早是當軍醫的李衛想辦法讓他甦醒過來，卻徒勞無功。鮑亞士已經死了。」[58]

入秋後，李維史陀開始在社會研究新學院任教，也把姓縮短為「史陀」，以免別人把他的姓氏與牛仔褲的牌子混為一談，因為有人先前提醒過他：「學生會拿你的姓氏開玩笑。」這種被張冠李戴的情形一輩子都困擾著李維史陀。「我幾乎沒有一年不會收到一張要購買牛仔褲的訂單，通常都是從非洲寄來。」他在一九八〇年代告訴葉希邦。不過，隨著他愈來愈有名，「李維史陀」這個姓愈來愈為人知。一九八〇年代，他在舊金山一家餐廳輪候位子，服務生聽到他的名字後喃喃自語說：「做褲子那個還是寫書那個？」[59]

社會研究新學院接納來自歐洲各地的流亡知識分子，讓一些卓越心靈可以在一個較寬鬆且跨學科的氛圍工作。那是一個朝氣勃勃的環境，新音樂、新戲劇、新電影與學術研究並存不悖。李維史陀講授的是當代南美洲的社會學，而這是一個他沒有多少認識的課題（巴西除外）。他一整個夏天都在用力備課，最後也成功教完幾個夜間部的班級，但談到阿根廷、祕魯和玻利維亞這幾國家時都是蜻蜓點水。這時他的英語仍然不靈光，但因為大部分學生一樣是來自外國的難民，破英語便成了師生間的共同語言。

一九四二年，高等研究自由學院（Ecole Libre des Hautes Etudes）在社會研究新學院隔壁揭幕。這學院由戴高樂的「自由法國」和比利時流亡政府共同斥資成立，性質類似流亡大學。揭幕禮在杭特學院（Hunter College）的禮堂舉行，場面盛大，共有三千人共襄盛舉，典禮上有大都會歌劇院的歌手演唱美國、比利時和法國的國歌。《紐約時報》把高等研究自由學院的角色比作羅馬陷落後的君士坦丁堡。這種比擬的弦外之音很清楚：雖然野蠻的納粹帝國禁止法國、比利時和東歐的猶太人工作，但新大陸卻歡迎他們。高等研究自由學院慢慢變成紐約的一家重要學府，共有九十個教授為近一千名學生施教，學科從法律到電影攝影學一應俱全。[60]

李維史陀在高等研究自由學院用法語講授人類學（不需要再用英語教社會學讓他如釋重負），講題很廣泛：「普通民族學」、「第一個極權主義國家：印加」、「博物館和田野裡的物質文化研究」等。教室常常是小貓兩三隻，不過，他看來不以為意。「他講課的樣子就像面對一禮堂的聽眾。」瓦爾特伯格的太太伊莎貝兒（Isabelle）回憶說，她是聽課的學生之一。「他給人的感覺是他花了很大力氣，而即便他沒有獲得原創性的結論，但至少提供了許多細節，而且表達清晰，又常常會提出很有意思的類比。」[61]

後來，在大戰快要結束的階段，李維史陀又在伯納德學院（Barnard College）兼課——那是一家女子學院，位於向陽高丘（Morningside Heights），附屬於哥倫比亞大學。這是他第一次進入美國主流大學的系統，所以上課時分外戰戰兢兢。三十年後，在給伯納德學院的校友演講時，李維史陀憶述了他的災難性「處女秀」：

> 當我在講桌後面站定，開始講述南比夸拉人的種種時，我的害怕就變成了恐慌：因為沒有一個學生做筆記。她們沒有寫東西，而是在織毛衣。他們持續織毛衣直到下課，看樣子毫不注意我講的東西（或者準確一點說，毫不注意我竭力用蹩腳英語表達的東西）。不過他們其實是有在聽的，因為下課後，一個女孩（我清楚記得她的樣子：苗條、優雅、一頭短而捲的淡金色頭髮，身穿藍色連衣裙）走過來對我說，我的講課內容很有意思，但又提醒我，英文裡的「沙漠」是desert，不是dessert（甜點）。

他對聽眾打趣說，由此可見，早在當時，他已經把生態的範疇和飲食的範疇相混淆，又說這種混淆「後來幫助我說明人類心靈的某些結構特質」。[62]

不管這番話是不是認真，但在一個潛意識的層次，李維史陀的各種觀念已經開始融合在一起，他日後會用作分析材料的那些素材也在他胸中愈積愈多。有點會讓人聯想到一個世紀前馬克思喜歡到大英博物館看書的軼事，李維史陀也是每個早上都會到紐約公共圖書館的「美國廳」（今已不存），從九點閱讀到中午。[63]與大洞窟似的主閱覽室相比，「美國廳」比較小，也讓人感覺私密。它有一個鑲著簡樸大理石楣梁的高高入口，廳裡擺著十幾張閱讀桌，一個管理櫃臺和一排書目卡櫃。窗外透入的自然光把齊天花板高的書架照得明亮，廳裡有一個夾層，讓讀者能拿取書架高層的藏書。

就是在這家位於第五大道的古典建築風格的圖書館裡，李維史陀遍讀了館內收藏的大量民族誌。「我對人類學的所知都是在那幾年學來。」他日後回憶說。[64]做為調劑，他也會瀏覽科學期刊，設法讓自己跟得上其他領域的最新發展。他消化一部又一部民族誌，把各種奇怪的土著信仰與習尚記在心裡。這期間，他常看見一個印第安人戴著全副的羽毛頭冠、穿著鹿皮衣，坐在離他幾張桌子之外，一面看書一面用派克鋼筆做筆記。[65]

在這段日子，他讀到了一本與他成形中的思想深深相契的著作：湯普森（D' Arcy Wentworth Thompson）的《論成長與形式》（*On Growth and Form*）。這是一部我行我素的經典，致力於建立一套生物形態學的數學（mathematics of morphology）。作者湯普森是蘇格蘭人，博學多聞，深信自然界就像人類一樣，在面對物理環境的挑戰時發展出相似的解決方法：一種具有優雅的幾何之美的方法。以一系列的插圖和優美的說明文字，他讓讀者看到，一滴下墜水滴的形狀像極了水母，植物纖維像極了鐵絲，禿鷹的翅骨像極了某種桁架。總之，他認為自然界的多樣性是根據古典的比例和比率原則創造出來，人類是到了後來（拜畢達哥拉斯和牛頓之賜）才認識到這種原則。雖然有些人把《論成長與形式》視為科學異端（主要是因為湯普森不認為達爾文的演化論解釋得了一切），但它的魅惑力至今不衰。[66]而對李維史陀來說，湯普森把美學和理論共冶一爐的做法更是有著莫大吸引力。

吸滿了許多素材之後，李維史陀還缺的只是理論。他要尋找一個架構、某種組織性原則，他在巴西出田野的時候就隱約感覺到的內在結構。他所尋找的，是他在盧森堡邊界注視一叢蒲公英以及閱讀葛蘭言的親屬關係著作時，引起他強烈感受的事物。「當時我是一個素樸的結構主義者，」他日後說，「是一個不自知的結構主義者。」[67]

為他帶來催化的人是俄國詩人暨語言學家雅各布森。精通十多種語言，雅各布森曾是莫斯科語言學派和布拉格語言學派的要角。李維史陀在紐約才開始進入的世界，對雅各布森卻一點也不陌生，因為他一直就是出入於學術研究與現代藝術之間，出入於講堂與波希米亞生活之間。還住在俄國的時候，他與未來主義者（futurist）打成一片，而住在布拉格的時候，他又跟捷克的超現實主義者和現代主義音樂家過從甚密。他甚至涉足過人類學，與俄國民族學家博加特廖夫（Petr Bogatyrew）一起調查過莫斯科及其周遭地區的民俗。

雅好美食而又被稱為是「名符其實的結構主義全球快馬」，雅各布森在到達紐約前曾經歷一趟橫跨中歐和斯堪地納維亞半島的曲折大逃亡，每一次都只比快速擴張的納粹前沿快上幾步。德國入侵捷克的前夕，雅各布森是在布爾諾（Brno）的馬薩里克大學（Masaryk University）任教。因為既是猶太人又是反法西斯主義的知識分子，他不得不燒掉所有證件，躲藏起來，最後逃到布拉格，在丈人公寓一個衣櫥裡生活了一個月。接著，由於哥本哈根大學邀他前往任教，他與太太斯瓦塔娃（Svatava）便逃往丹麥。但從捷克到丹麥必須穿過納粹的心臟地帶，一度還得在柏林火車站換車。出於桀傲的玩心，他在月臺上喝了一罐啤酒，又寄了幾封信給朋友，朋友們看到信上的柏林郵戳相當訝異，而且幾天前希特勒才剛辦過五十歲生日的各項慶典。

雅各布森在哥本哈根大學任教六個月，便被迫與太太逃到挪威。德國快要入侵挪威前，他們再度逃亡，抵達瑞典邊界時因為身上沒有護照或任何證明文件，因而受到海關拘禁，一星期後才獲准進入中立的瑞典，住在烏普薩拉（Uppsala），研究失語症和兒童的語言模式。一年後，他搭上一艘蒸汽輪船，航向美國。但他的磨難還沒有結束。半路上，一隊德國士兵登船檢查旅客的證明文件。因為雅各布森夫妻沒有國籍，處境可說是極度危險。幸而，德軍軍官最後採信了他們是俄國難民的說法，兩人得以前往紐約。[69]

雅各布森抵達紐約時，李維史陀還在跟他那篇談南比夸拉人的論文苦苦搏鬥，設法要把他在穿越馬托格洛索州時蒐集到的一鱗半爪親屬關係資料和語言材料理出頭緒。在田野筆記裡，他嘗試過用一系列不同的模型來說明他碰到過的親屬系統，以及用棋盤似的圖形擺放不同的親屬稱謂，他又會在紙上畫出一些火柴人（若是男性會在胯下加上一撇），再用線條、箭頭和圓圈來連接不同輩分者的關係。

他記錄在田野筆記裡的親屬稱謂也有一點洩氣的味道，因為蜻蜓點水式的接觸讓他對南比夸拉人的語言瞭解有限。他一度還寫下了一句話：「語言看來是不同的。」[70] 而這意味著，他連辨識他處理的族群是屬於什麼語言群都有困難。後來，當他向同事夸黑（Alexandre Koyré）談到自己遇到的困難時，對方建議他不妨找雅各布森談談（那時雅各布森剛開始在高等研究自由學院任教）。夸黑是俄裔法國學者，專精於科學史和科學哲學，他能看出李維史陀和雅各布森的研究可能有共通之處可說是獨具慧眼，但卻大概萬萬料想不到自己的建議會帶來多大衝擊。李維史陀期望從雅各布森得到的是技術性指導，不意他得到的卻是一種全新的思維方式。

雅各布森比李維史陀年長十二歲，加上曾經在全歐洲不同大學任教與研究的經驗，所以慢慢變成了李維史陀的老大哥。起初，雅各布森以為自己找到一個理想的酒伴，可以陪他暢飲聊天到深夜，卻很快發現李維史陀雖然與超現實主義者時相過從，骨子裡卻是個很節制的人，既不喝酒，也寧可早早上床睡覺。不過，雅各布森的享樂主義和李維史陀的苦行主義卻不知怎地一拍即合，兩人的關係愈來愈好，發展出一段終生的友誼。他們常常一起出外吃飯，試遍紐約的中國、希臘和亞美尼亞餐館。[71]雅各布森還把李維史陀引介到一個新的知識圈子。透過大語言學家索緒爾的兒子雷蒙．索緒爾（Raymond de Saussure），李維史陀認識了紐約最頂尖的精神分析學家，包括了勒文施泰因（Rudolph Loewenstein）、克里斯（Ernst Kris）和農伯格（Herman Nunberg）。

從一九四二年開始，他們會旁聽彼此的課：雅各布森講的是語音學，李維史陀講的是親屬關係。雅各布森法語流利，講課時幾乎不用看筆記，內容旁徵博引，從愛倫坡（Edgar Allan Poe）的詩一直談到哈姆生（Knut Hamsun）的小說《飢餓》（*Hunger*），又不時會拋出哲學家胡塞爾和邊沁（Jeremy Bentham）的一些觀念，甚至語及經院哲學。他用斯拉夫語來為流音、唇齒音、鼻音和嘶嘶聲或無聲的齒擦音舉例，論證時又會引用法語、芬蘭語和韓語的單字來佐證。在這種淵博及世界主義的展示中，雅各布森談到了結構語言學的崛起：這方法是由索緒爾首先勾勒出輪廓，再經俄國語言學家特魯別茨科伊（Nikolai Trubetskoy）和雅各布森自己發展而成。「雅各布森所鑽研的學科就像偵探小說一樣把我深深迷住，」李維史陀回憶說，「我覺得自己參與了一場偉大的心靈探險。」[72]

歸根究柢，結構語言學的引擎是一個簡單卻革命性的觀念：語言是由相互連鎖的元素構成的形式系統，但字詞的意義不是寄託在這些元素本身，而是在元素間的相互關係。就這樣，語言的堅實性（包括字詞、聲音和指涉對象）便被分解掉了。語言的根本是一套差異的系統。經典的例子來自語音學（這個領域已經因為結構語言學的出現而被重塑）。十九世紀的語言學家致力於研究聲音如何產生並記錄每一種不同的聲音。他們研究了舌頭、嘴唇和牙齒在發出各種聲音時的位置，用相機和攝影機把它們發音時的樣子記錄下來（後來更是用X光把喉嚨的動作拍攝下來）。他們偵測每一個最微小的語音變異，累積出愈來愈細的資料，並發展出愈來愈複雜的記號以標示極細微的語音差異。由此得來的是一個幾乎完全連續的聲音與動作的連續體，換言之是一個毫無理論涵蘊的大雜燴。誠如雅各布森所說的，在這種嚴格經驗性方法的運作下，「語言的語音實質變成了塵埃。」[73]

雅各布森喜歡用俄國浪漫派作家奧多伊夫斯基（Vladimir Odoevsky）的一篇小說來說明上一代語言學家的困境（同一篇小說後來被波赫士改寫為〈過目不忘的富內斯〉〔*Funes the Memorious*〕）。主角天賦異稟，可以看見和聽見世上的一切，但他迅速陷入資訊超飽和的狀態，猶如落入了一個經驗主義的地獄：「自然中的每件事物在他面前都斷為碎片，他心靈中沒有一物可以構成整體。」對這個可憐的人而言，「語言的聲音變成無數發聲運動和機械性振動構成的瀑流，不包含任何目的或意義。」[74]

結構語音學卻可以為這種資料爆炸的情況提供一條出路。重點是要辨識出「語言量子」

（quanta of language），即辨識出語言中能改變意義的最小單位。那些具有「區分值」的語音被稱為「音素」。一對相反的音素（如bat和vat中的b和v）就像一塊迴路板上的開關那樣，可以帶來意義的改變。能產生意義的是音素之間的關係，不是音素本身。由是產生出一個弔詭：「語言是由一些做為意符（signifier）的元素構成，但這些元素卻又不意指（signify）些什麼。」[75]雅各布森指出，過去十年來的研究已經進一步把各種音素的對比簡化為三組更根本的對比：聚音／散音、開口音／閉口音、尖音／鈍音。這三組對比是人類所有語言的根本模式。後來，雅各布森又用了一個別出心裁的簡單圖式來說明這些關係：圖式包含兩個三角形，一個代表母音，一個代表子音，每個角都代表著一個蒸餾到最後的根本語音差異。當一個新生兒逐漸掌握了這些差異，他就開始可以說出有意義的聲音——不管他的母語是法語、日語還是土耳其語。

對李維史陀而言，這種認定世上萬千種語言根植於同一本質的想法深具魅惑力。原先，他就像十九世紀的語言學家一樣，被撲天蓋地的資料壓得動彈不得，「沒完沒了地想尋找物事背後的物事」而不可得。[76]但如果他把焦點從物事本身轉向物事與物事間的關係，說不定會大有可為。畢竟，結構語言學已經證明過，轉入抽象和從事更高層次的模型化可能會帶來豐碩收穫。

於是，他開始在課堂上用結構語言學的方法來探討親屬關係，並愈來愈覺得兩者密合無間。畢竟，親屬關係就是一種最活脫脫的關係系統。親屬圖表本身就包含著一些簡單的對立：男／女，已婚／未婚，對立的半偶族、氏族和階層等。在這齣人類關係大戲的下面，是一些沒說出卻被潛意識地遵守著的規則，它們讓一群人以近乎數學般的效率進行溝通，並代代相傳下去。雖然各地的婚姻規則林林種種，千奇百怪，但如果把它們集合在一起看，卻會有一個大模式慢慢浮現出來。雅各布森鼓勵他把這種想法寫出來，所以，當他把那篇有關南比夸拉人的論文完成後，便開始撰寫《親屬關係的基本結構》。

就這樣，李維史陀思想中本來不相為謀的思路便開始匯聚了起來。新的語言學成了一根主軸，可以兼納他對馬克思、佛洛伊德和地質學的興趣。他意識到，他讀過的各種民族誌不管有多鮮明，都只是些浮面現象，道理一如地貌之於地質學、歷史事件之於馬克思，或欲望和精神官能症之於精神分析學家。

至此，他在「三個情婦」之外又多了一個情婦：瑞士語言學家索緒爾。透過雅各布森的影響，索緒爾的名著《普通語言學教程》（*Cours de linguistique générale*）成了李維史陀思想的奠基石（此書是由索緒爾的學生在他死後集結而成，於一九一五年出版）。《教程》一書的主要觀念成了李維史陀思想彈藥庫的永遠特徵，尤為重要的是索緒爾所做出的兩大區分：「語言」（la langue，即做為一個抽象系統的語言）不同於「言語」（la parole，即被說出的語言）；共時性方法（synchronic approach，即定格的方法）不同於歷時性方法（diachronic approach，即歷史性方法）。李維史陀把這兩大觀念移植到民族學去，而自此以後，他將會專注於從民族誌材料中抽繹出的抽象文化系統之間的比較，而不是把焦點固定在個別的民族誌，就好比一個語言學家會重視語法而不重視個人的語言習慣。索緒爾的「二元對立項」（binary pairs）觀念——即意義是透過對比產生——在語音學一直大派用場，而它也會逐漸成為李維史陀的主要資糧。

索緒爾語言學以及由此衍生的雅各布森結構語言學給予了李維史陀有用的工具，讓他可以自由翱翔在描述性資料的沼澤上方，觀察到那些貫穿過不同大洲和不同文化的模式。李維史陀開始把語言學的觀念整大舉進口到社會科學之時，他也踏上了一條前此沒有人走過的思想道路。

5 基本結構

社會生活是外加於人的一種不停周遊，而家庭生活則不外是人有需要在十字路口放慢腳步和歇一歇的表現。但歸根究柢，他得到的命令是繼續前進。

——李維史陀，〈家庭〉(The Family)，載於《人、文化與社會》(*Man, Culture and Society*)，一九七二

大戰在法國處處留下了深深的傷疤，而它的動向則是流亡在外者不斷焦慮的源頭。在紐約，李維史陀強迫症似地反覆讀報與收聽廣播，密切注意著歐洲局勢的發展。他一向漫不經心的「猶太人問題」如今成了攸關他法國家人朋友生死的事情。起初，他斷斷續續收到父母從塞文山脈捎來的消息，而他也會用他蜘蛛腳似的細長字體給他們寫一些長信，信中附上一些照片和小圖（包括街道圖和他公寓的平面圖）。不過，隨著德軍在一九四三年進一步占領

法國南方，所有通信都戛然而止。

回顧起來，李維史陀相當幸運，因為他才離開馬賽沒幾天，維琪政府就設立了一個猶太事務總管處，隨後又對猶太人進行普查，還成立了一支專門處理猶太人的特殊警隊。若是當初李維史陀如願保住他在巴黎的中學教職，說不定就活不到戰爭結束。他與人類博物館關係密切，而這對他極為不利，因為最早的反抗組織之一就出現在該博物館。為首者是研究員萊維茨基（Anatole Lewitzky，牟斯的學生）和他擔任圖書館主任的未婚妻伊馮娜・奧多（Yvonne Oddon）。從一九四〇年十二月起，他們用複印機來印刷快報《反抗》（*Résistance*）並散播出去，這臺複印機是李衛在一九三〇年代設置，專用來印刷他寫的反法西斯主義宣傳品。這一小群人後來被破獲，雖然牟斯大力抗議，萊維茨基還是在楠泰爾（Nanterre）附近的瓦勒里昂山（Mont Valérien）被槍斃，一同處決的還有人類博物館的七個共犯。伊馮娜在內的三名女性獲得減刑，最終被送進德國的勞動營。

就連牟斯自己亦處境維艱，只勉強在愈來愈收緊的環境裡存活過大戰。一九四二年八月，德國人徵用他位於約旦大道的寬敞公寓供一位高階將領享用，把七十歲的牟斯和他纏綿病榻的太太掃地出門。學生幫他搶救書房裡的藏書，送到人類博物館存放，然後夫妻倆搬到第十四區波托—里什路一間「又冷又暗又髒」的小公寓。那年秋天，就像所有巴黎的猶太人一樣，牟斯被迫在大衣繡上一顆黃色星星。[1]

法國人戰時的複雜和分裂政治立場也縮影在紐約的法國流亡社群之中。法國的投降，還有美國最初願意承認維琪政府而拒絕與戴高樂協商的政策都引起正反兩方的強烈意見。有些人把停火協議看成是叛國，但也有些人認為這是不得不爾的務實舉措。公開支持貝當（Philippe Pétain）的人不多，但私下同情他的卻不少，如作家聖艾修伯里（Antoine de Saint-Exupery）便默默接受貝當而拒絕支持戴高樂——並因此飽受排擠。很多人支持做為將領的戴高樂，但卻對他的獨裁性格心存疑慮，怕他會成為一個危險的政治家。戴高樂派一方面不遺餘力撻伐騎牆派，另一方面又激烈內鬥。

李維史陀支持「自由法國」，也參加戴高樂派那些古怪的會議。不過當蘇斯戴爾（Jacques Soustelle）想招募他參加位於倫敦的反抗組織時，他婉拒了。他的腦子有許多新觀念在爭鳴。他想要著書寫作。另外，他年輕時代的政治熱情已經枯竭。因為在大戰前是個主和派，李維史陀對自己的政治判斷力業已失去信心。「我歷經了『假戰』和法國的崩潰，明白了把諸般政治現實納入抽象觀念的架構是個錯誤。」他回憶說。[2]

美國參戰後，透過瓦爾特伯格的介紹，李維史陀在五十七街戰爭情報局的法語科找到一份工作，為「美國之聲」廣播法文宣傳稿。那裡集結了一些優秀的法國流亡人士，為首的是未來《法蘭西晚報》的總編輯拉扎雷夫（Pierre Lazareff），其他還包括布勒東、天主教哲學家馬里坦（Jacques Maritain）、作家魯熱蒙（Denis de Rougemont）和多洛莉絲・瓦納蒂（Dolorès

Vanetti，她在戰後會成為沙特的情人）。這個小組一星期一起工作幾次，撰寫宣傳稿和廣播。這工作的月薪大約二百五十美元，對流亡者來說是筆很不錯的外快。

據魯熱蒙回憶，他們工作的房間裡放著三十部打字機、一些滴滴答答響的電訊接收機和刺眼的照明設備。戴著綠色帽舌、捲起袖子的男士在這裡編輯稿件，然後把講稿送到第十六號錄音室。每次廣播都是一樣的開場白：「這裡是美國紐約，我們要對歐洲發聲！」接下來是有關戰爭的新聞，重要政治家的評論和演說。布勒東是個和平主義者，所以做這些事情有點不情願。為忠於自己的超現實主義原則，他拒絕唸任何提到教宗的稿子。「他把他的高貴聲音借給我們，」魯熱蒙回憶說，「但嗓音裡保留著反諷的味道。」羅斯福總統演講稿的法譯文都是交由李維史陀來唸，因為大家覺得他清晰而精準的口齒更容易穿過干擾電波。廣播的錄音帶會送到倫敦的英國廣播公司，從那裡再放送到法國。到底有多少法國人收聽得到這種廣播不得而知，但李維史陀指出，一個朋友在收音機認出他的聲音，又把這消息告訴他父母，好讓他們知道兒子過得很好。[3]

在高等研究自由學院講課時，李維史陀繼續拿他新獲得的觀念進行實驗。他迅速意識到，結構語言學的分析工具有可能適用於任何系統性的關係體系。他一面繼續用這方法分析親屬資料，另一方又把觸覺伸入另一個領域：原住民藝術品的美學元素。他相信，這些藝術品所包含的形態學關係說不定可讓形式分析有揮灑的餘地。

其成果是〈亞洲和美洲藝術中的裂分表現方法〉（Split Representation in the Art of Asia and America）。這篇文章發表於自由學院的內部刊物《文藝復興》（*Renaissance*），見證著李維史陀設法要在跨文化的比較上另闢蹊徑。文中，他檢視了太平洋西北海岸印第安人的面具、古中國藝術的圖案、卡都衛歐人的臉畫和毛利人的刺青，並抽繹出它們之間的形式相似性。鮑亞士指出過，太平洋西北海岸印第安人在表現熊、鯊魚和青蛙時，喜歡把牠們對半剖開為兩個側面，再把兩個側面攤平，形成像是面對面的鏡像。同樣的模式見於古中國的面具和商朝的青銅器。「裂分技巧」也出現在卡都衛歐人的臉畫（其圖案會以大致對稱的方式展開於兩條軸線上）和毛利人更講究嚴格對稱性的刺青。後兩者的相似性十分驚人：都是把一張臉分為四等分，讓螺旋紋和迴紋像彼此倒映似地橫過額頭並圍繞嘴唇四周。

但這種模式真是如鮑亞士所主張的，是經歷漫長時間之後慢慢在地理上傳播開來的嗎？還是說不同的「裂分技巧」都是源自某種深層的心理結構，所以才會在不同時代和不同大洲自行發展出來？有趣的是，在這階段，李維史陀的解釋仍然要傾向古典社會學多於認知科學。他認為，毛利人的刺青反映著「烙印在這群人心靈裡的全部傳統和哲學」，一如卡都衛歐人微微不對稱的臉畫是呼應著他們那衰落中的封建秩序。類似的平行性也見諸中國的藝術發展與社會發展之間。[4]然而，這篇文章仍然包含一個認知科學的面向，因為李維史陀指出了，他談到的四種文化包含著一個「最大公約數」：二元主義。從四者的相似關係中，李維史陀蒸餾出一些雅各布森式的二元對立項：摹描藝術與抽象藝術、雕刻與繪畫、臉與裝飾、人（person）與模仿（impersonation）。[5]

一九四四年六月六日，李維史陀在格林威治村的家裡打開收音機。隨著嘶嘶沙沙和劈劈啪啪電波雜音而來的是播報員報導晨間新聞的聲音。起初，李維史陀聽到的只是「一大堆互不相關的詞語、地名、人名和數字」，完全不明所以。[6]不過，一等他弄明白新聞的內容，便欣喜若狂。原來，盟軍已經成功登陸諾曼第。李維史陀一向情感內斂，但這時也忍不住熱淚盈眶。

盟軍離開諾曼第的灘頭之後，向法國北部推進，沿途再一次陷入激戰。隨後不久，另一支美法聯軍在法國南部的普羅旺斯登陸，開始朝隆河谷地和阿爾卑斯山推進。巴黎在八月底獲得解放，其時，走在法國土地上的盟軍士兵已多達兩百萬之數。整個法國慢慢脫離被占領的狀態。

歐洲的新局勢讓高等研究自由學院的未來變得十分不確定。既然扮演的是流亡大學的角色，它在戰爭結束後該何去何從便充滿變數。戴高樂派內部產生分裂意見，一方認定自由學院是法國流亡政府的附屬機構，另一方則堅持它應該保持學術中立性。後一派的人數較多，因為大學裡有許多教授畢竟不是法國人（如雅各布森和夸黑），而他們也不喜歡看到大學變得政治化。不過，流亡政府的文化參贊塞利格（Seyrig）卻得到來自阿爾及利亞的命令，設法要把「高等研究自由學院」置於戴高樂的控制之下。李維史陀支持塞利格，而當美國司法部要求「自由學院」按照「外國代理人登記法」（Foreign Agents Registration Act）正式註冊時，他也力主校方應該照辦。這種走向讓馬里坦領導的一個反對派深深不悅，聲稱此舉是威脅學術自由和學術中立的原則。在諾曼第登陸後不久舉行的一次校務會議中，戴高樂派取得了勝利，李維史陀也被任命為祕書長。[7]幾個月後，他被派赴剛獲得解放的巴黎，與上級單位文化關係處（Directory of Cultural Relations）協商學院的未來前途。

就這樣，在大戰邁向尾聲之際，李維史陀隨一支美國海軍船隊開過北大西洋的灰色海水，到達歐洲，在加的夫（Cardiff）上岸。走過這城市的狹窄街巷前往火車站時，沿途一棟棟低矮殘破的房屋讓他見識到戰爭所帶來的瘡痍。在國外流亡了幾年之後，他終於回到歐洲的土地，但因為是孤單一人在外國港口登岸，他的思鄉之念益發濃烈。

從加的夫出發的火車載著他穿過威爾斯，朝英格蘭而去，鐵路兩旁盡是荒廢的農田、燈火管制中的村莊和戰火留下的殘骸廢墟。在倫敦，最後一批V-1飛彈不時會拖著火焰尾巴嗡嗡響著掠過長空；到處都是瓦礫堆、炸掉大半的房子和臨時搭建的防禦工事，讓人很難想像勝利即將來臨。他換乘另一列火車去到英倫海峽邊上，搭船渡過海峽，在迪耶普（Dieppe）

登岸，然後坐一輛美軍軍用卡車去到巴黎。當時是一九四五年一月，德軍還沒有被全面逐出法國，激烈的戰鬥還在敦克爾克、洛里昂（Lorient）、聖納澤爾（Saint-Nazaire）、拉羅謝爾（La Rochelle）和魯瓦揚（Royan）等地區進行著。嚴格的配給制度猶在實施，而「非官方整肅」已經進行得如火如荼：賣國賊被抓起來草草處決，與德軍睡過的女人被剃光頭。對已經習慣了燈火通明的紐約的李維史陀來說，老是停電和日用物資嚴重短缺的巴黎宛如一座鬼城。馬拉的車子在各條大道蹄聲噠噠，流浪的街童在垃圾桶裡翻翻找找。儘管如此，這個貧窮又患了集體精神官能症的城市還是浮動著一片歡慶的氣氛——畢竟，納粹數年來的嚴格箝制已不復存在。

李維史陀終於與父母團聚（雙方沒通音訊已經超過一年）。他父親飽受戰時困頓生活的折磨，老了許多，健康情況非常差：德軍占領法國南部之後，他們被迫離開塞文山脈的房子，躲到德龍省（Drôme），棲身在古爾丹擁有的一片產業。這期間，他們位於第十六區的老家被搜掠一空——「連一張床都不剩」。[8] 李維史陀從巴西回國後短暫住過的公寓——位於植物路二十六號——也被洗劫過，其中一項損失是他在卡都衛歐人中間所做的田野筆記。[9]

李維史陀前去會見文化關係處的處長洛吉耶（Henri Laugier），開始就自由學院的未來展開協商。他們一致同意，這所大學業已失去功能，應該關閉，又或是以某種方式合併到法國文化協會（Alliance Française）。李維史陀同意這個結論等於是讓自己失業，不過，洛吉耶卻幫他爭取到法國駐紐約文化參贊的職務（他被派駐的地點本來是墨西哥，後經塞利格的說項而改為紐約）。這是一份優差：外交工作並不繁重，而且工作地點離紐約公共圖書館只有幾條街。

協商繼續進行期間，李維史陀在離香榭麗舍大道不遠的的拜倫爵士路建立了辦公室，暫時充當洛吉耶的下屬，為那些想要前往美國的法國人提供諮詢。去過他辦公室洽公的人包括了知名女高音珍妮・蜜珠（Jeanine Micheau），據李維史陀回憶，當時她「身上散發著濃濃香水味，手上牽著兩隻上了狗鍊的大狗」。[10]李維史陀也在這辦公室重遇一個舊識：哲學家梅洛龐蒂。兩人多年前曾在同一所中學當過三星期的實習老師，但自那之後便沒有見過面，而在這些年間，梅洛龐蒂也成了大名鼎鼎的哲學家。這次重遇純屬偶然，當時梅洛龐蒂走進他的辦公室，是想問問要去美國的話要注意哪些事情。

兩人談到了哲學，李維史陀問梅洛龐蒂何謂存在主義。梅洛龐蒂的回答相當含糊：「它是要企圖恢復哲學在笛卡兒、萊布尼茲和康德時候的樣子。」日後，葉希邦問及李維史陀對這個回答有何感想時，李維史陀說：「毫無感想，我已經不再對哲學感興趣，更別提存在主義。」[11]這是個枯燥的回答，也符合李維史陀的一貫調調，卻不太可信。李維史陀離開法國已經超過十年，期間與法國的學術系統只有斷斷續續的接觸，而他希望有朝一日可以重返這個系統（哲學在這個系統中舉足輕重）。另外，儘管他一再矢口否認，他仍然是個極端法式與哲學取向的思想家。所以，他理應會好奇，當他人不在國內的這段期間，法國哲學界有什麼樣的發展。

當時，好幾座哲學里程碑已經樹立了起來。一座是沙特的《存有與虛無》（*L'Etre et le néant*, 1943），另一座是梅洛龐蒂那些愈來愈有影響力的作品，特別是《知覺現象學》（*La Phénoménologie de la perception*, 1944）。這些作品都深受德國哲學家胡塞爾和曾擔任他助理的海德格（Martin Heidegger）的影響，標誌著德國哲學在法國的重新復興。所以，在哲學的光譜上，李維史陀和梅洛龐蒂可說是分處兩個極端：前者是要尋找可以解釋一切的抽象系統，而後者則是強調知覺的重要性和身體的核心性。在梅洛龐蒂看來，一個人最私人甚至最平庸的思想正是哲學的素材。他對自己身體經驗的種種反思——如眼睛不可能變為認知對象（因為即便使用鏡子，「它們仍然是某個觀察者的眼睛」）或左右手互摸時那種同時具有撫摸與被撫摸的神祕經驗[12]——在在顯得跟李維史陀的知性方向天差地遠。

回到紐約之後，李維史陀在一片充滿敵意的氣氛中把最後幾個月的教學工作給完成。物理學家布里淵（Léon Brillouin）指控李維史陀「沒有忠於自己的任務，因為他不只沒有捍衛自由學院的利益……反而帶回我們大學的死刑判決」。[13]全體教員最後投票通過，不發給李維史陀最後一個月的薪水。

這時，李維史陀開始顯露出一種冷對世事的態度，而他也將會用同樣態度對待民族學的材料。在這個時期，有一扇窗口可以讓我們看見處於戰爭晚期的李維史陀的心靈狀態。那是一份有關自由學院教職員政治傾向的機密檔案，是由美國戰略情報局（中情局的前身）的一個幹員所撰寫。他要訪談的人原本是製片家伯努瓦—李維（Jean Benoît-Lévy），但他不在，於是改成李維史陀。一趟交談下來，那位幹員非常受李維史陀的魅力吸引，形容他「具有最吸引人和最怡人的人格」、忠於戴高樂，但對最近發生在歐洲的事件有些苛評。李維史陀認為「法國輸掉了戰爭……而法國人民能愈早認清這個事實愈好」，又說與其曠日費時蒐集證據和開庭審訊，「倒不如馬上把五萬個通敵者給處決掉」。[14]有鑑於李維史陀才剛去過法國，曾親眼目睹占領結束後的情勢有多麼緊繃和衝突，他這番話不能不讓人吃驚。李維史陀早已遠遠離開年輕時代的理想主義。他的政治改革熱忱已經「褪色」。[15]還剩下的是一種保守的本能，而這種本能將會跟隨李維史陀直到人生的最後。

就是在這個人生的過度階段，他寫出了一篇簡短的論文，名為〈語言學與人類學中的結構分析〉（L'Analyse structurale en linguistique et en anthropologie），發表在雅各布森和同事創辦的《文字：紐約語言學圈期刊》（*Word: Journal of the Linguistic Circle of New York*）。[16]這文章把結構語言學和人類學相提並論，並透過親屬研究的領域把兩者融合為一，等於正式宣布了李維史陀與雅各布森的思想夥伴關係。雖然表面上是一篇內容枯燥、專技和嚴格人類學性質的文章，但它卻提出了將讓李維史陀廣為人知的理論激進主義。

文中，他指出，當前的親屬研究就像是採取嚴格經驗主義的十九世紀語言學一樣，快被不斷累積的汗牛充棟資料給壓垮。「每個親屬稱謂的細節和每條特殊的通婚規則都被人類學家說成是某種特殊風俗的後果或殘餘，其結果便是，我們得著的只是一個不連續的大雜燴。」人類學和傳統語言學家所犯的是同一個錯誤：「只考慮詞項，不考慮詞項間的關係。」[17]接著，為顯示要如何走出這困境，他討論了一個經典的人類學謎題：一個男人與其外甥之間的相處關係——即所謂的「舅權」（the avunculate）問題。這篇文章的論證迂迴複雜，非專家很難弄懂，但卻值得我們步步跟進，因為它所提出的新詮釋將會為李維史陀日後的許多作品定下方法論的調子。

他首先指出，英國人類學家芮德克利夫—布朗（Alfred Radcliffe-Brown）曾經注意到，一些土著族群之間存在著兩組顛倒的對應關係。在這些人群中，舅甥的相處關係和父子的相處關係剛好是倒過來的：容許小孩與舅舅嬉鬧的族群會要求小孩對父親保持恭敬；反之，在父子關係不拘謹的社會，小孩會被要求對舅舅表現出長尊幼卑的恭順態度。芮德克利夫—布朗相信，這種區分必然與繼嗣有關：在母系社會[18]，舅舅因為是繼嗣群的一員，所以具有權威身分，而因為父親沒有這種身分，所以容許扮演柔情提供者的角色；父系社會的情況卻是倒過來：父親是繼嗣群的一員，所以在孩子面前扮演權威角色，而舅舅則類似是小孩的「男性母親」。芮德克利夫—布朗這個解決方法看似乾淨俐落，卻常常會碰到解釋不了的例外情況。

李維史陀用語言學家的方法來重構這個問題。他檢視了整個親屬系統裡所有關係的所有可能排列組合，換言之，他不像是芮德克利夫—布朗那樣，只專注於家庭單位的內部，還觀察了彼此關聯的家庭群體。最後，他從由血親（血緣關係）、姻親（婚姻關係）和繼嗣（輩分關係）三大主軸交錯而成的複雜親屬關係裡分離出四個最基本的元素，並稱之為「親屬的原子」（atom of kinship）：一個男人、他妻子、他們的小孩和小孩的舅舅。[19]然後，他畫出一張表，根據手上的民族學資料，列出這四者彼此間所有的可能相處態度（用「＋」號來代表親暱和無拘束的態度，用「－」號來代表拘謹和有保留態度）。然後他看出，這些「＋」號和「－」號的出現模式就像複合分子的水晶狀結構一樣，是有模式的，會以複雜（但最終對稱）的方式彼此平衡。

這個方法揭示出某種結構性：有些親屬關係是彼此平行的。李維史陀用以下這條「法則」總結他的發現：「在這兩個群體中，舅甥相處關係之於兄妹相處關係，都猶如父子相處關係之於夫妻相處關係。」[20]更濃縮的表達方式便是：「舅／甥」之於「兄／妹」猶如「父／子」之於「夫／妻」。這個模式看來是說得通的，至少在李維史陀的採樣中是如此：從東加群島到初步蘭群島，從巴布亞新幾內亞卡圖布湖（Lake Katubu）的土著到布干維爾島（Bougainville）的蘇埃人（Siuai），從非洲的基普西基人（Kipsigi）到美拉尼西亞的多布人

（Dobuans），都顯示出「隨便」和「拘謹」兩種相處態度在親屬系統內的分布具有一種古怪的對稱性。

芮德克利夫—布朗專注於一個特定問題，設法要從其內容尋索出意義。但李維史陀卻用一個關係網絡把該問題及其內容給消解掉。[21]這將會是他日後一用再用的分析策略——不只用在分析親屬系統上，還會用在更概念性的領域（包括宗教思想和神話）。這方法隱含著一個李維史陀很早以前便意識到，卻無法清楚說出的道理。那就是，語言系統和社會系統並不是只有表面相似，而是還有著具體的關聯性。兩者是人類心靈的不同表現。因為歸根究柢，一個親屬系統就像一種語言或一個聲音系統那樣，「只能存在於人類的意識中」，只是「一個任意的表現系統」。[22]所以，不管〈語言學與人類學中的結構分析〉裡的親屬關係分析有多專技，這文章都包含著一種理論涵蘊，而這涵蘊所指向的是一種理解人類文化的嶄新方式。不過，它的充分展現要等到《親屬關係的基本結構》在一九四九年的出版才告出現。

＊　＊　＊

一九四五年年底，李維史陀走馬上任，擔任文化參贊的新職。他的第一項任務是把第五大道近第七十四街的一間府邸給重新裝潢。府邸是法國政府在戰前購入，但戰爭期間空置，因為紐約市長禁止維琪政府的官員用它來辦公。李維史陀找來建築師卡盧（Jacques Carlu）主其事——卡盧就是巴黎夏瑤宮（人類博物館位於其內）的設計者。李維史陀自己畫平面圖，和裝潢工人商討細節，有時甚至會親自下海，敲敲打打，並且顯得樂在其中。這不奇怪，在長大的過程中，他一直看著父親幹各種手工活計，耳濡目染，非常喜歡體力勞動。

裝潢工作還在進行之際，他只能將就著在一個本來是舞廳的廳室裡辦公，該廳室採取羅馬宮殿的風格，有著彩繪的天花板和精細的木工。後來，有一次，現代主義建築大師柯比意（Le Corbusier）來訪，李維史陀便請教他應該怎樣整修這個廳室。「別動它。」柯比意說，「那是一件精細的手工藝品，我們應當予以尊重。」這個意見讓李維史陀留下深刻印象。自此以後，不管他住在哪裡，都會讓上一手屋主留下的各種華而不實裝潢保持原樣。[23]

裝潢完成後，李維史陀便安心投入外交官的職務。他大部分工作都是接待前來紐約的文化名人，帶他們到處參觀，並安排他們逗留期間的飲食起居事宜。在他接待過的法國作家和知識分子中，最有名的是沙特、波娃和卡繆。因為早是文化明星，沙特和波娃不太用得著李維史陀作陪，不過他倒是陪過卡繆逛紐約，帶他去了唐人街一家餐館用餐，最後去了夜總會——大概是第三街鮑威利區（Bowery）的「山米的鮑威利胡鬧」，那裡有中氣十足的中年歌女演唱歌曲。李維史陀接待過的其他名人還包括腦神經專家拉波特（Yves Laporte，日後的法蘭西學院院長）、國家圖書館館長卡安（Julien Cain）、精神病學家暨作家德萊（Jean Delay），以及哲學家伯格（Gaston Berger）——伯格寫過一本研究胡塞爾的著作，大受好評，日後將會在教育部掌管大學系統。就這樣，結束流亡之後，李維史陀迅速便跟法國的文化界菁英分子重新建立聯繫。

在其他領域，他曾嘗試將自己新獲得的權力用在自己的興趣上。例如，他曾建議政府向一個收藏家購買一批西北海岸印第安人的藝術品，指出該收藏家希望法方「是以幾幅馬蒂斯和畢卡索的油畫來交換而不是付他要被課稅的美元」。[24]（這個建議沒被採納，那批印第安藝術品最後被西岸一家博物館買走。）當法國政府情商洛克菲勒基金會把戰前對法國學術機構的補助恢復過來時，李維史陀也參與其中。他也出席會議，討論要在巴黎建立一個類似倫敦政經學院的學術機構。就這樣，高等研究實用學院的第六組在一九四八年成立（李維史陀很快就會在該組任教），創立的頭三年都會由洛克菲勒基金慷慨補助一萬美元。

他的生活再一次穩定下來，有了一份體面的職業和穩定的收入。回紐約沒多久，他便二度結婚。一九四七年初，他的新太太羅絲瑪麗．于爾莫（Rose-Marie Ullmo）誕下麟兒，取名洛朗（Laurent）。波娃剛好這時候來到紐約，李維史陀便邀她到家裡吃午餐。「我記得相當清楚——我兒子剛出生——她看著搖籃，一副厭惡的表情！小嬰兒不是適合給她看的東西。」[25]羅絲瑪麗始終是個謎樣的人物。她與李維史陀的關係從一開始就有問題（兩人在一九四八年分居，又於六年後離婚），至於是什麼問題則不得而知，因為李維史陀和親屬都拒絕談這段婚姻。

因為工作不多，慢慢的，李維史陀把公務全排在上午，空出下午來看書和做研究。他就住在辦公室樓上的套房，所以萬一突然有貴客來訪，他一樣可以馬上招呼。「我在工作上大而化之，」他日後回憶說，「我是個很糟糕的文化參贊，只會做最起碼的工作。」[26]有些下午，他會到紐約公共圖書館，繼續消化為數驚人的民族誌資料（它們日後將會在他撰寫《親屬關係的基本結構》時大派用場）。另一些下午，他會給他為《南美印第安人手冊》所寫的條目進行最後潤飾（這套書全六冊，陸續出版於一九四六至五〇年間）。這些短篇條目介紹了南比夸拉人、吐比卡瓦希普人和住在欣古河支流的一些部族。還有一篇是談巴西原住民對自然環境的巧妙利用：如何把大草原上的硬草葉用作剃刀；如何把森林裡的產物做成黏膠、膠水和油；把某些植物的根部和纖維磨碎，再混合以種籽和樹皮煮成的漿液，做成顏料、洗髮水和毒藥。[27]

李維史陀這段時期的生活有點貴族派頭。「我在一個豪華的環境從事規模恢弘的研究工作，形同擁有一間屬於自己的大使館。」他回憶說。[28]大使館的職務對他的研究幾乎毫無影響，他甚至找得出時間到哈佛、芝加哥和巴黎參加學術會議。在芝加哥開會期間，他下榻在美國知名社會學家瑞德菲爾德（Robert Redfield）的破落農莊，那裡的牆壁油漆剝落，廁所髒兮兮，地處郊區的最邊緣。瑞德菲爾德主動表示要找他到芝加哥大學教書，但李維史陀婉謝了——以後他還會婉拒好幾份美國的教職。

他留在美國的時間（一段思想白熱化而趨於成熟的時期）快要結束了。最後幾個月，他寫出了博士論文的初稿，把他在紐約如潮湧現的新想法結晶為一部讓人滿意的大部頭書稿。沒多久以後，梅特羅從華盛頓來看他，事後在日記裡寫道：

> 我們兩個（指他和德國人類學家基希奧夫〔Paul Kirchhoff〕）去了找李維史陀，談到民族學的現狀。他說他想回歸哲學，回到一個統一性的觀念。又說人類學在美國是一種社會疾病，染上此病的人都無法忍受自己的文明。他讓我被一種深深的憂鬱所籠罩。非常糟糕的一晚。[30]

我們不知道梅特羅這一回的憂鬱是不是由李維史陀這一番話所引發，因為他本來就有躁鬱症，常常會在日記的最後表示自己情緒欠佳。值得注意的是他提到李維史陀強調要「回歸哲學」。這話頗不尋常，因為李維史陀自年輕時代便疏遠哲學，而且日後也一再撇清自己與哲學的關係。不過，他的意思大概是指他想讓人類學回歸一種哲學性方法，以一些恢弘的系統來取代片片段段的工作，以及回歸一種可以反映其前輩（蒙田和盧梭）的哲思的寫作風格。

紐約的環境和雅各布森的友誼都對他起了一種解放作用。某個意義下，他做為一個人類學家的成年不是發生在巴西的崎嶇大草原，而是發生在曼哈頓的第四十二街。美國是他真正的文化震撼，讓他接觸到一種新的語言和一種新的思考方式，正是在這個思想氣候中，結構人類學開始成形。他一方面吸收了巨量的民族誌材料，另一方面又從雅各布森學來一種體系化這些材料的新方法。另外，他乾巴巴的模型建構工作又獲得超現實主義的滋潤。當他在紐約圖書館裡躬著背一本一本啃讀來自全世界的民族學報告的同時，他的各種觀念也開始融合在一起。美國將會是一個他自感受益良多的第二故鄉。「我在那裡得到的幫助大概救了我的命，」他回憶說，「有好些年它都給了我一種知識氣候和一個研究的好環境，很大程度上把我造成今日的我。」[31]

李維史陀在一九四八年秋天回到巴黎。美國作家貝婁（Saul Bellow）形容戰後的巴黎，是個「陰沉、嘟囔、迷濛的城市。老是瀰漫著霧和煙——它們因為飄不走而以棕色和灰色流淌在各條街道上。塞納河也老是釋放著一股不自然的氣味」。[32]大戰是結束了，但它的後續效應仍然顯眼，表現在破落的建築、燃料和食物的配給制度，以及一個剛被打敗過的民族的頹唐心情上。凡此皆讓巴黎跟耀眼又鬧哄哄的紐約形成尖銳對比。

李維史陀行將邁入四十歲。他自二十幾歲後期便居無定所：從聖保羅去了巴西內陸，從巴黎去了蒙彼利埃，又從馬賽去了紐約（自此之後都是住在巴黎，又大多數時間是住在第十六區，離兒時的家只有一箭之遙）。這種「居無定所」現象對瞭解李維史陀的思想軌跡至關重要。因為流寓美國，他錯過了法國哲學的一次基本轉折。在他離開法國以前，在思想界領風騷的是涂爾幹、柏格森和哲學家布蘭斯維克（Léon Brunschvicg），而到了他回國之時，霸主已經變成現象學。在納粹入侵前夕，伊波利特（Jean Hyppolite）把黑格爾的《精神現象學》翻譯成法文，標誌著法國哲學向德國哲學世界觀的回轉。到了一九四七年，夸黑又把他在一九三〇年代的著名講座出版為《黑格爾導讀：精神現象學講座》一書。自此，康德式觀念論被「三H」（黑格爾〔Hegel〕、胡塞爾〔Husserl〕和海德格〔Heidegger〕）取而代之。先前，哲學系統致力於詮釋世界，而現在，詮釋行為本身變成了哲學反思的對象。沙特的存在主義逐漸深入大眾文化，不過，被學院中人當成偶像看待的卻是梅洛龐蒂。傅柯回憶說：「對沙特哲學假裝不屑是一種時髦，因為當時沙特哲學正值時髦。不過，對我們年輕一輩來說，真正有分量的是梅洛龐蒂，而非沙特。我們都被他迷倒了。」[33]

李維史陀的經驗卻非常不同。透過雅各布森的媒介，他認識了索緒爾以及布拉格和維也納語言學派，而這個思想系譜是大體繞過法國的（法國的語言學研究相對落後）。在巴西，他從事田野工作的地點才剛開始有人認真研究，而在紐約，他則吸收了英美民族學的精華（同時也一併吸收其詳細描寫與對細節的注重）。所以，當漂泊歲月結束後，李維史陀乃是從一個傾斜的角度重返巴黎舞臺，而他提出的那種獨一無二的綜合也會讓所有人為之驚愕。

回巴黎之後，做為權宜之計，李維史陀先是在國家科學研究中心（Centre National de la Recherche）擔任研究員，稍後又回到人類博物館擔任副館長。館長李衛行將退休，加上另一位副館長勒魯瓦—古朗（André Leroi-Gourhan）又在里昂教書，博物館等於是李維史陀一個人在管。這博物館在戰爭年間形同荒廢。因為在美國的富有學術機構待過幾年，李維史陀強烈感受到社會科學在當時的法國有多麼落後：「在人類博物館，我發現法國民族學還處於襁褓狀態，正在一片帶點外省味道的霉腐氛圍中掙扎求存。」[34]

他開始與一些新的朋友圈子往還，而這些人脈關係後來證明對他非常有用。在雅各布森的介紹下，他結識了知名的古典語文學暨神話學者杜梅齊（Georges Dumézil），兩人後來發展出終身的友誼。他的另一個新朋友是詩人暨民族學家雷利斯（Michel Leiris）。再來，透過夸黑，他認識了精神分析學家拉岡。李維史陀將帶給拉岡極大的影響：認識李維史陀後，拉岡開始閱讀索緒爾的作品並鑽研結構語言學。後來，雅各布森來到巴黎，三個人還同進同出。拉岡未幾便走上一條相當於李維史陀研究親屬時所走的道路，把語言學理論注入精神分析，讓語言的比喻擴大到潛意識的領域。

在人類博物館上任後，李維史陀開始為寫好的兩篇論文物色口試委員。這兩篇論文一篇是《親屬關係的基本結構》初稿，另一篇是較短的「小論文」*，題為〈南比夸拉人的家庭與社會生活〉（La Vie familiale et sociale des Indiens Nambikwara），是他住在紐約的第一個夏天便已寫好。先前，在一九四四年的時候，他曾寫信給牟斯，請他當自己的掛名指導老師，不過，李維史陀回到巴黎之時，牟斯的腦子已經不中用。「他不認得我，」李維史陀回憶說，「他以為我是蘇斯戴爾。」[35]最後，他說服了索邦大學的院長達維（Georges Davy）掛名指導教授。找其他口試委員還要複雜，因為以他那篇博士論文的廣度和原創性，很難找到同時精通語言學、全球民族學、亞洲次大陸和澳大拉西亞（Australasia）的學者。也沒多少人熟悉（哪怕只是其中一小部分）他所使用的大量民族誌資料，其中很多只有英文版，有些還是法國的圖書館找不到的。最後，口試委員只好以折衷的方式湊齊，成員包括語言學家邦弗尼斯特（Emile Benveniste）、漢學家埃斯卡拉（Jean Escarra），以及宗教暨道德社會學家巴耶（Albert Bayet）。負責審查「小論文」的是格里奧爾——他是一九三〇年代那趟「達喀爾—吉布提考察行動」的領隊，後來又繼續在多貢人（Dogon）中間從事研究。一九四八年六月，李維史陀通過了口試，這事情被他視為成年禮。「成功為論文答辯不只為我敲開了大學系統的門，還讓我覺得自己長大成人。」[36]這是他四十歲生日前夕的事。〈南比夸拉人的家庭與社會生活〉於一九四八年底刊登在《美洲印第安人研究學會期刊》，《親屬關係的基本結構》則在翌年出版成書。

《親屬關係的基本結構》是一部極富野心之作。從它的書名（會讓人聯想起涂爾幹的名著《宗教生活的基本形式》），從李維史陀把此書題獻給美國人類學創立者之一的摩根（Lewis Henry Morgan），俱顯示出它具有博取榮耀的強烈企圖心。它要回答的是一些大哉問：自然與文化的關係；亂倫禁忌的意義；二元思考和互惠關係（reciprocity）的認知基礎；語言與親屬的相似關係；女人與字詞的相似關係。書中旁徵博引，從皮亞傑（Piaget）的兒童發展心理學到佛洛伊德的《圖騰與禁忌》無所不談，讓它在在顯得不只是普通的博士論文。

其所引用的文章和著作超過七千種，學術的嚴謹性不言自喻。李維史陀自豪說過，在學術生涯的早期，他曾遍讀所有已出版的人類學文獻，要到後來這方面的出版量愈來愈龐大，他才追趕不上。他的這種淵博充分顯露在《親屬關係的基本結構》裡，因為它的足跡遍及全球，引證的民族學例子從澳洲的阿納姆地（Arnhem Land）而至印度的阿薩姆（Assam），從斐濟而至祕魯，洋洋大觀，但有趣的是它對李維史陀自己的巴西田野著墨不多。

李維史陀會選擇親屬研究來一顯身手其實自然不過。在二十世紀中葉，這是一個專之又專的領域，能駕馭它便可證明自己是人類學的行家裡手。但還有另一個更重要的原因。在一

* 譯注：當時法國的學術規範要求博士候選人交出一「大」一「小」兩篇論文。

個層次上，親屬關係是最食人間煙火的：除了是田野調查的主要項目，它還會以千百種方式影響一個小型社會的婚姻、繁殖，以及界定誰是親戚和應該以什麼方式對待這個人。在另一個層次，正如雅各布森意識到的，親屬體系可能具有數學般的精準，可以用模型來處理，能加以系統化，這正是李維史陀接觸結構語言學之後一直渴望的。親屬系統包含的晦澀稱謂和概念謎題固然像是一座迷宮，但這正好是一個引人將它抽象化的理由。例如，有些澳洲原住民的親屬系統極為錯綜複雜，連他們自己中間的專家也想把本族的親屬系統給模型化。所以，有時有些土著的「人類學家」會走很遠的路，花好幾天跟住在遠方的親戚聊天，擺弄樹枝並在沙地上畫線，用來代表家族之間的關係。[37]

為對付這個常常迷宮似的困境，李維史陀提出了一系列簡單但涵蓋全面的原理。他相信，他所要探索的「基本結構」具有語言學般的嚴謹性。他在序言裡用第一句話界定何謂「基本結構」：它們要嘛是「規定著人們可以與那些類型的親戚結婚，要嘛是……把人們區分為兩個範疇：可能的配偶和禁止的配偶」。[38] 關鍵在於迴避亂倫。在李維史陀看來，亂倫禁忌是最重要的社會規則，是所有親屬體系的出發點。它讓人類變成了受規則束縛的存有，從而有別於自然界的雜交生物，換言之它標誌著人從自然走向文化。以一種神祕的方式，亂倫禁忌「既是文化的門檻和文化中的門檻，又在某個意義下就是……文化自身（culture itself）」。[39]

李維史陀的第二個原理取自牟斯大有影響力的著作《禮物》，該書主張互惠關係乃是所有「原始」社會的共同特徵。牟斯認為，天底下沒有白送或白收的禮物。以民族誌材料為證據，他指出，所有禮物其實都是社會象徵物，具有一種把不同群體綁在一起的力量，讓他們受到相互權利義務的束縛。「物品會讓不同的靈魂之間產生紐帶，」他說，「因為物品本身即有一個靈魂，是人的靈魂的一部分。」有時，禮物的交換只會發生在幾個氏族之間，但在較複雜的社會，禮物會形成許多複雜的「施」與「受」的鍊索。驅動這種相互回饋的動力不只是習俗，它更加更深層而直覺。因此，觀察禮物的贈予就是「捕捉住一個稍縱即逝的瞬間，在這個瞬間裡，社會及其成員對自身的處境，以及他們相對於他人的處境，做出感性評估」。[40]

以這個觀念為基礎，李維史陀主張，在親屬系統中，女人的作用就是禮物。亂倫禁忌促使女人在不同的群體間流通，而互惠原則界定了她們的流動方向。以數學的術語來說，亂倫就是互惠的「界點」(limit)，是它「會把自己給取消掉的那一點」。[41]遵守亂倫禁忌可以產生一種漣漪般向外擴散的置換效應（displacement effect）：「一旦我被禁止娶某個女人，她就會成為別的男人可娶的對象；這時候，在某個地方，也會有個男人放棄娶某個女人的權利，讓她變成是我可娶的對象。」[42]因此，這是一條具有正面功能的規則，可以鼓勵外婚，強迫不同的群體結成複雜的聯盟關係。透過一代一代地交換女人，人群之間將可達到像微微起伏的翹翹板那樣的均衡狀態。

然後，李維史陀把焦點放在兩個理想型（ideal type）的子集：「有限交換」（restricted exchange，即較直接的交換）和「普遍交換」（generalised exchange，即較遠程的交換）。這種二分法來自葛蘭言，憑著它，李維史陀得以對他從紐約公共圖書館耐心吸收來的民族誌資料進行全盤的重新詮釋。以這種方式，他把思考親屬關係的傳統方式（這種思考方式都是著眼於以核心家庭為主軸的繼嗣）給顛倒過來。透過把「交換」置於親屬體系的核心，讓李維史陀可以對互相連鎖的親屬結構有一全面觀照。

在「有限交換」的體系裡，李維史陀發現二元主義似乎會滲透到整個社會組織（他在太平洋西北海岸面具、毛利人刺青和卡都衛歐人的臉畫都發現過二元主義）。例如，就像他在波洛洛人中間親自觀察到的，全體村民把自己分為兩半，上演著極其複雜的權利義務互動。在其他社會，交換的迴路要更長、更複雜且更冒險，涉及四個、八個，甚至十六個群體參與其中。但它帶來的潛在利益更大，因為它可以讓聯盟規模更形龐大。其結果就像一些土著的俗語所說的，恰當的婚配就像「一隻水蛭游向一個傷口」，而不恰當的婚配就像「水往自己的源頭流去」。土著的整個象徵關係的系統都反映出親屬結構的影響，這從緬甸土著殺一頭牛分享給親戚的方式到以半偶族為主的部族流行孿生子神話都可得見。

就像結構語言學把強調重點從詞項轉向關係，李維史陀也在社會科學裡做出同樣轉換。他在討論過初步蘭群島一個顯著的例外之後寫道：「做為婚姻的基礎，互惠並不是男人與女人間的關係，而是男人透過女人而產生的關係，女人只是這種關係的中介。」[43]男人因為同時是「收受妻子者和送出姊妹者」，同時是「交換的得利者和受害者」，所以是交換網絡的結點（日後，因為女性主義者批評他的親屬關係模型明顯是男性中心主義，他便漫不經心把說法給顛倒過來：「你一樣可以說是女人在交換男人。你唯一需要做的只是把『＋』號換成『－』號，把『－』號換成『＋』號——整個系統的結構並不會因此改變。」[44]

《親屬關係的基本結構》直到這裡都清楚好懂，但自此而下會愈來愈艱深濃稠。有好幾頁的親屬圖表，它們晦澀難懂的重複模式乍看就像是取自某一群原住民的圖案設計。在一些圓形的圖表裡，女人的交換會以順時鐘或逆時鐘方向旋轉，有時還會在一個球形的赤道上轉來轉去，呈三度空間的轉換。接下來，李維史陀又按住居和繼嗣的是否一致而把親屬系統進一步細分為「和諧型」和「不和諧型」。除了列舉許多民族學例子以外，他又杜撰出兩個法國家族——巴黎的杜篷家族（Duponts）和波爾多的迪朗家族（Durands）——做為輔助說明。在說明互惠的原則時，他引用了波利尼西亞人用椰子交換魚乾的風俗和一種馬賽人的老傳統：農民在喝酒前會交換酒杯。

他對自己的任何論點都提出大量證據，多到了讓人麻木的程度，而他使用的語言又迂迴曲折，使得他要解開的親屬謎題更添複雜。有時，他舉的例子就像是謎語：「……在絕大多數個案中都存在著一種婚姻，其中，一個人所娶的妻子是父親姊妹的女兒，同時也是媽媽兄弟的女兒（這發生在父親的姊妹嫁給了媽媽的兄弟）」[45]；在另一些時候，他又會把親屬關係講得像是《聖經．創世紀》裡一樣簡約：「歸根究柢，親屬關係不過就是由兩個男人和兩個女人構成：其中一個男人是債權人，一個男人是債務人；一個女人是被收受者，另一個是被給予者。」[46]

最後，《親屬關係的基本結構》涵蓋了亞洲次大陸、西伯利亞和大洋洲在內的一片廣大地域（這些地區都是由「基本」的親屬系統居主流）。他自言，這種地理跨度是他「沒有預先設計或事先料到的」，不過，它事實上只是對弗雷澤、黎佛斯（William Rivers）、芮德克利夫—布朗和葛蘭言的既有研究為基礎所做的重新詮釋，他們已探索過交表婚（cross-cousin marriage）現象的分布。在全書最後幾頁，他把自己的分析和語音學家的分析相提並論，又把「交換」類比為「溝通」，把「字詞」類比為「女人」。在李維史陀看來，這些結構系統的元素都是內嵌在一整套的思考方式裡。做為一種受規則束縛的體系，親屬體系是由一個位於意識以下的層面所決定，也因此可以做為鏡子映照出人類心靈的內在運作方式。

在李維史陀筆下，這是一個充滿規則和義務的世界，強迫著人類彼此合作。這幅圖像是否可欲見仁見智，因為你既可把它看成是一種人類失去已久且值得緬懷的合群本能的體現，也可以把它看成一張會讓人產生幽閉恐懼的無所不在大網。李維史陀自己的觀感似乎是後者，因為他用來為自己五百多頁大作作結的，是以下這番帶有促狹意味的話：「時至今日，人類仍然夢想可以抓住一個稍縱即逝的瞬間，讓自己相信，交換的法則是可以規避的，一個人可以只取不予，可以只享受而不分享。」但這只是個「永遠不會實現的夢，夢中的世界你可以自外於他人」。[47]

在附錄裡，李維史陀請數學家魏爾（André Weil）對澳洲原住民一個特別錯綜複雜的親屬系統做了分析。一串串的數學式看來和活生生的人類關係相距十萬八千里，讓人完全無法聯想到那些臉上塗灰、在營火旁邊泥地上自由愛撫的南比夸拉人。不過，這分析卻是李維史陀追求抽象的合理歸結，完全適合用來替他的第一部著作收尾。

《親屬關係的基本結構》產生的衝擊力大大超出學院之外。這毫無疑問要歸功於此書的結構本身：開頭幾章（談亂倫與互惠的幾章）是從他在紐約的講課內容改寫而成，所以清楚好懂，然後才進入專技性的分析，滿是密密麻麻而艱深的論證，只有少數專家可以看懂。另一個讓此書聲名大噪的原因是它獲得了西蒙．波娃的品題。書還沒有出版以前，波娃便透過雷利斯得知有這本書的存在。當時她剛寫完《第二性》（*Le Deuxime Sexe*），想對人類學的最新發展有一個通盤瞭解，所以就花了幾天時間在李維史陀的公寓翻閱他的手稿。我們不知道《親屬關係的基本結構》對波娃有多大幫助，因為《第二性》裡談到人類學的章節所依賴的是一個過時的人類學架構（十九世紀的演化論架構）。不過，她後來卻在《現代》（*Les Temps modernes*）寫了一篇熱情洋溢的長篇書評。《現代》是一部大有影響力的政治與哲學期刊，由沙特創辦於一九四五年底。得到波娃在《現代》為文推介，李維史陀的觀念於是站上巴黎的知識舞臺。

這書評的第一句話（經常被人引用）為全文定下調子：「法國社會學已經沉睡了很長一段時間，而李維史陀此書標誌著它從睡眼惺忪中甦醒，所以必須被看成一件大事來振臂歡呼。」[48]波娃又說，《親屬關係的基本結構》不是只為專家而寫，因為在它那些讓人困惑的圖表背後，包含著「社會整體之謎，以及人類自身之謎」。波娃最大的讚譽是說這書讓人聯想起年輕時代的馬克思，綜合了恩格斯與黑格爾。奇怪的是，波娃把李維史陀的思想定位在「那個偉大的人本主義主流，這個主流認定，可證明人類存在有價值的理據就內在於人類自身」，甚至主張此書與存在主義的若干思路應和。雖然李維史陀跟人本主義和存在主義的漫長戰爭在當時尚未開始，但從《親屬關係的基本結構》把人類生活消解為一些模型、把人類最私密的抉擇說成是系統的附帶現象，皆可反映出李維史陀不管是與人文主義或存在主義都鑿枘不合。但不管其兩人間有多少哲學扞格，《親屬關係的基本結構》仍然讓波娃非常動容。書評最後一句話既簡單又是個毫不含糊的背書：「它是不可不讀之作。」[49]

沒多久之後，巴塔耶也寫了一篇談《親屬關係的基本結構》、亂倫禁忌和色情（eroticism）的長文，題為〈亂倫之謎〉（The Enigma of Incest），登在他創辦的文學與哲學期刊《批判》

（*Critique*）。對李維史陀這部著作，他大體持肯定的態度，但卻略有微詞：

> 一個人需要具有頑強耐性才能通得過書中複雜糾結的材料。……它們沒完沒了，唉，著實讓人感到無聊乏味。李維史陀這部大書有大約三分之二篇幅都是在細細探討原始人如何用千百種方式解決一個難題：如何分配女人……可悲的是，我本人有責任走進座迷宮，因為想弄清楚色情這個概念，我們就必須努力走出這片昏天暗地，它讓此書的真義極難到達。[50]

在人們眼中，《親屬關係的基本結構》像是散發著一圈光暈，而這種印象復被一個事實所加強：第一版的印量非常少。[51]現在，法國學者在回顧往事時，都會把它看成一本地標性著作，是整個人文學科的一道分水嶺。幾十年後，法國人類學家奧熱（Marc Augé）回憶說這書有兩點讓他印象深刻，一是它表現出「追求科學性的意志」，二是「它用最無所不包的模型去解釋一些乍看不屬於同一範疇的現象」。哲學家達洛納（Olivier Revault d' Allonnes）則回憶說：「那是一個極重要的決定性時刻，因為在我看來，馬克思的思想在《親屬關係的基本結構》裡得到了印證。」在第一版絕版後，人類學家泰雷（Emmanuel Terray）曾向朋友借來一本，動手抄錄前一百頁。在他看來，《親屬關係的基本結構》的重要性不下於佛洛伊德的《夢的解析》和馬克思的《資本論》。[52]

雖然《親屬關係的基本結構》有許多篇幅都是在美國寫成，內容更是大大倚重於紐約公共圖書館收藏的美洲民族誌，但此書的英譯本卻過了快二十年才面世。[53]這期間，牛津大學的尼達姆（Rodney Needham）和劍橋大學的李區（Edmund Leach）都分別讀過原文本。

尼達姆那一本是從布萊克威爾（Blackwell）的書店買來，帶著它一起到婆羅洲沙勞越的檳榔嶼森林出田野。「當時，人文學科的景觀一片乾旱、沉寂，死氣沉沉。」他告訴我——當時他手裡拿著一杯麥芽啤酒，坐在牛津大學心臟地帶的著名小酒館「草皮」。「然後，突然捲來了一波新浪潮——李維史陀、杜梅齊、麥克魯漢（McLuhan）和波赫士等人——把生命氣息吹進了戰後的思想界。」尼達姆的個性一絲不苟（他把自己所有的筆記和出版品都用交叉索引的方式登記在筆記本裡），想必會很欣賞李維史陀那些秩序井然的模型。他說，讀《親屬關係的基本結構》讓他深受「魅惑」（這是許多知識分子對李維史陀作品的第一感受），進而在英國發展出自己品牌的結構分析。

至於對劍橋大學的李區來說，讀《親屬關係的基本結構》卻是一趟五味雜陳的體驗。大戰期間他都是待在印度支那，先是在一九三九年去到緬甸北部山區，對赫巴朗（Hpalang）進行了田野調查——赫巴朗是卡欽人（Kachin）的一個小聚落，位於緬甸的東北邊界，其地可眺望到中國的稻田。稍後，李區以英國情報人員的身分重返卡欽人的山頭，花了很長時間研究那些與西方人極少有接觸的偏僻社群。日本入侵緬甸之後，他失去了所有田野筆記、照片和一部著作的草稿。不過，他日後憑記憶把書重新寫了出來，取名《緬甸高原的政治制度》（*Political Systems of Highland Burma*），於戰後出版，成為人類學的一本經典之作。湊巧，《親屬關係的基本結構》的中間章節（包含著李維史陀論證的核心部分）也引用了卡欽人做為例證。

李區很快就看出來，李維史陀倚重的民族學材料許多都是出自較早期的粗糙民族學研究，內容常常與事實有出入。在一篇評論文章裡，李區指出，雖然這書「野心巨大，想要建立一些涵蓋所有亞洲社會（包括古代和現代的、原始和精緻的社會）的發展通則」，然而，它卻對「一些歷史事實和民族誌材料採取了斷然的輕信態度」。他批評李維史陀假定哈卡欽人（Haka Chin）的風俗習慣適用於卡欽人是一種「不可原諒的冒失」，因為兩者是完全不同的族群，生活地點也相隔幾百公里遠。他又質疑李維史陀的主要材料——黑德（W. R. Head）的《哈卡欽人習俗手冊》（*Handbook of Haka Chin Customs*）——不可靠。李維史陀曾讚譽黑德這書是「未得到應有肯定的當代民族學瑰寶」，但李區卻指出，那不過是「一本只有四十七頁的小冊子，當初售價僅八安那（annas）」，而其作者又只是個「缺乏民族學家專業能力的邊區管理官員」。[54]

不過，李維史陀的書卻有別的東西讓李區著迷。雖然材料不精確，但《親屬關係的基本結構》卻流露出一些慧見，特別是它指出通婚的迴路常會斷裂，讓參與其中的族群變形為一個層級系統。這一點是李區自己在田野的時候也沒注意到的。另外，就像一種無心插柳的結構主義效應似的，李維史陀的模型在過程中不知怎地顛倒了過來。「他把前後和上下倒過來了。」李區在一九八〇年代接受文學評論家克莫德（Frank Kermode）的訪談時笑著說。「我不禁大為好奇，」他繼續說，「一個人怎麼可能會事實弄錯卻理論弄對。」[55]

在一九六〇年代為《新左翼評論》（*New Left Review*）所寫的一篇評論文章中，李區形容《親屬關係的基本結構》是一個「輝煌的失敗」，其中包含著一個得自馬克思、佛洛伊德和雅各布森的好觀念：社會行為是以一個秩序井然的概念架構做為參照，而「行為者的心靈裡有著一個事物是如何和該如何的模型。」在李區看來，李維史陀的結構方法相當於精神分析學裡的夢的解析。「其基本假設是，實際的夢……只是浮面的、瞬間的，然而，它們又指向某種重要得多和持久得多的東西：做夢者概念系統裡的邏輯難題。」[56] 把這種類比更推進一步，李區把李維史陀筆下的「自然」、「文化」與「人類心靈」比作佛洛伊德的「本我」、「自我」和「超我」。確實，佛洛伊德和李維史陀兩人的作品散發著相似的風味：兩人都選擇在浮面事相之外的領域大顯身手；兩人都提出了一組邏輯關聯項，又聲稱它們不在人類意識的門檻之內。

李區和尼達姆日後將成為李維史陀在英語世界的主要詮釋者，然而，這種角色又將引起他們和李維史陀的互相猜疑（在尼達姆的情況更是發展為互相厭惡），因為李維史陀自一九六〇年代起公開表示兩人的詮釋不可信任。

在法國，批評意見針對的是一個更觀念的層次。在《現代》發表的一篇文章裡，哲學家勒福爾（Claude Lefort，他是梅洛龐蒂的學生）對李維史陀發起了一種後來蔚為典型的攻擊：《親屬關係的基本結構》過分抽象了，乃至於把行為化約為規則，把意義化約為數學。但這正是李維史陀的目的。他在後來版本的序言裡反擊說：「難道我還有需要去強調，這本書關心的完全是建立模型而不是經驗現實嗎？」[57]這是一個明確的宣言，顯示出他離開傳統的人類學分析已經有多遠。及至一九四〇年代末，不管李維史陀曾在波洛洛人、卡都衛歐人和南比夸拉人中間體驗過什麼，都已漸漸消逝。他們的日常生活、他們的人際關係和他們在二十世紀巴西邊陲掙扎求存的苦況（這一切曾被李維史陀用照片和田野筆記鮮明記錄下來），全都縮小為圖表上的一個個符號。

《親屬關係的基本結構》始終是李維史陀最喜愛的作品，只是不知道什麼原因，他並未把此書收入伽里瑪出版社在二〇〇八年出版的《李維史陀著作選集》（「七星文庫」）。不過，《親屬關係的基本結構》在很多方面都是結構方法最不可信的一次應用。它的那些核心主張（都出現在讓人讀得津津有味的頭幾章）並未能經得起時間的考驗。人類學家邇來已經指出，亂倫禁忌並不是那麼放諸四海皆準，因為例如古埃及和波斯的阿開民王朝（Achaemenid）便都鼓勵兄弟姊妹、父女或母子之間的婚姻。另外，亂倫禁忌雖然相當普遍，但有證據顯示，它是有生物學基礎的，是為了「適應」而演化出來（這種主張曾被李維史陀取笑）。亂倫禁忌一度被視為「一種文化禁忌，專為抑制與生俱來的欲望而出現」，如今卻被學者視為「一種天生的傾向，但受到了文化的侵蝕」。[58] 靈長類研究的推進也讓李維史陀認為動物會雜交而人類受規則束縛之說（這是他的自然／文化二分法的基礎）不那麼站得住腳。[59] 事實上，李維史陀後來也完全摒棄了書中的這個中心主張。他慢慢明白到，自然與文化的對立只存在於心靈，不存在於經驗現實。[60]

更重要的是，這些結構是「基本」結構的主張（即它們是所有親屬系統的奠基石）一直沒有進展。李維史陀一度想寫一部《親屬關係的複雜結構》，做為《親屬關係的基本結構》的第二冊，但後來終於明白，非有限系統的可能組合方式數量非常龐大，遠非他駕馭得來。他也想過要延續〈語言學與人類學中的結構分析〉的主張，系統性地探討親屬系統成員間的互相對待態度，但這計畫一樣始終停留在草圖階段。

寫完《親屬關係的基本結構》之初，李維史陀曾把手稿寄給羅維過目，對方看過後稱之為一部「風格巨大」之作。李維史陀起初以為這是個恭維，但隨著年月過去，他對羅維的真實意思愈來愈沒把握。[61] 再後來，等到他終於明白羅維話中有話之後，他已經能夠自承自己當初的野心實在過大。

但《親屬關係的基本結構》的巨大建築需要幾十年才會崩塌。它的原創性、它的自信滿滿，還有它所帶來那種人們引頸已久的理論轉向，皆使得《親屬關係的基本結構》成為一座里程碑。只有少數專家（如李區）有能力看出李維史陀有時會誤用民族誌材料，其他人則只能對這書的理論涵蘊驚異讚嘆，因為它似乎可以在行不通的經驗主義和自戀的主體哲學之間提供一條出路，應許著一種更精實、更科學的人文學科。李維史陀在書中所做的許多概括似乎都暗示著，他已經證明了所有的親屬系統（不只是他檢視過的那些「有限交換」系統，還包括「普遍交換」系統，後者的數量要更龐大）都不過是有限幾組結構法則的不同排列組合。[62]不過，李維史陀的第一部著作雖不無瑕疵，卻是一部開風氣之作，透過把語言學工具使用在一個完全不同的領域而打開了一個嶄新的理論空間。

在《親屬關係的基本結構》裡，李維史陀批判了佛洛伊德對亂倫禁忌所做的著名解釋，並稱之為一種迷思（myth）。但他自己卻製造出另一種迷思，一種特別屬於二十世紀中葉的迷思：雅好抽象、置換（displacement）和數學。就像佛洛伊德一樣，李維史陀的主張雖然野心龐大，卻不是總有充分證據做為支持。但這些主張仍然包含著無窮的涵蘊。與當時的知識氣候背道而馳，李維史陀引進的一系列觀念注定要改變接下來幾十年的思想生態。

6 在巫師的沙發上

大部分人把精神分析視為二十世紀文明的一項革命性發現，認為它的重要性可以比肩於基因學或相對論。但另外一些人（他們大概是更意識到精神分析在實際應用上超出於其理論的真正教益）則仍然把它看成是現代人的其中一種謬論。

——李維史陀，〈巫醫與精神分析〉（Witch-doctors and Psychoanalysis），載於聯合國教科文組織《信使》（*Courier*）雜誌，一九五六

李維史陀深深被佛洛伊德的作品吸引但又不信任精神分析的臨床應用——哪怕還不是主流，精神分析在當時已獲得社會承認，專門對治性心理疾病和精神官能症。在紐約，李維史陀透過雅各布森的介紹而認識了著名的佛洛伊德派精神分析學家雷蒙・索緒爾，回到巴黎之後，他又與另一位精神分析學家拉岡結為好友。等到一九六〇年代之後，他將會把精神

分析區為「心靈的理論」和「治療的理論」兩種，又表示自己只對前者感興趣。[1]不過，在一九四〇年代晚期，他卻探索過精神分析學和人類學之間的邊界，探索過精神療法和巫術療法之間的邊界。這種研究提供他一條回到「潛意識」、「非理性」和「原始」（它們都是超現實主義者的美學獵場）之路，也打開了另一個讓他愈來愈念茲在茲的領域：神話。

他一面在高等研究實用學院新成立的第六組講課，一面記下自己的觀念。高等研究實用學院是一個獨立的社會科學研究中心，也是著名的「年鑑學派」（Annales school）的大本營。把李維史陀拉到第六組去的是該組的創辦人費夫爾（Lucien Febvre），他讓李維史陀在一九四八至四九年的冬天（這是第六組開始全面運作的第一季）主持一門叫「原始人的宗教生活」的討論課。期間，李維史陀寫出了兩篇文章，一篇叫〈巫師及其巫術〉（The Sorcerer and His Magic），另一篇叫〈象徵的效用〉（The Effectiveness of Symbols），文中引用了巴西、巴拿馬、墨西哥和太平洋西北海岸的民族誌材料去對比於佛洛伊德的精神分析學。

〈巫師及其巫術〉以一個叫奎薩利德（Quesalid）的土著為中心。他屬於住在溫哥華附近的瓜求圖族群的一員，也是鮑亞士的其中一個報導人。[*]因為對巫術充滿懷疑，奎薩利德曾企圖拆穿薩滿師（shaman）[†]的「超自然騙局」，暗暗搞懂他們的各種花招（包括隱藏的釘子、在嘴巴裡預藏一團鵝毛，以及派探子打聽求診者的相關資訊）。然而，在這個過程中，奎薩利德卻誤打誤撞，自己變成了知名的薩滿師，並開始對自己的懷疑主義產生懷疑。他發現，有些治病儀式還真的可以改善病人的病狀。透過自己的作法經驗，他發現它們在某個意義可以說是真實的。這個事實顯示，病人、巫師和旁觀者的互動可以讓患者的心靈世界獲得結構化，從而帶來正面的治療效果。[2]

這一點在李維史陀寫於差不多同時期的〈象徵的效用〉一文中獲得鮮明證明（他把此文提獻給雷蒙・索緒爾）。以一篇由瑞典的民族學家記載下來的巴拿馬咒文，李維史陀探討了薩滿師是憑什麼治癒病人。該篇咒文描寫薩滿師和他的靈界助手如何穿過孕婦的陰道，去到子宮，把難產的胎兒解救出來。他們必須把胎兒從「嫫烏」（Muu）手中釋放出來——「嫫烏」也是神靈，職司胎兒的成形，但她有時會濫用權力，阻止嬰兒出生。薩滿師會站在難產孕婦的旁邊吟唱（據咒文形容，這個婦人躺在吊床上，兩條大腿分開，面向東方，「呻吟著、流著血，陰戶張開，蠕動著」），呼喚各種精靈來幫助，包括了「風之靈、水之靈和樹林之靈」，還有（很有康拉德況味的）「白人的銀色蒸汽船之靈」。

如果難產的情況沒改善，薩滿師和他的靈界助手便會踏上搶救胎兒的旅程，要穿過孕婦

＊ 譯注：在人類學，報導人是指向人類學家提供本族資訊的土著。

† 譯注：「薩滿師」源出通古斯語，指能通鬼神和治病的巫師，學者後來以這個詞泛指其他前農業社會和農業社會中類似的宗教人物。

的血管和組織，前往像是「博斯地獄」*似的子宮。在一行人奮力穿越這條「嫫烏之路」途中，薩滿師會召來「蚌木蟲王」助陣，叫它切開肌腱，在濃密的人類分泌物叢林中闢出一條通道。當薩滿師用魔帽打敗「嫫烏」和她幾個女兒後，胎兒就可以誕生，而薩滿師一行人也可以折返。但這趟朝陰道口而去的回程又是一次危險之旅（象徵胎兒出娘胎的過程），途中薩滿師會召來更多的「清道者」（包括犰狳）幫忙。胎兒一誕生，薩滿師便會馬上撒出一片塵幕把通道給遮蔽，以防「嫫烏」跟著跑出來。[3]

這個神話充滿各種文學手法，其目的是讓孕婦專注在自己的心靈和身體上，讓本來混亂一團的難產經驗組織起來（結構起來）。李維史陀把這個過程比擬於精神分析學的「精神疏泄」(abreaction)：透過精神分析師的指導，病人可以把痛苦的經驗重活一遍，也從而打破潛意識的制約。雖然薩滿療法和精神分析療法包含著相同元素，但兩者卻是剛好顛倒過來的：在精神分析，分析師只負責聆聽，但在薩滿療法，負責說話的人卻是薩滿師。病人透過分析師的誘導而說話，發展自己個人的神話，通常是粗略童年記憶的格式化版本；薩滿師則代替病人說話。兩種方法歸根究柢都是以一個假設為前提：潛意識是一個有邏輯結構性的宇宙。巫師和精神分析師兩者都是致力於揭示這個象徵結構，喚起混亂經驗背後隱藏著的秩序。

李維史陀要指出的重點是，現代的精神分析技術只是一些在古早便出現的觀念的翻版。當歐洲還在用鐵鍊把瘋子鎖起來的時候，「原始」社會的薩滿師已經懂得讓病人坐在「沙發」

小李維史陀的畫像，是他父親雷蒙所畫。雷蒙在兒子不同時期都給他畫過像。

李維史陀的父親雷蒙，攝於一九三六年左右。雷蒙是個老派的肖像畫畫家，他的藝術品味在兒子身上留下深深烙印。

十五歲的李維史陀與母親合照，攝於他們位於巴黎第十六區普桑路的寓所。

波洛洛人一個頭目，他是李維史陀的報導人和翻譯者。這頭目由傳教士養大，自稱去過羅馬謁見教宗。

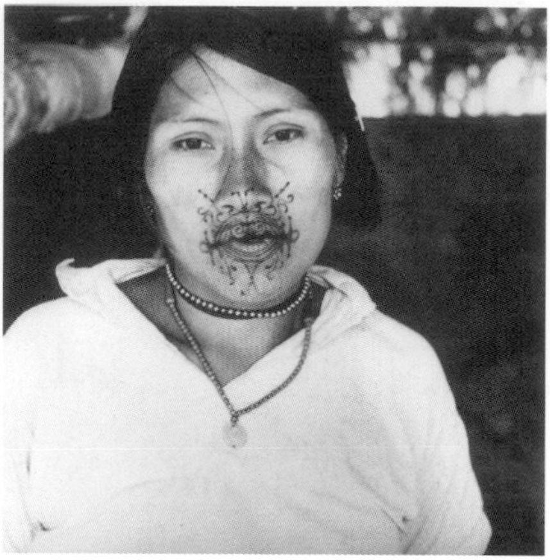

卡都衛歐婦女繪在臉上的旋渦紋和卷形紋讓李維史陀深深著迷。這些圖案讓她們看似是「從一片裝飾繁複的紗幕後面向外窺望」。

田野中的李維史陀和他的第一任妻子蒂娜。當時他們正在今日巴西的馬托格洛索州研究卡都衛歐人。

二十世紀初期爲建立龍東電報線而在森林裡砍伐出的一條走廊。它是李維史陀在一九三〇年代進行「北山考察行動」時的舞臺背景。

一群帕雷西小孩正在學習柔軟體操，這是當局把他們「文明化」和同化到巴西社會的早期努力之一，但注定徒勞無功。

李維史陀拍攝一個南比夸拉人彎弓射箭的情景，背景是烏帝阿里帝的簡陋電報站。

二十五歲的法利亞，他是國家博物館派去加入「北山考察行動」的巴西人類學家。

熱帶醫學專家維拉爾，他是「北山考察行動」的成員之一。

站在河邊的李維史陀，當時他正在對吐比卡瓦希普人進行田野調查。捲尾猴魯西達攀在他的靴筒上，以一根鍊子與李維史陀的皮帶相連。

李維史陀在河裡洗澡，旁邊是一群南比夸拉人：「我常常被六個左右的土著女生襲擊（有老有少），她們的唯一念頭是搶走我的肥皂：這東西讓她們深感興趣。」

一名南比夸拉少年，他的這幅照片在《憂鬱的熱帶》再版時被用於封面。

剛打獵回來的南比夸拉男人（打獵成果豐碩，共打到四隻巨嘴鳥），旁邊是他們臨時搭建的營地。

波娃和沙特在巴黎一家咖啡廳喝茶，攝於一九四六年五月。他們起初是李維史陀的熱情支持者，但在一九六〇年代早期，隨著李維史陀把矛頭指向存在主義，兩人都成了箭靶。

年輕時的傅柯，一九五〇年代中葉攝於瑞典的烏普薩拉大學。傅柯起初承認自己受惠於李維史陀的思想，但後來跟結構主義的標籤保持距離。

精神分析學家拉岡，攝於一九七〇年代晚期。他深受李維史陀的影響，兩人也是好友，但李維史陀坦承自己從未完全弄懂過拉岡的理論。

這幅一九六七年刊登在《文學雙週刊》的漫畫濃縮著一個時代的面貌。畫中四個人物從左至右分別是傅柯、拉岡、李維史陀和巴特。

名攝影家布列松於一九六八年爲李維史陀所拍的其中一張照片，刊登在美國的《時尚》雜誌。其時，李維史陀的名氣正邁向全球高度。

李維史陀在法蘭西學術院發表就職演說。一九七三年五月，他成了第一位入選這個法國菁英機構的人類學家。

高齡九十六的李維史陀，旁邊是他第三任妻子莫妮克。愈接近人生尾聲，李維史陀對現代社會的態度便愈是悲觀——這種悲觀情緒幾十年前便已瀰漫在他的經典之作《憂鬱的熱帶》裡。

李維史陀，一九四九年攝於從紐約回到巴黎之後不久。在紐約期間，他深受同是流亡人士的布勒東和雅各布森的影響。

法蘭西學院的一個講演廳。李維史陀和杜梅齊坐在第一排，全神貫注地聆聽俄國語言學家雅各布森的演講。

李維史陀在人類學實驗室主持的著名討論課。在座的包括了普利翁（Jean Pouillon）、戈德利耶（Maurice Godelier）和希瓦（Isa Chiva）。

上加以治療。[4]（更後來，李維史陀將會在《嫉妒的製陶女》裡主張，許多佛洛伊德的理論，包括「口腔期」人格或「肛門期」人格，都可以在吉瓦羅人（Jivaro）的神話找到）。事實上，當時最具實驗性格和被認為最細膩的一種精神分析療法——即團體治療——早已見於幾千年來的薩滿師的實踐上。

在文章的結論部分，李維史陀從精神分析談到潛意識再談到神話，並對主導他日後事業的結構主義方案提出了他到目前為止語氣最強烈的倡議。他指出，回憶、奇怪事件和個人史這些東西與潛意識的關聯就像是字詞之於語言，而在語言，「真正重要的是結構而不是語彙」。至於神話，則不管是個人神話還是社會神話，都是潛意識的表徵，是由數目有限的一批規則所架構。最後，他直接把語言和神話相提並論，預示了他那個以《神話學》四部曲為成果的研究方案：

> 世上有很多種不同的語言，但適用於一切語言的結構規則卻非常少。同樣的，如果把所有已知的神話和傳說彙編起來，將會是卷帙浩繁，蔚為大觀。但如果我們從形形色色的各種神話角色中歸納出若干基本函數，便會得到為數不多的基本神話。至於「情結」

* 譯注：博斯（Hieronymous Bosch）為十五世紀荷蘭畫家，他畫筆下的地獄情景極度嚇人。

（complex）這種個人神話，同樣也可歸納為幾種簡單類型，而千變萬化的病例都是由它們所產生。[5]

李維史陀這趟對精神分析世界的短暫出擊，將在這門專業的未來發展留下不可磨滅的印記。這兩篇文章深深影響了拉岡，不管是在讓他取得早期理論突破的蘇黎世講演（〈鏡像階段在精神分析經驗中所呈現的自我形塑功能〉）還是在一九五三年的羅馬講演（旨在呼籲精神分析師回歸對病人語言的分析），他都引用過李維史陀這兩篇文章。拉岡的介入標誌著他與精神分析建制的決裂和一種新的實踐方式的開啟：這種新的實踐方式既艱深難懂又大有影響力，將會在一九六〇和七〇年代的人文學科裡廣為流行。

許多論者都注意到李維史陀的全體作品表現出極高的統一性。他的早期作品充滿暗示，預示著未來的研究走向，見證著他的思路是沿著同一個方向穩步推進，具有強烈的前後一貫性。及至一九四〇年代晚期，他的思想基石已經大備，需要做的只是在上面蓋大樓。很多後來在他著作裡一再冒出的理論元素都是此時便已經就定位。對李維史陀來說，語言結構愈來愈不只是一種類比，更是一個範本，可以在紛紜的領域（親屬關係、潛意識、象徵性思維、神話和藝術構圖）牽引出新的真理。

李維史陀作品這種高度融貫的性格又連結於一個信念，那就是，在語言學的領導下，全體人文學科已經處於科學革命的邊緣，注定會依他所指出的方向移動。基於這種信念，他甚至把結構思想讀入一些前輩的作品中，認為它們代表著一個向結構主義奮力邁進的過程。一九五〇年，李維史陀應社會學家居爾維什（Georges Gurvitch）之請，為牟斯的著作寫一本導論性小書，以便收入一套介紹新近去世思想巨人的叢書（牟斯已經在三年前因為支氣管炎過世，得年七十七歲）。在李維史陀筆下，牟斯被寫成一個準結構主義者。在這個對法國思想史的改寫中，李維史陀把《禮物》譽為一大突破，讓人類學最終走出純觀察和粗糙的比較，進展至將它的研究對象視為一個由有限對比元素構成的體系：「一如語音學之於語言學那樣，《禮物》為社會科學的一個新紀元揭開了序幕開始，其重要性有如現代數學之發現『組合分析法』（combinatorial analysis）。」不過，李維史陀又指出，牟斯雖然帶給世人莫大的啟迪，自己卻未能貫徹始終：「他就像把族人帶到應許之地的摩西那樣，沒能親睹那土地的輝煌*……只走到一片充滿巨大可能性的領域的邊緣」便停下腳步。[6]

居爾維什對這個詮釋很不高興，認為李維史陀是在對法國最知名的人類學家做出一廂情願的擺弄。先前在《現代》批評過《親屬關係的基本結構》的哲學家勒福爾也在同一本雜

* 譯注：《舊約聖經》記載，摩西帶領以色列人出埃及，前往迦南，但在進入迦南前逝世。

誌為文揭穿李維史陀的變戲法手，指出他的詮釋「有味於牟斯自己的志向：牟斯關注的是意義，不是象徵」，是致力於瞭解「沒有離開經驗領域的行為」，從未嘗試建構一種李維史陀式的邏輯性超結構體。[7]

靠著《親屬關係的基本結構》的聲威，也靠著他已發表過的一批重要文章，李維史陀的名氣愈來愈大，有些人已經開始活動，要把他送進德隆望尊的法蘭西學院（Collège de France）。由弗朗索瓦一世（Francis I）建立於十六世紀，法蘭西學院一直是個菁英機構，是法國知識界的最高殿堂。它對學界人士的部分吸引力來自於它與大學系統是分開的。它不頒授學位也不舉辦考試，既無課程也無學生。換言之，其成員不需要從事教學和行政等外務，可以專心於純粹和原創性的研究工作，唯一義務是每年一度就一個主題向公眾發表十二次（每次兩小時）的講演。院士是終生制，由其他院士投票產生。在這種有保障又自由的研究環境（它的宗旨是「教導締造中的科學」[8]），一個院士若不是渾渾噩噩度日便必然會有所創發。對李維史陀這樣選擇了一條踽踽獨行研究道路的人來說，法蘭西學院無疑是最適合的歸宿。

當時，進入這麼高門檻的學術機構對李維史陀仍然有點超現實的味道。「我幾乎不知道法蘭西學院是幹什麼的。」他日後回憶說，又說他自年輕時代便認為那是個「外人止步的可怕地方」，在學生時代甚至不敢走進裡面去。[9]但他有所不知的是，哪怕在他還沒有回到巴黎以前，他的支持者已開始為他動員。即將離開紐約的時候，哲學家伯格像是隨口說說的對他說過，李維史陀這次回法國是要進入法蘭西學院。他沒當一回事，只以為是玩笑話。不過，當他回到巴黎後，心理學家皮埃龍（Henri Piéron）卻打電話約他碰面，又告訴他法蘭西學院裡有人樂於看到他當選。李維史陀被視為一股可以帶來學術現代化的力量，這是因為他的思想理論和政治立場都顯得相當進步——這種進步是相對於仍然主宰學院的老一派學術人物而言。老一派的代表是法拉爾（Edmond Faral），他從一九二四年起便據有「中世紀拉丁文學」的席位，當時是法蘭西學院的行政主管。

一九四九年十一月，皮埃龍見有一個院士出缺，便把李維史陀推向選舉，結果失敗。一年後，另一個席位出缺，語言學家邦弗尼斯特再一次提名李維史陀，但再一次以失敗告終。事有湊巧，第二次當候選人期間，李維史陀應邀在學院裡主持「盧阿基金會」（Foundation Loubat）的講座系列。他以「社會結構的神話性表述」為題，一共發表了六次講演，聽眾包括恩斯特、布勒東、梅洛龐蒂和杜梅齊。在其中一次講演，李維史陀談到了一個霍皮人（Hopi）的神話，卻因為沒有幻燈片可以輔助說明而覺得可惜，結果，第二星期恩斯特帶來了一幅自己畫的大畫來幫助說明。[10]李維史陀與杜梅齊的交情也是在這時候建立起來——杜梅齊日後將會是李維史陀極有力的盟友。

「我不提名字，」他告訴我，「但我的落選有一點反猶太主義在作祟。」雖然李維史陀不提名字，但從中作梗的人大有可能是法拉爾。法國被納粹占領期間，在反猶太法令還沒有頒布以前，法拉爾便主動禁止猶太人進入法蘭西學院[11]，而他顯然也當面告訴過李維史陀，他永遠別想當選。當然，李維史陀會落選，更重要的是因為他被捲入了一場保守派與進步派的鬥爭中。「我是個無辜者，無端端被捲入一場古人派（anicents）和今人派（moderns）的爭吵中。[*]在法蘭西學院的傳統主義者中，有些人因為心胸狹窄和狂傲，所以還是活在上一世紀裡。」他這樣告訴葉希邦。

除兩次被法蘭西學院拒諸門外，他這時期的另一個打擊是他和第二任妻子羅絲瑪麗・于爾莫的離異。這段婚姻只維持了幾年。「我和過去斷了開來，開始重建我的私生活。」這是李維史陀就這段婚姻說過的任何話。[12]因為手頭不寬，他搬進了當時工人階級聚居的第十一區（這是他極少住在第十六區以外的其中一次）。他也被迫賣掉部分他收藏的原住民文物（他在紐約省吃儉用買來的面具和碗）。一半是賣給拉岡，另一半賣給了梅特羅、人類博物館和荷蘭萊頓大學城的一家博物館。

在兩次被法蘭西學院拒絕那期間，李維史陀遊歷了印度次大陸。他是透過梅特羅申請到經費，後者當時任職於聯合國教科文組織的種族關係局。李維史陀此行為期兩個月，負責的任務是為教科文組織的社會科學部看看巴基斯坦和印度兩地有什麼值得進一步研究的課題。當時的印度次大陸正處於歷史上最災難性一次分割的餘波蕩漾中：英國對印度和巴基斯坦的鹵莽切割引爆了流血衝突，也導致幾百萬窮人無家可歸，只能住在印巴邊界兩邊的難民營。李維史陀此行去了喀拉蚩（Karachi）、達卡（Dacca）、吉大港（Chittagong）山區、加爾各答、新德里、拉合爾（Lahore）和白夏瓦（Peshawar），途中所寫的六百頁筆記後來在《憂鬱的熱帶》裡濃縮為兩大部分：其中三章彆扭地插在他對「開荒地帶」的描寫和他對卡都衛歐人的記述之間，另兩章放在全書最後，作用類似於一個哲學性後記。

他是取道埃及坐飛機到喀拉蚩去的。飛機起飛後，放眼都是淺粉紅色的沙漠（「桃紅色、珠母貝色的、鮮魚紅彩色的」），然後這片景色被滾滾薄霧取代，再被漆黑一片的夜色取代。[13]另一班破曉起飛的飛機帶他飛過新分割的邊界，出現在下方的是粉紅和綠色相間，補丁似的農田，像極了「克利（Paul Klee）的地理沉思」。在恆河的河口處，農田簇聚成圓球形，四周環繞著氾濫平原上的黏稠水流和孫德爾本斯（Sundarbans）的紅樹林。[14]

在加爾各答，他發現自己被一群群揮舞斷臂的乞丐、招攬生意的人力車伕、擦鞋工、皮條客和腳伕包圍，舉步維艱；而在吉大港山區（當時他下榻在一間瑞士度假木屋風格的豪華

---

* 譯注：十七世紀發生過一場席捲法英兩國的文藝美學大論戰，史稱「古今之爭」，相爭的兩派被稱為「古人派」和「今人派」，前者堅稱希臘和羅馬的古代大師才是圭臬，後者認為應該師法近代大師。

別墅），他則被一隊男僕弄得煩不勝煩：不管他有什麼念頭他們都會事先知道，會一天給他送上五餐，不斷建議他洗澡，甚至會守在茅廁外面「等著要幫主人把排泄物端走」。李維史陀這種過分殷勤極為反感：「這種焦慮的順服帶有一點性的味道。」顯然的是，殖民者製造的奴性並未隨殖民者的離去而馬上消失。[15]

去到吉大港山區的北部，李維史陀走訪了一些部落，在庫基人（Kuki）之間進行了一趟短暫的民族學之旅。他下榻在山邊一間竹子屋裡，屋邊有一個很大的涼廊，有一些婦女在那裡用兩公尺長的杵在一個大臼裡椿稻米。室內裝飾著鹿、猴子、野豬和黑豹的頭骨。他到的時候已是黃昏，慶典也開始了。客人喝著裝在牛角裡的米酒，觀看「無比單調」的歌舞演出。負責演出的男孩穿戴著裹腰布、肩帶和玻璃珠項鍊，女孩穿戴著鑲滿銅管子的及踝長裙、甲蟲翼滾邊的胸甲和象牙耳塞。

李維史陀憑著這趟經驗寫出兩篇文章，它們的口氣幾乎帶有歉意，也是他自巴西田野調查之後最後一次寫民族誌性質作品。第一篇文章勾勒出恰克馬人（Cakma）、庫基人和墨人（Mog）的親屬稱謂，但這張清單並不完整，「因為我逗留在土著村落的時間很短暫」；第二篇文字包含著對庫基人村子「極其破碎」的描述。[16]值得一提的是，庫基人早在《親屬關係的基本結構》一書裡亮過相，被李維史陀用作「普遍交換」一種較簡單形式的重要例子。[17]印度次大陸帶給他的是一個蒼涼的印象。在一些他恨世情緒最濃的文章裡，他回憶了它那些擁擠的城市、膿瘡似的貧民窟和枯燥乏味的公寓大樓（它們的樣子就像他在巴西內陸看過那些半蓋好的混凝土立方體）。不管去到哪裡，環繞他四周的盡是「髒臭、混亂、人擠人、人壓人；殘壁、矮屋、泥濘、灰塵；牛糞、小便、膿汁、排泄和潰爛」。[18]城市的貧民窟讓他聯想到生產鵝肝醬的鵝。他在蒙德馬桑的維克托—迪呂伊中學任教的第一年看過這些鵝是怎麼養的；牠們被塞在一個箱子裡，動彈不得，只「剩下餵食管的身分」。但人和鵝還是有重大差異：鵝愈來愈肥，窮人愈來愈瘦。他們的小小蝸居只是「公共排水溝上的一些連結點」，將人類生活限縮到「只能發揮排泄功能」。[19]

他對印度次大陸會有這麼惡劣的觀感是因為性情氣質、文化震撼還是這時期的人生不順遂使然？不管理由為何，這一次行旅都進一步增強化了他對現代性的厭惡。人口過剩將會成為李維史陀一個愈來愈關注的主題。人類一度與他們居住的自然環境合乎比例，可以自由在森林和河流漫遊，但如今，每個人都只剩下「手帕大小的生活空間」，局促在迅速膨脹的灰暗城市裡的一隅。[20]

因為在法國層級化學術系統的上升之路受阻，李維史陀覺得自己像是浮萍。他說過，當時他深信自己不會有一份「真正的事業」，甚至懷疑過繼續走人類學這條路是否明智，為此一度考慮改行當記者或作家。[21]不過，此說似乎與他在海內外愈來愈響亮的名氣相左。事實上，他雖然未能進入法蘭西學院，但事業一直有所進展。一九五〇年年底，就在他剛被法蘭西學院二度拒絕之後，便被高等研究實用學院錄取為研究主任（第五組是個較保守的機構，從事的是「宗教研究」）。李維史陀接替的是萊納特（Maurice Leenhardt）留下來的空缺。萊納特原是傳教士，後來改當人類學家，在新喀里多尼亞（New Caledonia）研究過卡那克人（Kanak）。他希望自己的職位由一個弟子繼承，所以排斥李維史陀，但李維史陀最後還是因為得到杜梅齊的支持而出線。進入第五組等於是賡續一個顯赫的學術傳統，因為牟斯、杜梅齊、葛蘭言和夸黑都在這一組待過。

這個職位標誌著李維史陀研究方向的一大改變，而從事後回顧，它等於是把他的學術研究分為兩個不同時期。第五組專攻的是宗教思想，而這對李維史陀來說大概是一大幸事，因為宗教領域比親屬研究有更多自由發揮的空間，較不受到田野資料的束縛。雖然李維史陀將會定期回到親屬的研究上，又聲稱自己還是想寫出《親屬關係的複雜結構》，但他未來的作品的詮釋性（interpretive）風味會愈來愈濃。當我問到，何以會在研究親屬體系多年後突然轉換跑道時，他以典型的宿命論調回答。他說，一直以來，他都沒有多少真正的選擇權可言，都是被外在的環境牽著鼻子走，而既然第五組的教學範圍是宗教思想，所以他只能把份內職責做好。他這番話聽起來只像是自比為學術蜂巢裡的一隻工蜂，然而，站在現在回顧，他這個轉向只是他一貫思路的自然發展。早在一九四〇年代晚期，他便已經寫過一些談薩滿教、神話和象徵的文章，顯示出他有志於此。而且，因為宗教是一個詮釋性較強的領域，它也更契合於李維史陀那美學性、文學性的心靈架構。

有十年時間，他都會利用每星期三下午在第五組講課的機會，測試自己的新思路。這是他在紐約教書時開始採用的方法，即先在課堂上大聲說出想法，日後再把結果寫成文章和書本。他上課前會先準備一個大綱，再大致按照這個大綱漫遊全球，用他庫存龐大的民族誌知識去測試自己所做的概念性假設。他日後告訴葉希邦，他是要在「一個巨大的經驗湯鍋裡……找出一些有條理的小島」。[22]我很好奇他是怎麼找到這些小島，而據他本人告訴我，那過程基本上是一個試誤（trial and error）的過程。

因為這個緣故，他上課時禁止學生錄音，以便「可以隨心所欲地進行腦力奮鬥，探索一些古怪的支路，把一些實驗性觀念付諸口語表達的測試。」——他自言，這些測試常常以失敗告終。[23]他不想讓自己一些不成熟的想法被錄音帶記錄下來，導致跟日後去蕪存菁的成果相衝突。不過，他這種擔心大概是多餘的，因為一個又一個上過他課的人都認為他的口齒清晰無比。例如，當過他學生的德科拉（Philippe Descola）就回憶說：「他講起課來就像寫作。」很多方面，德科拉都堪稱是李維史陀的繼承人，因為他既是社會人類學實驗室的現任主任，又是法蘭西學院的人類學教授。德科拉接見我的辦公室從前原屬於李維史陀所有，裡面仍放著德科拉年輕時誠惶誠恐坐過的那張凹陷皮椅：當時他來這裡是要請李維史陀當他的指導教授。[24]「看到他的感覺就像看到康德或黑格爾，」德科拉說，「他是二十世紀最偉大的天才之一。」這辦公室現在放著一排排的書，裝飾著一些南美洲原住民的器物（包括一個以稻草充當頭髮的面具），還有一件放肆而深具後現代意味的擺設：一個仿《丁丁歷險記》製作的阿倫巴亞神像（Arumbaya fetish）。「他講課時會使用很長的複合句，子句一句接一句，但總是能夠平安著陸。」[25]

李維史陀這種方法相當類似布勒東的自動主義，即透過自由聯想去發現看似互不關聯的資料之間的潛藏關聯性。透過彈奏這種心靈的即興爵士樂，李維史陀開始探索神話與神祕主義的形而上世界自我複製著哪些關聯性。李維史陀在第一講（講題為「死者的到訪」）回到他在巴西的田野工作，檢視了波洛洛人對生者和死者關係的看法。在巴西內陸的時候，李維史陀沒機會看到波洛洛人葬禮的較早階段（把屍體放到一個坑裡，任其腐爛，然後把骨頭拿去溪水裡洗乾淨，塗上彩繪並用羽毛加以裝飾），卻目睹過隨葬禮之後舉行的複雜而冗長的儀式。

現在，在事隔十五年之後，他開始動手解剖他先前看過的東西。結合自己的田野調查所得和紐約公共圖書館讀過的民族誌，他比較了波洛洛人和北美洲的阿爾岡昆人（Algonkin）、溫內巴戈人（Winnebago）和奧馬哈人（Omaha）的儀式，把重點放在儀式的空間取向（東—西、上—下、左—右）和儀式上所使用的顏色、動物和植物。在李維史陀看來，一些反覆出現的象徵（例如用貝殼象徵水、用圓石頭象徵大地、用星星象徵天空等）猶如一種「代數」，可以賦予那些乍看原始的儀式一種數學性的形狀。利用結構分析，繁複的信仰系統將可被慢慢蒸乾，化約到較簡單的、由基本對比構成的形式系統。結果，他發現波洛洛人的儀式有著與他們的社會組織如出一轍的形構：一種二元化和三層級式的形構。這種方法有點像是對涂爾幹方法的倒轉，因為它把觀念、儀式和神話回推到社會組織，而不是反過來。在結論處，李維史陀用一種準結構主義的簡化這樣作結：「生者與死者的關係無異於是把現實中的活人關係投射在宗教思想的螢幕上。」[26]

翌年，李維史陀把他的研究推進到神話領域，比較了霍皮人、祖尼人（Zuni）和阿科馬人（Acoma）的起源神話。這是他後半生事業的起點，因為接下來二十年，他對神話研究將會愈來愈入迷，愈來愈探入原住民想像力的幽深處。雖然《神話學》四部曲要待一九六〇年代才開始陸續問世，但它們的一些斷片早在一九五二年便已湊齊。

同一年，李維史陀前往印第安納州的布魯明頓（Bloomington），在一個語言學家與人類學家共聚一堂的會議上發表演講，給語言學與人類學愈來愈親近的關係加上一個認知學甚至是神經學的注腳。演講一開始，他語帶誇張地指出，這個會議有一個「不請自來的客人」，也就是「人類心靈」。接著，他大力主張，語言與文化必然是以某種方式相關在一起，因為若非如此，人類心靈要不就會是「一團混亂」，要不就會是包含著「一些由隔板分開的隔間」。

[27]所以，對文化所進行的系統性分析最終必然會讓吾人更瞭解大腦的運作方式。他在結論處指出：「多個世紀以來，人文學和社會科學一直以認命的態度諦視自然科學和精確科學的世界，視之為一個它們永不可能企及的伊甸園。但突然間，一扇小門在這兩大領域之間打開了，而打開它的是語言學。」[28]李維史陀正是要透過這扇小門探尋一條可讓人類學與嚴格科學溝通的路徑。他做為一個戰後思想家的巨大影響力將繫於這個最初的賭注，繫於他把兩種非常不同的探究方式拉在一起的大膽嘗試。接下來十年，將有許許多多來自鄰近學科（文學批評、精神分析和哲學等）的學者尾隨其後，在自己學科裡爭取語言學已經達到的嚴格科學性。

同一年，李維史陀在紐約舉行的大型人類學會議上把自己的論證更往前推。這場盛會由溫納．葛蘭基金會（Wenner-Gren Foundation）主辦，與會者都是一時之選，包括了米德、克魯伯、羅維和史都華（Julian Steward）。出席的還有一些鄰近學科的學者，如社會學家瑞德菲爾德和李維史陀的老友雅各布森，大家對人類學的既有成就與未來展望進行了廣泛討論。

李維史陀在會議上的發言紀錄顯示出他的心靈裡閃爍著一些新觀念，正在致力把結構語言學的洞見推向一個嶄新但也奇特的方向。當他被問到結構分析如何可能應用在語言學之外的領域時，他談到了自己在馬其諾防線後方閒晃時對於各種植物之間差異的思考，又說戰後的科學研究印證了他的直覺：不同植物種屬只是同一批核心特徵的不同排列組合。就像語言學家發現不同的語言系統可以簡化成為數不多的幾組對比，科學家一樣在植物身上發現了類似的對比：如花瓣和心皮是分是合、雄蕊是多是寡、花冠形狀是規則還是不規則，等等。這些元素的不同排列組合造就出植物的豐富多樣性。[29] 在李維史陀看來，同一條基因法則理應可以應用在一系列不同的文化領域：工具、衣服、精緻藝術、親屬制度和神話等。[30]

不管李維史陀的眼睛望向哪裡，他都可以看得見形式上的關聯性。那個時候，電視才剛問世，帶雪花的螢幕映像對人們來說相當新奇。李維史陀饒感興味地發現到，低頻電波只會帶來影像的輪廓，高頻電波卻可以讓映像清晰分明。他把這差異比擬於藝術中的一個根本對比：素描與油畫。在李維史陀心靈的結構回音室裡，文化和技術或科學和藝術都是互相響應的，一個領域的特徵可以透露出另一個領域隱藏著的特徵。

這時，李維史陀已經讀過威納（Norbert Wiener）論控制論的著作，也讀過夏農和韋佛（Warren Weaver）的《通訊的數學理論》（*The Mathematical Theory of Communication*）。這些早期的數位理論顯示，社會科學內部是有可能互相接軌的。「溝通並不是語言學家的專屬領域，」李維史陀在那個人類學會議上指出，「我們大可以說，社會本身就是一部非常巨大的機器，供人在很多不同的層次上進行溝通。」[31] 這個比喻透露出李維史陀早期思想的一大特徵：秉持一種機械主義的世界觀，拒絕給文化現象以任何特殊的形而上地位。做為這部「非常巨大的機器」的研究者，李維史陀會東摸摸西摸摸它的各個部分，畫出其各種互相連鎖機件的藍圖，測量這機器的每一次旋轉並監測它的節奏。但另一方面，他又對這機器的功能和產品完全不感興趣（這方面的冷漠貫穿他全部作品）。就像妮基・桑法勒（Niki de Saint Phalle）在龐畢度中心旁邊設計的史特拉汶斯基泉（Stravinsky Fountain）那樣，李維史陀的文化「機器」只是一件美學裝置，並無任何看得見的目的可言。

按大會的要求，李維史陀在結束發言前簡短地回顧了人類學的過去並勾勒出其前景。他指出，人類學一直都是靠剩飯殘羹餵大，專撿其他學科所不要的破爛。在中世紀，幾乎任何非歐洲的東西都被歸到人類學（某種哲學意義下的人類學）。後來，隨著古典研究的勃興，主流學者開始把印度思想和中國思想劃入他們的地盤，於是，留給人類學的便剩下非洲、大洋洲和南美洲。到了現代，專業人類學更不斷被推向邊緣，靠著在學術垃圾桶裡撿拾剩物維生。但相當弔詭的是，這個「拾荒者」最後卻撿到了黃金：今天，人類學正處於發現極重大真理的邊緣。（米德一聽到李維史陀把原住民文化比作破爛，馬上表示異議。但李維史陀的類比是沒有惡意的，他只是想說，人類學一直都是在撿其他學科不要的，一直在「撿一些零七八碎」。）

康德曾經預言，世界將會分裂為「星空」（即牛頓物理學）和「道德法則」（即他自己的哲學）兩大部分，而李維史陀則相信，透過語言學的幫助，人類學將可把這些領域統一為一個邦聯：

語言學家業已指出過，我們心靈裡面存在著一些音素和語素（morphemes），它們繞著彼此旋轉，情形多少像是太陽系內各行星繞著太陽旋轉。正因為預期著這樣的統一也許會發生，所以我感覺，人類學不只對現代社會的發展有著重大功能，對整體科學的發展也是如此。[32]

及至一九五〇年代早期，李維史陀這個願景開始有落實的跡象。他相信自己是生活在一個理論大匯流的時代。在巴黎，他會定期跟拉岡、數學家吉爾博（Georges Guilbaud）和語言學家邦弗尼斯特聚會，就結構的概念進行跨學科的討論，以及探討如何把數學原理帶進人類科學。[33]他在高等研究實用學院主持的討論課像磁鐵一樣吸引了許多新一代的思想家。討論的內容從語言學到精神分析，從數學到原子物理學，不一而足，但核心始終是人類學。李維史陀相信，透過結構分析，人類學將可成為一種元科學（meta-science），不只足以發現人類文化交換的基礎，還可以發現貫穿自然界的更深律則。所以，他在學術事業雖然不順遂，卻有了一個研究綱領，而這個綱領甚至有了名稱。誠如為李維史陀作傳的瑞士作家貝多萊（Denis Bertholet）指出：「如果非要為李維史陀的結構主義挑一個誕生日期，那就是一九五二年：因為就是在這一年，做為一種追求普遍性的雄心的反映，結構主義一詞出現了在他的文章中。在思想史上，這是ism這個後綴第一次可以合法地加在形容詞structural之後。」[34]

前額漸漸變禿，李維史陀此時已經是四十中旬，行將邁入中年的事業高峰。他的年輕歲月是在不連續的狀態中度過，卻又充滿雄心壯志。他領導過一支大型考察隊橫跨巴西的內陸，在聖保羅、紐約和巴黎都教過書。他研究親屬的博士論文出版後獲得廣泛讚揚。經過一段長時間的不穩定後，他的生活再度回復完整。自一九五二年起，他除了學術工作外又多了一份新職，性質類似他在紐約擔任的文化參贊。透過梅特羅的舉薦，他被提名為聯合國教科文組織社會科學委員會的祕書長。這工作純粹是儀式性的：「我的任務是要設法讓人覺得，一個組織即便沒有目標或功能，一樣有理由存在下去。」讓這個任務更加困難的是社會科學委員會分配到的預算相當可觀，以致李維史陀「必須搞一些活動來證明這種預算分配合理」。自從與羅絲瑪麗・于爾莫離異後，李維史陀便開始與莫妮克・羅曼（Monique Roman）交往（兩人是在拉岡家中認識）。莫妮克二十來快三十歲（比李維史陀小十八歲），母親是美國人而父親是比利時人，自認識李維史陀之後常會到索邦大學聽他講課。

重新進入巴黎的學術界之後，李維史陀在一些小圈子裡慢慢變得很有名，常會有一些專家旁聽他的課和在他主持的討論課發言。所以，雖然還不算有多大名望，他已經在學界站穩腳跟，是一個有追隨者環繞的中級學者。他接下來的前進之路將會非常不同於一般。某個意義下，正是因為他被迫繞過大學系統，到頭來才得以稱霸於這個系統。

李維史陀這個時期出版的兩本著作讓他的名氣傳播到學院之外，也為他找到了一批新的聽眾。一本是名為《人種與歷史》（*Race et histoire*）的小冊子，出版於一九五二年；另一本是他的回憶錄，更重要得多的《憂鬱的熱帶》。它們相當於李維史陀那些非常艱深的學術著作的普及版本。《人種與歷史》出版之後，李維史陀被捲進了一場火爆的公開論戰。《憂鬱的熱帶》則把李維史陀塑造成一個公眾人物，把他從一個潛力看好的學者變成備受敬重的思想人物。

《人種與歷史》是受聯合國教科文組織的梅特羅委託撰寫，是聯合國為打擊種族主義而出版的一系列小冊子的其中一本。它是一個文化相對主義的宣言，其所勾勒的立場在人類學界早已耳熟能詳，但一般大眾卻很少聽過。李維史陀的主要靶子是十九世紀的文化演化主義，雖然這種主義在人類學界早已落伍過時，但卻一直苟延殘喘到一九五〇年代中葉，代表著一般人對人類歷史發展的理解態度。這種理論主張，人類文化的發展歷程是一個穩步進步的過程，先是從原始的採集狩獵小群體進步到較複雜的農耕聚落，再進步到古典時代的帝國，至現代的歐洲文明而登峰造極。[35]

李維史陀指出，這種理論除了帶有高度臆測性質以外，還是一種扭曲的觀點，是民族自我中心的產物。不同文化是不可共量的，因為它們所處的地理環境不同，需要解決的問題亦不同。這就好比在賭場裡賭輪盤一樣，押中一個號碼會贏得多少賭金，端視你下多少注而定。很多文化都在西方失敗之處取得成功。例如，因努伊特人和貝都因人（Bedouin）便都長於適應極端惡劣的氣候；其他文化也在整合身心方面超前西方幾千年：印度的瑜珈、中國的氣功和「古代毛利人的內臟控制術」都是箇中例子。西方人過去都把澳洲原住民視為處於進化階梯的底層，但他們的親屬系統卻是世界上最精緻複雜的。波利尼西亞人則是以無土農業和泛洋航行見長。此外，哲學、藝術和音樂在全世界也是以不同的方式繁榮茁壯。

反擊來自凱盧瓦（Roger Caillois）。他是作家和社會學家，也是跨學科期刊《酒神》（*Diogène*）的創辦人與主編。光看表面，凱盧瓦與李維史陀的人生經歷極為相似。[36]在兩次世界大戰中間的年月，凱盧瓦既是個學者，又與超現實主義者過從甚密，曾跟巴塔耶和雷利斯一起創辦過短命的社會學學院（Collège de Sociologie），想要追隨牟斯的腳步，從事神聖社會學（sociology of the sacred）的研究（這學科把超現實主義與人類學結合在一起）。二次大戰爆發時，凱盧瓦人在阿根廷，由於無處可去，只好待在阿根廷教書和寫作。期間，他就像李維史陀一樣，去過阿根廷內陸，最遠一次去到了巴塔哥尼亞高原（Patagonia），後來也像李維史陀那樣，把這段經過寫成很有可讀性的記載。兩人甚至在戰後的紐約碰過面：當時擔任文化參贊的李維史陀邀凱盧瓦前來演講。另外，兩人同是杜梅齊的門生。為爭取高等研究實用學院的講席，二人曾交鋒過一次（結果李維史陀勝出）。就像李維史陀一樣，凱盧瓦學問淵博而深具文化素養，也同時是深刻的思想家和詩性作家。所以，在許多方面，他們都顯得像是孿生兄弟。「我們本來應該相處得來的。」李維史陀回憶說。[37]

儘管成長階段有那麼多相似之處，但凱盧瓦最後卻發展出一種卻不同於李維史陀的態度，而他這種態度也在他批評《人種與歷史》的文章裡表露無遺——該文分兩期刊登在《新法蘭西評論》（*La Nouvelle Revue française*）。[38]及至一九五〇年代之時，凱盧瓦已經拋棄了他對超現實主義、「非理性」和「原始」的迷戀，態度發生了一百八十度的轉變。他在文章中指出，超現實主義者和李維史陀之類的人類學家都把自己的文化看成是腐敗和虛矯的，一直幼稚地想要「在地理光譜的另一極端」找到真純。[39]但在凱盧瓦看來，李維史陀為崇拜前文字文化而不惜貶低西方的做法只是一種顛倒的民族中心主義，是二十世紀西方文化衰頹的一種症候。李維史陀對原始社會的推崇完全是一種誇大其詞：原住民錯綜複雜的親屬體系其實一點都算不上是什麼成就，真正可稱為成就的是人類學去把這些親屬體系加以模型化的嘗試。西方能夠對其他文化抱持開放態度，能夠讓人類學這樣一門學科有存在餘地，正是西方文化明顯高一等的表徵。[40]

李維史陀寫了一篇三十三頁的長文對凱盧瓦予以兇猛還擊（刊登在《現代》雜誌）。在這篇名為〈沉睡的酒神〉（Diogène couché）的文章裡，他指控凱盧瓦的立場是一種粗糙的民族自我中心主義，完全低估了建構和維繫所謂的原始文化需要多大的心智努力。全文都把凱盧瓦稱作「凱盧瓦先生」，但卻不是出於尊敬。「美國有它的麥卡錫（MaCarthy）*，而我們也有我們的麥凱盧瓦（McCaillois）。」李維史陀寫道，把凱盧瓦塑造成一個危險的被迫害妄想狂。[41]這場論戰延續到《現代》的下一期，刊出了更多凱盧瓦和李維史陀的通信。「凱盧瓦—李維史陀之辯是巴黎文化圈的大事件，」梅特羅在寫給攝影家和業餘民族學家韋爾熱（Pierre Verger）信上說，「李維史陀的回應是一篇說理、文字和兇殘三方面的傑作。」[42]

凱盧瓦的文章顯然觸動到李維史陀的敏感地帶。「它讓我很火大。」李維史陀回憶說。[43]多年之後，凱盧瓦表示他讀了〈沉睡的酒神〉之後被李維史陀的激烈回應嚇傻了，一時間說不出話來。那篇文章確實是咄咄逼人，不像李維史陀的一向作風，不過，它的激越筆調卻隱隱透出自我辯護的味道。大概，凱盧瓦的批評最讓李維史陀受傷的，是指出他在從事民族學工作之前曾是超現實主義者的一員。這等於暗示李維史陀只是個輕量級的知識分子，只是在趕前衛分子雅好異國風情的時髦，不是站在堅實的民族學基礎提出自己的意見。

李維史陀在反擊中承認自己在田野工作方面是個「自學者」，卻矢口否認自己是超現實主義者。他在超現實主義者的刊物發表過文章，但從未真正與任何超現實主義者合作過；他是認識布勒東，但兩人的思想「截然有別」。

除拉開自己與超現實主義者的距離以外，李維史陀又把自己定位在一個較沒有爭議性的傳統：那個喜歡在哲學爭論中把原始文化用作「定音叉」的傳統。他說，他對「原始」的知性興趣要更古典，其源流可遠溯至蒙田和拉伯雷（Rabelais），然後再經過斯威夫特（Swift）、孟德斯鳩、伏爾泰（Voltaire）和狄德羅（Diderot）向下傳承。這個傳統「一再運用異國情調事物（不管是真實的還是想像出來的）來為社會批判服務。」從這個角度看，當代人對原始人的著迷並不是如凱盧瓦所說的，是一種「良心危機」的表現，而是一種繼承自《散文集》（*Essais*）、《論人類不平等的起源》（*Discours sur l'origine de l'inégalité*）和《憨第德》（*Candide*）這些經典之作的態度。李維史陀以極潑辣的筆觸為全文作結：「我不是凱盧瓦所想的那種人，如果說有誰更像他筆下那種搖擺不定的超現實主義者、玩票的民族學家和頭腦混沌的極端分子的話，那恐怕是凱盧瓦自己。」[44]

李維史陀是在為自己的信譽而戰，想要重新穩住那個已經開始在他背後竊竊私語的學院小世界。他要確立自己的嚴肅學術人身分，想把人類學導向一個更嚴格、更科學的方向。就此而論，凱盧瓦指控他是個半吊子學者著實讓他忍無可忍。不過，李維史陀很快就會發現，真正與法國民族情緒脫節的人是凱盧瓦自己。法國的自信已經在納粹占領期間被摧毀，接下來它會經歷進一步的連串挫敗，讓一個帝國壽終正寢的日子變得屈指可數。

* 譯注：麥卡錫為美國眾議員，曾領導一個調查小組發起白色恐怖，指控許多著名美國公民為共產黨特務。

7 回憶錄

一個男人的生命有兩階段。四十五歲之前，他會吸納四周的各種元素。然後，驀地，這一切會成為過去，他不再吸納任何東西。自此，他的人生只會複製第一階段的生命，會設法讓之後的日子吻合早年生活的節奏與氣味。

——馬克奧朗（Pierre Mac Orlan），《國際的維納斯》（*La Vénus International*），一九二三

在大戰期間處於虛懸狀態的法國殖民帝國，到了戰爭結束階段更是開始瓦解。自一九四〇年代晚期起，隨著越南人在印度支那對法國的反抗愈來愈升高，摩洛哥、喀麥隆、馬達加斯加和阿爾及利亞都出現了騷亂。一九五四年的奠邊府之役是一個分水嶺。當時，法國遠征軍空投幾千名傘兵到奠邊府（位於今日越南和寮國交界的一個盆地），想要占領一條日本人興建的已荒廢的飛機跑道，不意卻遭胡志明的部隊從高地猛烈炮擊，被迫退入山林中進行壕

塹戰，結果大敗，法國勢力從此退出印度支那。幾個月後，法國又面臨其北非省分的反抗：「民族解放陣線」在整個阿爾及利亞發起游擊戰，讓這個本被認為是法國不可分割的部分在強烈陣痛中慢慢脫離法國控制。及至一九五〇年代中葉，殖民主義範式開始土崩瓦解（這範式不只形塑了地緣政治的安排，還形塑了法國人的文化態度）。

戰後法國飽受一種新的感傷和幻滅情緒籠罩，但同時又對非西方文化愈來愈感興趣，因為它們此時紛紛從帝國的靴子底下冒了出來。在這個開顯時刻，人類學家是站在最有利位置的見證者。他們的田野地點都是崩潰中帝國的邊陲地帶，這個地區的人民在當了多年帝國傳奇的螺絲釘後，終於找到自己的聲音。文化上，世界重回到自己懷抱，重新發現自己的豐富多樣性。李維史陀更改教席名稱的舉動反映著這種思想感情上的變化。他在高等研究實用學院的教席一開始是叫「未開化民族的宗教」，但這名稱愈來愈站不住腳。李維史陀回憶說，在好幾個場合，他的詮釋都受到「未開化民族」自己（即到索邦來唸書的非洲青年）的反駁。最後，他終於成功把教席名稱給現代化，改為「無文字民族的比較宗教」。這個名稱要更牢固、更科學，也不太容易開罪誰。

許多思想家和作家都意識到這種情緒變遷，其中一位是地理學家暨民族史家馬洛里（Jean Malaurie）。他長相粗獷英俊，具有強烈的高盧人五官，當時二十來快三十歲。第二次世界大戰結束後，他曾參加過在格陵蘭進行的一系列科學考察，然後，在大約是李維史陀初去巴西的相同年紀，他又孤身一人去了北極更高緯度的圖勒地區（Thule），在冰丘構成的迷宮中探險。這趟旅程完全沒有李維史陀考察之旅的各種累贅：「海上航行了二十三天後……我在一九五〇年七月二十三日登陸。一抵達，我馬上決定要前往位於更北一百五十公里的西奧拉帕盧克（Siorapaluk）過冬。那裡有三十二個居民，六間圓頂冰屋……我帶了哪些裝備？完全沒有。我得到丹麥當局批准，可以在那裡待一年。」[1]

這片因努伊特人*所住的地域雖然位於地球最偏遠的角落，但仍屬帝國的邊陲地帶。坐著狗拉雪橇穿過這地區時，馬洛里無意中碰上一件乍看像海市蜃樓的巨大事物：一座有圍籬圍繞的鋼鐵裝置，裡面機器的嗡嗡聲被四周雪地包覆著。原來那是一個美國空軍最高機密的核子基地，是方興未艾的冷戰邏輯的許多產物之一。所以說，就連在北極的荒原，西方照樣漫不經心亂七八糟地進到因努伊特的領地，完全沒想過此舉可能會帶來何種衝擊。馬洛里雖然不是民族學家，但還是記錄下這群因努伊特人的系譜，後來也成為因努伊特文化的熱情請命者。

回國之後，有一天他走在巴黎街上，經過普隆出版社（Plon）門外時忽然心血來潮，上

* 譯注：愛斯基摩人的一支。

前敲門毛遂自薦自己的探險經歷。他另外又出了個主意，建議普隆推出一套取名「人類的大地」（*Terre humaine*）的叢書。這個建議出現的時機恰到好處。自第二次世界大戰之後，法國的出版社便開始調整非小說類的出版方針，轉向人文學科的新浪潮，以滿足愈來愈多受過高等教育的讀者的需要。一九五〇年，伽里瑪推出了沙特和梅洛龐蒂主編的「哲學叢書」。法蘭西大學出版社（Les Presses Universitaires de France）在同一年推出「精神分析學與臨床心理學叢書」和「當代社會學叢書」。不久之後，「普隆」便以兩套新叢書做為回應：「人文學科研究」（一九五二）和「今日和昨日的文明」（一九五三）。[2]

「人類的大地」與先前其他叢書有著微妙的不同。馬洛里計劃要推出一系列二十世紀的「哲學性旅遊」傳記，特別是有到過文化內陸的現代學者。這套叢書將會是既有思想性又有自傳性、既具科學性又有親身參與性，原住民文化與民族學研究豐富卻還沒被大量開發的著述領域，就是取材的對象。

湊巧，在巴黎一間古老大學出版社的圖書館，馬洛里讀到了李維史陀談南比夸拉人的那篇補充性論文。他日後承認，這文章很枯燥，其中的民族學描述完全引不起他的興趣，但文中的照片（李維史陀讓遊牧的南比夸拉人表現豐富的意像）卻讓他心往神馳。大概是為了給自己的北極經歷找一個對位音，馬洛里想要在「人類的大地」的第一批書目裡放入一本以熱帶為背景的書，所以便情商李維史陀寫一部記述巴西考察經過的非學術性著作。

就這樣，李維史陀的《憂鬱的熱帶》成了「人類的大地」的首批書目之一，與它一道出版的還有馬洛里自己的《最後一批圖勒國王》（*Les Derniers Rois de Thulé*）、謝閣蘭（Victor Segalen）關於他在二十世紀之交於大溪地的紀實小說《遠古人》（*Les Immémoriaux*）和人類學家巴朗迪耶（Georges Balandier）所寫的《曖昧的非洲》（*Afrique ambigüe*）。稍後，「人類的大地」又推出了美國原住民塔拉耶斯瓦（Don Talayesva）的自傳《太陽霍皮人》（*Soleil Hopi*）、米德所寫的《三個原始部落的性別與氣質》（*Sex and Temperament in Three Primitive Societies*）和她充滿爭議性的經典作《薩摩亞人的成年》（*Coming of Age in Samoa*）——後者的法文版改稱作《大洋洲的禮儀與性生活》（*Moeurs et sexualité en Océanie*）。

《憂鬱的熱帶》是一部落寞之書，充滿一個中年人對時間流逝的傷悼。它出現在李維史陀人生一個特別的時刻：除了離婚和經濟拮据之外，他父親雷蒙在一九五三年過世。雷蒙對兒子的早年歲月具有莫大的影響力，這一點，李維史陀要等到日後才會充分體會。雷蒙在兒子身上灌注的文化涵養形塑了李維史陀後半段的生涯，所以他在各種訪談裡會一再提起和父親之間的相處。

諷刺的是，《憂鬱的熱帶》卻是李維史陀對自己的事業前途不再心存厚望的結果。他日後承認，要是他相信自己還有機會進入法蘭西學院，便絕不會寫作這種沒有學術分量的作品。不過以當時的情況來說，他沒什麼好失去的。李維史陀早前就嘗試過較文學性的寫作（一個例子是他那部流產的小說）。另外，他的巴西田野筆記已經跟著他跑了大半個地球，仍然裝在箱子裡，很多材料迄未使用。他即將要屆入中年，該是時候把多姿多采的過去做一番整理，再拋到身後。「我有一個裝得滿滿的包包，想要把它打開。」他日後表示。[3]

李維史陀同時也意識到，他的學術作品缺乏人的向度（human dimension）。不管他多麼孤高，他畢竟是有血有肉。「我厭惡看到自己成為學院裡沒有靈魂的機器，只長於把人放入公式裡。」他這樣告訴歷史學家多斯（François Dosse），帶著難得一見的情緒流露。[4] 儘管如此，他寫作《憂鬱的熱帶》時還是懷有罪惡感，覺得自己荒廢正務，占用應該寫正式學術著作的時間（例如他計劃要寫的親屬研究第二冊便一直沒有下文）。罪惡感加上自由感，覺得自己逃避專業責任，且自斷後路的恐懼，反讓他下筆如有神助。在一九五四到五五年間那個冬天，他以驚人速度生產，每個月寫出超過一百頁篇幅，寫作初稿時「處於一種持續的激昂狀態，完全沒有事先構思，想到什麼便寫下去」。[5]

李維史陀用來寫作的德製小打字機購自聖保羅一家舊物店，打出來的字全糊在一起，只有在頁中偶爾出現的「換頁」和「另起一章」字樣才能讓人一眼看出敘述已經告一段落。就像是創作一幅拼貼（collage）一樣，李維史陀從舊文與舊筆記剪下一些段落，貼到草稿上，所用的一條條膠帶，隨著時間如今都已脆弱泛黃。他又把整篇「小論文」（〈南比夸拉人的家庭與社會生活〉）一頁頁貼在空白稿紙上，內容完封不動，只把裡面文謅謅的「吾人」改為較親切的「我」。《憂鬱的熱帶》很多內容都是取自他的講演、講義和舊文章。例如，第十七章描述在帕拉那州提拔吉人和卡因岡人中間第一次令人失望的田野經驗，就是取自他為巴西全國性報紙《聖保羅州報》文化副刊所寫的一篇舊文〈在野蠻人之間〉。由於他自己寫的卡都衛歐人筆記已在大戰期間丟失，所以第十八章和第十九章都是取材自太太蒂娜的田野筆記。書中對南比夸拉人家庭關係進行的佛洛伊德式部落動力學詮釋也是來自一篇舊文，大戰期間原刊登在《紐約科學學會會報》（*Transactions of the New York Academy of Sciences*）的〈一個原始部落中的酋長權的社會面與心理面〉（The Social and Psychological Aspects of Chieftainship in a Primitive Tribe）。

書中許多警句（如「熱帶與其說是異國風情，不如說是過時」、「拿破崙是西方的穆罕默德」）看似是得自李維史陀的一時靈感神來，但它們其實是從一本他記錄自己思想偶得的綠色筆記本直接抄來。在《憂鬱的熱帶》近尾聲處，李維史陀寫道：「自我不只是可憎的：在『我們』（us）和『空無』（nothingness）之間沒有它的容身餘地。」[6]這番話也是來自綠色筆記本，但經過改寫，原話作：「自我是可憎的」（上方有紅色小字補充說：「自我的缺席＝一個『我們』和一個『空無』」）。不過，筆記裡也有些有趣警句是沒被用上的，如這一句：「旅行＝精神分析本身和精神分析的反轉。」[7]不過也有很多新的，裡頭有大量的個人回憶，主要是關於巴西的，也有來自大學時代的部分。

雖然以快馬加鞭的寫作速度推進，但李維史陀對書中一些部分還是用了大力雕琢：用力最深的是那些他用來為一個主題做結論的複合句。在預備筆記裡，他曾為談卡都衛歐臉畫的章節擬出五種不同的結論句。他最後選擇了最囉嗦的一種。[8]不過，也許他更應選擇的是另一個被他拋棄的版本（它比較沒那麼累贅又比較抒情）：「在這個迷人的文明裡，美女的流行樣子可以召喚起一個黃金時代：在那個時代，法律都被轉變為詩歌，而不是寫在法典裡，且不僅在他們華美的衣著中被歌頌，也在他們的裸露中被歌頌。」[9]然而，《憂鬱的熱帶》的原稿（現存巴黎國家圖書館）真正讓人驚異之處是修改寥寥無幾。這些以深紅色鋼珠筆和藍色鉛筆所做的修改都是些小修改，主要是把語言給收緊（如把semble〔似乎〕改為est〔是〕），或刪去一些冗餘的副詞（如sans doute〔無疑的〕、complètement〔全然的〕和profondément〔深刻的〕等）。被刪去的還有一些冒失的話頭。例如，在討論過卡都衛歐人臉畫的情色效果後，李維史陀本來有這麼一句話：「我們的撲面粉和胭脂可比擬之！」但後來決定予以刪除。[10]

這種驚人的生產速度也反映在最後成品的瑕疵上。《憂鬱的熱帶》第一版滿是拼錯的葡萄牙單字（很多都只是照音拼出）。這書也沒有注腳或書目——對一部旁徵博引的作品而言不能不說是一大可惜。李維史陀從過去已記憶模糊的筆記本摘取段落時，有時會掉入錯誤的陷阱，因為他顯然是忘了，當初把這些軼事記入筆記本時曾把人名改動過，打算日後用於一本小說。結果這些改動完封不動進入了《憂鬱的熱帶》。他對蕭邦和德布西關係的思考跟普魯斯特《追憶逝水年華》第四卷〈索多瑪與蛾摩拉〉提到的有非常驚人的相似之處，雖然此舉也許是有意的。11

這種一揮而就的寫作方式讓《憂鬱的熱帶》顯得微微凌亂，卻不無益處：它可以形成意識流般的敘事效果，增加閱讀的感染力。書中的敘事主軸（他成為人類學家的經過、他前往聖保羅的經過和後來在馬托格洛索州的田野工作）常常會被各種課題的反思打斷，這些課題包括了：旅行和旅行文學、現代性帶來的蕭瑟一致性、人對環境的衝擊、世界各大城市和各大宗教的相對優缺點等。這中間還穿插著一些其他東西：他那部流產小說的片段、對《奧古斯都封神記》的構想、田野工作停滯時在絕望中寫的文字、在亞馬遜突然想到的幾個詩的小節，還有他對音樂的思考。讀者有時會感覺彷彿置身演講廳，有時彷彿步履蹣跚穿越灰塵滿天的大草原，或腳踩著熱帶叢林的護根層（mulch）。在全書最後，李維史陀又評論了伊斯蘭教，對比了佛教和馬克思主義，沉思了人類對意義的追尋終屬徒勞——凡此都讓讀者彷彿置身在作者的腦子裡面。

「我討厭旅行，我恨探險家。」——這是全書的第一句話，而它蓄意挑釁的口氣也宣布著一種新的聲音將在巴黎登臺。《憂鬱的熱帶》開頭幾頁把炮口對準「旅行文學」這種文類，還有旅行家和探險家（這兩種人在二十世紀中葉專門在取悅巴黎上流社會）。在李維史陀看來，這些人全都是些騙子，召喚的是一種其實早已絕跡的異國風情，販賣的盡是一些老掉牙的文章，例如：「早上五點半，我們進入累西腓（Recife）港口，海鷗鳴聲不絕，一隊載滿熱帶水果的小船繞行於我們的船隻四周。」與此相反，人類學家會去旅行則是出於不得不爾。他們甘願浪費寶貴的時間長途跋涉是為了獵取真理（有關神話、儀式和親屬結構的），因為這些真理只存在於遙遠異域。所以，李維史陀認為自己的探險故事只能算是他更學術性發現的「浮渣」。[12]

另一方面，《憂鬱的熱帶》無論如何都算是一部旅行文學——哪怕只是這種文類的諧仿（parody）。不過，李維史陀會在人類學家和探險家兩者間劃分高低，可能是帶有暗中自我批判的意味。我們從他寫給德國人類學家尼姆衍達朱的書信得知，李維史陀有時會覺得自己在巴西內陸猶如一個一日往返的觀光客：「我對卡因岡人的社會組織完全一無所知。我事實上是在一趟相當於觀光之旅的路上碰到他們，完全沒有工作的餘裕。」[13]就像在全書第一章所痛責的探險家那樣，《憂鬱的熱帶》的作者也給人一種漫無目的和老是在趕路的感覺，而書中掠過的不斷變化的環境與許多意外狀況（牧工埃米迪奧轟掉自己的手、李維史陀自己差點在大草原迷路、考察隊員一一感染眼疾等）也是探險文學的基本元素。

事實上，我們應該把《憂鬱的熱帶》定位為一個對旅行文學和民族學的精明結合。雷利斯參與「達喀爾—吉布提考察行動」所寫的忠實記載《非洲幽靈》（*L'Afrique fantôme*, 1934），是第一本描述一個人類學家幕後生活的作品，之後產生接二連三的影響。李維史陀在出書後接受訪談時解釋說：

（民族學家）就像攝影師，注定只能透過相機鏡頭看東西：他只能看得見土著，而且是看得見最細微的部分。我不想放棄這一點，但想要擴大視野，把風景、非原始族群和民族學家自己也收納進來，顯示他工作時的樣子、自疑時的樣子，還有懷疑本學科時的樣子。[14]

就像雷利斯一樣，李維史陀描寫了田野工作的無聊乏味和不確定感，以及異國情調的虛假承諾和殖民地邊陲的現實。另一方面，《憂鬱的熱帶》又幾乎算不上是一部採取廣角鏡的作品。書中絕少提及他太太蒂娜、維拉爾和法利亞，而司機、牧工、傳教士和獨木舟渡伕也是一筆帶過，常常讓畫面上只剩下人類學家和「野蠻人」兩者。有時，讀者會覺得田野裡就只有李維史陀一人在與他的報導人溝通，設法破譯他們的文化祕密。

儘管如此，這書仍然成了人類學的一座里程碑。它是融合自剖文學和民族誌的先驅之一，也就是日後所謂的「反身性」（reflexive）民族誌。這種文類自一九六〇年代之後蔚為風尚，之所以會如此，是因為社會科學痛切感受到，任何科學研究都不可能做到絕對客觀，這使民族學家直接面對了哲學上的難題，但李維史陀一開始並沒有意識到這一點。日後，他再次以相機鏡頭為喻，對於他視為是自己學術研究的不務正業之作，賦予正面的詮釋：

> 站在現在回顧，我必須承認，或許《憂鬱的熱帶》包含著若干比我所從事的客觀工作更科學的科學真理，因為我把觀察者重新整合到他的觀察對象裡面。你大可以說那是一部用「魚眼鏡頭」所寫的書……因為它不只顯示出相機前面的東西，還顯示出相機後面的東西。所以，它不只是我的客觀民族學工作的寫照，還是我如何生活在這些工作裡的寫照。[15]

《憂鬱的熱帶》瀰漫著一種慢燃的悲觀主義，全書各處都在哀嘆現代人日益失去與周遭世界的聯繫（包括感官上、智識上和文化上的聯繫）。它的愁緒與戰後的情緒（特別是法國的情緒）契合到了最高點。在李維史陀看來，全球化帶來了一個荒涼的世界，其最大表徵是建築和文化愈來愈趨於一尊。波利尼西亞各島嶼曾經是自然之美的田園詩，但如今正逐漸被水泥覆蓋，一如亞洲許多精緻的地方文化網絡正逐漸淪陷為大片的灰色郊區。許多在現代人看來相對未受汙染的文化其實已在邁向末路窮途。李維史陀絕望地指出，人類正在弄髒自己的巢：「到世界各地走一圈，你第一件會看到的事情是我們把自己的髒東西撒在人類的臉上。」[16]

如此看來，人類學不過是西方擴張的另一面：人類學家每到達一個地方，便意味著該地方業已開始腐敗。當李維史陀的考察隊找到南比夸拉人之時，這些原住民已是用汽艇駕駛員丟棄的生銹油桶燒飯（如果細看李維史陀拍回來那些南比夸拉人的照片，你會發現在他們的弓箭、葫蘆和簍子之間放著各種小錫罐、厚木板、玻璃瓶和搪瓷碟子[17]）。李維史陀感覺自己「被一個無可遁逃的圓圈給困住」。幾世紀之前，在世界還充滿文化多樣性的時代，旅行家曾見識過說不盡的豐盛（不過出於無知，他們對這種豐盛不是視而不見就是以帶著偏見的態度回應）。如今，就在更大的接觸與滲透讓這些世界向我們開放時，它們卻在我們面前一一解體，猶如在我們手中散碎的羊皮卷。

《憂鬱的熱帶》除了展示出一種哲學或世界觀，還展示出一整套具有李維史陀正字標記的思考方式：一種著迷於「對稱」和「倒轉」的思考方式。例如，他指出佛教聖僧和伊斯蘭教先知是南轅北轍的兩極：「前者貞潔，後者強慾，娶四個太太；前者雌雄同體，後者蓄鬍；一個是祥和的，另一個是好戰的；一個以身作則，另一個是救世主彌賽亞。」[18]他又指出，從歐洲去到巴西的旅程包含著三重轉換：一是從舊大陸去了新大陸，二是從北半球去了南半球，三是從溫帶氣候去了熱帶氣候；另外，這過程也讓他從貧窮變得富有，從一絲不苟與節儉變得隨興所至與浪費。「北山考察」剛開始時他在一個叫侯札利歐（Rosário）的村子吃了一頓奇怪的飯：食物包含半隻烤雞和半隻冷盤雞，以及半條煎魚和半條水煮魚。[19]總之，李維史陀總是不斷把自己的經驗放到一些有軸線、向度和有倒轉關係的幾何學模型。這種傾向在《憂鬱的熱帶》裡被視為一種文體，但在他更學術的作品中則會變成結構主義方法的同義詞。

《憂鬱的熱帶》的內核是民族學。雖然書中很多有關南比夸拉人和波洛洛人的章節都是舊文的回收再利用，但卡都衛歐的章節卻把他十五年前在巴西—巴拉圭邊界所見做了重新詮釋，而且充滿原創性。李維史陀重新思索卡都衛歐婦女和她們臉頸上的怪異花紋圖案，他把她們比作路易斯・卡若爾《愛麗絲漫遊奇境》裡的紙牌人。就像一副紙牌的各張牌一樣，卡都衛歐臉畫的一大特色也是同中有異，對稱中有不對稱，而各種花紋沿著軸線兩邊所呈現的顛倒對映，線條、弧線的角度以及底部的樣式，則儼然起著一種「鏡廳」效果。

李維史陀相信，這些圖案並不只是代代相傳下來日趨精進的美學創造。它們更是傳統卡都衛歐社會組織中人對結構的潛意識沉思，是在哀悼一個一度講究互惠的社會走向階級化、一個一度團結的社會走向分裂（李維史陀形容，卡都衛歐社會就像中世紀的歐洲社會，是近親通婚、階級分明的等級制度）。這種僵化社會系統的裂縫與矛盾反映在臉畫花紋所呈現的微微不對稱上。所以，卡都衛歐人的藝術表達終究是「社會的幽靈」，乃是在潛意識表達身為卡都衛歐人的不安、焦慮和內心衝突。[20]

在這個奇特但吸引人的分析的最後，李維史陀更進一步，指出卡都衛歐臉畫的形式特性與波洛洛人的居住布局反映著相似意義。雖然波洛洛人的社會失調不若卡都衛歐人嚴重，但他們的社會系統仍然有部分矛盾未得解決：因為同時包含二元和三元的社會群體，所以波洛洛人的社會既平衡又不穩定。這種觀點具有一個更大的理論涵蘊：結構的回聲可以在許多不同的社會和文化生活層面找到，包括了藝術、形上學、社會體系、甚至聚落的布局方式。一個又一個例子顯示，人類心靈會把類似的關係放入一些乍看天差地遠的領域中。

至此，李維史陀的結構觀念終於找到了詩性的聲音（他先前都是用艱澀的結構語言學術語和專技的親屬分析來表達）。脫去學術的外衣後，李維史陀的觀念顯得簡單而充滿吸引力。《憂鬱的熱帶》暗示著全人類之間有著一條共同紐帶，即便看似天壤的西方思想和各地土著文化亦不例外。它對原住民文化帶來一個全新的觀照，既原創又系統化，既充滿個人色彩又首尾相通。

《憂鬱的熱帶》一九五五年正式出版前便先以書摘方式在八月號的《現代》小亮過相。這篇五十頁的書摘題為〈印第安人和他們的民族學家〉[21]，取自全書的中間部分，摘文以一個結構主義者觀點的宣言開場：

---

* 譯注：「鏡廳」是凡爾賽宮內最豪華瑰麗的殿堂。廳內長廊一側是十七扇朝花園而開的巨大拱形窗門，另一側是由四八三塊鏡片鑲嵌而成的十七面落地鏡，它們與拱形窗門一一對稱，把門窗外的藍天、景物完全映照出來。

一個社會的種種風俗習慣若放在一起看，總會顯示出一種特殊風格並可以化約為一些體系。依我之見，這些體系的數目並不是無限的，因為人類社會的各種遊戲、夢幻和妄想就像個人的各種遊戲、夢幻和妄想一樣，從不是憑空創造出來，而是從一個觀念庫存中挑選若干項目組合而成。透過盤點人類記錄在案的所有風俗習慣……我們有可能會得到一張類似化學元素表的圖表。[22]

這種哲學取向重體系而輕個人，又重本能而輕創造性，照理說很難會取悅《現代》的編委（包括沙特和波娃）。事實上，當《憂鬱的熱帶》在十月出版之後，他們將會發現，這書對存在主義和當時盛行的主體哲學還有更直接和刻意的攻擊。它批評存在主義「對主體性幻象（illusions of subjectivity）採取太過縱容的態度」，以致把哲學化約為一種「女店員式形上學」（shopgirl metaphysics）。[23]在李維史陀看來，哲學的真正任務是「瞭解存有（being）與它自身的關係，而不是瞭解存有與我們自己的關係」。換言之，哲學應該探究的是世界中的現象是如何彼此相關，不是我們怎樣看待它們或它們對我們有何種意義。在李維史陀看來，存在主義所苦惱的那些事情正好是應該切除丟棄的。即便如此，沙特看來卻喜歡《憂鬱的熱帶》對田野工作那種不加掩飾的自剖性描述，認為李維史陀把觀察者本人從觀察行為中揭示了出來。[24]

確實，《憂鬱的熱帶》在該年秋天出版後之所以能夠得到一致好評，就是拜李維史陀在書中努力與自己的「主體性幻象」角力所賜。另外，它把自剖文學、旅行文學、哲學和科學融為一體的做法也很自然會讓評論者把李維史陀和過去的文類發明家相提並論。阿宏（Raymond Aron）在《費加洛報》（*Le Figaro*）寫了一篇書評，把《憂鬱的熱帶》比作孟德斯鳩的書信體諷刺小說《波斯人信札》（*Lettres Persanes*）；《戰鬥報》則把李維史陀比作他的兒時偶像塞萬提斯。至於在作家暨文評論家巴斯蒂德（François-Régis Bastide）眼中，李維史陀則是夏多布里昂（Chateaubriand）的再生。[25]

這是頭一回有非文學類作品在表現觀念和當代觀察上勝過小說。《憂鬱的熱帶》不只學界人士熱烈爭睹，也贏得許多藝術家的青睞，其中一位是劇作家暨「荒謬劇場」的要角奧迪貝蒂（Jacques Audiberti）。他寫了一封信恭賀李維史陀，這是兩人長期通信的開始。不過，因為是非文學作品，所以《憂鬱的熱帶》不夠資格競逐法國最具威望的一個文學獎項：龔固爾獎（Prix Goncourt）。該獎的委員還因此特地印了一份公報，表示他們對於一九五五年的頒獎未能把《憂鬱的熱帶》列入考慮表示遺憾。諷刺的是，表彰優秀旅行文學的金筆獎（Golden Pen）卻在翌年要把獎項頒給《憂鬱的熱帶》。李維史陀婉謝了。

《憂鬱的熱帶》的名氣很快就傳到法國之外。一九五七年，當這書的葡文譯本在巴西出版後，《聖保羅州報》極其禮遇地給了它一篇分三次刊登的書評，指出做為一九三〇年代巴西的一部歷史回憶錄，《憂鬱的熱帶》乃是「有關當代巴西最卓越的研究之一」，因為迄今為止，這個領域充斥著由外國人所寫的印象主義式作品。不過，書評又指出，書中一些批評的段落顯示出李維史陀還是未能擺脫歐洲人的屈尊俯就態度。[26]同一年，雖然還沒被翻成英文，《泰晤士報文學增刊》也在頭版刊登了一篇長篇書評。等第一個英譯本在一九六一年出版後，同一份刊物又登出一篇題為〈一個式微中的世界〉（A World on the Wane）的書評。[27]在美國，《憂鬱的熱帶》則得到蘇珊・桑塔格（Susan Sontag）為文推介，她在新創辦的《紐約書評》（*New York Review of Books*）稱譽此書是「我們世紀最偉大的著作之一」，又說「它嚴謹、細緻而思想大膽，兼且文筆優美。另外，就像所有偉大著作一樣，它帶有絕對的個人印記……」[28]

《憂鬱的熱帶》固然有很多原創性的方面，但它也從同時代人吸取了大量資糧。這部回憶錄符合一個歷史悠久的法國知識分子傳統：離開大都會，在旅途上尋求啟蒙。它相當於紀德《剛果遊記》（*Voyage au Congo*, 1927）的南美洲版本，也大大受惠於雷利斯的《非洲幽靈》。尼贊在《阿拉伯半島的阿丁》中譴責法國學術界的調子瀰漫在《憂鬱的熱帶》經常被引用的一章（題為「一個民族學家的成長」，英譯本則把「民族學家」改作「人類學家」）。書中還多處提到康拉德和普魯斯特，兩人都是李維史陀大大景仰的作家。至於論人類聚落對地質衝擊的長篇段落，都是採自熱帶專家暨地理學家古爾羅（Pierre Gourou）——他和李維史陀既是朋友又是同事。

另一個對《憂鬱的熱帶》大有影響力的是旅行作家、小說家和專業漫遊者馬克奧朗（Pierre Mac Orlan），李維史陀自年輕時代起便愛讀他的作品。《憂鬱的熱帶》的爆炸性起句呼應著馬克奧朗出版於一九二〇年的《高明冒險家的指南》（*Petit Manual du parfait aventurier*）：在該書中，馬克奧朗對「旅行」的觀念進行了哲學省思，指出現代的旅行家有兩種，一種是以征服、財富和名聲為目的，另一種則屬於沉思默想類型，旅行的目的是為了召喚一個地方、一個人群和一個文化。另外，馬克奧朗的寫作風格、他的世界主義調子、他對淵博和私密的結合，還有他對港口、後街和多姿多采低下階層的情有獨鍾，這一切全都是李維史陀寫作時的一個潛意識範本。《憂鬱的熱帶》出版後，李維史陀收到馬克奧朗的一封道賀信，為之喜出望外和「感動莫名」。「我知道自己寫作《憂鬱的熱帶》時是把馬克奧朗帶在心上的，」李維史陀在退休後回憶說，「他雖然喜歡我的書，但大概沒有意識到，他在書中讀到的東西都是來自他自己。」[29]

對很多人來說，讀《憂鬱的熱帶》不只是一次入魅的閱讀經驗，還是一件帶來人生改變的關鍵事件。例如，克拉斯特（Pierre Clastres）就是因為讀了這書而從哲學改唸人類學，後來去了南美洲做研究。他的好友，同樣從醫學轉換至精神分析的阿德勒（Alfred Adler）回憶說：「我記得克拉斯特很瘋《憂鬱的熱帶》，把它讀了四或五遍。」比利時人類學家德·俄西（Luc de Heusch）是格里奧爾的學生，也有過類似的醍醐灌頂經驗。一九五〇年代初期，他到非洲出田野前大略翻閱過《親屬關係的基本結構》。在非洲，他展開了一種格里奧爾式的探求，深入到比屬剛果的森林。「懷著獲得祕傳知識的烏托邦憧憬，我讓自己進入了一個叫『森林諸主』的土著祕密會社。但所有神祕儀式都只把我帶到死胡同。」他帶著幻滅的心情返回法國。然後他讀了《憂鬱的熱帶》，之後到聯合國教科文組織的辦公室找李維史陀。「那是一段漫長對話的開始。」他回憶說，「經過一趟失望的田野經驗之後，我本來也許會放棄民族學，然而，就在這個關鍵關口，李維史陀向我揭示了對『太古』社會進行比較研究的可能性。」回非洲之後，德·俄西開始對班圖人（Bantu）的神話展開結構分析。[30]

一個大受《憂鬱的熱帶》啟迪的思想家是哲學家與沙特的密友普利翁（Jean Pouillon）。讀過《憂鬱的熱帶》之後，他回頭去讀李維史陀所有出版過的作品，然後在《現代》寫了一篇〈李維史陀全部作品〉（L' OEuvre de Claude Lévi-Strauss）的文章。[31]（有趣的是，文中普利翁預告李維史陀有一本叫《民族學與馬克思主義》的著作即將出版，卻始終未見出版。）同一期間，普利翁開始旁聽李維史陀的討論課，後來進而投身人類學研究。一九五八年，他去了查德，親自嚐到了民族學田野工作苦樂參半的滋味。

因為呼應著一種醞釀中的後殖民法國的憂鬱情緒，《憂鬱的熱帶》起了一種結晶化效果，把一群不滿現狀者集結到一個新的思想典範中。李維史陀給自己的新觀念穿上厭世外衣，賦予它們一種肅穆感，這都吸引到某些類型的知識分子。「它的悲觀主義，它看不到未來的一面讓我非常震動。」伊扎爾（Michel Izard）這樣回憶初讀《憂鬱的熱帶》時的感覺，他後來是李維史陀的長期共事者。[32]

透過《憂鬱的熱帶》，李維史陀身邊聚集了一批門徒，他們都是興起中的結構主義革命的步兵。但隨著他聲望漸長，也開始受到批評者的包圍。凱盧瓦站在右翼立場攻擊他，歷史學家羅丹松（Maxime Rodinson）站在左翼立場批判他。羅丹松是猶太裔的馬克思主義者，專長中東研究，很早歲便成為激進分子。他父母是來自俄國的移民，以裁縫為業，在社會階層中屬於中產階級下層，法國共產黨甫一成立便加入為黨員。兩人後來在一九四三年死於奧許維茲集中營，其時羅丹松正在敘利亞和黎巴嫩服兵役。在登於《新批評》（*La Nouvelle Critique*）的兩篇文章裡，羅丹松覺得李維史陀根本上是一種政治的不可知論。他質疑說，假如世界每一種文化都是等值的，那如何可能有政治進步可言？從一個馬克思主義者的觀點，他批評人類學家盲目崇拜遊戲、物質文化和儀式等瑣碎物事，把這些事物跟財產分配和勞動分工那樣核心的社經現實放在同樣的立足點。在結論處，他主張《憂鬱的熱帶》的文化相對主義不啻是否定了革命性變遷的可能性，而這樣一種立場將會「為『比揚古』（Billancourt）

帶來消沉氣氛」——「比揚古」是巴黎的工業中心區，那裡高度工會化的雷諾車廠工人一直為爭取更好的待遇和工作環境而戰。

把法國工廠工人和南比夸拉人相提並論似乎有點扯太遠，但很多人都同意羅丹松的觀點，還從殖民地發生的衝突找來更多更尖銳的例子。雖然李維史陀一直抨擊西方，但他的高遠哲學調子卻拒絕涉入政治。「李維史陀把我們帶到這片和平之地，」人類學家貝珊這樣告訴我，「但那是一種逃避主義，罔顧二十世紀原住民生活的現實。」貝珊對新喀里多尼亞的卡那克人進行過田野調查，寫過一些經典性的民族誌，像羅丹松一樣，也是其中一個從政治角度質疑結構主義的新一代人類學家。他覺得結構主義那種靜態和對稱的方法完全無法解釋他在新喀里多尼亞看到的暴力的二十世紀晚期世界。「李維史陀繪畫出一幅完美的畫面，一切都在一個大架構中契合得天衣無縫。但當我去到田野看到殖民主義的後果時，心裡便開始產生疑問。」

在一九五〇年代，這種想法的典型代表是巴朗迪耶（他是法國人類學的重要締造者之一）。就像李維史陀一樣，巴朗迪耶一開始是個激進社會主義者；與李維史陀不同的是，他在非洲的田野經驗讓他變得更加激進。一九四六到五一年之間，他在塞內加爾、毛里塔尼亞、幾內亞、加彭、剛果工作，期間曾積極參與醞釀中的解放運動。他在田野看到的不是什麼偉大原住民文化的殘餘，而是幾世紀剝削所帶來的赤貧和政治反抗。接受歷史學家多斯訪問時，他所下的結論，與李維史陀品牌的無為悲觀主義完全相反：

我完全不能接受社會是神話所塑造而歷史一無作用之說。這主張假定一切都是一個關係和代碼所構成的系統，假定社會包含一種可以維持均衡的排列組合邏輯……但社會不是被創造出來的，而是自己創造自己；無一物可以逃出歷史，哪怕我們對歷史可以有不同的理解，哪怕歷史不是單一而是多元的。[33]

李維史陀和巴朗迪耶是聯合國教科文組織的同事也是朋友，所以在一九五〇年代還有來往，但自此而下，兩人將會分道揚鑣。更激進的學生——左翼作家德布雷（Régis Debray）和人類學家奧熱和泰雷——都跑去上巴朗迪耶的課，在法國人文學界的心臟地帶引起一場分裂。隨著阿爾及利亞局勢的白熱化，去殖民化成為當時熱烈爭論的主題。巴朗迪耶及其學生都反對法國在阿爾及利亞動武，但李維史陀對政治卻興趣缺缺，不置一詞（這是一種很激進的立場，因政治參與一向是巴黎知識分子的正字標記）。

在法國，殖民主義成了熱烈爭論的課題，特別是關於阿爾及利亞日漸惡化的局勢。大概不是湊巧，李維史陀最後一次高調參與政治活動是在《憂鬱的熱帶》出版的同一年。[34]當時，連同沙特、布勒東和巴塔耶等人，他在一封聯名信上簽了名（這封信公開在十一月的《快報》

雜誌（*L'Express*），支持設立一個「行動委員會」為阿爾及利亞尋求和平。但自此以後，他便迴避一切政治參與。一九五〇年代晚期，他在接受訪談時指出，政治態度「本質上是一種情緒性的態度」，不是他思想領袖的角色所應有。[35]一九六〇年，他拒絕在支持阿爾及利亞獨立的「一二一人宣言」（Manifesteste des 121）簽名（連署者許多都是當時法國思想界的領航燈）。[36]多年後，他甚至忘了自己曾在一九五五年那封聯名信上簽過名。[37]

就連他反對殖民主義的發言有時都會隱隱帶有保守主義的逆流。例如，他在一九五六年所說的一番話就顯得是贊同英國對印度的災難性安排（這災難的餘波是他曾親眼目睹的）：

> 若果當初法國能派出一支人數充足的民族學家從事五十年謙卑而不事渲染的研究，本應可以為越南和北非找出類似英國在印度所找到的解決方案。英國能在幾個月內便把事情解決，是仰仗長達一個世紀的不懈科學研究之賜。或許，我們現在對黑色非洲和馬達加斯加進行同樣研究仍為時未晚。[38]

就政治取向來說，《憂鬱的熱帶》也許反映出李維史陀正在向著保守主義的方向漂移，但做為一部非文學類作品，此書卻是領先於時代。透過打亂嚴肅學術著作、回憶錄和旅行文學的邊界，李維史陀創造了一種「混種」的文類（這文類今日固然司空見慣，但在一九五〇年代卻是鳳毛麟角，當時學術與通俗作品之間仍是壁壘分明）。這一點引起了一些圈內人的不快，例如李衛便認為他此舉形同是背叛學術，從此與李維史陀不相往來，直到臨死前才在病榻上冰釋前嫌。[39]不過，這種不滿者畢竟屬於少數，人數遠遠及不上更廣大的讀者：他們都急於一窺專業人類學世界的景觀。

《憂鬱的熱帶》取得成功後，李維史陀再次半認真地考慮改投文學寫作的道路，當個記者。[40]然而，他會在這個時候轉換方向是難以想像的。事實上，如果說他有什麼改變的話，就是在學術事業上用力更深。就在他玩味著寫專題報導的同時，他也向洛克菲勒基金會申請一筆可以讓他建立一個人類學研究機構的基金（但沒成功）。而一九五五至五六年間那個冬天，他在高等研究實用學院開的討論課也把主題換回到他早期的專技研究：探討親屬關係的「婚姻的禁制」（Prohibitions du Marriage）。

從一九五〇年代下半葉起，他的福星再一次高照。他不用再為經濟問題煩惱，攜新任太太莫妮克．羅曼搬進第十六區一棟布爾喬亞階級居住的公寓大樓（他在這裡一直住到終老，也是我在半世紀之後一個陰暗星期二早上拜訪他之處）。他的書房非常氣派，收藏著來自全世界的藏書（他編排藏書的方式不是按字母順序或主題，而是按照它們談的是世界哪一部分：有關北美洲的放在巴西上面，有關非洲的放在歐洲下面）。一九五七年，他的次子馬蒂厄誕生，讓他的新居更添喜氣。「我的人生改變了。」李維史陀回憶說。[41]

光想像李維史陀若是改當記者或小說家的話會是什麼樣子便讓人心癢難耐。只可惜，《憂鬱的熱帶》始終是僅只一次的演出。自此之後，他沒有再回到過同一種文類（一些零星的短文除外，如他日後回憶紐約生活的那些）。一等《憂鬱的熱帶》取得成功，驅使李維史陀寫作此書的激情便告熄滅，情形一如他自南美回到法國之後便對巴西熱情不再。

《憂鬱的熱帶》的最後幾章以疾馳奔向卷終。就像快速退回到神祕的史前時代似的，波洛洛人、卡都衛歐人和南比夸拉人這時候全不見了，鏡頭一下子從杳無人跡的南美洲荒原轉向人口稠密的東方：印度次大陸。敘述的時間單位也從幾天變為幾世紀又變為幾千年，因為李維史陀這時所談論的是人類歷史、世界性宗教和哲學。

他把最苛刻的評語留給伊斯蘭教：在李維史陀看來，這個宗教排他又仇外，完全無力把目光轉向自身的桎梏性系統之外。它的種種清規戒律、它對整潔的執著，還有它把女性邊緣化的做法，都讓它顯得是「一種典型的軍營宗教（barrack-room religion）」。[42] 李維史陀的這種反感部分出自一種不自在的自我認知。在伊斯蘭教身上，他依稀看到法國的影子：兩者一樣是目光朝內，一樣是盲信抽象的方案，一樣是固執地奉行教條和傲慢地藐視其他文化。[43] 雖然自己不是教徒，但李維史陀並不反對宗教本身。「我喜歡跟教徒相處多於跟死硬的理性主義者相處，」他告訴葉希邦，「因為前者至少有一種神祕感——在我看來，這神祕是人的心靈在本質上無法解開的。」[44]但他卻認為伊斯蘭教的教條已經專斷到了化膿的地步，所以終身反覆重申他對伊斯蘭教的厭惡，讓自己在愈來愈文化多元化和宗教多元化的法國備受爭議。

在《憂鬱的熱帶》的最後幾頁，李維史陀尋求一個替代方案。他憶述，造訪吉大港山區的時候，他曾經在一個信奉佛教的貧窮小村莊待過，從住處可以聽見陣陣柔和的敲鑼聲和學童背誦緬甸語字母的聲音。在幾個村中和尚的陪同下，他赤腳爬上一個黏土山坡，去到一座佛塔。那佛塔非常簡陋，不過是以土方築成，四周圍繞著竹子籬笆。旁邊有一間充當廟宇用的架高茅屋，地板用竹子編成，室內擺設一些銅製神像和一個鹿頭。用水沖去腳底的泥巴之後，他們走入廟內，幾個和尚開始在神壇前面俯伏叩拜。「這地方瀰漫著一種穀倉似的安詳氣氛，空氣裡飄著乾草的味道。」李維史陀寫道。[45]整間寺廟就像是「一個中空的乾草堆」，其消音效果、其簡樸和其靜謐都讓李維史陀深深入迷。

因為對伊斯蘭教反感，李維史陀發現佛教在思想氣質與自己相當投契。[46]就像一個佛僧那樣，他所致力的是抹去自我和消解意義。他的結構主義方法就像一種對無根存在的靜坐冥思，不斷把各種元素拆解和重新組合，過程中抽空掉它們原有的意義。李維史陀相信，佛教就像他一樣，相信以下這個包含在一切人類努力中的弔詭：「真理靠著意義的不斷擴大來維繫，但這擴大到頭來又總會爆破。」[47]佛教和「野性思維」都是要不斷逼近一種精神境界，在這精神境界裡，意義與無意義的分野不復成立，這時候，「所有流動不居的形相都會被結構所取代，表明它們是生於空。」[48]這是一種全然的沉浸，一種非智識的具體化身。就像波洛洛人把宗教與日常生活融為一體那樣（村中央的長形屋是男人休息、工作和社交的地方，也是他們用牛吼器召喚神靈的地方），佛教看來也是要把宗教情懷與日常生活打成一片，讓二者的節奏在每一個心念上都調和無間。

這種融合非常有魅惑力：就其本身來看，結構主義也許是粗暴和化約性的，但加上一個佛教的框架後便多了一份神祕主義的味道。一如李維史陀使用的素材（普韋布洛人夢境似的神話故事、波洛洛人多姿多采的葬禮以及性感的身體藝術等等）可以柔和掉抽象方法的稜角，一抹神祕主義色彩也有助於結構主義的普及化。

但他對人類前景的展望仍然是荒涼的。「世界伊始時沒有人類，結束時也不會有人類。」他寫道。人類的一切努力不過是「鏡花水月」，只是嘶嘶響的化學反應，注定會把自己燃燒殆盡，進入死寂狀態。李維史陀在結論處指出，人類學其實大可更名為「熵學」（entropology），因為它所記錄的是一個走下坡的過程，是發生在南比夸拉人身上那種結構毀壞過程。[49]正如李維史陀自己所見證到的，南比夸拉人業已處於解體的半路上，在世界的邊陲地帶靠著撿拾破爛維生。

「但我仍然存在，」他寫道，似乎是要提供一絲希望，但緊接著又說：「不過當然不是以一個個體的身分存在，」而是以一種高風險方式存在「於另一個社會的鬥爭中——這鬥爭的一方是住在我頭顱蟻丘裡的億萬個神經細胞，另一方是我的機器人身體。」所以，不管是宇宙性的時間還是人的私密自我，全都受到宿命的命定，無路可逃。在人類歷史的「鏡花水月」和李維史陀頭顱的「蟻丘」之間，殊少希望、溫暖與歡樂可言。到最後，李維史陀所能想到的唯一出路便是回到那種對原住民來說仍然具有核心重要性的直接經驗，一種自然的感官感受：聞一朵水仙花的香氣、諦視一塊寶石或與一隻貓互相凝視。（「這種耐心、寧靜與互諒的短暫凝視有時可以產生一種不由自主的理解，讓人與貓之間發生交流。」[50]）

《憂鬱的熱帶》的最後幾章補齊了李維史陀視野的全貌——一種科學、哲學和苦行主義的憂鬱融合。他較學術性的作品總是充滿樂觀進取情緒，相信一個新的科學視域業已被語言學和電腦運算打開，《憂鬱的熱帶》則顯示出他思想中懷舊、浪漫主義的一面，讓人聯想到波特萊爾、馬拉美和普魯斯特。中年人的心境迴響在他這部成熟之年的作品裡，也為他正在尋找輪廓中的作品全集注入了一絲幽暗情緒。

8 現代主義

本世紀的中葉，有一種遠離人類而去的傾向開始出現。人們再一次擡頭望向星星，熱烈地展開測量和計算。

——史托克豪森（Karlheinz Stockhausen），轉引自休伊特（Ivan Hewett）：〈史托克豪森的訃聞〉，《衛報》（*Guardian*），二〇〇七年十二月七日

一九三〇年代中期，李維史陀曾開著古爾丹快要壞掉的福特轎車，馳行於在巴西中部的鐵銹色大地上。開入平原區之後，他們路過一片龐大的建築工地（「一半是空地，一半插滿電線桿和測量樁，像是戰場。」[1]）。那是未來的州首府戈亞尼亞，正要從無到有地建築在一個空蕩蕩的平原上。到了一九五〇年代晚期，在戈亞尼亞以東一點點，建築師又會著手一個更雄心勃勃的計畫：在未來的巴西首都巴西利亞，一個離大西洋海岸一千公里的低矮盆地

上，啟動超級街區（superquadras）計畫。由於這地點還沒有對外聯絡的公路，建築公司必須以超昂貴的價錢到把幾千公噸的砂石、鋼鐵和機具以空運的方式運過來。到了一九五〇年代快要結束之時，兩排部會建築將會樹立在巴西利亞飛機狀平面布局的「機身」中部，四周是一連串無樹的草坪和多線道的高速公路。再後來，幾何形狀的街區將會沿著兩片「機翼」向外延伸，一再自我複製。

根據乾淨俐落的線條和數學般的格局所興建，巴西利亞是一個特別屬於一九五〇年代的願景。該年代的理想建築是底部挑空的方正公寓大樓，四周錯雜著開闊的開放空間和等距離分布的灌木叢，汽車可以在空蕩蕩的柏油公路上盡情飛馳。這樣的設計表現為模型會相當悅目，但真正身在其中時卻會讓人完全失去方向感。巴西利亞的兩位設計者——科斯塔（Lúcio Costa）和尼邁耶——當初只提出了十五幅手繪的草圖和一句簡短的宣言，關於人口研究、經濟或社會影響評估以及藍圖如何實際運作成真實生活的城市，這些細節完全付諸闕如。時至今日，巴西利亞仍然是個讓人寸步難行的城市。

到一九八〇年代中葉，事隔他開車馳行戈亞尼亞的半世紀之後，李維史陀陪同密特朗總統到巴西利亞進行國是訪問。說來有點不可思議，這還是李維史陀第一次重返巴西。他一直沒有再來這國家不是因為缺乏邀約或機會，而是出於一種對這國家奇怪的漠不關心——儘管巴西是他人類學事業的起點，也為他最暢銷的一部著作提供了素材。當我問到他對巴西利亞有什麼觀感時，他的回答顯得模稜兩可。當我進一步追問，巴西利亞的理念會不會和結構主義有關係時，他卻馬上否定自己的作品與現代主義有任何牽連。但他早期不是跟以安德拉德為首的一群知識分子過從甚密嗎？此人在聖保羅可是巴西早期現代主義運動的要角。聽到我這樣一問，李維史陀馬上澄清說，他會被他們吸引是出於政治上的理由，不是美學上的理由：在當時的巴西，安德拉德等一群人猶如是極權主義沙漠裡的一個左派綠洲。[2]

然而李維史陀畢竟是時代的產兒。他影響了一個獨特的文化運動，又反過來受其影響。在一九五〇年代，某種肅穆性開始在藝術界據有主導性。早期現代主義那種發高燒似的精力揮灑逐漸消散，藝術表現方式冷卻為一種沉思默想型的抽象。那是一個靜斂的運動，是一個形式分析的運動，是一個極簡家具和千篇一律西裝的運動。呼應李維史陀轉向無實體系統（disembodied system）的回聲出現在藝術各部門。他對理性主義和神祕主義的融合，對邏輯與謎團的融合，開始大行其道。許多的思想家、藝術家和音樂家都一頭鑽進無人格性的世界（impersonal world）裡，關心的是事物、顏色、聲音本身之間的關係。

在巴黎一間破舊的工作室裡，作曲家史托克豪森用原始的配電盤撕碎旋律和切割聲音，把無生命的電子噪音組合為一片怪異的聲音風景，以追求「把一個結構體現在一首練習曲裡」。同一時期，希臘作曲家澤納基斯（Iannis Xenakis）也在巴黎創作著一種新的音樂，用取自自然科學的模型來賦予聲音以空間結構，把列印在圖表紙上的波形紋轉化為讓人心神不寧的樂曲（如〈轉移〉〔Metastasis,1953-5〕）。相似的，布列茲（Pierre Boulez）和梅湘（Olivier Messiaen）的序列主義（serialism）也是用數學式的作曲技巧進行實驗，運用抽象的樣式，如拍號、音調和音高的構成。誠如羅斯（Alex Ross）在所寫的二十世紀音樂史裡指出，二次大戰後出現的前衛樂曲在精神上與冷戰的實驗美學契合無間。詼諧曲（Scherzo）和小交響曲（Sinfonietta）之類新古典主義曲名紛紛消失：「這些老式的曲名已不復見，取而代之的是透著理智風味的短語，如〈兩維度的音樂〉（Music in Two Dimensions）、〈句法〉（Syntax）和〈無題〉（Anepigraphe）等。另一種時髦是使用複數的抽象名詞：〈角度〉（Perspectives）、〈結構〉（Structures）、〈質量〉（Quantities）、〈形構〉（Configurations）……」[3]再來還有用高科技對傳統音樂所進行的偕仿，如史托克豪森的〈平均律麥克風〉（Le microphone bien tempéré,1952）。

在視覺藝術方面，超現實主義與表現主義的怪奇想像也被一種更抽離和更沉思性的姿態取代。紐曼（Barnett Newman）和羅斯科（Mark Rothko）的大色塊油畫取代視覺敘事，而法國的「不定形藝術」（Art Infromel）則在即興畫法上加上抽象的光影。不管是「物質繪畫」（Matter painting）、「色場」（Colour Field）還是「零族」（group zero），這些冷戰時代的畫派全都是致力抽空畫面的內容，探索藝術表達手法的學術性論述。他們的抽象不是第一波幾何形狀抽象藝術（如蒙德里安派〔Mondrians〕和馬列維奇派〔Maleviches〕）那種充滿樂觀主義的抽象，而是一種悲觀的沉思，一種淡去。它指向的不是某種被應許的烏托邦，而是指向一個神祕的現在（mythic present），指向心靈與自身的溝通。法國的前衛小說（後來以「新小說」〔nouveau roman〕之名著稱）也是以同一種扁平化效果為基礎。在它們裡面，小說的實質（敘事線、情節起伏和有血有肉的角色）全都在一個動作中消失了。正如霍格里耶（Alain Robbe-Grillet）所說的，「新小說」致力於「遠離追求深度的舊神話」，走入「一個扁平和不連續的宇宙，其中的一切皆只指涉自身」。[4]

隨著一九五〇年代向前推進，法國新一代思想家開始展露頭角。在二次大戰之後，執法國思想界牛耳的仍是沙特、波娃和卡繆，但他們行將受到一種觀看世界的不同方式所挑戰。一九五三年，文評家巴特出版了《寫作的零度》（*Le Degré zéro de l'écriture*），主張本真的書寫（authentic writing）寄託於不斷反抗文學成規的單調影響。（不過在日後的著作中，就像李維史陀在親屬和原住民文化等完全不同的脈絡企圖證明的，巴特指出絕對的原創性純屬虛幻，任何文學創作都不可能超越文學系統的局限。）一九五四年，哲學家傅柯在瑞典烏普薩拉大學的雷迪維瓦圖書館搜索材料（該館藏有數量龐大的十七和十八世紀醫學典籍），開始撰寫博士論文。這研究的最終成果是《古典時代瘋狂史》（*Historie de la folie à l'âge classique*）一書，其所探討的是「瘋狂」與「理性」在不同時代的關係（英譯本經過刪節，改稱《瘋狂與文明》）。在傅柯看來，歷史與其說是一系列事件，不如說是一套形構（configuration），而這些形構每過一段時間便會破裂和變形。根據這種觀點，「瘋狂」只是一個任意武斷的概念，其在某一個時代的意義端視乎該時代主流社會的道德觀而定。同一時期，拉岡發展出他的異端精神分析學說，透過語言學的三稜鏡要復興佛洛伊德的思想。他主張，無意識具有「語言般的結構」。[5]在把自我斷裂為一些意符的鍊條之後，拉岡繼續向著結構主義方法更幽深和更錯綜複雜的領域推進。

就連歷史（李維史陀對這學科一向沒好感）也向著一個更結構主義的方向移動。由李維史陀在聖保羅大學的舊同事布勞岱爾領軍，「年鑑學派」把歷史學的時間單位拉大好幾倍，把目光放在「長時段」（longue durée），形容它猶如是「靜悄悄而單調的高速公路」。就像「新小說」一樣，「年鑑學派」把事件和人物性格看得微不足道，認為真正重要的是一些歷時許多世紀的趨勢：糧價的起伏、人口的移動和地緣政治關係的變動等。布勞岱爾自稱他研究的是一種「潛意識歷史」（unconscious history），因為這種歷史不在人的日常知覺的範圍內，步伐慢得讓人無法察覺。各種局限性——氣候、地理環境、文化和心態（mentality）——讓人類可以在一段長時間裡生活得相對靜態。[6]這種緩慢石化的史觀和一九五〇年代的文化氣候契合無間。在這種新史學裡，人在巨大的環境面前再一次變得渺小，深受一些他自己意識不到但卻會盡責複製的系統所限制。

李維史陀的特質見於上述各種不同的學術方案。拉岡、巴特、傅柯和布勞岱爾都曾公開承認自己受惠於李維史陀的思想。然而，李維史陀又總是保持距離，貶低這之間的彼此關聯。事實上，他還盡量避開與這些人發生人際接觸和思想接觸，唯一的例外是拉岡：李維史陀固定會到拉岡位於巴黎的家吃晚餐，也會到他位於吉特朗庫爾（Guitrancourt）的鄉村別墅度假，兩人自始至終都是密友。不過，真正讓他感到投契的不是做為理論家的拉岡，而是做為審美家和藝術蒐藏家的拉岡。李維史陀不只一次坦承自己不懂拉岡的理論。他聽過拉岡的課，不過讓他印象深刻的，是拉岡的講課風格而不是內容：

讓人不勝驚異的是，他的身材樣貌和他的措詞、舉手投足都放射出一種影響力。我看過不少原始社會的薩滿師作法，而我在拉岡身上看見了一種相當於薩滿師的法力。我得承認，我聽不懂他在說些什麼，但我發現，看來我是聽眾中唯一聽不懂的人……[7]

所以說，李維史陀雖是個大有影響力的思想家，走的卻是一條孤獨的道路。「在思想上，他是個獨行人物，除了跟雅各布森和杜梅齊發展出一種緊密聯繫以外，他是與世隔絕的。」德科拉告訴我。[8]有鑑於他年輕時代對藝術和音樂是那麼深感興趣和深受感動，他後來何以會積極疏遠前衛圈子的問題著實耐人尋味。他自己的學術作品充滿前衛色彩：在這些作品中，傳統的敘事被拆裂開來，所產生的模型已讓人難以聯想到原本的題材。然而，李維史陀在方法論上的抽象之路走得愈遠，他就愈不能忍耐在他四周文化環境裡出現的類似實驗。

一九五五年是李維史陀的福星高照年。在《憂鬱的熱帶》取得成功以外，他又在學術工作上再獻新猷，發表了一篇具有分水嶺意義的文章：〈神話的結構研究〉（The Structural Study of Myth）。這文章以英文創作，刊登在《美國民俗學期刊》（*Journal of American Folklore*）。就像他的〈語言學與人類學中的結構分析〉一樣，〈神話的結構研究〉也是篇幅不大，卻為他接下來幾十年的工作打下地基。〈語言學與人類學中的結構分析〉是《親屬關係的基本結構》的觀念基礎，而二十多頁的〈神話的結構研究〉則為《神話學》四部曲提供了指導觀念。這文章把李維史陀帶到了他思想最激進（radical）的一面，而其所致力證明的方法（雖然他自己從不承認）在在離不開當時流行的晚期現代主義運動。它從敘事走向抽象，從文學走向數學，蓄意要瓦解西方文化的一塊奠基石。

神話是一個李維史陀愈來愈感興趣的領域。這些天馬行空的故事充滿著奇怪的動物、超自然的力量和一些看來是深植在人類心靈裡的元素。個別分開來看，原住民神話是一些雜亂無章的古怪敘事，然而放在一起看，它們卻會互相呼應。在某個意義下，神話是夢境似的狂想，但在另一個意義下（透過把重覆出現的元素蒸餾出來之後），它們卻是純思（pure thought）的體現。靠著神話，李維史陀有了一幅大畫布，可以探索他自與佛洛伊德和超現實主義者接觸以來便深感好奇的一個問題：詩性表達與邏輯之間的互動關係。

〈神話的結構研究〉以一個我們熟悉的模式開展：先是提出一個困擾學界多年的課題，接著是取笑各種既有的笨拙理論，最後以結構語言學為模型，提出一個大膽而抽象的解決方案，把整個領域的理論地形徹底改頭換面。在文章開頭幾頁，李維史陀先是輕快地把前人對神話的解釋一一打發掉。歷來，論者或是把神話解釋為隱喻性的宗教，或是解釋為集體夢境，或是解釋為實際社會關係的反映，或是解釋為一種準科學的解釋方式，凡此都把神話化約為「無聊的遊戲或一種粗糙的哲學思辨」，注定只能流為「陳腔濫調和詭辯」。[9]過去各種方法的根本缺失在於直接從一個神話的實質去解讀出它包含的社會學真理。在這一點上，李維史陀再次以語言學家為例，指出他們因為老是想在語音與意義之間建立關聯（如把流音〔liquid〕解釋為模仿水聲、把開口母音〔open vowel〕解釋為代表大物體等），結果只走入了一條死胡同。要想在語言研究取得真正的進步，就得斬斷字詞與指涉對象的關係，把語言看作一個抽象的系統。

追隨索緒爾的腳步，李維史陀建議把神話敘事打破為一些基本元素。這些基本元素（他稱之為「神話素」〔mythemes〕）通常是故事情節的摘要（如「同胞亂倫」或「獻祭一對兄妹」），不然便是一些角色或事物的特徵（如「好色」或「不育」、「生食」或「熟食」）。得出「神話素」之後，分析者便可以把它們按性質歸類到一張圖表裡的不同欄位，不只是看元素的個別關係，而是讓它們形成一些「關係束」（bundles of relations）——這是另一個他借自結構語言學的觀念。李維史陀先發制人地回應一個可能會加諸他的批評，指出他把語言學理論應用在神話只是一種類比，不是認為神話與語言真的具有同質性，雖然神話本身是由語言構成，做為短語的「神話素」畢竟是不可能用分析音素（音素只是字詞的碎塊）的方式來分析。但不管怎樣，把語言學觀念帶進神話這個全新領域仍反映出李維史陀的雄心壯志和冒險犯難精神不減當年。

為了解釋這個乍看難以理解的程序，李維史陀求助於波赫士筆下的一個比喻。話說，在人類文明毀滅之後，外星的考古學家來到地球，挖掘出一棟大房子，裡面放著幾百萬張紙張，紙張上滿是用墨水書寫的符號。外星考古學家花了很長時間和很大工夫分析這些符號，最終取得了突破，歸納出字母表和主要的座標（包括必須由左至右和自上而下閱讀）。不過，外星考古學家後來又在大房子裡發現了另一批文件，上面滿是波形小曲線、黑斑點和弧形符號，而且無法以他們先前歸納出來的規則解讀。經過再三研究，外星考古學家終於明白，這些符號間的關係不是一行接一行的，而是層層堆疊，只要採取垂直的閱讀方式，就可以從其中讀出複雜的和諧音和不協調音（他們發現的這些文件當然就是管絃樂譜）。

管絃樂譜此後成了李維史陀愛用的比喻。它那些柵欄似的五線譜、嚴格的拍號和調號竟能產生出悠揚悅耳的樂聲是一個讓李維史陀深感著迷的弔詭。出於某種神祕的過程，邏輯被轉化成了情感。在結構上，樂譜與李維史陀那種圖表式的方法非常投契。在樂譜的紙頁上，各種元素（大提琴、橫笛、定音鼓和巴松管等部門）呈垂直分布，它們各自不同又密切相關，可共同融合成一個美學的整體。在李維史陀看來，這是瞭解文化是如何結構在一起的最鮮明意象。

若是像外星人開始那樣把樂譜當作文本，從左向右閱讀下去，那我們會得到的只是一連串跳動的轉位、反覆和主題變奏。以一種想像力的跳躍，李維史陀發現樂譜這種「橫式」結構和神話敘事的結構若合符節，因為後者也是充滿互相呼應的主題、出人意表的轉折和突然的顛倒。他由此推論，若是一個分析家能像音樂家閱讀樂譜那樣垂直閱讀神話，就可以找出其各種和諧音和對位音，從而揭發出一個神話的基調與本質。

為了擴大戲劇性效果，李維史陀選擇來證明這方法的是西方的一個核心神話：索福克勒斯的《伊底帕斯王》（*Oedipus Rex*）。就像基辛（Brion Gysin）創作的「切割法」（cut-up）一樣，李維史陀先是把這神話切片為一些事件和角色，然後像拼貼似地把這些斷片放在一張有四個欄的圖表裡，讓一些主旋律慢慢浮現出來。《伊底帕斯王》可以順著兩個不同方向閱讀：從左往右讀的話就是我們熟悉的故事，一個有關伊底帕斯逐漸明瞭他可怕過去的故事。但李維史陀更感興趣的是樂譜式的閱讀，即看看圖表裡每一欄代表些什麼，再摸索這些欄位包含著哪些形成對比的主旋律。這個演練古怪離奇，但又會讓人看得屏神靜氣，猶如觀看一個名家抱著大無畏的精神在表演思想特技。

李維史陀把《伊底帕斯王》拆解為十個神話素，再歸類為四欄，然後指出，第一欄（包括了「伊底帕斯娶母」和「安提戈涅不惜觸犯禁忌而埋葬兄長」等神話素）代表的是誇大血緣關係的重要性，第二欄（包括了「伊底帕斯弒父」和「厄忒俄克勒斯殺兄」）代表的是低估血緣關係的重要性。第三欄的標題是「殺死怪獸」（包括了「卡德莫斯屠龍」和「伊底帕斯殺死獅身人面獸」），第四欄的標題是「跛腳」（包括了「伊底帕斯出生時雙腳發腫」和「伊底帕斯父親左腿微跛」），而李維史陀對它們的解釋要複雜許多。他指出，在普韋布洛人和瓜求圖人的神話裡，不良於行的角色都是從泥土裡生長出來，而怪獸則代表非世間的事物。由是觀之，第三欄神話素與第四欄神話素代表著兩種不同主張的對立：前者主張人不是從泥土裡生長出來，後者堅持人是從泥土裡生長出來。英國人類學家李區日後形容，李維史陀這種論證方式「與《愛麗絲鏡中奇遇》（*Alice through the Looking Glass*）裡的一個論證依稀相似」。[10]

在文章最後幾頁，李維史陀把所有線索集中在一起，指出伊底帕斯神話要表達的是希臘人所面對的一個根本衝突：一方面，他們的宗教主張，人就像植物一樣，是從泥土裡生長出來，另一方面，希臘人又從經驗得知，人是由一男一女的結合而誕生。所以在表層，《伊底帕斯王》是在講述一個故事（講述一個男人在不知不覺中弒父和娶母的悲劇），但在其底層（結構的層次）卻具有一個邏輯的形構，是一幅心靈的肖像畫——繪畫的是心靈對棘手的社會矛盾的潛意識沉思。

就像佛洛伊德的《夢的解析》一樣，李維史陀這個方案把他帶向一個愈來愈個人色彩化的方向。試問，有多少理論家（假定他們願意應用李維史陀的結構主義方法的話）在解讀《伊底帕斯王》時會獲得跟李維史陀一樣的結論？試問，除了李維史陀以外，誰又能夠從屠龍聯想到腳腫再聯想到人是從泥土裡生長出來之說？另外，誰又會把伊底帕斯出生時的腳腫連結到普韋布洛和瓜求圖神話中的跛者？然而，李維史陀在結論處卻給他高度詮釋性的解釋披上科學外裝，讓他的方法儼如科學家對一種晶體或氣體所做的實驗。他這樣說：神話思維的邏輯「嚴謹得一如現代科學」，又把自己的發現歸納為一條數學公式（他稱之為「神話的發生學法則」）——$F_x(a) : F_y(b) \simeq F_x(b) : F_{a-1}(y)$。[11]

從李維史陀自己的簡短解釋，我們很難弄懂這條方程式到底是什麼意義或應該如何應用。事實上，它看來完全不像是公式（這是假定「公式」是指一條每次應用都可得出結果的定則），而只是用數學符號來撮要一個分析結果，類似於他在分析「舅權問題」時所提出的「A之於B猶如C之於D」（A:B :: C:D）。[12] 但李維史陀的追隨者並不需要為弄不懂這條方程式的細節而苦惱，因為自此之後它便銷聲匿跡，要過了十年之後才再次出現在《神話學》的第二冊《從蜂蜜到煙灰》（*Du miel aux cendres*）裡。在該書中，李維史陀以近乎宗教性的語氣解釋自己什麼要重提這條公式：「我有必要至少再引用它一次，以便證明我一直都是受到它的指引。」[13]

撇開他斷言自己的方法具有科學嚴謹性的誇大主張不論，他對神話研究方向的重新界定確實引人入勝和具有潛在生產力。就像在親屬研究一樣，在這個神祕難解材料雜亂的領域，它給了神話分析者一個著力點。一本李維史陀的一貫特色，他的論證雖然複雜，但指向的卻是一個簡化的方向。把神話內容捆成一束束的主旋律和二元對立意味著分析者在面對同一個神話的不同版本時，可以把各種小差異放進同樣的結構裡。這樣，神話分析者將無須再追溯哪個是最早期（也因此是最真）的版本。在世界各大洲，神話元素一直不停地組合與重組，就像是基因在一代又一代人之間洗牌。李維史陀的餘生大部分都會是用在這種流行病學式的探索，放眼於南北美洲數百個神話異本。

如果說結構分析對個別神話的分析會顯得武斷，那把大量神話放在一起來分析將會有說服力許多。為此，他在隔年的另一篇文章裡分析了「阿斯迪瓦爾（Asdiwal）故事」的四個不同版本（文章本身就叫〈阿斯迪瓦爾的故事〉）。源出太平洋西北海岸的欽西安人，這四個版本的神話故事都是鮑亞士蒐集而來。李維史陀發現，它們的差異是系統性的，是一種結構邏輯的一部分。這邏輯就是，在一個神話向外傳播的過程中，成色會逐漸下降，但到了某一點，這神話卻會翻轉過來，以一種顛倒的方式自我重構。李維史陀把這過程比擬於幻燈片投影機：當鏡頭光圈縮小，影像會開始模糊，但等鏡頭縮小到針尖的程度，影像卻會重新變得清晰，但也會上下和前後顛倒過來。[14]

在李維史陀看來，神話幾乎就像一種生物或是一個物理過程。猶如結晶體一樣，「一個神話會以螺旋方式不斷生長，直到產生它的思想衝動枯竭才停止。」[15]在低科技原住民對美洲豹、食蟻獸、河流和星星的想像中竟可找出一種見於自然現象或數學等式的對稱性——李維史陀的這種觀念吸引住一個世代學者的想像力。這一點，加上李維史陀充滿前衛活力的黏接技巧，都讓他的同時代人看得目眩神迷。《憂鬱的熱帶》帶給他一大批學院以外的讀者，而他在神話領域提出的獨創觀念則讓他在學院裡面的地位更形牢固。

結構主義會愈來愈風行，除了因為思想上具有吸引力，還因為它生逢一個特殊的政治時刻：法國左派勢力開始衰弱和前途未卜的時刻。在二次世界大戰之後的法國，許多進步知識分子都是法共和馬克思主義的熱情支持者。他們有些人（最出名的是沙特）還擁抱過史達林主義，甚至在史達林政權的惡行已經逐漸披露之後依然如此。李維史陀在一九五〇年代中葉也覺得有必要討論馬克思，甚至指稱他是影響《憂鬱的熱帶》的關鍵人物之一。他又這樣說過：「碰到一個新的社會學難題時，我很少會不先重讀幾頁《路易．波拿巴的霧月十八日》或《政治經濟學批判》來刺激我的思考力。」[16]

這種風氣到了一九五六年結束時為之不變。當年三月，隨著阿爾及利亞局勢惡化，法國共產黨投票同意派出四十萬部隊前往平亂。此舉讓它的許多支持者大為失望。當年六月，《世界報》把赫魯雪夫在蘇共第二十次全國代表大會的講話全文照登。赫魯雪夫在演講中指控史達林進行的是一種恐怖統治，包括會威脅和處決自己同黨的黨員，更是讓法國知識分子認清蘇聯的真面目。這個大夢覺醒過程的高峰出現在同年十一月：當蘇聯的坦克魚貫開進布達佩斯街頭，左翼的西方知識分子紛紛陷入了心理危機。雖然法國共產黨在這之後還是一股不可小覷的政治力量，但信譽已大為萎縮。許多知識分子都脫離共產黨，而一些崛起中的思想家也往別處尋找新典範。社會學家盧羅（René Lourau）當時二十三歲，他日後回憶說：「那相當於一場儀式性的大屠殺，它讓人可以來一回大掃除，吸入一大口新鮮空氣，是一件有益衛生的事情。」[17]

李維史陀的結構主義迅速填補了這個意識形態的真空，哪怕結構主義本身（做為一種抽離和抽象的文化科學）也是一種真空。但那正是它的吸引力所在。因為沒有任何戰後政治的包袱，李維史陀提供了一條出路。一下子，對南美小部落的深奧研究開始變得有吸引力，甚至啟發了人的思想。傅柯日後回憶說，李維史陀提供的新典範「讓我們不用再被迫去憧憬些什麼」。[18]

左派的失勢和《憂鬱的熱帶》的影響共同締造了下一世代的人類學家，讓一些年輕而不滿現狀的學者被吸入李維史陀發展中的運行軌道。共產黨哲學家阿德勒、卡特里（Michel Cartry）、克拉斯特和塞巴格（Lucien Sebag）都是在一九五六年退黨，此後開始到高等研究實用學院第六組聽李維史陀講課。不久之後，塞巴格和克拉斯特便去了美洲出田野，而阿德勒和卡特里則朝非洲而去。結構人類學的另一主將埃里捷也是在此時棄歷史而改學人類學，後來去了上伏塔（今日的布吉納法索）從事田野工作——與她同行的是她未來的丈夫和共事者伊札爾。

這些新皈依者當然會想追溯李維史陀思想演化的歷程，但這件事並不容易。因為早期過的是東飄西蕩的生活，李維史陀在巴西、美國、英國、荷蘭和法國都發表過文章，有登在人類學期刊的，有登在社會學期刊的，也有登在語言學期刊的；有些還只有英文版本。有鑑於這些線頭業已會合在一個一貫的宣言裡，李維史陀早就有意把它們集結起來，合為一部文集出版。他為此而接觸了作家帕蘭（Brice Parain），後者是法國最富盛名的出版社「伽里瑪」的選書顧問。但他的出書建議受到拒絕，理由是帕蘭認為他的思想「尚未成熟」。[19] 帕蘭日後將會為這個決定懊悔不已（他的另一個錯誤是拒絕傅柯的初出茅廬之作《古典時代瘋狂史》）。待《憂鬱的熱帶》大為暢銷，李維史陀變得炙手可熱之後，「伽里瑪」的老闆伽里瑪（Gaston Gallimard）親自出馬討好他，想要把他爭取到旗下，但李維史陀不為所動，此後還是繼續把作品交由「普隆」出版。[20]

李維史陀想要把早期論文合為一冊的心願也是由普隆實現，書名稱作《結構人類學》（1958）。此書集結了李維史陀早期所有的重要作品：既有他那篇論親屬研究與語言學關係的石破天驚之作，也有他論薩滿教和精神分析異同的文章；既有較近期論神話研究的文章，也有一些較早期的有趣小品，如〈一條體內充滿魚的蛇〉（The Serpent with Fish inside his body）一文便是李維史陀戰爭結束時在巴黎發表的，其中比較了一個安地斯神話和納斯卡及帕卡斯馬約（Pacasmayo）花瓶圖案的相似之處。在《結構人類學》付梓前最後一刻，李維史陀給它加入了兩篇還擊批評者的後記。被他點名的批評者包括了居爾維什、羅丹松和雷韋爾（Jean-François Revel）——後者在最近出版的《哲學家何所為？》（*Pourquoi des philosophes*）中對李維史陀有所攻擊。[21]

相當奇怪的是，李維史陀把《結構人類學》題獻給涂爾幹，還在獻詞上自稱是涂爾幹的「一貫弟子」。李維史陀在年輕時曾否定涂爾幹的理論，認為他保守，太強調社會的規範性。不過，一九五八年適逢涂爾幹的百年冥壽，所以，李維史陀說不定是認為這位社會學家曾為現代人類學磨利工具，功不可沒，值得致敬。他日後回憶說：「涂爾幹的思想有些東西很出色，它建構得很漂亮，是不朽的。」但不管怎樣，在李維史陀的評價裡，與他的外甥牟斯相比，涂爾幹仍然黯然失色。李維史陀認為牟斯的想像力無比豐沃，就像是「一片有閃電來回穿梭的夜空」。[22]

在事業的早期，李維史陀總苦於時運不濟。從巴西回到法國之後，他先是被大戰打斷在法國學術系統的晉升之路；戰後回到巴黎，他又兩次見拒於法蘭西學院。不過，到了一九五〇年代最後幾年，他開始時來運轉。隨著《結構人類學》的出版，他在學術生涯耐心貯存起來的思想彈藥開始發揮作用，也讓他更平易近人的《憂鬱的熱帶》如虎添翼。另外，他對原住民神話的初次出擊也預示著一批充滿創新與挑戰性的作品將要問世。

更適逢其時的是，當時正是戰後法國人文學科行將掀天變地的前夕。高等教育出現大規模的擴張，在一九三〇年代至六〇年代之間，大學畢業生人數增加了七倍。然後，隨著學生湧進大學體系，學術研究也變得前所未有的蓬勃。在一九五五年，法國還只有二十個社會科學研究機構，然而到了一九六〇年代中葉，這個數字卻增加為逾三百。[23]「光榮三十年」（trente glorieuses，一九四五至七五年）讓法國經歷了前所未有的經濟成長，也重塑了這個國家，培養出一種更現代和更科技掛帥的民族氣質。在這種天搖地動中，舊式的學問慢慢敗退，被一種更銳利和更量化的方法取代。在人文學的領域，社會學和歷史學開始採取統計方法，而語言學和精神分析學則著重於抽象的模型建構。在這片新的氣氛之下，李維史陀的影響力迅速累積起來。

到了一九五八年底，李維史陀因為獲得梅洛龐蒂的支持而更上層樓。梅洛龐蒂是關鍵的接合角色，他一直試圖要調和結構主義的形式架構與現象學的自我挖掘。梅洛龐蒂先是為李維史陀量身訂造般在法蘭西學院創立了人類學的講席[24]，翌年又把李維史陀推舉為候選人，並大力向院內同仁拉票，設法要壓過保守派的鋒頭。李維史陀日後回憶說：「他不只推舉我，又花了三個月的生命去促成此事，而他並沒有能再活多久。」李維史陀回憶說。[25]做為感激，他書桌上始終放著一張梅洛龐蒂的照片。這次選舉一樣出現一些反對李維史陀的聲音，但拜梅洛龐蒂大力支持所賜，時年五十的李維史陀終於成功進入法蘭西學院。這是他第三次叩關，而達陣成功讓他（如他自己所形容的）一舉擺脫「彆扭的過去」。[26]

他在一九六〇年一月發表了就職演講。演講以一個老派的謎語開始，他指出8是個奇怪的數字，總是不斷反覆出現：「數字8這種奇怪的循環，因為畢達哥拉斯的算數、化學元素週期表和水母的對稱律而為人所知。」在這之外，他又加入了一系列日期：涂爾幹和鮑亞士這兩位「社會人類學的工程師」都是誕生於一八五八年；世界上第一個社會人類學的大學講席是設立於一九〇八年的利物浦大學，講者為弗雷澤；然後，在一九五八年，法國的法蘭西學院終於也有了一個人類學的講席。更湊巧的是，他自己和梅洛龐蒂也是誕生在一九〇八年。據說，梅洛龐蒂聽到這個很不高興，因為他不喜歡別人提醒他有多老。[27]事實上，梅洛龐蒂當時只剩下一年壽命可活：一九六一年，他在準備一門談笛卡兒的課程時突然中風，闔然而逝。

接下來，李維史陀把自己的研究定位在一個由一系列思想巨人（索緒爾、佛洛伊德、馬克思、孟德斯鳩、史賓塞、居維葉、歌德）和一系列人類學家（鮑亞士、涂爾幹、弗雷澤、牟斯、芮德克利夫—布朗，甚至馬凌諾斯基）所構成的脈絡。他提到牟斯時特別多談了一點，又指出牟斯近乎帶有神祕色彩的「總體社會事實」（total social fact）概念是「一個層狀的概念，由各別但又結合在一起的不同層面所構成……是身體、靈魂、社會和一切的融合之處」。[28]

在向聽眾勾勒自己對親屬和神話的觀念時，他對歷史採取了停戰態度，指出這兩者正以緩慢腳步慢慢會合在一起：因為採取「長時段」的視野，史學已然進入近乎靜止狀態。而做為一種和解的姿態，李維史陀也願意讓他結晶體似的結構變得有一點點生命氣息。「結構是在一個發展的過程中發生的……」他引用涂爾幹的話說，「它不停的形成與解體；它是一種業已達到某種鞏固程度的生命……」[29]

就職演說最後，李維史陀頗為哀嘆地指出，這個人類學講席能提早幾百年設立就好了，雷利和特維研究吐比人的時候，森林裡與里約熱內盧的瓜納巴拉海灣都還看得到打赤腳走路的吐比人（他日後告訴葉希邦，他說這個也是為了暗示自己十多年前兩次被拒的往事）。「就如我所說的，那些距我們數千英里之外，生活在因叢林火災而荒蕪的草原或某個雨水充沛森林裡的男男女女，此時正在向營地回歸，以分享一點點可憐的施捨，且一起召喚他們的神明。」李維史陀表示，他要把自己的講席敬獻給這些破落的、處於滅絕邊緣的群體，而他也會永遠是「他們的學生和他們的見證人」。[30]

他所進入的是一個講究傳統和禮節的世界。在梅洛龐蒂的幫助下，李維史陀安然度過了第一輪的儀式活動：梅洛龐蒂先是給了他一張教授會議室的平面圖，又把他的座位安排在自己旁邊，好讓他不會誤坐了別人的椅子而引起尷尬。不過，雖然有舊大陸的種種繁文縟節，但這個菁英機構卻提供了一個獨一無二的機會，讓李維史陀可以專心去耕耘自己原創性。自此以下，他唯一的職責是每年發表一系列內容具有原創性的講課，而有法蘭西學院的資源做後盾，李維史陀也可望建立自己的研究中心。

他能夠在整個一九六〇年代和七〇年代初期稱霸學界，靠的不只是原創性和思想魅力，還是一種實務能力：他擅於建立機構的長才剛好遇上法國學術體系開放的時機。還是大學生的時候，他便領導過一群左翼學生，之前還當過社會主義議員莫納的私人祕書。在紐約，他也當過自由學院的祕書長和法國大使館的文化參贊，回巴黎之後則當過人類博物館的副館長和聯合國教科文組織的國際社會委員會的祕書長。所以，一入選法蘭西學院以後，他便著手創建自己的研究機構帝國。

這帝國開始得很陽春。社會人類學實驗室最初寄居在吉梅博物館（Musée Guimet）的一棟附屬建築。吉梅博物館位於第十六區的耶那大道，離人類博物館不遠。其主建築內展示著一些有一千年歷史的印度、柬埔寨和日本的佛像，全都是十九世紀里昂工業家吉梅（Emile

Guimet）前往印度和遠東蒐集回來。館內窗明几淨，氣氛靜謐，但李維史陀自己的辦公室卻不是這樣的光景。那辦公室由李維史陀與普利翁共用，是從一間套房的浴室改裝而成，但改裝得並不徹底。李維史陀回憶說：「一些水管仍外露在鋪瓷磚的牆壁上，甚至我的腳底下就是浴缸的排水管。」[31]鄰接的房間裡堆著高高的「人類關係地區檔案」（Human relations Area File）——這批聯合國教科文組織贈與的檔案形同一個巨大的紙本數據庫，由美國一批大學攜手編成，內中用交叉索引的方式記載了幾百個文化的特徵（包含保存食物的辦法、宗教系統的一些方面和親屬稱謂等），等於是一座結構主義的寶庫，非常對李維史陀工作風格的味，也省去他在圖書館裡翻翻找找的時間。「人類關係地區檔案」把重點放在北美洲，這也對李維史陀非常有用，因為他將愈來愈把西半球視為一個單一的文化區塊。[32]這批文件是那麼龐大沉重，李維史陀一度擔心地板會承受不了。據社會人類學實驗室的副主任、也是法國鄉村民族學的先驅希瓦（Isa Chiva）回憶，蘇珊·桑塔格一九六〇年代初期在《紐約書評》有篇文章形容社會人類學實驗室是一個「空間寬敞而研究資料豐富的機構」，讓他們都嚇了一跳。[33]

就是在這個不盡理想的環境裡，李維史陀接見了即將嶄露頭角的文學理論家羅蘭·巴特，他正在為那部分析時裝的論文找指導老師。巴特還記得李維史陀請他坐在樓梯間破舊的躺椅上。當時，他的符號學家朋友格雷馬斯（Algirdas Julien Greimas）就在街角一間咖啡廳焦急地等待著。雖然遭到李維史陀拒絕的巴特最後是沮喪地回到咖啡館，但這次會面仍然有影響性。李維史陀建議巴特一讀普羅普（Vladimir Propp）寫的《民間故事的形態學》（*Morphology of the Folktale*）。這書出版於一九二〇年代，但及至最近才有英譯本。它對民間故事有準結構主義的分析，後來對巴特的「敘事性」（narrativity）觀念產生了巨大影響力。[34]

不管兩人早期的作品有多少相似之處，李維史陀對巴特的研究方向都愈來愈不信任。「我從不覺得自己的思想跟他接近，」李維史陀日後回憶說，「而他日後的觀念取向也印證了我的這種感覺無誤。」在一九七〇年代，巴特曾央請李維史陀為他的著作《S／Z》寫序（此書是對巴爾札克短篇小說《薩拉辛》〔*Sarrasine*〕所做的結構主義分析）。巴特寄了一本書給李維史陀，在回覆時，李維史陀把書中各個角色的關係畫出一張親屬關係圖表，然後斷言其中兩個角色——菲利波（Filippo）和瑪麗安妮娜（Marianina）——處於一種亂倫關係。雖然這明明是個玩笑，但巴特卻對李維史陀的分析嚴肅以待，表示它「有驚人的說服力」。[35]

這封信反映出李維史陀淘氣的一面，不完全是人們所以為的那種冷冰冰和分析性的思想家。米德也看出他這一面。她晚年時曾經告訴人類學家愛特蘭（Scott Atran），李維史陀雖然看起來「冷漠和虛弱」，但「他比他實際的樣子更有玩心，肯定可以比我多活三十年」。[36]（事實上，李維史陀比米德多活了三十一年。）但李維史陀開的玩笑並不總是會讓被開玩笑的人欣賞。話說，在一九五〇年代中葉，布勒東為了寫一部談藝術魔法的書《魔法般的藝術》

（*L'Art magique*），便設計出一份問卷，寄給各個朋友（包括李維史陀），請他們給一些畫作的魔法等級評級。在當時，李維史陀已經把人類學看成非常嚴肅的科學，對布勒東那種玩票式態度非常不以為然，所以沒理那份問卷。布勒東再寄了他一次，李維史陀乾脆讓七歲的兒子洛朗作答。布勒東怒不可遏，寫信把李維史陀痛罵了一頓，待出書後又寄一本給他。李維史陀打開書一看，發現布勒東竟是把它題獻給洛朗。[37]

名聲已經穩固的李維史陀此時又受惠於一種可以讓知識分子大大增加曝光機會的新設計：電視藝文節目。《一起來讀書》在一九五三年三月首播，播出時間為晚上九點半的黃金時段，而當時的法國還只有一家電視臺。節目在布景簡樸的攝影棚裡進行，邀請的都是一些聲譽卓著或有明日之星架勢的思想家，包括了哲學家巴榭拉（Gaston Bachelard）和阿宏、哲學史家傅柯和作家卡繆，還有李維史陀。這是法國大眾第一次可以親眼看到這些他們慕名已久的名人（包括可以看到巴榭拉飄逸的鬍子和散亂的白髮，以及傅柯的光頭），可以把一些觀念和活生生的人融合在一起。

一九五九年，李維史陀在《一起來讀書》接受迪馬耶訪談，談了《太陽霍皮人》一書（他自己為法文本寫了一個序言）。[38]這書原為耶魯大學人類關係研究所在一九四二年出版，英文書名作《太陽酋長：一個霍皮族印第安人的自傳》（*Sun Chief: The autobiography of a Hopi*

Indian），法譯後收入普隆出版社的「人類的大地」叢書。《太陽霍皮人》是霍皮酋長塔拉耶斯瓦的自傳，他以一小時三十五美分的收費向耶魯大學的一個人類學家講述了自己的生平故事。坐在幽暗的攝影棚裡，背後是一幅半抽象畫（畫的似乎是雲朵、星星和蛇），李維史陀對答如流地回答了迪馬耶提出的每一個問題，又如數家珍地談到了霍皮文化的種種、他們的歷史和當前遇到的困境。在觀眾的眼中，他儼然是一個具有高度學養的文化技師。他的拘謹與主題的異國情調顯得衝突，卻奇怪地成功了。

同年稍後，他又接受了製作人沙博尼耶（Georges Charbonnier）的一系列廣播訪談（預定秋天在法國全國公開廣播公司〔RTF〕播出）。[39]這一次，李維史陀擴大了談論的層面，從人類學一直談到當代文化，也披露出自己對現代藝術和現代音樂的看法。年輕時，李維史陀曾對現代主義的一些發展中的流派著迷不已，然而屆入中年之後，現代藝術卻只讓他覺得幻滅，在年經時曾讓他激動不已的斷裂已經鑽進了死胡同。隨著現代藝術淪為一系列愚蠢和空洞的美學姿態，通向抽象之路已成為一則失敗的故事。

在沙博尼耶的訪談中，李維史陀勾勒出這個過程是如何展開的。第一個真正的現代主義運動是印象主義，它企圖推開造作的學院派表象技巧，把真實「赤裸裸地」呈現出來。為達到這個目的，它把自己的雄心給縮小，不再畫些雄渾和大視角的風景畫，專心於描繪更貼近人們日常生活的鄉村和都市場景：乾草堆、鐵路、橋梁、公園等。不過，在李維史陀的認定裡，印象主義本質上只是一個「反動的革命」，「膚淺而皮相」，因為它在意的只是把表象技巧提煉得更爐火純青。[40]真正帶來突破的是立體主義。所謂物體，為一系列補釘似的感官與概念連結，立體主義者重新發現了非表象藝術的美學意義，堪稱是真正的革命分子。

藝術評論家休斯（Robert Hughes）指出過，立體主義以這麼一個觀念為基礎：「真實不是由形狀與虛空構成，而是由一系列的關係構成，是事件互相環扣的瞬間場域。」[41]這話帶有一種結構主義的風味，而有鑑於畢卡索曾經從原始藝術獲得創作靈感，也透露出立體主義和結構主義之間可能真有親緣關係。不過，隨著李維史陀思想的繼續發展，他愈來愈不信任立體主義。首先，「原始」藝術是一種集體創作，是以創作它們的社會為母體，又與這些社會的儀式與宗教生活融合無間，反觀立體主義則是逃避到個人的美學世界。雖然畢卡索之類的立體主義者能夠別出機杼，不斷變化風格和畫出一些嘲笑自己原先理念的作品，但其他立體主義畫家只是退縮到不毛的抽象世界裡。在李維史陀看來，藝術的前景一片黯淡。西方藝術的各部門已經進入了一條死巷。他指出，從人們「蓄意和設法系統化地發明一些新形體這一點……正反映出藝術的危機狀態」。說不定，西方甚至是正在進入一個反圖畫的時代，最終帶來藝術的完全消亡。[42]

這倒不是說李維史陀認為「抽象」本身總是壞事。例如，蒙古薩滿師在病人房間牆上所畫的半抽象畫（表現病人夢境的不同片段）就是一種最高層次的抽象。但某種程度上，現代藝術家試圖透過實驗手法回到這種無意識的表述就該責備了。「我們已經不知道真正的抽象為何物，」李維史陀哀嘆說，「我們與所謂原始人的鴻溝是數以光年計的，因為在他們，每種顏色、肌理、香味和風味都是包含意義的。」[43]

李維史陀自己的作品充滿這一類的矛盾。他對現代藝術的批評與別人對他作品的批評出奇地相似：過於抽象和無視脈絡，儼然是一種自我陶醉的美學遊戲。他企圖從原始文化建構出模型之舉幾近於他責備於現代主義者的刻意抽象。他的作品同時具備原始主義和華格納式浪漫主義、前衛的拼貼技巧和前印象主義風景畫家的手法，以及古典的幻想和現代的語言學：凡此都是一種守舊感情與前衛美學感性的揉雜。在接受沙博尼耶訪談時，李維史陀公開表示自己的美學偏好是文藝復興時期的佛羅倫斯藝術、普桑史詩般的風景畫和十八世紀法國畫家維爾內的浪漫海港畫——就一個充滿實驗精神的理論家和作家來說，這張清單保守得讓人驚訝。在沙博尼耶一再追問下，他把自然（nature）說成自己終極的靈感來源：「把我造就為一個結構主義者的，與其說是畢卡索、布拉克（Braque）、萊熱和康丁斯基的作品，不如說是石頭、花朵、蝴蝶或飛鳥帶給我的啟發。」[44]

接受沙博尼耶訪談時，李維史陀也談到了一對他最讓人印象深刻的觀念：「熱」社會（hot society）和「冷」社會（cold society）。[45]以這一對觀念，他細細說明了原始部落社會與現代歐洲社會之間的差異。原始人是生活在一種類似「絕對零度」的狀態之中。一如鐘錶裡的小齒輪，原始社會裡的儀式、親屬制度和經濟體一旦構造好，便會自動運行，像是走在一條圓形軌道那樣循環往復。與此相反，「熱社會」卻是以蒸汽機為原理，受主與奴、貧與富、地主與農奴這些「熱力學的差異」所驅動，過程中會噴湧大量能量。與像鐘錶一樣溫和地滴答響的部落社會相比，西方就像一列噴著滾滾白煙在歷史鐵軌上全速奔馳的火車。

這個意象鮮明而簡單，闡明了一個他借自模控學的觀點，而這觀點是他在《憂鬱的熱帶》便首次提出過：西方內建著一種邁向「能趨疲」的衝動，會在其通過的路上粉碎各種纖細的文化和耗盡自然環境的資源。雖然對「熱社會」和「冷社會」這對觀念加上種種限制（例如指出所有社會都多少包含著一些「冷」和「熱」的元素），但李維史陀仍不免招來論者批評，指他這種二分法是無視於許多原始社會在跟西方發生接觸以後都發生了激烈變動。但對李維史陀而言，這種批評都是有失焦點。所有社會當然都會變遷，但不同社會對變遷的態度卻大不相同：原始社會以「一種被我們低估的靈巧手法」否認或低估歷史的重要性。反觀西方卻是得了強迫症似地對變遷樂此不疲。[46]（在後來一個訪談裡，李維史陀甚至認為這個過程目前已經出現了逆反：處於快速變遷前沿的原始文化正在「熱起來」，而法國因為想要保存自己的祖產和回到自身的根源而逐漸「變冷」。[47]）但不管怎樣，他的這種二元觀（蒸汽機與鐘錶、原始與現代、「我們」和「他們」）都是與他一向堅持的另一主張（全人類有著基本的一體性）鑿枘不合。這個矛盾貫穿他所有作品，讓他在努力調和自己思想中的相對主義面向與普遍主義面向時顯得左支右絀。

現代主義與古典主義、原始文化與西方文化、以及科學與藝術的扞格——這些李維史陀思想中的兩極性他從未能完全解決。在雅各布森，現代主義和結構分析可以相安無事，但李維史陀卻從不肯承認兩者明顯的相似之處。根據他自己的認定裡，他的品味斬釘截鐵甚至是偏向極端：他喜歡的是原始文化、西方古典主義和當代科學。但觀諸他的全部作品，他的偏好卻不是這麼壁壘分明。大概，更接近事實的是德巴納（Vincent Debaene，他是「七星文庫」李維史陀選集的編者之一）的一個看法：李維史陀的思路結合了「形式上的古典主義和方法上的現代主義」。[48]正是這個奇特的結合讓李維史陀的聲音如此獨樹一格，讓他的觀念如此出人意表。隨著他在法蘭西學院的新生活裡安頓下來，不再需要為自他返回巴黎後便糾纏著他的事業焦慮煩惱，這些複雜性將會盛放在他一些最具挑戰性和原創性的作品裡。

9 肆恣的心靈

觀念在我們腦子裡自成一個系統，可與自然界的系統相媲美，其繁花似錦的樣子只有一個天才可以摹描出來——但別人大概會把他當成瘋子。

——巴爾札克，一八三二

第一次世界大戰末期，美國人類學家林頓被徵召入伍。在大戰最後幾個月，他所屬的第四十二師駐紮在飽受戰火摧殘的香檳和阿戈訥（Argonne）。值勤期間，林頓注意到一個他在哥倫比亞大學寫博士論文時便常常從民族誌讀到的一種現象。那就是，士兵常常會與自己的師部發生一種近乎精神性的認同。他們自稱為「彩虹」，因為這個師的各單位來自二十六個州，就像是一道不同色調構成的彩虹。當他們被問到自己隸屬哪一師，都會回答說：「我是一個彩虹人。」彩虹變成了一種吉兆，有些士兵甚至會指出，他們每次前往戰場都會看到有彩虹橫過天邊。他們自感與眾不同，有別於其他的部隊，而當他們駐紮在第七十七師（又稱「自由女神師」）附近的時候，為了以資區別，會把彩虹圖案繡在軍服上。到了戰爭結束之時，許多師團都已發展出相同情況，把自己連結於某種象徵物，賦予它精神上的意涵，以之區別我群與他群的不同。林頓以此認定，這種在歐洲戰場上自發性出現的現象近似於原住民的圖騰崇拜（totemism）。[1]

李維史陀在《今日的圖騰崇拜》（*Totémisme aujourd'hui*）一開頭引用了林頓的事例，但隨即指出，「圖騰崇拜」是非常複雜的信仰和習尚，不如林頓所示那麼簡單。在大眾的想像裡，所謂的圖騰就是一個部落的象徵，例如鷹是鷹氏族的象徵，一如彩虹是第四十二師的象徵。在大多數人的認知裡，圖騰崇拜最外顯的象徵就是所謂的「圖騰柱」——這種用北美洲杉樹雕刻而成的華美柱子在世界各地的博物館都看得到。

然而，若細加檢視，我們會發現圖騰的觀念會變得更加複雜。不只「圖騰柱」是個誤稱（它們的用途事實上非常多樣：有時是用來表現神話故事，有時是紀念某個重要事件，有時甚至是用來羞辱某個人或某個群體），而且圖騰本身和與之相關的信仰往往複雜到令人搞不清楚。熊、袋鼠、鷹隼、大河和山脈固然會被用作圖騰，但蚊子、蠔、流星、一段繩子，甚至笑或嘔吐的動作一樣可以。圖騰常常與起源神話和祖先崇拜有關，也跟食物和婚姻禁忌有關，但正如人類學家早已知道的，這些關聯並沒有固定的模式。例如，在所羅門群島的梯可皮亞人（Tikopia）中，鰻魚被認為是一種很強烈的禁忌，故而哪怕只是看到鰻魚都足以讓人嘔吐，但另一種圖騰（海豚）卻是容許烹煮，在氏族之間分食。[2]類似的例子在民族誌記載中不勝枚舉，與圖騰相關的態度和規則有很多看來都是隨意制定。

就像親屬關係與神話一樣，圖騰崇拜是李維史陀抗拒不了的謎。依圖騰建立的規則看來並沒有清楚的理路可尋。就像在親屬研究和神話研究的領域一樣，圖騰崇拜極錯綜複雜之能事，但自稱解釋得了它們的那些人類學理論卻顯得毫無想像力。十九世紀的人類學家都把圖騰崇拜嗤之為一種迷信，是真正宗教的一種原始前身*；而在二十世紀，功能學派則千方百計要把它合理化，力主圖騰崇拜可以凝聚社會向心力和保護有價值的動物或植物。李維史陀的解決方法則是走向抽象，更放眼於原始思維的內在邏輯。

李維史陀對圖騰崇拜的興趣是由他的思想導師杜梅齊所催化，後者委託他寫一本這方面的小書，以收入法蘭西大學出版社的「神話與宗教」叢書。該系列致力於把一些專門的領域介紹給廣大的讀者認識，所以要求作者盡量減少注腳和引用書目。一沿他從一九四〇年代以來採取的方法，李維史陀計劃利用他在法蘭西學院的第一輪講演為這部小書進行試運轉，邊講演邊思考，然後再把講演內容經潤飾琢磨，寫入書中。

---

* 譯注：真正的宗教指基督教，十九世紀的人類學家並不把基督教視為一種迷信。

不過，第一輪講演才進行到一半，李維史陀累積的想法便已超過原先的設定。考察圖騰信仰的計畫為他催生出一籮筐的哲學觀念。他起先都是在評論相關的人類學文獻，但後來的講題卻抽象得讓人望而生畏，如「具體性的科學」（science of the concrete）和「範疇、元素、種屬、名字」等。為此，他寫信給杜梅齊，表示希望把原定的小書擴充為兩冊。杜梅齊答應了，但要求書名一定要提到「圖騰崇拜」幾個字。李維史陀在草稿裡擬出了幾個可能選擇的書名：「第一冊：《今日的圖騰崇拜》，或作《圖騰崇拜的終結》。第二冊：《圖騰崇拜的背後》，或作《超越圖騰崇拜》。[3]不過，他最後又決定回歸原計畫，讓第二冊獨立成書。它後來交由普隆出版，成了李維史陀最著名的作品之一：《野性的思維》。

這兩部書緊密關聯。《今日的圖騰崇拜》只有一百五十多頁（而且是用大字體印刷），與分量紮實得多的《野性的思維》相比只能算是一篇中篇小說。前者致力的是觀念的釐清，是要透過檢視既有的人類學理論進行綜合工作，而在後者，他不再受任何羈絆，無拘無束地拋出各種新觀念。據他自己形容，《今日的圖騰崇拜》是《野性的思維》的「一個歷史性和批判性導言」；而這兩部書加在一起又是《神話學》四部曲的序幕。整體地看，這二書代表著他「兩次思想大爆發之間的一個小歇」（「兩次思想大爆發」是指他早期對親屬的研究和後期對神話的研究）。[4]

李維史陀在二〇〇七年曾告訴人類學家蓋克（Frédéric Keck），他是「在一種匆促、急躁和近乎懊悔的狀態下」[5]寫作《今日的圖騰崇拜》。然而，它卻是他所有作品中調子最平靜的其中一本。在檢視各種解釋圖騰崇拜的古典理論時，他顯得態度從容，直斥其中一些不值一顧，對另一些則多談一些，又嘆息其中少數理論已經觸及要害最終卻跨不過思想的跨欄。他說自己的動機是要「信步漫遊，而即使它沒有帶來任何收穫，也足以讓我們看見是不是還有別的路徑可走」。[6]然而，實際的情形卻是，在最初的漫遊過後，他便以非常筆直的路線向前推進，毫不留戀地邁向心靈領域。在全書最後，隨著李維史陀把圖騰崇拜分解為心靈的一些邏輯元素，這個觀念便突然消失，突兀得不下於它在十九世紀晚期突然現身為人類學的一個懸念。在李維史陀看來，不管人類學家對圖騰崇拜的記載有多麼鮮明，它其實都是一種海市蜃樓，是他們自己想像力的一種臆造。書出版後他告訴《費加洛文學報》（*Le Figaro littéraire*）的記者拉普熱（Gilles Lapouge）：「在這之前，我一直避免碰這個毒蛇窩。不過，這個窩或遲或早都是要從民族學的神殿裡清掉的，換言之是把『圖騰崇拜』的觀念給掃地出門。」[7]

全書第一句話帶有李維史陀那種語不驚人死不休的典型開篇風格：「圖騰崇拜就像歇斯底里症……」圖騰崇拜和歇斯底里症的觀念在十九世紀幾乎是同時出現，而這種同時出現並不是巧合。在李維史陀看來，兩者的功能是一樣的，都是被用作那些備受西方人珍愛的價值觀的反面：原始的信仰可以對照出西方的現代性，精神官能症可以對照出西方的理性。圖騰崇拜觀念的全盛期是二十世紀的頭二十年，因為弗雷澤四大冊、總共兩千兩百頁的《圖騰與外婚制》（*Totemism and Exogamy*）和佛洛伊德的《圖騰與禁忌》（*Totem and Taboo*）都是在這個時期出版，前者把圖騰崇拜視為一種迷信的準宗教，後者則把「原始人類」的圖騰崇拜和精神官能症畫上等號。及至一九二〇年代，從法國民族學家根納普在《圖騰問題的當前狀態》（*L'Etat actuel du problème totémique*）一書中的列舉，我們得知歷來解釋圖騰崇拜的理論超過四十種。不過，這個觀念隨後便在人類學界退流行。因為難於界定，它慢慢被認為「沒有實質」、「不知所云」和「空泛」。[8] 接下來幾十年，幾乎沒有一本主要的人類學教科書認為這個課題值得一提。就像是由形形色色精神官能症和顏面抽搐症混合而成的歇斯底里症那樣，學界也不再認為原住民對於沙袋鼠、熊、蟹或狂風的各式各樣態度可以用單一概念來涵蓋。不過，在更後來，現代人類學家又回到當初曾進入這觀念的不同元素，想要弄懂它們的意義。圖騰崇拜觀念由盛轉衰的過程，還有後來人類學家的努力，都讓李維史陀饒感興味。

有關圖騰崇拜的民族學紀錄非常詳盡，其中又以澳洲原住民的紀錄最為詳盡。李維史陀用了一節篇幅去談埃爾金（A. P. Elkin）的工作，他是一位安立甘宗的牧師，也是澳洲第一位人類學教授，在一九二〇年代末期花了一年時間研究了許多個不同的澳洲土著群體。以貨車、馬、騾或汽艇做為交通工具，埃爾金從布魯姆（Broome）出發，穿過西澳洲北部的金伯利高原（Kimberley），一路去到德雷斯德爾河（Drysdale River）。這一趟田野工作加上他後來對其他地區的書齋式研究，讓埃爾金接觸到大量的圖騰信仰與習尚。他發現，圖騰可以出現在任何層次的群體：半偶族、次族（sub-section）、氏族等等，又可以與夢、膜拜、性別、祖先崇拜有關。個人可能會擁有個人專屬的圖騰，外加幾個不同層次群體的圖騰。在南澳洲的東北部，每個人都有一個母系的「肉」圖騰和、一個父系的「膜拜」圖騰、一個夢圖騰並擁有母舅的「膜拜」圖騰的祕密知識。中澳洲的阿蘭達人（Aranda）中間有多達四百多種圖騰，而這些圖騰又被歸類為六十個不同的範疇。雖然埃爾金彙集的許多細節很吸引李維史陀，但他的結論卻又讓李維史陀頗為失望。埃爾金設法綜合自己的發現，但留下的只是兩個頗為模糊的觀念：圖騰是要表達人與自然的合作，以及表達過去與現在的連續。李維史陀提出的疑問是，這些原住民有必要用那麼豐富的思想系統來傳達那麼平淡的命題嗎？

對此，馬凌諾斯基曾提出過一個直覺性的解釋：原住民祭拜動物和植物，是因為它們可以拿來吃或對人群有用途，所以想加以保護。在李維史陀看來，這個「功能論」的解釋太乾淨俐落了，而他也輕易就從各種人們熟悉的民族誌枚舉出一大堆反例子。例如，在東非的努耳人（Nuer）中間，被奉為圖騰的事物千奇百怪（簡直就像是出自精神分析的自由聯想法），包括了水羚、巨蜥、不同種類的樹木、某些疾病、毛皮、紅螞蟻、罩罣丸者、紙莎草、葫蘆和繩子等。另一方面，在努耳人膳食和經濟中占有重要分量的動植物卻無一被奉為圖騰。在澳洲中部，最常見的圖騰包括了蚊子、蒼蠅和鱷魚，而這些動物也被當地人看成是有害的。對這個難題，有些功能論者提出了一種更不可信的解釋：土著尊崇這些動物是因為牠們可以讓他們的敵人感到不自在。李維史陀嗤之以鼻：「這樣說的話，不管是哪方面，不管是正面或負面（或甚至因為它缺乏意義？），那世界就再也找不到一樣事物不是對人類有利益的了。」[9]換言之，具有無窮適應能力的功能論派理論既解釋得了一切又一無解釋。

在二十世紀之交，畢業於牛津大學的史賓塞（Baldwin Spencer）曾與吉倫（Frank Gillen）搭檔，在中澳洲的沙漠進行了一場大型考察（吉倫是愛麗絲泉〔Alice Springs〕的電報站站長，沒受過多少正規教育，但對原住民文化有著極強烈的興趣）。在一九〇一至〇二年的考察過程中，他們造訪了一些跟歐洲人只有過零星接觸的土著群體，拍下其中一批最早關於澳洲原住民的紀錄片，透過這些黑白影像，我們看到一些身上塗泥的土著男人跳祭舞的樣子：他們腳踝上綁著一束束乾樹葉，隨著節奏踩踏沙漠地上的沙子。

史賓塞和吉倫二人也對「負面」圖騰提出了一個不同的解釋。他們力主，澳洲土著會膜拜蒼蠅和蚊子且希望牠們大量繁衍，是因為這些飛蟲跟下大雨的時間有關。這種理論還是帶有功能論的風味，但卻對功能論的原論證做了有聯想力的重構。它把蚊蠅從「刺激體」變成了「符號」，把牠們從自然物事變成了象徵。這種更概念性的解釋方式讓李維史陀深感興趣。接下來，他讚揚了包含弗思（Raymond Firth）和福蒂斯（Meyer Fortes）在內的一長串人類學家，因為就像史賓塞和吉倫兩人一樣，他們都不是用功利主義的角度看待錯綜複雜的圖騰崇拜，而是視之為人類關係的象徵再現。[10]不過，這種解釋還是太乾淨俐落了。在李維史陀看來，一個難題就像音樂的主基調那樣一再縈繞著任何有關圖騰崇拜的討論，那就是：為什麼某群原住民是選擇某種動植物充當圖騰而不是選另一種？例如，他們為什麼是選擇鷹而不是隼？是選擇食火雞而不是鴯鶓？是選擇沙袋鼠而不是袋鼠？

他自己提出的解決辦法再度訴諸了邏輯性的抽象層次。圖騰的選擇無關乎利益或類比，而是純思（pure intellect）的一種表達。做為例子，他回到芮德克利夫—布朗一個主張（但不是取自芮氏早期的功能論著作，而是芮氏去世前四年〔一九五一〕發表的一個講演）。在進行泛文化觀察時，芮德克利夫—布朗注意到，許多成一對的半偶族都是取相近的物種做為圖騰，而且通常是選擇鳥類。在卑詩省，兩個半偶族會自比為鷹和大鴉；在中澳洲的達令河（Darling River），流行的兩對圖騰是鷹隼和烏鴉；西澳洲常見的是白色鳳頭鸚鵡和烏鴉，而維多利亞州常見的是白色鳳頭鸚鵡和黑色鳳頭鸚鵡。在東澳洲，蝙蝠和貓頭鷹分別是男性和女性的圖騰。海鷹與魚鷹常見於美拉尼西亞。其他被配成一對的動物還有：兩種不同的袋鼠、兩種不同的蜜蜂、郊狼與野貓。檢視過跟這些配對動物相關的神話之後，芮德克利夫—布朗斷言，選擇什麼做為圖騰與動物本身無關，而跟牠們彼此的關係有關：每一對配對都是在表達一種相連的二元性，一種同中有異的連結。配成對的動物既相關又對立，而這種結構性呼應著它們所表徵的兩個半偶族的彼此關係，相當是原始思維裡的「陰」和「陽」。[11]

在李維史陀看來，芮德克利夫—布朗這個洞察非常重要。借法國哲學家柏格森的術語來說，芮德克利夫—布朗等於是把強調的重點從「動物性」（animality）轉移到「二元性」（duality），是跳出了「簡單的民族學概化而進至了語言法則的領域，甚至是進至了思想法則的領域」。[12]原住民是在玩一個概念的遊戲，靠手邊的現成材料創造出一些形而上的模型。吸引土著心靈的不是動物的個別特徵，而是牠們構成對比的方式。用取自自然界的象徵物，他們構作出一個代碼系統，用動物或植物之間的關係來代表親屬之間的關係。以一整體觀之，「讓它們彼此相似的不是相似性，而是差異性。」所以，圖騰崇拜並不是一種獨立的實體，不是一種準宗教或有實用功能的儀式，而是高度抽象的隱喻性思維風格的一種表現。李維史陀在做結論時，講了一句常常受人引用的諷刺馬凌諾斯基的話：「自然物種被選擇做為圖騰，不是因為它們『宜於吃』，而是因為它們『宜於思』。」[13]

李維史陀所有鮮明風格的種種實例，都可見於《今日的圖騰崇拜》：包括把民族學材料與邏輯結合，從古典人類學出其不意地轉向語言學模式，然後，在最後一章，他又異想天開地把伯格森說的一番話和達科他（Dakota）智者的見解相提並論，從而把法國哲學與土著思維焊接在一起。這書也包含著當時最清楚的結構主義表述。例如，在第一章，他把結構主義方法的步驟勾勒如下：「（一）把研究的現象界定為兩個或以上的項目（不管這些項目是真實的還是假定的）；（二）開列一張包含這些項目所有可能排列組合的表單；（三）把這表單當作總的分析對象，也唯有這個層次的分析可以帶來必然的關聯性……」[14]在這個大膽的命題裡，我們可以同時看到李維史陀思想所固存的冒險激進和奇怪的疏離本質。李維史陀是對民族誌的細節著迷，但原因只在於它們可做為更高層次分析的原材料。

在這書的中間部分，他明確地指出是哪個思想步驟讓他有別於當代的人類學思想（不管是英國的結構功能學派還是興起中的象徵方法）。李維史陀觀念的新穎之處是在概念上的跳躍，從象徵的相似性跳向形式的相似性，從實際的相似性跳向結構的相似性。就像在從事親屬研究的情形一樣，李維史陀感興趣的是比較不同的關係，而不是找出一對一的對應關係。熊圖騰並不直接相關於一個熊氏族，該氏族的成員並沒有（如某些人類學家主張的）自比於熊。不過，一與鄰近氏族（比方說鮭魚氏族）做對比時，熊圖騰的意義便會凸顯出來：熊與鮭魚的關係一如熊氏族與鮭魚氏族的關係。李維史陀指出，他的終極目標是摹描出這些「差異組別之間的相似性」（這是借自索緒爾的說法），而就像他所否定的抽象藝術那樣，這些相似性有時可以是間接的、側面的和聯想性的。

所以，李維史陀在結論裡指出，人類學辛辛苦苦記錄原住民文化並不是目的本身。它的真正任務是要從思想、文化產品、社會關係甚至物理世界探尋出結構的回聲。要是能做到這一點，人類學將可把本質與形式整合在一起，把方法與現實（reality）整合在一起，實現其做為首席學科的角色。

在寫作《今日的圖騰崇拜》的同時，他可用於《野性的思維》的材料也逐漸在法蘭西學院的講堂裡累積起來。結果就是，這兩本書幾乎是同一時間出版。《今日的圖騰崇拜》出版的兩個月後，《野性的思維》在一九六二年三月面世，且馬上引起極大矚目。魯瓦（Claude Roy）在《解放報》裡譽之為「現代人文學歷史中的一大盛事」，穆尼埃（Emmanuel Mounier）一九六三年則用了一整期他創辦的雜誌《精神》（*Esprit*）來介紹《野性的思維》。這兩個「哲學事件」就這樣一前一後地登場。[15]

「La Pensée sauvage」這書名帶有兩個雙關語：法文的pensée既可指「思維」又可指「三色堇」，而sauvage則可同時指「野性」（取「未被馴化」之義）和「野蠻」。換言之，sauvage既是在諷刺十九世紀把原始部族貶稱為「野蠻人」，也暗示著自己繼承的是一個以蒙田和盧梭為代表的法國哲學傳統。不過，它會不會也同時暗示著梅洛龐蒂的「野蠻精神」（l'esprit sauvage）觀念呢（這書就是題獻給已故的梅洛龐蒂）？不管是或不是，李維史陀採取這個書名都是一種蓄意挑釁。「我用sauvage這個字是故意的，」他在《野性的思維》出版後沒多久說，「它帶有一種情緒和批判的重量，而我認為我們不應把這種活力拿掉。」[16]

三色堇的意象則引入一種鄉村風味的詩性情調。它讓人聯想到大自然的體系，甚至說不定是暗暗指涉李維史陀年輕時在馬其諾防線後面諦觀一叢蒲公英得到的啟悟。至於做「思維」

解的pensée則似乎是意味著李維史陀想要加入一個歷史悠久的哲學辯論：「文明」和「原始」的思維方式之間是否有一根本分別？對一九六〇年代初期任何有文化素養的巴黎讀者來說，「思維」一詞都會讓他們以為這書的精神是繼承了列維—布留爾（Lucien Lévy-Bruhl）更早前對「原始心靈」(la mentalité primitive）的研究。不過，隨著書中論證的展開，讀者最終會明白，野性的「思維」所指的是一種更抽象和更普遍的事物：不是原始思維，而是一種未受窄縮的思維，是心靈無拘無束的樣子。所以，《野性的思維》這個書名可說一網打盡了李維史陀學術方案的三大元素：自然、文化和心靈。

在《野性的思維》裡，李維史陀走出了《今日的圖騰崇拜》那個純粹二元性的世界，推進到一個異常錯綜複雜的世界。他要提出的核心觀念是：所謂的「原始人」其實就像現代人一樣，是受到一種無利害考量的認知好奇心所驅使。不管是在澳洲中部和墨西哥的沙漠，還是在菲律賓和西非洲的森林裡，原住民族群都會系統性地收集知識、並以一種具有邏輯嚴謹性的方式把取自周遭環境的資訊綜合起來，過程中建立起一套百科全書般和富於細節的知識。例如，菲律賓民都諾島（Mindoro island）南端的哈努諾人（Hanunóo）命名了四百多種動物，包括六十種海水軟體動物；墨西哥的特瓦人（Tewa）能辨別超過四十五種蕈菇和木耳。有一個民族學家從加朋（Gabon）一個報導人提供的資訊記錄下八千種動植物的名稱。李維史陀從全世界的民族誌採樣，以證明各地原住民的觀察細緻入微，對事物形容的精準近乎詩的境界：特瓦人有四十種形容一片葉子的方法，而加朋的芳人（Fang）則有各種細緻的方式描述「風、光、天色、水波和海浪、水流和氣流」的細微變異。[17]

這種對動植物的極細分類方式顯然已超出無文字社會日常生活的實際需要。這些「野蠻人」在他們周遭的自然環境裡梭巡、觀察、歸類和綜合，使用的是一種不拘一格的科學方法。他們把大自然的材料結合和重組為各種文化成品（神話、儀式和社會組織），手段就像那些利用工作室裡各種零七八碎材料從事即興創作的藝術家。李維史陀用來描寫這個過程的中心意象是「修補匠」（bricoleur）：一個十八般武藝都懂一點的匠人，他可以利用手邊各種找得到的材料來從事修補或製作，以解決實際或美學的難題。「野性」的思維——無拘無束狀態的思維——相當於一種認知上的修補術（bricolage），其所追求的是知性和美學上的滿足。「修補匠」是一個非常法國的觀念，源出自那個藝術家和工匠還沒有分化開來的時代（也因此是更富創造性的時代）。李維史陀自己對「修補」有第一手的經驗，因為從小他就在普桑路公寓的客廳幫忙父親修補家具。「家父是個了不起的修補匠，」他日後回憶說，「我就是從他那裡學到修補的樂趣和技巧。」[18]做為思想概念，「修補匠」和「修補術」涵蘊豐富且充滿召喚力，在後來幾年也確實證明了它的影響力，在視覺藝術、文學和哲學的領域成為即興創作的同義詞。

《野性的思維》致力探索的是「修補術」底下的邏輯，也就是要鑽探索緒爾語言學領域當中的符號與象徵，二元對立和「差異性關係」（這些概念是李維史陀在一九四〇年代聽過雅各布森的課之後便一直沿用）。事實上，原始人要建立一個夠複雜的邏輯系統甚至用不著祭出一系列的動物和植物，因為單是一個物種便足以提供人類夠多的差異去建立一個複雜的模型。例如，在奧撒格人（Osage），鷹會根據三重方式來區分，一是把鷹分為金鷹、有斑點的鷹和禿鷹，一是按顏色區分，再來是按年紀區分。所以，光是透過鷹，奧薩格人便足以創造出一個「三維的矩陣」，如此，他們生活環境中的一種普通事物便變成一種「思考的對象」、一種豐富的「概念工具」。只要在矩陣裡頭再加入一隻熊或海豹，可能的排列組合方式便會以幾何級數倍增。李維史陀以這三種動物為基本元素，把它們的可能組合方式畫成一幅圖表，其樣子就像一個折光的水晶體。這「水晶體」的上下尖端分別代表「物種」和「個體」，幾條樞軸線分別代表海豹、熊、鷹、頭、頸、足。各相交點都有一個值：頭$_1$、頭$_2$、頭$_3$；足$_1$、足$_2$、足$_3$，等等。這些被他稱為「圖騰算子」（totemic operator）的元素是結構主義修辭最淨煉的體現：

> 整個圖式構成了一種概念性工具，它通過多樣性透濾出統一性，又通過統一性透濾出多樣性；通過同一性透濾出差異性，又通過差異性透濾出同一性。於是中間值具有理論上無限的幅度，它能收縮（或伸展）成純粹的概念內涵，形成兩個極端的漩渦，不過形

成彼此對稱的相反形式，就無法不藉助某種扭曲。20

這段文字是李維史陀最艱澀的一面，是非常法國式的理論論述。雖然這個模型已經夠複雜，但他卻宣稱它只等於「一個細胞的一小部分」，因為可以被放入圖式中的個體、物種和身體部分多得不可勝數。所以，在這麼龐大的邏輯組合中理出模型的任務只能「留待下一世紀的民族學界來完成」，而且「不可能在沒有儀器的幫助下完成」。

在《野性的思維》中，李維史陀也回過頭求助於蘇格蘭生物學家暨數學家湯普森。他是撰寫《親屬關係的基本結構》期間在紐約公共圖書館讀到湯普森的《論成長與形式》，並從其中提煉出結構主義的一個基本觀念：「變形」（transformations）。湯普森曾經表示，不同物種的不同形式與結構只是彼此的數學變形：透過把畫在幾何格線上的頭型拉長、拉寬或壓扁，貘的頭骨就可以變為馬的頭骨，馬的頭骨就可變為兔子的頭骨再變形為狗的頭骨。不管是羚羊角、犀牛角還是山羊角，不管是牙齒、獠牙還是貝殼，都不過是對數上的變形。

不過，李維史陀再一次只是採摘這些洞察的風味（模式可以數學化和形式可以邏輯化的觀念），然後把它們做出非常個人色彩的應用。當他綜覽不同的民族誌，所看到的不是逐漸演化或受鄰近文化的漸進式影響，而是以同樣的對稱方式和比例進行的系統性結構變化。「我很快就發現，」李維史陀日後回憶說，「這種觀點具有一個長遠的傳統：站在湯普森背後的是歌德的植物學，站在歌德背後的是杜勒（Albrecht Dürer）和他的《論人體的比例》（*Treatise on the Proportions of the Human Body*）。」[21]

乍看之下，以《野性的思維》這麼艱深和專技的書籍竟能成為法國思想的一座里程碑，著實不可思議，但它的第一章（一篇像是用意識流手法寫出的理論論文）和最後一章（一個對沙特炮火全開的攻擊）卻能夠吸引到更廣大的讀者。第一章的行文相當狂放，一下子討論努諾人的植物分類方法，一下子討論十九世紀畫家克羅埃（François Clouet）一幅婦女肖像的領口輪狀縐褶，又談到了狄更斯、默片時代法國製片人梅里葉（Georges Méliès）的布景設計、日本庭園、西斯汀教堂、立體主義，還描寫了十幾個原住民族群的一些文化細節。他在一處指出：「藝術的位置介於科學知識與神祕思想的中間」，在另一處又指出：「畫家總是站在設計與軼事的半路上。」要跟得上李維史陀的思路並不總是容易的，但他那種兼容並蓄的手法確實非常令人信服。

《野性的思維》還有一點離經叛道的味道。書中所選刊的插圖有些很有趣，有些則怪誕莫名。有十九世紀格蘭德維爾（Grandville）畫的獸頭人，出自《日常裡的變形》（*Les Métamorphoses du jour*）一書，還有十七世紀勒布倫（Charles Le Brun）將人類和動物面容相混合的實驗性速寫。前者的圖說是「圖騰崇拜的對反：自然被人類化」，後者的圖說是「圖騰崇拜的對反：人類被自然化」，但並沒有詳加解釋，而正文裡也完全沒有語及。較沒問題的是兩幅「屈林加」（churinga）的圖片（「屈林加」是澳洲原住民用於祖先崇拜的聖物），但它們卻被放在原住民所畫的一幅歐洲風格的澳洲內陸風景畫旁邊，而李維史陀在圖說裡指出這水彩畫「枯燥而造作，有可能會讓人誤以為是一個老姑娘所畫」。至於為什麼會放入這幅插圖，唯一可能的理由是它呼應了李維史陀在第三章順口說出的一句話。[22]

不過，在這許許多多的旁枝末節之中，貫穿著一個長篇的哲學討論：科學思維和「野性」思維的差異。他指出，科學思維是分析性和抽象的，喜歡把世界打破為一系列的難題，而「野性」思維則尋求一個總體的解決辦法。科學家習慣站在一個距離之外量度、秤重和建立模型，「野性」思維卻是直接處理周遭環境的感官經驗，用它們彼此衡量，再在一個神話性—詩性的公式裡排出秩序。在一九七〇年代所拍攝的一個訪談裡，李維史陀形容科學的研究過程為一種永不停歇的挖掘：先是把表面真實敲破，尋找其下面的分析性世界，找到之後再挖下一層，如此繼續不斷。「科學的進步得自於一層層地向下推進，」他說，「以找出愈來愈祕密的地圖，而由此得到的解釋被視為我們手上地圖的本質。」與這種「不斷探問、不斷深入」形成鮮明對比的「野性」的思維方式，因為它只管表面，不問深度，照自然環境的表面價值來看待自然環境，但會把找到的一切布置成為一個有著漂亮平衡性和邏輯嚴謹性的思想系統。[23]透過這種二分法，李維史陀也逐漸逼近自己思維風格的核心：追求感官事物和邏輯事物的融合。這種追求是貫徹他一生的執念。

李維史陀不是個感官遲鈍的人。在巴西從事田野工作的時候，他把南比夸拉人採集到的十三種不同風味的蜂蜜比作勃艮第不同佳釀的味道。在嚐過各種異國風味的巴西水果之後，他也把感想記在了田野筆記裡：思帝果（araçá）「嚐起來像是帶一絲絲微酸味的松節油」、阿薩伊莓果（açaí）榨出的汁像「濃稠的覆盆子汁」，又形容巴庫列果（bacuri）的味道「猶如一顆從天堂果園偷摘來的梨子」。在森林裡，他聞到了腐朽落葉的巧克力氣味，由是知道這種土壤為何可以產生出可可，而上普羅旺斯的砂質土又是怎樣能同時孕育出薰衣草的花香味和松露的刺鼻氣味。也是在森林的深處，他的考察隊有三天因為無事可做，便盡情用手邊的材料烹調出各種法式美食，包括了澆上威士忌串烤的蜂鳥，以及連著棕櫚樹嫩芽一起燉的野火雞（吃的時候澆上用堅果做的奶油醬汁和黑胡椒）。所以，不管李維史陀的思維方式有多麼不食人間煙火、有多麼不信任直接經驗，他的感官仍然非常活躍。

代之以對抗這些矛盾，他設法去融合它們。他相信，他這樣做的同時也是在解決一個長久以來的哲學難題：抽象的知性理解和感官感覺之間的關係。柏拉圖稱之為「知性」（intelligible）與「感性」（sensible）的對立，洛克（John Locke）則稱為「初性」（primary quality）與「次性」（secondary quality）的對立。自古希臘哲學家德謨克利特（Democritus）以降，包括伽利略、笛卡兒和牛頓在內一長串的思想家都曾經懷疑，那些獨立於觀察者的性質

（如幾何形狀、數字、運動和密度）和主觀的性質（如顏色、氣味、質感等）是否有著根本的不同。「紅色」、「苦」、「觸感粗糙」這些觀念看來是根本不同於那些可量度和精確界定的實體，如圓形、正方形和數字「三」等。西方文化為確立科學而把「次性」給邊緣化，但李維史陀卻力主，前文字的社會曾超越這個爭論，把感官事物和邏輯事物熔為一個無縫的整體。

在李維史陀看來，美學感性正是「野性」思維的通用貨幣，但其在應用上會受到嚴格法則的規約。未被馴化的思維雖然可以無拘無束地運作，但最後得出的卻是一批系統性的邏輯命題，其中各元素皆是以「對立」和「顛倒」的方式並列：皮毛與羽毛對立、滑順感與砂礫感對立、聲音與寂靜對立、新鮮與腐爛對立，等等。在下一本著作《生食與熟食》中，李維史陀將會用一章篇幅（稱為〈五官的賦格曲〉）來探討這個問題。[24]所以，「野性」思維的世界與其說是一片荒野叢林，不如說是一個巴黎公園，有鋪著沙礫的廣場、帶狀草坪與成排剪裁的灌木。他自任的任務是分析這個奇怪的融合：一個由純粹經驗建構出來的邏輯系統，一種由聲音、氣味和觸感建構出來的文法，一個由植物、動物和自然現象（如流星）構成的形式結構。對原始人的這套「學問」，李維史陀稱之為「具體性的科學」（la science du concrert）。他在《野性的思維》裡寫道：「要到本世紀的中葉，兩條長久分開的道路才終於交會。」[25]換言之，現代思維方式在二十世紀中葉開始向新石器時代的思考方式回歸，而人類知識也終於首尾相接。

《野性的思維》的英譯本要花四年時間才得以問世。主其事的尼達姆（他當時仍是李維史陀在英國的擁護者）把這工作交給西比兒・沃福蘭（Sybil Wolfram）——西比兒三十出頭，當時是劍橋大學的哲學講師。但李維史陀看了頭兩章的翻譯初稿後卻大不滿意，提出許多批評。西比兒馬上便想打退堂鼓，經過出版社力勸才回心轉意。當她把全書譯完之後，李維史陀的態度很不客氣，在寫給《人類》期刊的一封信上抱怨說：「我認不出她翻譯的那本書是我寫的。」於是，出版社請來另外幾位譯者，在人類學家蓋爾納（Ernst Gellner）領軍下把西比兒的譯稿大修了一遍。西比兒拒絕在這個經過大肆改動的譯本掛名，並認為它包含「一堆錯誤得可笑、不知所云、不合文法和辭不達意的句子，帶來的往往是荒謬和不精準，失去了我處心積慮保存的弦外之音」。日後，西比兒又借李維史陀自己的用語取笑經過大改的英譯本是神奇地「把熟食變成了生食」。[26]

七星文庫版的李維史陀選集收錄了一些西比兒與李維史陀之間的通信，而從這些通信，可以看出兩人的心靈毫無交集可言。信中，西比兒指控李維史陀「對英語的認識不充分」，又把李維史陀建議採用的 structuration 一詞稱作是一種「噁心的美語新詞」。有一次，她光是為了解釋 contingency 和 chance 這兩字有何不同，便給李維史陀寫了一封長信；另一次，她不用 être（是）和 devenir（變成）這樣哲學性的詞語，認為只是「無意義的形上學表述」。李維史陀對譯稿所做的修改讓她一肚子火。「如果你的話不是我翻譯的那個意思，那我就不懂它是什麼意思。」她在信中生氣地說。[27]

書名本身包含的文字遊戲更是問題。英譯本的書名有好幾個可能選擇：《野生三色堇》、《未被馴化的思維》或（李維史陀自己建議的）《肆恣的心靈》（*The Mind in the Wild*）。其中一個編輯提議採用一個學術味濃濃的書名：《自然的觀念：對原始思維的一個研究》。[28]但最後拍版定案的是與原書名有出入的《野蠻的心靈》（*The Savage Mind*），而英譯本也把原封面上的三色堇圖片和書後的附錄（包含一些前人對野生三色堇的論說）給拿掉。（李維史陀最後又做了一件事，在二〇〇八年七星文庫的版本，在扉頁加入取自莎劇《哈姆雷特》的英語臺詞：「這是三色堇，是供人思考用的。」）英譯本有時確實會讓人覺得難啃，但應該為譯者說句公道話，要把李維史陀那種常常有雙關語的哲性—詩性文體翻譯為英文本來就大不容易，加上與原作者意見不同，讓這工作更是難上加難。

這件翻譯公案凸顯出李維史陀與他英國同行之間的差異，突顯出拉丁與盎格魯—撒克遜知識分子感性上的分歧。李維史陀那種捉摸不定的詩性風格確實會抗拒英美學界那種傾向直譯的作風。他老是喜歡用自然科學做比喻，這使評論者認為根本不可能抓住他論證的細節，不禁懷疑他只是用花俏文體來掩飾嚴謹性的不足。

問題的一部分出在英美學者對李維史陀工作的那個脈絡缺乏認識。對李維史陀來說，民族學是為哲學服務的。這是一種法國知識大眾耳熟能詳的觀念，但卻沒有傳播到英倫海峽的彼岸。在英國，他那種高蹈文體被認為過度浮華賣弄，而就連李維史陀自己亦在《野性的思維》近尾聲處承認：「此書包含著一點點相當要不得的抒情調調。」只不過，他從不認為這些賣弄會有損觀念的清晰性。[29]

在一九七〇年代初期接受《今日心理學》（*Psychology Today*）期刊訪談時，李維史陀自己對法國和英美的這種歧異亦有所論及：

> 在法國……哲學猶如一種通用語，一方面可以做為學界和大眾的一種溝通手段，另一方面可以做為學術不同分支的溝通手段。但英國和美國的情況卻不是這樣。我甚至會說，你所指出我作品中的那些哲學面向雖然會吸引一些法國讀者，卻會大大惹惱英國和美國的讀者。[30]

歐陸學者在藝術和科學之間的自由進出對英美學術界來說也是陌生的。例如，在《憂鬱的熱帶》出版的同一年，李維史陀才與雅各布森攜手對波特萊爾的短詩〈貓〉（Les Chats）進行了結構分析。在兩個人就這個主題通過許多次信以後，他們在李維史陀的書房坐下來，一起寫了一篇解構〈貓〉的論文。雖然你也可以說那是遊戲文章，但它後來卻被刊登於《人類》（*L'Homme*）——那是社會人類學實驗室出版的期刊，由李維史陀、邦弗尼斯特和古爾羅共同創辦，角色相當於英國的人類學刊物《人》（*Man*）和美國的《美國人類學家》（*American Anthropologist*）。[31]

在英國和美國，批評李維史陀的人通常都是著眼於他引用的資料有誤或對資料的詮釋有誤，但在法國，不管批評還是讚美李維史陀的人通常都是出於哲學理由。有些評論他作品的文章深奧得不下他的原作。例如，法國頂尖哲學家呂格爾（Paul Ricoeur）在一篇評論《野性的思維》的文章（登於一九六三年十一月號的《精神》雜誌）裡這樣說：

> 你致力於搶救意義，但你搶救到的卻是不具意義的意義，是一種語法安排讓人敬佩卻一無所述的論述。我看到你站在不可知論（agnosticism）和過度知性語法的連接點上。你的思想之所以同時深具魅力又讓人困惑，原因正在於此。[32]

呂格爾認為，李維史陀的結構主義有時像是一種「沒有超驗主體（transcendental subject）的康德主義」（即承認心靈對世界的認識受到某種約束但又把心靈看成是離形去體），有時則像一種「絕對的形式主義」。[33]李維史陀一直以來都在反擊「形式主義」這個標籤，認為那是對他思想的錯誤解讀。但他卻喜歡「沒有超驗主體的康德主義」這個說法，甚至在《生食與熟食》裡加以引用，又語帶贊同地引用了呂格爾對結構主義的另一個評論：他說，李維史陀的「範疇化系統」因為少了一個「思維主體」，便「變得與自然（nature）異體同形——乃至乎也許就是自然自身」。呂格爾以神祕主義的姿態下此結論。[34]

在寫這篇文章的時候，呂格爾仍然對結構主義著迷，但最後卻徹底失望：

> 我看見了一種極端形式的現代不可知論。就你認為，這世界沒有「訊息」這回事……你因為對意義絕望，便用以下一種思想安慰自己：即便人沒什麼可說的，他們至少可以大談他們的論述是可以為結構主義分析的。[35]

意義的真空、意志的闕如、「主體」的抹去（「主體」是當時哲學思考的核心點）——結構主義這些方面讓一些人揣揣不安。[36]然而，對其他人來說（特別是對事業剛起步的新一代思想家來說），這些方面卻引人入勝。因為李維史陀不只挑戰了主宰法國哲學超過一代的那些基本假設，還提出了一個截然相反的哲學新方案。在反對人文主義所代表的正統的同時，他也創造了一個思想空間：在這個空間裡，所有人（包括他自己）都只不過是觀念的容器、是文化的轉接點。在整個一九五〇年代，這種觀念都曾引起正反兩極的反應。但不管怎樣，李維史陀都認為攻擊法國哲學最知名的思想家——沙特——的時機已告成熟。

沙特在作品裡談過存在的嘔吐感，又大聲疾呼人應該在一個無神的世界裡奮力追求本真和自由；他是個非常公眾的公眾人物，私生活多姿多采，是人們茶餘飯後的話題；他一度是共產主義的積極分子，最後又成了毛澤東主義的同情者：這一切，都讓人很難想像有比沙特和李維史陀還要南轅北轍的兩個人。在公開的場合，李維史陀會讚揚沙特是偉大思想家，說沙特「具有不可思議的能力，能用最不同的文類——戲劇、報紙、哲學、小說——表達出自己的想法。」[37]但私底下，他卻相當不齒沙特的荒唐生活方式。還在紐約的時候，多洛莉絲．瓦納蒂曾問過他是否喜歡沙特，而李維史陀回答說：「妳怎能指望我在讀過《她要來過夜》之後還喜歡他？」《她要來過夜》指的是西蒙．波娃的第一部小說《女賓》（*L'invitée*），書中以影射方式描寫了沙特和女學生奧爾嘉（Olga）的不倫關係。多洛莉絲盡責地把李維史陀的評語轉告沙特，而沙特又在一封信裡告訴了波娃，並補充說：「我細膩的好朋友，妳替我畫的那幅肖像讓我感激不盡。」[38]

一九六〇年，沙特出版了哲學鉅著《辯證理性批判》（*Critique de la raison dialectique*）。他寫此書的目的部分是為了回應梅洛龐蒂對他的批評，但主要是想把存在主義和馬克思主義結合在一起。出版之後，他寄了一本給李維史陀，寫著這樣的獻詞：「送給李維史陀，以見證一段忠實的友誼。」又補充說他這書「要處理的問題是受那些你念茲在茲的問題所啟迪，特別是受你設定這些問題的方式所啟迪」。[39]《辯證理性批判》多處語帶肯定地引用李維史陀的文字，書中甚至有一章題為「結構：李維史陀的作品」，裡頭一再以取自《親屬關係的基本結構》的例子介紹李維史陀的思想。《辯證理性批判》甚至流露出一點點受結構主義影響的味道，因為沙特開始轉向一種較受拘束、較強調體系主宰性的自由觀。

在一九六〇至六一年那個冬天，李維史陀都用高等研究實用學院的討論課來分析《辯證理性批判》，又在寫作《今日的圖騰崇拜》和《野性的思維》時把這部著作一讀再讀。最後，他在《野性的思維》加入一章（題為「歷史與辯證」），專談《辯證理性批判》。他在序言裡自言他對沙特的批判是「一種出於景仰與尊敬的禮敬」[40]，但事實上，他不只沒有回報沙特的恭維，反而把沙特狠狠修理了一番。

「歷史與辯證」充滿屬於另一個思想時代的行話術語，很多段落都是今日讀者（專家除外）所無法讀懂。其中，李維史陀企圖以二十幾頁的篇幅剷平沙特的整個哲學方案。他的攻擊從不同方向展開，包括了為「類比性」的原始思維辯護而批判西方的辯證理性；攻擊主體的孤芳自戀；對歷史的優先性提出了更多撻伐和指出沙特的思路是一種民族自我中心主義。基本上，他提出的許多論證都已在《今日的圖騰崇拜》和《野性的思維》出現過，只不過這一次做了更細的琢磨並發動更大的攻擊。他最尖刻的話語帶有維多利亞時代人類學的色彩：指控沙特把西方歷史置於巴布亞人（Papuan）歷史之上，「相當於一種思想上的同類相食（intellectual cannibalism），而對人類學家而言，這種同類相食比真實的食人習俗還要讓人厭惡。」李維史陀又取笑沙特把原始與文明對立起來的想法，「只有一個美拉尼西亞的野蠻人可以想得出來」。[41]李維史陀覺得，他現在用來工作那塊「畫布」要比馬克思主義／存在主義有關歷史力量和個人可能解放的論述遠為寬廣。在李維史陀看來，沙特和其他許多巴黎菁英參與的辯論都是目光短淺，只是西方幾百年的道德與歷史。與結構主義的全球鞭長相比，沙特賴以建構「哲學人類學」的例子（公車站的排隊人龍、罷工、火柴盒等）顯得土裡土氣。

奇怪的是，沙特雖然是其時代最好辯的知識分子，但受到李維史陀攻擊後卻沒有還擊。要事隔多年，到了結構主義的鋒頭已過之後，他才重新提起這篇文字，指出李維史陀誤解了他的思想和對歷史方法有不公道的低估。到更後來，李維史陀自己也把這場爭論輕描淡寫化。「那從不是一場私人恩怨……」他這樣告訴《華盛頓郵報》的記者，「只不過，聽到沙特的弟子主張凡事皆離不開歷史，我不能不表示異議。這並不表示我不看重歷史，我只是認為它沒有特權罷了。」[42]

不過，「歷史與辯證」在當時的意義卻厥為巨大。它讓許多知識圈都有鬆一口氣的感覺。因為終於有人向統治法國思想界長達四分之一世紀的那個人開炮了。沙特一向呼籲本真、政治參與和發揮純粹意志，但在一個人們對政治愈來愈幻滅的時代，這種呼籲也愈來愈刺耳。李維史陀以雷霆萬鈞之姿一舉打破了沙特的魔咒：針對沙特的「他人是地獄」之說，李維史陀以「地獄是我們自己」反擊；針對沙特的「自由乃人的宿命」之說，李維史陀指出「自由」

這個觀念只是幻影。

雖然李維史陀只比沙特小三歲，但他的登高一呼卻讓人有一種世代交替的感覺，在風格與實質上都產生斷裂。自此，思想界的領導權開始從一個愛嗑藥和流連左岸咖啡館的老菸槍手中讓渡到一個住在第十六區的審美家手中，而一個譁眾取寵的知識分子的形象也漸漸被一個清醒肅穆的技師形象所蓋過。正如社會學家布迪厄（Pierre Bourdieu）在一九八〇年一次訪談中指出的：

> 像沙特一類哲學家無疑仍是讓人敬重也大概仍然重要。他是那種在每個人都不知所措的時候（例如在危機時期）可以指出方向的人。另一方面，我們又有一點點厭倦了他那種先知口氣。所以，當有個人（指李維史陀）告訴我們：「看，我們是能夠理解，能夠分析的。有些理論工具可以幫助我們理解那些看來不可解、無法辯護和荒謬的事情。」我認為那真的是非常重要。[43]

李維史陀應許著人文學將會擺脫哲學修辭的糾纏，改為以科學為基礎（事實上他是把科學和哲學任意結合）。這對年輕一輩的思想家深具吸引力，因為他們都想在變得高度政治化的哲學之外另覓一個立足點。結構主義使用的各種專門術語——符號、意符（signifier）、對反（oppsition）等——都是在語言學（一個具有科學性的學科）經過測試，在在比德國哲學那些朦朦朧朧的用語——本體神學（ontotheology）、此有（Dasein）、所思（noema）等——顯得具體實在。就像二次大戰後一度流行過的邏輯實證論一樣，結構主義揚言要給哲學來一趟大清掃，除去它含混的成分和詭辯的反思。但與邏輯實證論不同的是，結構主義的基礎不是經驗主義，而是高濃度的理性主義。

把法國學術圈當成「民族學」研究對象的《學術人》（*Homo Academicus*）一書，布迪厄在書中把李維史陀對沙特的攻擊定位為法國思想生態大變天的核心。它標誌著社會科學的崛起和人類學（有別於較狹窄和較專門化的「民族學」）提升為一門恢弘的綜合性學科。跟語言學和歷史學攜手一道，人類學打破了哲學原先不受質疑的優越性。《人類》這本人類學期刊，連同早已聲譽卓著的《年鑑》雜誌，開始讓《現代》相形見絀，使後者「被降級為有黨派性的宣傳品，淪為巴黎文學雜誌的角色」。[44]從這個角度看，李維史陀對歷史重要性的持續攻擊乃是一場大戰爭裡的小戰爭，目的是在人文學新崛起的菁英學科之間爭奪桂冠。

哲學的潮流正在轉向，法國知識分子再一次在兩個選項之間換邊站。被思想家巴底烏界定為二十世紀法國思想的兩大分支，這兩個選項一個源出柏格森的「內在生命力哲學」，其前提是存有與變化的統一，另一則是發端於邦弗尼斯特「以數學化概念為基礎」的哲學。前者是以主體經驗為出發點，後者把焦點放在世界中的事物和概念之間的關係；前者追尋的是「意義」，後者追尋的是「形式」。李維史陀的結構主義毫不含糊地座落在光譜的「形式」一端的末端，代表著與主宰二次大戰後法國思想界的正統教義徹底決裂。[45]

諷刺的是，雖然反人文主義的調子貫穿李維史陀的全部作品，但從他的哲學反思所浮現的卻是一個人物（persona）。李維史陀銳意描畫的是一種思維風格，但到頭來卻描畫出一個「人」的形象：然而這個「人」與其說是高貴的野蠻人，不如說是個雅好錦衣玉食的原住民。這個「原住民」是一個鑑賞家和感官主義者，對前衛的切割技法深感興趣，憑天生的直覺便掌握到西方思想家花了許多世紀的努力才能表達出來的真理。他是一個大自然的邏輯家，有本領「像是透過一片暗色玻璃那樣」看出當代人要靠高科技（電腦和低功率的電子顯微鏡）才看得見的詮釋原則。做為一個「修補匠」，他可以讓人聯想起法國手工師傅的匠心獨運，是一個快速標準化工業時代裡的瀕臨絕種動物。[46]

在《野性的思維》的最後篇幅，隨著李維史陀運用一連串的比喻和類比去解釋自己是怎樣看出野性思維的神祕運作方式，那個位於野性思維後面的人幾乎是呼之欲出。「他」曾化身為澳洲原住民（在李維史陀《親屬關係的基本結構》就出現的典型人物），在荒漠沙地上勾勒複雜親屬關係圖式，李維史陀把這個原住民所做的事比作一個理工學院的教授在教室的黑板上運算。在《野性的思維》最後幾頁，這個假想的人再次出現，站在一間家具眾多、四面牆壁布滿微微偏斜鏡子的房間裡，努力把鏡子映出的許多家具和室內裝潢斷片鑲嵌成一個整體——一個類似「世界圖像」(imagines mundi）的整體（「世界圖像」是中世紀用來象徵世界各大洲的圖案，常常被用於裝飾地圖和聖經）。

李維史陀筆下的野蠻人是他自己各種品味偏好的融合體，混合了十八、十九和二十世紀的品味，混合了傳統與前衛的品味。這個野蠻人是他的另一個自我（alter ego），由他是何許人和他想成為何許人的斷片結合而成。兩者的紐帶是知性。正如他在《憂鬱的熱帶》裡說過的，他會被人類學吸引，大概「是因為它所研究的文明和我自己的特殊思考方式之間有一種結構上的親近性」。[47] 喜歡待在書齋而不是待在田野，這個「野蠻人」與李維史陀在四分之一個世紀前接觸過的那些有血有肉的原住民殊少關係。二〇〇五年，當被懷斯曼（Boris Wiseman）問到他身為民族學家的經驗時，李維史陀回答得很坦白：

懷斯曼：卡都衛歐人特別讓你欣賞的是哪些事情？

李維史陀：陶器和身體藝術——他們是偉大的藝術家。

懷斯曼：你欣賞他們的生活方式嗎？

李維史陀：一點都不——他們過得像貧窮的巴西農民。

……

懷斯曼：你有（跟南比夸拉人）談到法國嗎？

李維史陀：很少——我們的溝通方式非常有限。

懷斯曼：你認同你所研究的印第安人嗎？

李維史陀：不，完全不會！[48]

與純思和結構的光芒相比，野蠻人的形象顯得像燭焰一樣蒼白，不過，在《野性的思維》的最後，這燭焰更是被完全吹熄，因為李維史陀明確指出，人文科學的終極目標「不是去建構人，而是去消解人」。四年後，傅柯在《詞與物》（*Les Mots et les choses*）一書中以更抒情的筆觸重提此說：「『人』大概不過是事物秩序（order of things）中的一道裂縫。不過，想到『人』只是一種新近的發明，只是一個歷史不到兩世紀的角色，只是我們知識的一層新縐褶，倒是可以讓人感到安慰和大大鬆一口氣。」而隨著一個不同的知識形構（configuration of knowledge）的興起——傅柯以一句廣為徵引的名句斷言——「人將會被抹去，猶如畫在海邊沙灘上的一張臉。」[49]

10 神話的星雲

恩斯特（Max Ernst）從別的文化借來意象，建立起他的個人神話……在《神話學》諸書，我也是把一個神話主題切割開，將斷片加以重組，以顯示出更多的意義。

——李維史陀、葉希邦，《咫尺天涯》

一九五〇年代，當李維史陀第一次把注意力投向神話領域之時，他預言日後的神話研究將會是由一種「特殊設備」來輔助，該設備包含一系列長兩公尺、高一點五公尺的直立式文件櫃，裡面有可以「隨意移動的鴿籠式文件架」，供人歸類寫有神話元素的卡片。而等分析推進至三維層次，便進一步需要用一部IBM的機器和打孔卡片來運算各種神話元素。整個作業需要一間很大的工作室和一支戮力以赴的技術團隊，如此方能破解「神話的發生學法則」。[1]

不過，十年之後，當他開始寫作著名的神話學四部曲時，他卻是一個人工作。從拍於這個時期的紀錄片，我們看到他在巴黎寓所的書房裡伏案工作，除一盞閱讀燈外四面一片幽暗，桌上堆著高高一疊寫滿眉批的打字稿。他身後是一些檔案櫃，裡頭的分隔板用標籤注明它們包含的資料涉及的是哪些部族、主題、動物和地點：「樹懶」、「貘」、「墨西哥」、「加州」、「月亮」、「隕石」、「織布」、「卡因岡人」、「易洛魁人」（Iroquois）等。這個時期，做為人類學以外的補充讀物，他也讀了狄德羅和達朗貝（d'Alembert）編的《百科全書》、布雷姆（Alfred Brehm）的動物學著作、普林尼（Pliny）和普魯塔克（Plutarch）的作品，又在身旁擺放一個古代的天體儀，用它來確定古典著作裡的天文學指涉。他在《裸人》（*L'Homme nu*）出版後告訴為他拍攝紀錄片的製作人伯紹（Pierre Beuchot）說：「在從事《神話學》的整個期間，我都是日夜不停地工作，不知星期六、星期日和假日為何物，不允許自己把線索給鬆開……好讓自己能夠明白神話故事最小細節所包含的結構要素。」[2]

及至六〇年代中葉，他已經不再談什麼木板、鴿籠式文件架和電腦卡片，取而代之的是一種小型得多和更概念性的工具：一個由鐵絲構成的自動轉動裝飾，上面夾滿寫著神話元素的小紙條。他把這裝置垂掛在辦公室天花板，一面看著它慢慢轉動，一面思索各種神話元素可能構成的邏輯系統。在紙上，他把從這裝置得來的啟示畫成有三個維度的圖表。在其中一幅圖表裡，我們看到由垂直和水平兩條軸線構成的十字，四個端點分別代表「自信的訪客」、

「謹慎的處女」、「亂倫的兄弟」和「歷險的丈夫」；水平軸線上分布著「滾動的頭」、「月亮」、「彩虹」三個神話元素，垂直軸線上分布著「月亮」、「陰影」和「糾纏的女人」三個神話元素。一條虛線以對角線的方式斜穿過兩條軸線，把整個空間區分為「（＋）內部（－）」和「（－）外部（＋）」兩部分。然後，李維史陀再根據各個神話（M_{393}、M_{255}、M_{401}等）*包含的敘事特性，把它們標示在圖表中的不同位置。

站在近半世紀之後的今日回顧，看到這麼一種堂吉訶德式追求竟就是主宰當時人文學的一個理論運動的頂峰，會讓人覺得不可思議。有一段時間，李維史陀的神話活動裝置代表著主流理論（至少在法國是如此）。但隨著這事業的慢慢推進，人們愈來愈看清楚，那是一個高度個人色彩的方案，是一個腦袋和一卡車資料的產物。

在一九五〇年代，李維史陀透過自己所開的討論課思考了神話十年，培養出一種聽出神話敘事的不協和音和對位音的耳力。神話那些迂迴曲折的情節、它那許多繁縟而看似無關主題的細節、它那許多快速推進又似乎不太連貫的敘事，這時全都在李維史陀的耳中變成了音樂。他告訴電影理論家貝盧爾（Raymond Bellour）：「讀神話讓我心情愉快。」他也讀了許多神話（不下幾千個），準備要把它們一一收疊到他經過幾十年發展而成的邏輯模型裡。[4]

* 譯注：李維史陀在《神話學》四部曲裡把每個神話按討論的前後順序編號，如M_{393}便是指第三九三號神話（Myth）。

李維史陀有很好的理論理由把研究焦點放在原住民的神話上。神話反映著心靈自發性的創造活動，完全不受現實的束縛。與受各種社會因素左右的親屬結構不同，神話是一種純思維，是心靈要素的忠實反映。在某個意義下，神話就是心靈自身，是心靈在按自身的衝動運作時的揭示。

《神話學》四部曲是不折不扣的大部頭，由四個長篇樂章構成。前三樂章——《生食與熟食》、《從蜂蜜到煙灰》和《餐桌禮儀的起源》（*L'Origine des manières de table*）——在一九六四年至六八年之間一口氣連續出版。經過頗長一段時間的停頓之後，做為全書終篇的《裸人》才在一九七一年底出版。《裸人》的「裸」（nu）字和《生食與熟食》的「生」（cru）字無論在讀音、意義和結構位置上都互相呼應。李維史陀工作得很快，一年寫出幾百頁，他日後把這種緊急心情歸因於想要趕在死前完成計畫。他不希望重蹈自己偶像索緒爾的覆轍：這位現代語言學的奠基者研究古斯堪地納維亞神話研究了幾十年，死前卻沒有出版過隻言片語。由於這是個極盡錯綜複雜的主題，索緒爾一直不敢動筆，只把想法記在一批筆記本裡（李維史陀曾透過微縮膠卷讀過這些筆記）。[5]

雖然李維史陀在《神話學》計畫剛動工時才五十多歲，但好幾個親密同事的猝逝卻開始讓他感到人生無常。先是梅洛龐蒂在一九六一年正值事業巔峰之際殞落，接著，梅特羅在兩年後自殺死亡（他死前寫了一封長長的遺書，提到包括雷斯利和李維史陀在內的眾多朋友）。

「這件事讓我和他的其他所有朋友大感震驚，」李維史陀告訴葉希邦，「但現在回顧起來，他私下為自殺已經準備了很長一段時間。」[6]兩年後，一直受李維史陀栽培且學術潛力看好的塞巴格也在主持「盧阿基金會」講座的前夕選擇了自我結束生命。[7]

《神話學》四部曲是結構主義的一個壯觀演示，其目的正如李維史陀在全書的第一句話所說的：「旨在表明，一些經驗範疇，諸如生和熟、新鮮和腐敗、溼和乾等……可用作概念工具，藉以提煉出一些抽象觀念並把它們組合成命題。」自從在《野性的思維》建立出理論架構後，李維史陀便已準備好系統性地應用自己的觀念，在文化體裡尋覓出代數形式。他把土著群體比擬為實驗室，把自己的作品比擬為實驗，說這些實驗是要設計來「證明有一種存在於可感知性質（tangible qualities）裡的邏輯，並揭示出這種邏輯的運作方式和規律。」[8]這工作聽起來像是一個蒸餾和簡化的過程，可以（如李維史陀自己愛說的）把混亂轉化為秩序，但事實上，《神話學》系列卻把他的工作的複雜性推到一個新的高度。神話敘事本來就已經夠複雜，但李維史陀的分析卻更複雜，甚至常常要藉助一些偽數學公式來幫助說明這些象徵組合。到第三冊出版時，書中的論證已經迂迴曲折到連李維史陀自己都必須把草稿重看好幾遍才充分瞭解自己的思路。[9]

書中撒滿出自古代、啟蒙運動和十九世紀的典故、引文和警句，有來自維吉爾（Virgil）

以至夏多布里昂的，也有來自巴爾札克以至普魯斯特的，給人以一種極淵博的印象。不過，它嚴肅的一面有時候也會被一些半開玩笑的閒扯沖淡。例如，在《裸人》的一開始，李維史陀引用了一句《花花公子》（他顯然讀過也喜歡讀這雜誌）的玩笑話：「亂倫只要是局限在家庭之內便無傷大雅。」[10]有些章節的標題（「黑暗的工具」、「天體的諧和」、「回聲效應」、「神話的黎明」等）聽起來就像偵探小說，充滿懸疑色彩。《神話學》四部曲的篇幅加起來超過兩千頁，但整個計畫並沒有結束於此，因為到了晚年，李維史陀還會推出所謂的「小神話學」系列：《面具之道》、《嫉妒的製陶女》和《猞猁的故事》（*Histoire de lynx*）。

對於《神話學》所代表的意義，李維史陀的態度有時很謙卑。「不管本書篇幅有多麼浩繁，都只能算是掀開了面紗的一角。」他在《生食與熟食》裡寫道。[11]寫作第三冊期間，他又告訴貝盧爾，自己對神話研究的貢獻非常有限，只相當於「翻開一部巨大卷宗的最初幾頁」。[12]但有時候他也會暗示自己的工作非同小可，儼然是一個巨大歷史過程的開端：先前，在神話逐漸式微後，它的功能曾由巴哈、貝多芬和華格納（又特別是華格納）的音樂所取代，不過，音樂的神話內容後來被前衛流派擾亂，自此，一種有幾千年歷史的論述便只剩下結構主義這個繼承人。

《生食與熟食》的最初幾頁位居他全部作品的核心，包含著李維史陀平生寫過最雄心勃勃的一些段落。與調子急躁的《野性的思維》相比，《神話學》系列開始得氣定神閒，似乎是反映著作者已經攀爬到一個思想的高地，並為此感到心滿意足。李維史陀真的是有理由感到滿足：他已穩坐一個理想學術職位，找到了一個開放性的研究方案（他自己形容那是一趟沒有起點和終點的旅程），可以盡情展示自己的結構主義技藝。

《神話學》系列的基本構想是把神話分作一群一群來分析，要把它們連接起來、加以比較與互相重疊。追溯一種神話模式的過程類似於追溯一條玫瑰線（rose curve），可以從一條數學公式產生出花朵形狀的圖形。李維史陀將會從一個神話開始，再把周邊所有神話一一納入，分析它們如何像一朵花的花瓣般環環相扣。《神話學》之旅會一步一步向北走，沿途觀察一個又一個群組的神話，看它們是如何形成一條縱貫南北美洲的鍊索。這旅程不只是地理性的，還是結構性的。因為就像湯普森曾指出過，鄰近物種的外形不過是彼此的數學變形[13]，李維史陀也將會指出，每一個神話群組都是另一個群組的結構變形，而在這變形的過程中，有些元素會移位，有些會顛倒，還有一些會被完全丟棄。

一些被李維史陀稱作「指導模式」的主軸線貫穿過神話思維，把一組組神話連接起來。軸線上的節點會吐生出新的軸線，往上垂直延伸，和更高層次的更多軸線相交，情況與珊瑚礁在海床上生成的樣子無異。李維史陀用了各種比喻去說明這過程：「隨著這星雲擴散開來，它的內核也會凝聚起來，變得更組織化。」「散亂的線索會漸次串聯起來，讓空隙得以彌合，聯繫得以建立。這時，某種類似秩序般的東西便會從一片混沌中浮現出來。」他把全體神話視為某種物質，形容神話主題的增生擴散為一種「輻照」（irradiation），把它們裂分開來的變形比作折射的光線。較遠地區的神話猶如「原始生物」，它們「被包裹在一層膜裡」，但仍能運動內在的原生質以「形成偽足（pseudopodia）」。[14]

這種科學用語的熱情噴湧又被另一層李維史陀更偏愛的比喻給包覆住：他用音樂的比喻來架構全書。《生食與熟食》的「緒言」事實上是一首「序曲」，因為接下來每一章的標題都宛如是樂曲名稱，例如：「盜鳥巢者的詠嘆調」（The Bird-Nester's Aria）、「禮貌奏鳴曲」（The 'Good Manners' Sonata）、「負子袋鼠的康塔塔」（The Opossum's Cantata）和「平均律天文學」（Well-Tempered Astronomy）等。一九六〇年代中葉接受ＢＢＣ訪問時，他曾被文學評論家斯坦納（George Steiner）問及，《生食與熟食》的其中一章何以會取名「奏鳴曲」。「那只是個玩笑，因為我覺得它太無趣了。」李維史陀回答說。[15] 然而，在《生食與熟食》的緒言裡，他卻就這一點有過長篇大論的嚴肅解釋。他說，神話和音樂兩者都因為結合了邏輯和美學，所以是無時間性的，會超越每一次個別的表達；兩者的工作是一樣的，都是在提出和解決類似的結構性問題。因為想要追求管弦樂那種把不同樂器融合為一整體的「同時發生感」，李維史陀才會把《生食與熟食》構作為一些互相對比的樂章，讓節奏與調號一再變換，讓主旋律產生許多變奏。

不過，《神話學》最終極的模型來自他兒時跟父親去看的華格納歌劇《尼貝龍指環》——就像《神話學》一樣，《尼貝龍指環》也是一組四部曲。年輕時代，李維史陀曾經厭惡華格納的華麗鋪張而青睞於新興的現代主義音樂，但進入中年後，他重回華格納歌劇的懷抱，而且不僅是為了追求美學快感。他會一面聽華格納的音樂一面寫作，讓這音樂融合到自己對神話的思考中。他甚至一度說過，華格納是「神話結構分析無可質疑的原創者」。[16] 後來，他又在文章中引用過《帕西法爾》（*Parsifal*）的一句臺詞：「我兒，你看，時間在這裡變成了空間。」聲稱那是「歷來各種為神話所下的定義中最深刻的一種」。[17]

音樂的比喻與《神話學》的文本契合無間，因為那是一份非常實驗性格的文本，甚至可以說是一份現代主義文本。在其中，風格和文類常常突然轉換，民族誌材料、結構分析和神話摘要互相穿插，讓讀者昏頭轉向。事實上，李維史陀自己在《神話學》裡也終於承認他的方法與現代主義有類似之處（哪怕他提出這個只是為了否認兩者可以相提並論）。在一段談論「序列主義」（序列主義是始於一九二〇年代、發軔於荀白克〔Arnold Schoenberg〕十二音作曲技法的前衛運動）的題外話裡，李維史陀指出序列主義和結構主義有許多共通之處：「兩者都採取堅決的理智態度、偏愛系統排列以及不相信機械論的和經驗論的解決辦法。」但正因為這樣，更有需要釐清兩者間的不同：序列主義是一種形式主義的觀念論，所以正好與結構主義是「站在相反的另一極」，因為結構主義是一種純粹的唯物主義科學。[18]

不過，假如結構主義真是一種科學的話，它又是一種奇怪的科學，因為它的每一個證明都來自詩性的詮釋，而且在每一個轉彎處都拒絕下定論。在緒言的最後，李維史陀向讀者致歉，承認自己的一番說明「讓人暈頭轉向和難以消化」（他把這些說明比作唱片封套上的深奧說明文字）。他建議，如果讀者覺得厭煩，便應該回到這書的源頭去，也就是回到原住民的神話本身，因為「這座意象和符號的森林……仍然清新，仍然散發著魔咒般的誘惑力」。19

＊＊＊

李維史陀展開這趟神話馬拉松的起點也是他人類學家事業的起點：馬托格洛索州的波洛洛人。在一九五〇年代早期，他原計劃從新墨西哥州一系列普韋布洛人的神話起始，但後來以這些神話太難破解而作罷。到了一九五七至五八年那個學年，他回過頭講述波洛洛人的神話，而這些神話也成為他日後對神話進行系統性研究的自然出發點。這個選擇當然也帶有撫今追昔的味道，因為它可以把他帶回到自己的年輕時代：那時，他還是個二十七歲的人類學家，初次踏足田野，對茅草小屋、羽毛頭冠、半馴化的狗和悶燒的營火這些標準的人類學事物心醉神迷。當時，他更感興趣的是波洛洛人的社會組織，致力於破解他們圓形的聚落布局，摹畫出一幅交換和相互權利義務的幾何圖。但在《生食與熟食》裡，他終於把目光放在波洛洛人的神話，包括了被他稱為「基準神話」（reference myth）的M_1和它的幾個異本（M_7—M_{12}，被稱為「盜鳥巢者神話」系列）。日後李維史陀將會發現，M_1在他分析神話的整個大業中具有舉足輕重的作用，因為它可以串起一條縱貫西半球、由超過八百個神話構成的鍊索（這鍊索的最北端位於卑斯省薩利什人的結冰水道）。

他的材料不是來自自己的田野筆記，而是取自義大利撒肋爵會傳教士科爾巴齊尼（D. Antonio Colbacchini）於一九二〇年代所寫的《東方的波洛洛人》（*I Bororos Orientali*）。這書是時代的產物，包含著一些基督化的波洛洛人的彆扭照片：其中一幅拍攝於一場「基督教婚禮」，只見一個波洛洛女子穿著全套新娘禮服，旁邊站著穿白色西裝的新郎；另一幅照片是三個兩歲的波洛洛小孩，他們手挽著手，穿著及膝罩衫，圖說作：「三個從殺嬰行為被救回而被修女養大的小孩。」儘管如此，撒肋爵會的傳教士還是比其他大部分人對波洛洛人更加有同理心，也對波洛洛文化產生出一種深深的興趣。李維史陀曾經打趣說過，與其說是撒肋爵會改變了波洛洛人，不如說是倒過來。[20]在努力完成傳教任務的過程中，科爾巴齊尼費煞苦心地寫出了一部民族誌，裡頭記錄了波洛洛語的文法、基本的顏色詞彙、一些儀式的細節，還有一些器物的插圖。對李維史陀來說尤為重要的是，科爾巴齊尼記錄下超過一百頁波洛洛人的神話，其中一些還附有原文和逐行對照的義大利文譯文。[21]

M_1（「金剛鸚鵡和牠們的巢」）是那種李維史陀喜歡處理的典型材料，它包含了一系列超現實情節、一些明顯多餘的題外話，又會突然從蹣跚的敘事一躍而為天馬行空的想像。主角的經歷千奇百怪，包括靠一隻巨大蚱蜢的幫助偷了一些野豬蹄做的鈴鐺，遭一些禿鷹咬去屁股（後用搗碎塊莖做的麵團恢復），後來又變成一頭鹿。故事使用的意象很鮮明，例如，當主角的父親被一些食肉魚吃掉後，他的骨頭沉落湖底，兩片肺像「水生植物那樣」漂浮在湖面上。一度，主角「像是從一個夢裡」醒過來，而這個神話也確實帶有超現實和夢境那種朦朦朧朧的味道。滲透在李維史陀的分析裡的，是前一世代的著迷：佛洛伊德的《夢的解析》、超現實主義、自由聯想和自動主義。尤為重要的是，M_1還帶有伊底帕斯情結的泛音：在故事第一段，主角強姦了自己的母親（她當時正在採集棕櫚葉要製作護陽套）；故事快結束時，主角又用自己頭上的鹿角把父親刺死。

這神話故事的情節錯綜複雜，但它的各種基本元素將會反覆出現在整個《神話學》方案：強暴母親後，少年被憤怒的父親誘至一座峭壁（說是要他幫忙抓一隻金剛鸚鵡），被困在那裡，經受了極大的苦痛，然後為禿鷹所救，再回到村莊找父親報仇。在其中一個異本的最後一幕，他還釋放出「風、冷和雨」對全村人進行報復，只有一向對他好的祖母得以倖免（他用法力把她送至一個「漂亮和遙遠的所在」）。[22]

在這個充滿佛洛伊德色彩的世界裡，提到排泄器官之處比比皆是。主角失去屁股一節預示著後來會反覆出現主題：「肛門塞子」（anus stopper）、嘔吐、放屁、拉屎、手淫和射精。就像佛洛伊德一樣，李維史陀對這一類材料樂此不疲，因為它們包含的多重出入口就像是為結構分析量身打造。一個例子是M_5（「疾病的起源」），故事講述一個祖母老是趁孫子睡覺時朝他臉上放屁，想要把他毒死，孫子後來發現此事，便用一根尖銳的箭頭深深插入祖母肛門——插得極深，「連腸子都噴濺了出來」。在李維史陀看來，這是一個「三重顛倒的亂倫雜交」的例子：祖母取代了母親、背面通道取代了正面通道、侵略性的女人取代了侵略性的男人。[23]

第一章篇幅既長又迂迴曲折，包含著半打神話、一些與所談神話略有相關性的民族誌材料、一些圖表和一些偽數學的證明。其目標開始時看似清晰明確：「我打算表明，M_1（基準神話）屬於解釋食物烹飪之起源的一組神話。」然而，正如他跟著便指出的，「這神話儘管在表面看起來與此無關」，不過，接著他便用破折號補充說：對此，「儘管沒有涉及這個主題」這個神話事實是要解釋雨水的起源，是杰族的火之起源神話（換言之是烹調神話）的一個顛倒。整個方案都是環繞著一個缺席的、負面的例子，不只縱貫南北美洲，還會縱貫李維史陀所謂的「神話性空間的曲率」。[24]

《生食與熟食》的餘下部分處理了一百八十七個神話，把它們置於無情的分析之下。這些分析顯示出，解釋烹飪起源的那些神話包含著其餘所有神話的一個最基本的對立項：自然

／文化。這一點表現在這些神話老是提到用火把生食（自然）轉化為熟食（文化）。雖然李維史陀還辨認出許多其他的結構安排（例如五官的彼此對立、天體的對立或方向的對立等），但最具主導性的還是上述的「飲食代碼」（gustatory code），而這不奇怪，因為它最具體而微地象徵著人類社會的誕生。在解釋烹飪起源的神話中，「生／熟」對立所表達的不只是人類從自然走向文化，還表達著人的失去不死性（immortality）。這是因為，煮食過程會把活物變成死物，並需要使用木頭來生火。枯木本身就會讓人聯想到死亡，而如果是用活樹來生火，更會讓人聯想到凶死（很多狩獵採集群體都把用活樹生火視為禁忌，認為那是對植物王國的一種侵略行為）。

李維史陀以相當寬鬆的方式使用這些抽象觀念來解釋一些民族誌材料。他指出，柬埔寨原住民會讓剛產子的女人睡在一張下面燒著文火的高床上，顯然就是要為了把她「煮熟」；與之相反，這些土著會把來初經的女孩安置在一個陰涼之處，顯示出他們認為這種女孩是「生的」。又例如，他認為普韋布洛婦女會躺在熱沙上產子，就是為了象徵新生兒被「煮熟」。[25]生與熟的對立又會衍生出一系列彼此相關的對立，包括「新鮮／腐壞」、「可吃／不可吃」、以及不同的烹調方式（煙燻、燒烤、水煮等）。這些觀念，李維史陀將會留給《神話學》系列的後續之作來檢視。

這些架構規定了李維史陀詮釋神話的調子。就像是受某種離心力迫使似的，在他的強力分析之下，「生」與「熟」、「溼潤」與「乾焦」、「火」與「水」紛紛從神話內容中被分離出來。在二元對立項並不明顯可見之處，他會以人工方式把它們製造出來：岩石與木頭會被他說成是「反食物」(anti-foods)；手鐲和項鍊之類的飾物會被他說成是「烹飪的反物質」(anti-matter of cooking)，就像它們是動物的不可吃部分（如貝殼的殼、牙齒、羽毛等）。

然則，這趟繁複的演示最終是要通向何處的呢？從李維史陀提出的許多公式、圖表和箭頭觀之，他是想建立一個終極的證明。然而，任何預期會得到明確解決方案的讀者都會被李維史陀的結論澆上一盆冷水：

> 每個意義的矩陣（matrix of meanings）都指涉另一個矩陣，每個神話都指涉另一個神話。如果人們現在要問，這些相互關聯的意義是指涉什麼的話（這是因為就一整體來說，它們不可能不指涉某種別的東西），那麼，本書能做出的唯一回答便是：神話意指（signify）那個藉助世界的材料把它們製作出來的心靈（這心靈本身也是世界的一部分）。[26]

所以，李維史陀一面許諾著結構主義可以帶來科學性，另一方面又生產出一種禪意：心靈、神話和宇宙是處於一種結構性的共融狀態，它們彼此交疊、彼此穿透、彼此反映。因此，除了可以帶給人一種萬物一體的意識，除了可以讓思想與自然來一趟涅盤以外，結構主義並不提供一個終極的解答。

寫作《神話學》第二部期間，李維史陀接受了記者史鐵林（Henri Stierlin）的一系列訪談，以供電視節目《我們時代的名人》（*Personnalités de notre temps*）播出。畫面有些是在吉梅博物館老舊的社會人類學實驗室所拍，有些是在他巴黎寓所布滿書架的書房所拍。時年五十中旬的李維史陀面對鏡頭時已經相當自如。他穿著深色的西裝，坐在一張金屬小桌子後面或是站在一排排卡片鐵櫃前面，解釋社會人類學實驗室的工作。

在另一個拍於他書房的片段裡，李維史陀站著，一隻手抓住西裝翻領，背後是一幅華麗的印第安油畫。他回答了自己何以會成為人類學家（「事出偶然」），又解釋了人何以可以透過科學方法加以研究。研究人類就像是研究一隻軟體動物，他說。猶如無定形而黏答答的軟體動物可以分泌出一個具有完美數學形狀的外殼，混亂的人類也可以產生出具有完美結構的文化物事。李維史陀把軟體動物鼻涕蟲似的身體留給社會學家和心理學家，指出人類學家從事的是更高層次的工作：探究貝殼的幾何之美。鏡頭有時會慢慢掠過收藏「人類關係地區檔案」的櫃子，或是穿插著一個波洛洛婦人把花紋圖案畫在自己脖子上的紀錄片片段（其情調和李維史陀三十年前為卡都衛歐婦女所拍的紀錄片無多大不同）。沉思性與不和諧的背景音樂讓整個訪談增加一種引人好奇的氣氛和思想分量。正是這一類訪談讓人類學開始顯得充滿神祕感。做為學院之外唯一被大眾認識的人類學家，李維史陀成了這門學科的代言人，而結構主義也蔚為新的時尚。

隨著他的學術著作愈來愈深奧，李維史陀在大眾面前對自己思想的解釋也變得更淺白，讓這些觀念顯得易懂又能帶來哲學的滿足感。他指出：神話猶如樂譜，而親屬關係猶如一個主旋律的變奏；文化是以心靈做為中介的自然；結構主義是要尋找「隱藏著的和聲」，是要在混亂中理出秩序。他為聯合國教科文組織的《信使》雜誌所寫的短文——如〈這些廚子沒有把肉湯煮壞〉（These Cooks Did Not Spoil the Broth）、〈巫醫與精神分析〉和〈人類數學〉（Human Mathematics）等——全都清晰好懂。[27]另外，刊登於《世界報》、《費加洛文學報》、《快報》、《新觀察者》和《文學雜誌》的訪談也把簡化版本的結構主義帶給愈來愈廣大的讀者。

當李維史陀深深沉浸在《神話學》之時，他於五〇年代播下的種子也以始料未及的方式在很多不同領域開花結果。一九六五至六七年是具有分水嶺意義的年頭。一九六五年，哲學家阿圖塞（Louis Althusser）出版了他對馬克思作品的結構主義解讀《讀〈資本論〉》（*Lire 'Le Capital'*）和《保衛馬克思》（*Pour Marx*）。傅柯的知識「考古學」（即《詞與物》一書）於翌年問世，書中提到了「人」將會像沙灘臉畫一樣被抹去。拉岡九百頁的論文集《文集》（*Ecrits*）亦在同一年出版。雖然這兩部著作又厚又艱深（幾乎無法穿透），銷路卻都很好。在一九六七年，也就是《神話學》系列第二部出版的同一年，巴特發表了著名的〈作者之死〉（The Death of Author）一文，呼應了李維史陀所宣稱的，他的書都是「假借他而寫出」而非真是出自他自己。事實上，在李維史陀看來，神話正是最沒有作者可言的作品，是出自一個離形去體的心靈，透過口耳相傳發展為各種形式，所以說到底，在《神話學》一書中，是「神話在思考彼此」。[28]

巴特的《流行體系》（*Système de la mode*）在同年稍後出版，企圖用結構主義來分析時裝（李維史陀幾年前曾認為這計畫不可行）。但不是所有人都刮目相看，因為據聽過巴特講課的巴西作家梅基奧爾（Guilherme Merquior）指出，《流行體系》「引起了一些不厚道的俏皮話，包括這一句：如果說結構主義解釋不了時裝（fashion），那至少時髦（fashion）解釋得了結構主義」。[29]

更有潛力的結構分析對象是現代的西方神話：但不是華格納的歌劇，而是經典電影。貝盧爾把西方自己的「神話素」置於檢視之下，這些「神話素」包括了《驚魂記》（*Psycho*）裡的淋浴場面、《鳥》（*The Birds*）裡米蘭妮開車經過博德加灣的一幕、《西北西》（*North by Northwest*）裡男主角被噴灑農藥的飛機追趕的場面，以及《夜長夢多》（*The Big Sleep*）裡鮑嘉在車內對白考兒說話的一幕。透過一個鏡頭一個鏡頭的分析，貝盧爾顯示出攝影鏡頭是怎樣來回於動與靜、遠與近、說話人和聆聽者、短鏡頭和長鏡頭之間。透過一些欄位、圖表和軸線，他把李維史陀的結構分析帶進了一片嶄新的沃土。相似的，基特塞斯（Jim Kitses）的《西部視界》（*Horizons West*, 1969）也把同一個方法用於西部電影，檢視了約翰・福特（John Ford）、山姆・畢京柏（Sam Peckinpah）和里昂涅（Sergio Leone）等導演的作品。因為總是以社會與邊疆、文明與荒野的對比來做為架構，西部電影這種電影類型再適合於結構方法不過。基特塞斯分析出一系列的二元對立：西方／東方、自然／文化、個人／群體，然後這些基本對立引伸出進一步的二元對立：清純／汙染、自知／幻覺、人性／野蠻等。就像李維史陀的許多作品一樣，《西部視界》發人深省之處不在結論而在分析過程本身。把一些無比熟悉的場景置於詳細解讀之下，把它們打破為一些基本單位以探尋隱藏著的結構要素，讓這些電影獲得了一種煥然一新的意義。[30]幾乎就像是帶讀者在導演的潛意識裡漫遊。

語言學和心理學的里程碑著作也相繼在這時候出現：皮亞傑的《結構主義》（*Le Structuralisme*）和杭士基（Noam Chomsky）的《語言與心靈》（*Language and Mind*）都是在一九六八年問世。同一年出版的還有帕約出版社（Payot）重新編訂的索緒爾名著《普通語言學教程》。此外還有一籮筐關於結構主義的評論、博士論文和介紹，如奧齊亞（Jean-Marie Auzias）的《結構主義的解鑰》（*Clefs pour le structuralisme*）和從不同領域反思結構主義的論文集《何謂結構主義？》（*Qu'est-ce que le structuralisme?*）。包括《現代》、《精神》和《凱旋門》

（*L'Arc*）在內，許多文學期刊都推出專號探討李維史陀的作品。布朗利碼頭博物館的研究部主任安妮·泰勒（Anne-Christine Taylor）回憶說：「結構主義那時是我們呼吸的空氣。」[31] 她是在一九七〇年代取得博士學位，指導教授就是李維史陀。

一九六七年六月，《文學雙週刊》刊登了一幅亨利（Maurice Henry）所作的漫畫，畫中，傅柯、李維史陀、拉岡和巴特四人被畫成穿著草裙的原始部落民，圍坐在一片熱帶森林的地上。傅柯面帶微笑，正在向另外三人陳說些什麼；拉岡也是打著赤膊（但脖子上仍然繫著他正字標記的蝴蝶領結），表情顯得對傅柯的話不以為然；李維史陀全神貫注看著手上拿的一張紙；巴特雙手向後撐地，神情懶散。這四個人平均年齡超過五十歲（拉岡更是六十中旬），不能算是新一代，但卻無疑是思想界的尖兵。這漫畫把一個思想時刻——一個匯合了部落文化、精神分析、文學理論和人類學的時刻——表現得活靈活現。

庫伯力克（Stanley Kubrick）執導的《二〇〇一太空漫遊》在一九六〇年代晚期上映之時，也正是結構主義如日中天之際。這電影那種無以名之的神祕感、其角色的無力感（他們最終是受一部電腦支配），還有李格第（György Ligeti）狂放但無人味的配樂，都完全捕捉住後人文主義（post-humanist）世界那種讓人望而生畏的空洞感。早期的極簡主義音樂也是興起於差不多同一時期：賴利（Terry Riley）和萊許（Steve Reich）等作曲家都致力擺脫現代音樂那種讓人苦惱的不諧和音，開始實驗一些新的表達形式。他們把旋律拉長到逐漸失去節拍，不斷重覆又間歇做出迸裂，既肖似《神話學》四部曲連續出現那些同中有異的模型，又像是卡都衛歐人那種就同一主題做出數以百計幽微變化的臉畫。這種結構主義美學既現代又古代、既宗教性又無神論、既冷冰冰又浪漫，充滿著一種精神張力，是一種把人投擲到虛空去的結果。

據歷史學家多斯指出，結構主義極盛於一九六六年，而自一九六七年起，知識分子開始迴避「結構主義」這個標籤：

> 有些玩家開始尋覓較少人走的道路，以避開「結構主義者」這個有貶意的稱呼。有些人甚至否認自己當過結構主義者，但李維史陀卻是個例外，他在結構主義退流行之後還是繼續走老路子。[32]

當時，後來被稱為「後結構主義」的思想也已經開始露臉。首開風氣的是德希達（Jacques Derrida），他在《論文字學》（*De la Grammatologie*）和《書寫與差異》（*L'Ecriture et a difference*）兩部著作裡對李維史陀和傅柯炮火全開。兩書都是出版於一九六七年（但書中一些文章更早前便發表過）。多斯指出，正是在這個人氣散去的時刻，媒體才開始創造結構主義的熱潮。[33]

媒體的注目讓李維史陀成為唯一一個享譽全球的法國人類學家（更準確地說是人類學家之中達到這種聲譽的唯一一人）。他作品的英譯本相繼問世：翻譯品質充滿爭議的《野性的思維》於一九六六年出版，《親屬關係的基本結構》和《生食與熟食》都是在一九六九年出版。在《野性的思維》英譯本出版的前夕，《新聞週刊》刊登了一篇名為〈李維史陀的思維〉（Lévi-Strauss's Mind）的專文，加以推介。《時代》雜誌不甘後人，隨即以一篇〈人與人的新對話〉（Man's New Dialogue with Man）做為回應。《紐約時報》隨後也刊登了一篇更深入的專介，題為〈沒有更高等的社會〉（There Are No Superior Societies），執筆者是法裔美國作家暨傳記家德格拉蒙（Sanche de Gramont，他的美國名字Ted Morgan是把de Gramont打亂重拼）。美國人也看得見李維史陀，因為他既出現在CNBC電視臺的談話節《暢所欲言》（*Speaking Freely*），接受紐曼（Edwin Newman）的訪問，又出現在《時尚》雜誌一篇由布列松執筆及攝影的文章。耶魯、哥倫比亞、芝加哥和牛津等知名大學都搶著授與李維史陀榮譽博士學位，而世界各地的大學也紛紛舉行以李維史陀思想為主題的研討會。就像一個美國人類學家所說的，到了一九六〇年代，李維史陀「就像起士沾醬一樣，是雞尾酒會不可或缺的」。[34]

對李維史陀來說，這樣的曝光度利弊互見。大增的名氣讓他得到高等研究實用學院第六組（由布勞岱爾領導）和國家科學研究中心的資助，在一九六六年初把社會人類學實驗室搬離吉梅博物館的破舊環境，遷入法蘭西學院，安頓在原屬於地質學講席所使用的幾個研究室。這些寬敞的研究室（放著結實的櫟木桌子和存放過路易十八的礦物蒐藏的古董櫃子）對李維史陀直如美夢成真。它們那種舊大陸的氣氛，那種「十九世紀中葉圖書館或實驗室的氛圍」，完全符合李維史陀的嚮往：「我嚮往進入的法蘭西學院，是因為在我的意象裡，它是貝爾納（Claude Bernard）和雷南（Ernest Renan）工作過的地方……」李維史陀在退休後回憶說。[35]雖然原有的家具會被移送到巴黎郊外的默頓（Meudon）保存，但李維史陀親自在辦公室裡監督了它們的再刷新工作。後來，隨著《神話學》研究方案推進至北美洲，他在自己大書桌後頭的牆壁貼上一張三公尺寬、兩公尺高的美國地圖。就像是置身在戰情室一樣，他每分析一批神話就會把它們一一標示在地圖上。

社會人類學實驗室逐漸發展成一個重要的國際研究中心，常常有世界各地的學者造訪。其中一位是薩林斯（Marshall Sahlins），他於一九六〇年代晚期在巴黎待過。雖然實驗室的焦點總是放在人類學，但它被外界視為人文學的開路先鋒，也經常主辦跨學科的研討會，應邀參加的包括一些後結構主義的明日之星：立陶宛符號學家格雷馬斯（Greimas）、電影理論家梅茲（Christian Metz）、法籍保加利亞文學評論家克莉絲蒂娃（Julia Kristeva）和文化理論家托多洛夫（Tzvetan Todorov）。[36]

這時，李維史陀的研究工作也因為得到實驗室同仁寫回來的田野報告而如虎添翼。這些同仁是新一代的民族學家，許多都是出生於一九三〇年代（李維史陀正在巴西進行田野工作的年代）。其中一位是塞巴格，他在自殺以前曾連同克拉斯特在巴拉圭和玻利維亞兩個國家研究過瓜雅基人（Guayaki）、尤雅基人（Euyaki）和阿尤萊歐人（Ayoré）。弗里古（Arlette Frigout）在亞馬遜河研究霍皮人，而若南（Robert Jaulin）、希瓦（Isac Chiva）、德呂（Ariane Deluz）和埃里捷則帶回來非洲各地的民族誌資料。戈德利耶（Maurice Godelier）從一九六七年起在新幾內亞研究巴魯亞人（Baruya）——巴魯亞人是一個高地部落，是自從一九五〇年代才開始跟外界有所接觸。這是一種李維史陀樂見的安排。他這樣告訴作家索爾曼（Guy Sorman）：「他們樂於在熱帶從事一年的研究，而我則樂於待在巴黎，在我自己的『實驗室』裡寫作，一面寫一面聆聽古典音樂。」[37]另外，人力擴充的社會人類學實驗室也為李維史陀提供了後勤支援：普利翁會幫忙記錄講課內容、希瓦和莫妮克（李維史陀妻子）會幫忙校對初稿、其他研究人員會幫忙蒐集神話。

不過，在思想的層次，結構主義的突然蔚為時髦卻讓李維史陀大為反感。從成為聚光燈焦點那一刻開始，他便不斷撇清自己和其他結構主義思想家（拉岡、傅柯、巴特）的關係，聲稱媒體老是把他和他們放在一起是一種「媒體抽搐症」。[38]在接受德格拉蒙的採訪時，他直接否定人們環繞他所建立的新膜拜：

若就法國大眾所瞭解那個意義的結構主義來說，那我就不是一個結構主義者……對於當前人們對結構主義表現出的迷戀，最好的解釋是，法國的知識分子和文化大眾每過十或十五年便需要一件新的玩具。讓我把話說清楚。我從未指導或領導過任何運動或教義。我幾乎是在一個完全與世隔絕的環境下進行研究，四周只圍繞著一支民族學家團隊。至於其他人（我不想提名字，但他們都是些自稱與結構主義有關的哲學家和文學人士），不管他們有多麼聰慧或睿智，說他們與我有思想淵源完全是一種混淆視聽。我對傅柯的聰慧和才情都佩服得不得了，但我看不出他的作品和我的作品有最依稀的相似。[39]

李維史陀又表示，真正貨真價實的結構主義者只有三個：他本人、語言學家邦弗尼斯特，還有神話蒐集家暨比較語文學家杜梅齊。[40]這是個奇怪的說法，因為李維史陀雖然敬重和親近邦弗尼斯特和杜梅齊，卻絕少在作品裡引用他們的見解。與李維史陀透著濃濃前衛風味的作品相比，另外兩個人的著作要保守許多。

李維史陀並不明白，環繞他本人和他作品的膜拜其實部分是他自造的。因為他不只老是讓自己在媒體曝光，還在作品裡引入一種神祕氛圍。讀李維史陀的作品（傅柯和拉岡部分作品也給人這種感覺），你會覺得作者是個先知，正在追逐某種深邃的真理。[41]李維史陀覺得人們對他有著嚴重誤解：「以明智心態實踐的結構主義並不攜帶任何訊息，它不是一把萬能鑰匙，並不設法要為世界甚至人類建構一個新概念；它不想要建立一套療法或哲學，」他這樣告訴《世界報》一個記者。不過，既然他覺得有必要一再否認結構主義暗示著什麼神祕真理，那就代表很多人都是這樣看他的作品。

就連專業人類學家亦未能免疫於李維史陀思想的魅惑。在《神話學》方案高峰時期上過李維史陀課的梅拉蘇（Claude Meillassoux）日後回憶說：

> 我去了法蘭西學院聽李維史陀的課。他是個打開門的國王：那一刻，點金石（philosophers' stone）看似已經找到。不過，他繼而又會關上門，在下一輪的討論課改談別的主題。儘管如此，他的課還是很引人著迷，因為他總是可以提出許多刺激思考的比較和組合。[42]

李維史陀在談興大發的時候可以上天下地無所不談：談思維的普遍模式，談佛教，談藝術之死，談主體的消亡。然而，在他自己的認定裡，他只是個研究文化的藝匠，一個耐心爬梳檔案和分析原住民神話的學者。不過，他抗議得愈多，評論者和批評者就愈認定他的綱領是一種統一論述，不但可以串起各門人文學科，還可以串起當代文化和當代政治。

有些論者認為，結構主義的興起不只代表一個新思想運動的誕生，還是法國現狀的反映。在經歷對阿爾及利亞戰爭的失敗後，法國進入了一個靜態時期，由極端保守而年邁的戴高樂將軍領導。飽受二十世紀各種歷史力量的打擊，這個國家的目光回到了自身的外省根源，另一方面又靜悄悄地經歷著現代化。結構主義那種封閉、靜態的系統與一個歷史逐漸稀薄化的法國互相共鳴，而結構主義對科學、數學和幾何學的擁抱又讓它與一個科技掛帥的時代契合無間。就像德格拉蒙在《紐約時報》那篇介紹李維史陀的文章裡說的：「儘管戴高樂將軍仍然會對南北兩半球發聲，但法國對世界事務已不再有多少影響力。戴高樂看來是想凍結歷史……也許，後人提到他的時候，會稱他為第一個結構主義者國家元首。」

菲雷（François Furet）在左翼的自由派刊物《證據》（*Preuves*）中給這種見解加上一個政治的稜角，把結構主義的興起歸因於馬克思主義政治願景的衰落。革命已經不再在望，戴高樂的強力統治讓左派噤若寒蟬。[44]這時，在《野性的思維》裡飽受攻擊的沙特也發現自己終於可以再次站穩陣腳，大聲批評結構主義是「資產階級能夠豎起來抗拒馬克思的最後路障」。[45]

隨著一九六〇年代慢慢過去，李維史陀對《神話學》方案的投入也愈來愈深。他已經完全與這工作認同。他每天早上五點起床，然後便進入與原住民的共融狀態，生活在他們的世界和神話裡，宛如「身在一個童話故事之中」。[46] 這個過程是一種絕對的沉浸。「神話故事透過我的中介而重構自己，」他這樣告訴貝盧爾，「我設法讓自己成為神話可以通過的空間。我任由自己被神話的材料完全貫穿。在那段期間，神話比我還要活得真實。」

李維史陀把神話的要素比作原子、分子、水晶體和萬花筒裡的碎玻璃。但事實上，他的方法相當依賴直覺、天資、藝術聯想力——甚至依賴機運。「你必須讓神話孵育幾天、幾星期，甚至幾個月，然後，你會突然聽到喀噠一聲。」他在一九八〇年代表示。[47] 他還提到自己曾把神話元素寫在一些卡片上，然後隨意抽出，希望藉此發現某種自己先前沒有想過的關聯性。[48] 這種藝術家方法看起來很瀟灑，卻讓許多專業的人類學家（特別是英美的人類學家）大搖其頭。

等《神話學》系列的第二部出版之後，有些人終於失去了耐性。英國人類學家梅伯利—路易（David Maybury-Lewis）當時是哈佛大學的教授，特別有資格對《神話學》的研究綱領提出批判，因為他在一九五〇年代曾對沙萬特人（Xavante）及其鄰居謝倫特人（Sherente）進行過研究（這兩個族群都生活在巴西中部，都是杰語群的一支，與波洛洛人關係密切）。梅伯利—路易雖然對結構主義有好感，卻在一九六〇年寫了〈有二元組織這回事嗎？〉（Do Dual Organisations Exist?）一文，從民族誌材料和理論兩方面質疑李維史陀的觀點，就此李維史陀以一篇有時相當凶悍的長文回擊。[49]

在接受《美國人類學家》的訪談時，梅伯利—路易形容閱讀《從蜂蜜到煙灰》是「我曾經加諸過自己最生氣的苦差事……《生食與熟食》裡那些可原諒的實驗在它的續集裡變成了明明白白的惹人厭。」《從蜂蜜到煙灰》確實是部閱讀難度極高的作品，因為書中的論證愈來愈背離常識。延續第一冊對烹飪起源所做的探索，李維史陀在這書裡新加入兩個對稱的對立元素：蜂蜜與菸草。他指出，因為蜂蜜是自然界裡的現成食物，所以「少於被煮過」（less than cooked），也被原住民定位在「烹飪的近端」（the near-side of cooking）；反觀菸草則是「多於被煮過」（這從它會被燒成煙和灰可見一斑），所以被定位在「烹飪的遠端」。兩者在感官上就是對立的：蜂蜜溼而黏，菸草乾而易碎。從這種分別又衍生出一些其他二元對立：「雨／乾旱」、「暴飲暴食／節制飲食」。另外，李維史陀又指出，蜂蜜因為是一種大自然產生的誘惑物，所以象徵著向大地的下降，而菸草因為可以產生縷縷煙霧，換言之，從蜂蜜與菸草的對立，又可引伸出「高／低」、「天／地」、「世間／天國」的對立。然後，隨著李維史陀的分析離開《生食與熟食》中的核心美洲神話，他又發展出一套所謂的「形態的邏輯」（logic of forms），其所包含的是一組更根本的對立項：開／閉、滿／空、內／外。這些對比表現在挖空和填滿的葫蘆，也表現在撕去樹皮的樹幹和竹子：前者實心，後者空心；前者缺去外部，後者缺去內部。《從蜂蜜到煙灰》要比《生食與熟食》有更多數學公式和更多恣肆的邏輯，但也有些詩性的時刻，如指出「青蛙」之於「蜜蜂」相當於「溼」之於「乾」。

但梅伯利—路易並不信服。他認為，李維史陀解讀出的許多對立項都太過牽強，沒多少民族誌證據可以做為支撐。在在看來，李維史陀更念茲在茲的是自圓其說，而不是忠實地詮釋他所提到的那些原住民的信仰。另外，梅伯利—路易也指出，李維史陀是靠著花稍的文體才得以在一些矛盾、假設和匪夷所思的關聯性之間滑行，說這種文體「就像是一個魔術師為了讓觀眾分心而唸的咒語」。[50]

就像批評過《親屬關係的基本結構》的李區那樣，梅伯利—路易因為曾經在巴西從事過田野調查，所以有本錢直接挑戰李維史陀所引用的民族誌材料。在《神話學》四部曲頭兩部的論證裡，有一件事情舉足輕重：巴西中部神話中的美洲豹（牠通常是火的保管者，所以在烹飪的起源扮演著關鍵角色）有著一個人類妻子。李維史陀先是從卡耶波人（Kayapó）的一個神話抽取出美洲豹這個特點，然後又認定它適用於許多鄰近神話。但梅伯利—路易指出，他在阿皮納耶人（Apinayé）、謝倫特人和沙萬特人中間的報導人都斷然否認這種關聯性，指出美洲豹的妻子事實上也是美洲豹。

除了這種民族學材料上的失準，梅伯利—路易也對《神話學》的整個理論基礎感到不滿。李維史陀雖然屢屢把結構主義比作科學，但他的許多主張卻充滿高度個人色彩，而且基本上是不可證明的。他的詮釋範圍極為廣泛，可供抽繹的意義也因此相當多樣。就像小說家厄普代克（John Updike）在《紐約客》雜誌所說的：「有了授權範圍這麼大的一張狩獵執照，『相似性』和『異體同形』當然會俯拾皆是——這對李維史陀先生的敏捷腦袋來說只是兒童遊戲。」[51]不過，梅伯利—路易還是忍不住撇開他較精明的判斷，對李維史陀的整個計畫表示佩服：「就算這些主張是不可證實或尚未證實的，卻不表示它們是不可想像甚至是不可信的。這就是《從蜂蜜到煙灰》那麼挑逗人的原因。它有許多讓人感到說中的地方。」[52]

不過，牛津大學的人類學教授尼達姆對李維史陀的直覺性方法可無法這麼寬容。他原是李維史陀的支持者，翻譯過《今日的圖騰崇拜》（英譯本一九六四年出版），後來又主持英譯《親屬關係的基本結構》（原文版是在幾乎二十年前出版）的事宜。翻譯過程很艱鉅，動用了兩名澳洲譯者，他們每翻出一章就會寄到牛津，由尼達姆根據原文核對一遍。因為這緣故，尼達姆把長達五百頁的《親屬關係的基本結構》又細細讀了一遍，卻發現它有許多前後不一致和資料引用上的錯誤。這些瑕疵部分出於李維史陀野心太龐大、太旁徵博引和下筆太快，遂常常導致錯誤，而這個事實也是他自己所承認。（「我並未宣稱這書是免於事實性和詮釋性的錯誤。」李維史陀在第一版的序言裡說。而在第二版裡，他也招認：「我自問是一個粗心大意的校對者……一旦把書寫完，它對我便會變成一件異物，一件留不住我興趣的死物。」）但這種觀念先行和運筆如飛的寫作風格卻是尼達姆所完全無法接受：做為一個老派的學者，他極講求引用參考書或民族誌資料要做到精確無誤。因此，他開始對李維史陀的做學問工夫起疑。「他的專業知識不可信任，」他告訴我說，「如果你去翻《親屬關係的基本結構》，會經常發現引用錯誤或詮釋錯誤的例子。你無法放心地讓學生去借重李維史陀的作品。」[53]

自從《野性的思維》的翻譯風波後，李維史陀便很少再過問翻譯的事宜。[54]不過，他這一次卻趕在英譯本付印前的最後一刻給它加入一個序言，其中批評了尼達姆對他的理論所做的詮釋，又重申了自己一九六五年在牛津主講「赫胥黎紀念講座」時提出的論點。雖然這些論點在今日看來顯得怪異（如主張區分規範性婚姻系統和優先性婚姻系統，以及區分理論規則和實際行為），但這篇最後加入的序言對於為英譯本付出了大量時間與精力的尼達姆卻是一大傷害。

當尼達姆教授接見我（時距他在二〇〇六年去世前不久），談到這事情的時候他仍然耿耿於懷。他的寓所位於牛津大學心臟地帶的好利維爾街（Holywell），裡面的布置簡樸但一絲不苟，帶有典型但簡化過的一九五〇年代裝飾風格。「為了準備接受你這個訪談，」他說，「我原打算重讀李維史陀的一些東西，卻讀不下去。」[55]兩人芥蒂有多深，從一件事情可以反映出來：尼達姆書房的牆壁上掛著一些思想巨人的照片，但李維史陀那一張是反過來面向牆壁。尼達姆一度是李維史陀的捍衛者和英國版結構主義的核心人物，但後來卻認定李維史陀只是一個虛浮而好大喜功的作家。兩個人鬧翻之後，尼達姆曾在《泰晤士報文學增刊》為文主張，應該把李維史陀的全部作品視為一種「超現實主義事業……因為它完全不在乎精確性、邏輯性與學術責任感的要求」。[56]當我問及李維史陀對尼達姆有何觀感時，他回答說：「他很有心，出力在盎格魯—撒克遜世界推廣我的觀念，但過程中卻對我的理論做出錯誤詮釋，所以我就直說了出來。李區也是這個樣子。」[57]不過，對這一場齟齬，李維史陀在法蘭西學院的繼承人德科拉有更好的解釋：哪怕李維史陀的作品有一種呼籲別人追隨的味道，但他不喜歡別人模仿他，也厭惡與別人共事。[58]

這些嫌隙的更根本原因是李維史陀與他的英美同仁之間的學術文化差異。例如，我們實在很難想像一個英國或美國的人類學家會寫出以下的話：「……說到底，究竟本書所描寫的那種南美洲印第安人的思維過程是以我的思想做為媒介，還是我的思想是以他們的思想做為媒介，實難論定。」[59]雖然在美國待過一段長時間，但李維史陀的歐陸思想風格並未因此淡化。不管他多喜歡強調結構主義的科學性格，多喜歡使用取自物理學、化學、天文學和特別是語言學的觀念來作比喻，他的文學取向和哲學取向都隨著年齡愈長而益發突出。所以，當芝加哥大學出版社給《神話學》四部曲的英譯本加上「神話科學的導論」這樣一個副書名時，他非常不高興。科學的外裝對他來說愈來愈不重要。畢竟，他用來做為自己理論的藍圖的，仍是雅各布森二十年前所提出的結構語言學模型，而在這二十年之間，語言學已經歷了一場革命。

領導這場革命的是語言學家杭士基，他在《語言與心靈》（一九六八年）也約略提過李維史陀的作品。雖然大體認同李維史陀的研究取向，杭士基卻不認同李維史陀使用語言學的方式。在杭士基看來，結構語言學家在語言裡找到的形式元素只是副現象，只是一些更深層規則（杭士基和同事所找到的「生成語法」〔generative grammer〕）的衍生物。「出現在衍生（derivation）不同階段的不同模式的抽象結構本身沒什麼值得一提的，」他說，「而如果此說正確，那我們就不能指望結構語言學家的音韻學（phonology）可以提供一個有用的模式，用於研究其他的文化與社會體系。」這不能不說是一大諷刺，因為一直以來，李維史陀不是都強調要打破浮面的事相，找出更深層的結構真理的嗎？可他自己採用的語言學模型卻只是隱得更深的語言機制的表面外殼。但這不是李維史陀會去管的事情。他的座標業已固定下來，而他快速的學術生產步伐也讓他不可能改弦更張。

這就大概不奇怪，李維史陀最有見地的一個批評者會是個腳跨拉丁／英美學界和人類學／語言學的學者：法國人類學家斯佩博（Dan Sperber）。斯佩博原是巴朗迪耶的學生，後來又去了牛津，跟隨尼達姆做研究。在一九六〇年代的時候，他既聽過杭士基的課也聽過李維史陀的課。他本來深受李維史陀吸引，去到牛津成為結構主義的宣傳者，但未幾便發現李維史陀的理論大有缺失。他這樣告訴歷史學家多斯：「結構主義的模型甚至不能適用於它當初發軔的領域：語言學。它聲稱自己適用於世界其他領域的主張完全可疑。」[60]

在對李維史陀的一個銳利批判中，斯佩博指出，儘管李維史陀的直覺正確，但結構主義卻是「一個沒有啟發性的框架，讓一幅本來具有啟迪性和激發性的圖畫黯然失色」。[61] 從一九七〇年代開始，斯佩博另起爐灶，試圖融合語言學、認知心理學和神經科學的最新成果，創立一門真正的科學：他稱之為觀念的「流行病學」（epidemiology）。儘管斯佩博的研究是直接受李維史陀所關心的那些核心問題所啟發，但李維史陀對他的理論一點都不感興趣。「說到斯佩博，」他在一九九〇年代告訴德卡斯特羅（Eduardo Viveiros de Castro），「我一點都不明白他寫的任何東西！至於流行病學這玩意兒，在我看來是一種走回頭路的表現。」[62]

《嫉妒的製陶女》出版後，李維史陀告訴斯佩博，這書是針對他的批評所做的回應。斯佩博連忙跑去買了一本，卻大失所望，因為書中沒有隻字片語提及他的作品。當我問李維史陀這是怎麼回事時，他笑著回答：「那是個玩笑。斯佩博曾批評我〔在分析《伊底帕斯王》時〕引入過 $F_x(a) : F_y(b) \simeq F_x(b) : F_{a-1}(y)$ 這條經典公式之後便沒再提起過。所以，我在《嫉妒的製陶女》裡把它重提一遍。」做為最後一個諷刺，斯佩博在二〇〇九年獲得了第一屆的「李維史陀獎」——該獎是表揚在社會科學有卓越貢獻者。

無視於批評者的意見，李維史陀繼續向前推進，並在一九六八年初完成《餐桌禮儀的起源》。至此，他已探討了超過五百個神話，每個都被他拆解開來尋找邏輯親和性，重組為結構性組合。他把這過程類比為耐心拆解一個鐘錶的機械，不同的是這個鐘錶是個古怪的鐘錶：它的許多齒輪和機件看似是隨意拼湊在一起的，必須對比過數十個微微不同的鐘錶才能摸索出它的比例性和對稱性。他另一個更有說服性的類比是把自己比作在人類意識暗房裡工作的攝影師，致力於把神話裡「潛藏著的元素」給沖洗出來。[63]

地理上，李維史陀已經跨進了北美洲，讓場景從亞馬遜河的叢林一變而為美國中西部的大草原。他自己形容，這個焦點的轉換「幾乎相當於探索另一個星球」。[64]在概念的層次上，第三冊增加了一個元素，讓《神話學》本已複雜的架構更形複雜。這個元素就是「時間」。以涉及獨木舟之旅的神話做為線索，李維史陀開始探索一些不斷轉換的形構：「這裡」與「那裡」、近與遠、潮退與氾濫、水位升高和水位降低等等。

他從獨木舟之旅神話談到渡河神話和水災神話，過程中討論了一些凸出的神話角色，包括了「渡伕」（他的作用就像「半導體」，會把某些人渡到對岸又會把另一些人攔下）[65]和「黏附的女人」（這是一個奇怪的角色，她總是會黏附在主角背上）。李維史陀把太陽與月亮比作舵手和槳夫，因為兩者總是一起前進，又總會保持固定的距離（這一點也像相互連鎖的親屬群）。隨著李維史陀從簡單的對立前進到更複雜的四元結構（quadripartite system），太陽與月亮的對立又衍生出更多的對立：夏天與冬天的對立、遊牧群體與定居群體的對立、狩獵與農耕的對立、戰爭與和平的對立。雖然是一個完全不同的文化環境，但他認為北美洲的「太陽與月亮的妻子」神話系列只是「基準神話」（即「盜鳥巢者神話」系列）的一個變形。從這時候開始，他對南北美洲神話的一體觀開始浮現：「盜鳥巢者神話沿著一條垂直的軸移動，月亮史詩沿著一條水平的軸移動。」[66]

現在，有關排泄器官的材料更豐富了，這在李維史陀檢視那些談及堵塞現象（blockage）和被堵塞者（blocked）的神話時尤其如此。一個例子是M_{524}，那是一個圭亞那的陶利潘人（Taulipang）的神話，談的是肛門的起源。話說，在最早期，不管是人類或動物都是沒有肛門的，排泄都是透過嘴巴。後來，一個沒有身體的肛門出現在他們之間，朝他們臉上放屁，然後逃走。不過，陶利潘人把它趕上，加以千刀萬剮，再把戰利品跟所有動物分享：大的動物分到大肛門，小動物分到小肛門。故事的最後說：這就是所有動物都會有一個肛門的原因，若不是這樣，他們將會被迫用嘴巴大便，或是被積得滿滿的大便脹破肚子。[67]

在全書最後一節（這一節看不大出來跟前面的篇幅有什麼關係），李維史陀重提了他著名的「烹飪三角形」圖式——他第一次提到這個圖式是在一九六五年的《凱旋門》雜誌。[68]以雅各布森的語音三角形做為原型，李維史陀把原圖式中的三種音素改為三種「飲食素」（gusteme）：「生」、「熟」和「腐敗」。它們分處三角形的三個角尖，兩條斜邊分別代表做為中介物的「空氣」和「水」。

他的論證非常複雜，檢視了「火烤」、「水煮」和「煙燻」在這個架構裡的各種不同排列組合。例如，他把「水煮」類比於「腐爛」，因為兩者都是以水為中介，可以把生的東西給「分解」。但「煙燻」與「火烤」則剛好形成對比，因為前者是一種緩慢而全面的烹煮，後者則是一種急躁且部分的烹煮。在比較水煮和火烤的食物時，李維史陀指出前者常常與簡樸連結，而後者則扮演一個戲劇性和典禮性的角色：「水煮提供了一種完整保存肉及其汁液的手段，而火烤則帶來損失和破壞。所以，一者代表節約，一者代表浪費；後者具有貴族色彩，前者是平民作風。」[69]為證明這種主張，他引用了亞里斯多德、狄德羅和達朗伯特編的《百科全書》以及居西侯爵（Marquis de Cussy）的作品，又用瓜雅基人、卡因岡人、毛利人和吉瓦羅人（Jivaro）的例子以資佐證，堪稱是一次通俗結構主義的奇技演出。

透過一個不斷摘要複述的過程，李維史陀在業已累積起來的神話之間來回移動，把它們加以比較，抽繹出相似之處，把早前的材料整合到他後來發展出來的分析架構裡。他在《餐桌禮儀的起源》的前言指出，所有神話都是關聯在一起的，「例如，本書中的M_{428}和《生食與熟食》中的M_1是勾聯的……而M_{495}又是和一個神話群組（M_1、M_{7-12}、M_{24}）重合的。」（這番話提到的「神話群組」就是做為整個《神話學》方案發端的那幾個波洛洛人和杰語群的神話）。李維史陀指出，基於這個理由，讀者其實大可先讀第三冊才回過頭讀第一冊，然後，「如果他仍然感興趣的話，便可以開始讀第二冊。」[70]但是，你一樣可以從第二冊讀起，然後才讀第一冊。另一個讀法是先讀第二和第三冊，把第一冊留到最後讀。

每探討過幾百個神話之後，李維史陀的論證便會出現一個新的轉折。與他由南至北縱貫美洲之旅同步的，是一趟概念之旅，過程中會不斷增加新層次的邏輯。比較過不同的神話叢之後，李維史陀發現，原住民神話不只會顛倒某些特定的神話元素，還會把它們轉換為一組全新的代碼：從飲食代碼到天文代碼到性代碼再到宇宙論代碼，不一而足。《餐桌禮儀的起源》包含著李維史陀論證中最具挑戰性的一步，因為他在書中把時間向度加入了等式中。對立項之間的關係是相對的，不是絕對的，而類似於一種印第安人的現代主義轉向，神話本身就是這些關係的一個中介項。在李維史陀看來，不管是有關月亮、箭豬剛毛、紅河、蟾蜍或一個失禁老女人的神話故事都不過是人類用來思考愈來愈抽象的元素——「接合」（conjunction）、「分離」（disjunction）和「中介」（mediation）——的思想載具。[71]

至此，李維史陀已進至「野性思維」的最外緣，而「具體性的科學」也開始接納抽象思維。在這個外緣上，神話思維開始退化，它的敘事破碎為一系列短而重覆的片段，類似於十九世紀報紙副刊的連載小說（roman-feuilleton）。在李維史陀看來，自神話思維解體後，它的終極繼承者便是現代小說。被困在一種緊身的文類裡，小說既以神話元素為養分又把它們從原有脈絡撕了開來。對此，李維史陀有一番抒情的描述：

> 小說家隨意在這些漂浮的碎塊之間划行，它們都是因為歷史的熱度（warmth of history）而從流冰群中融化出來。他把這些七零八散的元素蒐集起來，重新利用，但又

隱隱察覺到它們來自另一個結構。隨著小說家的小舟被水流帶到另一條不同於把這些碎塊匯聚起來的河流，它們將會愈來愈希罕。72

早前，在接受沙博尼耶訪談時以及在《生食與熟食》的緒言裡，李維史陀都預言過繪畫將會死亡，一個反圖畫的新時代將會誕生。前衛音樂的命運大概也是一樣，因為它們已經愈來愈無法讓聽眾聽懂，就像是在一個加速膨脹的宇宙裡快速飛向遠處的天體。現在，連小說也開始在褪色，只能靠著從文化初現時期偷來的意象餵養。總之，李維史陀對文化的前景充滿一片悲觀，悲觀程度不亞於他對西方膨脹所帶來的環境大破壞。野性思維的力量：這種思考風格一度具有主宰性，但現在卻只能在現代性（modernity）的縫隙裡苟延殘存。

在一個「熵」的時代裡，有心人唯一可做的只是像踩水車一樣不停進行結構闡釋，挖掘出一種更純淨、更整合的思維的形式元素，藉此把這種思維方式復興過來。正是抱著種老僧入定的心情，李維史陀開始了《神話學》第四部（也是最後一部）的撰寫工作。但毫無預警地，結構冥思的沉靜將會被一場爆發於法國學院生活心臟地帶的騷動所驚破。

11 輻輳

我就神話學所寫過的一切都是為了顯示，我們不可能找到一種最終的意義。人生不也是如此嗎？

——李維史陀、葉希邦，《咫尺天涯》

一九六八年五月的最初幾星期，法蘭西學院四周的街道成了那場著名學運的舞臺。在社會人類學實驗室附近，學生群體拿著水管和木板當武器，又以垃圾桶蓋做為盾牌，衝進一排排的鎮暴警察之中，以宣洩他們對陳舊過時的大學體制和高度保守的戴高樂政權的不滿。鋪路石如同雨滴般打向警車，另一方則以催淚瓦斯槍還擊。

經過幾夜的暴動後，拉丁區一片狼藉。抗議者在行人道上挖出一堆堆鋪路石，用作彈藥，又把路樹連根拔起、將籬笆推倒。燒焦的汽車殘骸在馬路上東歪西倒，被學生用作街壘。整個拉丁區的牆面布滿塗鴉（有些日後會變得家喻戶曉）：「鋪路石的下面是沙灘」、「詩在街頭上」、「我有話想說，但不知道是什麼話」。在每回衝突之間，學生會在街上遊行、張貼海報、靜坐抗議和進行小組討論。索邦大學在五月中被占領，而此時法國有三分之一的工人亦因為別的理由而罷工。戴高樂政府搖搖欲墜。就這樣，歷史的力量以最戲劇化的方式重回舞臺，從保守勢力的壓制下迸發而出。

符號學家格雷馬斯回憶說，在抗議運動進行得如火如荼之際，他曾在街上碰到李維史陀。「一切都完了，」李維史陀對他說，「所有的科學計畫都將會倒退二十年。」[1]如果還是年輕人，他將會是據守在街壘的其中一人。但此時他行將邁入六十歲，在被占領的索邦大學裡用他所謂的「民族學家眼睛」東張西望，採取的完全是一種局外人的心態。最後他退回寓所，等著社會人類學實驗室的同仁把他罷免。他在這事件中唯一一次捲入是參加了一個會議——與會者包括著名的公共知識分子阿宏和古典學家韋爾南（Jean-Pierre Vernant）。會議通過一項動議：譴責使用暴力。「我覺得一九六八年五月引人反感。」他日後表示。他特別對拉丁區的路樹被拔掉和建築物被塗鴉感到不快。在李維史陀看來，這是倒退回一種暴民統治。他曾在一九六七年說過：「我仍然有左派的膽子。但到了現在的年紀，我知道那只是膽子，不是腦子。」[2]明顯的是，到了一九六八年，他連膽子都變得保守了。

六八年五月學運是屬於沙特的運動，他是唯一獲得學生信任而獲准進入被占領的索邦講話的知識分子。透過臨時組裝起來的擴音系統，他對分散在走廊和人行道上的學生慷慨陳詞。除傅柯以外（他與日俱增的政治參與讓他威信日增）[3]，其他的結構主義思想家都被學生視為菁英主義大學系統的一部分。這不是用得著抽象的神話分析或敘事符號學的時刻。

巴特和格雷馬斯的學生都起而造反，建立起自己更政治化的討論小組。這兩位大思想家在自己主持的討論課上被禁止講話，只有學生發問時才容許回答。有一天，一個學生在黑板上寫上「結構沒有走上街頭」這句話，稍後，另一個學生又在黑板釘上一幅海報，上面寫著：「巴特說：結構沒有走上街頭。我們說：巴特自己也沒走上街頭。」這個口號隨後風行到海外：該年秋天，格雷馬斯到美國巡迴講學期間，在每間講堂的黑板上都看得到這番話。生性敏感且害怕群眾的巴特因為自己突然成了箭靶而深受傷害，這又特別是因為，他認為自己比他那些蠻橫的學生要更符合馬克思主義和左派立場。[4]

有些人看到結構主義的局限性被暴露，幸災樂禍的心情溢於言表。曾經指控拉岡是蒙昧主義者的精神分析學家安齊厄（Didier Anzieu）宣稱：「那不只是巴黎的一場學生罷課，也是結構主義的死亡執行令。」同年稍後，《世界報》出版了一份特刊，題為「結構主義已經被六八年五月給殺了嗎？」（Le structuralisme, a-t-il été tué par Mai '68?）[5]，李維史陀的長年懷疑者巴朗迪耶在其中一篇文章寫道：「一九六八年學運的整個理念都是對立於結構世界和結構人的。」[6]許多這一類意見都是當時的粗線條精神的產物，是口號化和政治姿態化的產物，不過，六八年的學運確實與結構主義鑿枘不合。法國被主體的回歸所搖撼，被大歷史的回歸所搖撼。在接下來的年月，廣義的結構主義連同崛起中的後結構主義思想將會繼續稱霸法國學術界（這是因為那些受過李維史陀影響的知識分子全都已經晉升到大學系統的關鍵位置），但結構主義方案的樂觀主義情緒卻不復存在。

就連李維史陀自己都感受得到潮流的轉向：

接下來幾個月，我清楚感受到當初對結構主義大聲喝采的報界和所謂的文化大眾驀地離它而去（他們也曾錯把結構主義譽為現代哲學的誕生），憤怨得就像押錯了一匹馬。不過，五月學運的年輕人無疑要更遠離結構主義而更接近一些老舊的立場：沙特在第二次世界大戰之後界定的立場。[7]

不過，李維史陀也高興於媒體追逐他的狂熱因為學運的發生而暫緩。他相信，自己的工作是屬於一個完全不同的平面，超然於法國的種種政治紛爭之上。對他來說，一九六八年五月只是一時的不便。因為這種一時不便，加上他在翌年所生的一場病，都拖慢了《神話學》的進度。隨著他開始撰寫第四冊，他的心思完全不在法國。「那時我是個僧人。」他日後回憶說。[8]

李維史陀把《裸人》題獻給已逝的父親和尚健在的母親（她當時八十五歲，親眼看著兒子功成名就）。他在《裸人》的緒言對美國西北部來了一趟鳥瞰，鏡頭從落磯山脈快速移向奧勒岡州多風的太平洋海岸再移向到華盛頓州，從火山縐褶快速移向侏羅紀岩層再移向深深的峽谷和玄武岩露頭。從華盛頓州，李維史陀的旅程將會沿著海岸線北上，越過美加邊界進入卑詩省，一直去到溫哥華島四周的海峽和峽灣。換言之，《神話學》四部曲以熱帶森林始，通過美國的大草原而結束於加拿大的河口和海洋水道。《裸人》裡看不到美洲豹、貘、鸚鵡和猴子這些巴西中部神話常見的角色，取而代之的是灰熊、水獺、鮭魚和啄木鳥。雖然角色變了，但這些神話仍然是走在一條結構的道路上，繼續在泛人類的潛意識裡砍伐著一些小路。

雖然有他在一九六五至七一年間於法蘭西學院發表的講座做為底本[9]，《裸人》仍是本難寫的書。寫出《神話學》第三冊後，李維史陀便開始擔心整個計畫會無法完成，因為它已變得愈來愈複雜。他的每一條新的神話思路都會衍生出另一條全新的思路，每一組新的神話都會向他提出全新的問題，和一些新的軸線。昔日，李維史陀曾批評葛蘭言的《古中國的婚姻範疇和親屬關係》把親屬關係的模型弄得太錯綜複雜，但如今，他自己似乎也落入了同一個陷阱之中。他一直努力要從混亂中理出秩序，到頭來卻發現自己在一間間互相連接的邏輯房間裡跌跌撞撞，在理性的迷宮裡迷失了方向。所以，如果他不想自己的工作變成一趟薛西弗斯白工（索緒爾對古斯堪地納維亞神話的研究就是如此），便得採取務實的做法。所以，在這部《神話學》的掩卷之作裡，他有些觀念只是約略一提，就像是做為進一步研究的線索。

不管一路下來《神話學》有多麼片斷性和不完整，到了《裸人》的最後，神話的實質仍然看似開始軟化。以一種奇怪的對稱性，李維史陀離開他的起點（巴西中部）愈遠，神話間的結構就變得愈相似。當他的探索沿著太平洋海岸往北走，從加州北部一直去到卑詩省，也就是從克拉馬斯人中間去到薩利什人中間之後，他開始發現到一種結構上的輻輳：被李維史陀用作「基準神話」的那個波洛洛人神話開始一再出現，所不同的是（就像他在〈阿斯迪瓦爾的故事〉裡所用的幻燈片投影機比喻一樣），許多「神話素」都顛倒了過來。

例如，波洛洛人的神話（M_1）就與克拉馬斯人的神話（M_{530}，M_{531}）出奇地相似。兩者都是講一個年輕人或一個小孩被騙去高處捕鳥。被困在峭壁上之後，他得到動物的拯救，然後回去找害他的人報仇。雖然有那麼多相似之處，但在李維史陀的解讀裡，兩組神話所包含的每個元素都是互相顛倒的。在波洛洛神話裡，主角要抓的鳥是隻金剛鸚鵡，但在克拉馬斯人神話裡，他要抓的卻是鷹，換言之，克拉馬斯人是用一隻猛禽取代了一隻吃果子的鳥。M_1中的小孩被困在峭壁時屁股被一隻鷲咬走，但在克拉馬斯人的異本裡，他卻是飽受飢餓之苦，換言之，前者是身體的外部受苦，後者是身體的內部受苦。在南美洲神話裡，他是被一隻會同類相食的雄鷲所救，而在北美洲的神話裡，他卻是被一個不會害人的蝴蝶女人所救。在波洛洛神話最後，主角是召來大雨進行復仇，而在克拉馬斯人的異本裡，他召來的卻是火焰風暴。[10]若撇開這些顛倒不論，則兩組神話用的是一模一樣的拼圖板。

寫作《裸人》之前，李維史陀已經思考了波洛洛人的神話超過十年。當初，在《生食與熟食》裡，他會選擇波洛洛人的「盜鳥巢者神話」做為「基準神話」，多少帶點任意的味道，多少和他自己曾親自在巴西中部做過田野調查有關。不過，如今他卻看出這個選擇饒有深意，看出「盜鳥巢者神話」在整個美洲的神話思維裡具有中軸位置。這個故事講述的乍看只是父子衝突，但李維史陀卻認定它包含著「整個神話系統的胚胎」[11]，就像他當初選擇這神話做為起點是受一種天命（destiny）的驅使，或是受一種潛意識的衝動所驅使。「我現在已經更加明白，為什麼有那麼多的美洲神話可供挑選，我卻偏偏挑這一個。它是在我還不知道原因以前便把自己強加在我身上的。」他寫道。[12]「把自己強加在我身上」是一個有趣的說法，它再一次顯示出，李維史陀仍然把自己視為一個靜態的接收者，把自己的心靈視為只是神話回聲的一塊共鳴板。

穿過神話纖維的糾結之後，共同的主旋律如今被編織在一塊了。神話從南美洲向北美洲的移動帶來了另一次的變形：由一套烹調代碼轉換為一套衣著代碼：「生」變為「赤裸」，「熟」變為「穿衣」，而對人體內臟的懸念也變為對外在裝飾的念茲在茲。雖然太平洋西北海岸的神話處理的是一系列更複雜的主題（身體裝飾、貿易、戰爭、透過通婚聯盟），但在更深的層次上卻是相通的。所以說到底，它們（就像李維史陀本人一樣）都是環繞著同一組的哲學性難題（人從自然到文化的過渡、人與自然環境的分離、天與地的分離等等）旋轉、沉思，但始終沒有到達結論。[13]

就像一個坍塌的宇宙一樣，《神話學》四部曲在經歷了兩千多頁的分析後，快速地收縮為單一個小點。李維史陀在這部史詩規模的鉅著的近尾聲處寫道：「所以，我們是否可以下結論說，整個美洲大陸的幅員內只存在著一個神話……哪怕它的異本極其眾多而細節極其豐富，得寫上多卷書才能勉強足以涵蓋？」他是提出了一個問題，但卻幾乎不需要回答了。在李維史陀看來，美洲神話是一聲巨大的呢喃，是在貫穿南北美洲的一團又一團的營火四周口耳相傳開去，過程中發生了各種的轉折和扭曲。神話思維的世界是球體形的，不管從哪一個方向出發，最終都會回到起點。所有線頭都會交會，圍繞著神話空間運轉。至此，「野性思維」業已找到自己最完美的數學形式。

在全書近尾聲處，李維史陀把自稱從「吾人」改為「我」*，也從深奧難懂的神話闡釋家搖身變為一個十九世紀風格的哲學家，提出了一些對藝術與音樂的反思，寫下了一些名言警句。[14]在全書最後幾頁，李維史陀為由他所主導前驅的方法做出了最後一次辯護，強調這方法是以具體性的事物為基礎，是以現代科學的一些發現為基礎。他指出，就連感官知覺最終也是依賴於邏輯運作。不管是玫瑰、韭蔥或魚的氣味都是由七種基本氣味的不同組合構成，而這七種基本氣味是：樟腦味、麝香味、花香味、薄荷味、乙醚味（如松節油味）、刺激味（如醋味）和腐爛味。[15]相似的，視覺器官的作用方式亦猶如結構分析的顛倒：先是由視網膜細胞接收刺激，對二元對立項（上／下、直立／斜倚、動／靜、明／暗，等等）的其中一項做出回應，把訊息送到腦部去加工處理，形成映像。李維史陀以此總結說：「有些批評家把結構分析斥之為一種多餘和頹廢的遊戲，殊不知，它之所以能被人的心靈所想出來，是因為它的模式早已存在於人的身體裡。」

不過，相當弔詭而引人好奇的是，就在他祭出科學來為結構主義辯護的同時，一種神祕主義亦緊隨在後。「只有結構主義的實踐者方能從內在經驗體驗到這方法能帶來多大的滿足感，因為它可以讓心靈與身體真正共融。」[16]他這樣寫道，聽起來就像是描寫一種宗教性的出神狂喜。不過，誰又能夠懷疑，在傾注了半生生活在美州印第安人心靈的豐富意象之後，李維史陀不是真的體驗到一種萬物一體的準宗教感受，到達了一種知性上的極樂境界？

一九七四年春天，在一個只有少數人有資格進入的廳室裡，李維史陀設法穿上法蘭西學術院（Académie françoise）的禮袍。兩個裁縫（一個手臂上綁著針墊、脖子上掛著捲尺）在李維史陀瘦巴巴的身體四周東弄西弄，幫他套上沿襲了幾世紀的「綠色院服」（habit vert）：

* 譯注：根據當時的慣例，學術著作的作者都是以第一人稱複數代名詞自稱。

先是幫他圍上一條白色腰布，然後是一件有著綠色翻領（上有繁複刺繡）的燕尾服，然後是一件長形的黑色披肩斗篷。最後的收尾工作是給他戴上一頂雙角帽（bicorne）——那是一種兩邊帽邊摺起的帽子，布滿黑色羽毛，最後一次流行是在十九世紀的軍人圈子。

站在古董鏡子前面，李維史陀像個木頭人，不只沒有被華麗的裝束轉化得煥然一身，反而顯得笨手笨腳，就像他多年來出現在照片中的模樣。

「我不能說這套衣服讓我感到自在，」他對幫他穿衣的人說。「我得多練習怎樣穿它。」

「你有什麼感覺？會覺得怪怪的嗎？」一個記者放下相機問他。

「它讓我熱得快窒息……這是唯一的感覺……我覺得自己像是套上全套甲具的馬。」

「除了覺得熱，你還有什麼感覺？」那記者繼續追問。

「我喜歡它，」李維史陀回答說，語氣不太讓人信服。「我覺得男性應該穿得比時下更華麗。畢竟，在我們的文明裡，可以容許一個男人穿得像女人的場合少之又少。」[17]

沙特曾經基於自己的原則，拒絕接受「法國榮譽軍團勳章」（Légion d’honneur）並拒領諾貝爾文學獎（他是第一個這樣做的人）。六十中旬的李維史陀卻相反，他已經領過「法國榮譽軍團勳章」，也明顯樂於繼承法蘭西學術院的第二十九個院士席位（由作家蒙泰朗〔Henry de

Montherlant」空出），在法國一個古老而最保守的知識機構裡加入「不朽者」（les immortels）的行列。對李維史陀而言，在儀式上接過「禮劍」就像接過波洛洛人的牛吼器一樣高興。法蘭西學術院對傳統和儀式的看重、對保存文化和語言的努力，都與他做為人類學家的任務相一致。正如他的傳記作者指出，李維史陀愈老便「愈英國化」，對牛津和劍橋大學充滿敬意。抱著一個帶點過時的英國意象，他稱讚這國家的一大優點是「仍然知道要讓儀式有一席之位」。[18]（但他真正喜歡的也許只是傳統和儀式這兩個觀念，因為有證據顯示，他自己非常不喜歡出席典禮，也討厭冗長的演說和空洞的儀文。例如，有一次在愛麗榭宮參加過國宴之後，他告訴一個同事，他會接受邀請只是不得不爾，而他整個晚上下來都沒說過一句話。[19]）

他是那一年唯一的候選人，也是歷來唯一一個以人類學家身分參選的人。他得到的票數比當選所需票數僅僅多三票（大約二十七票中得了十六票），其中一個贊成票是凱盧瓦所投（兩人在一九五〇年代曾經有過論戰）。做為一種致謝的姿態，李維史陀邀請凱盧瓦在院士就職典禮上致歡迎詞。這種歡迎詞通常簡短而形式化，主要是對新院士歌功頌德一番，不意凱盧瓦卻利用致詞的最後部分攻擊李維史陀和結構主義。隱約指向兩人早年的恩怨，凱盧瓦說《人種和歷史》「大概是寫得太匆促了」，但把最尖刻的批評留給結構主義：

> 結構方法沒有能逃出社會科學的原罪，它一點一點地從一種似是而非的臆測變為一種

不可原諒的化約，在任何情況下都毫無例外……不過，在我看來，這種困惑從未停止過折磨你。所以，你愈來愈不傾向於超出純粹描述之外。你的追隨者的濫用讓你震驚。你因為看到結構主義的擴大而害怕不已……[20]

凱盧瓦又把結構主義界定為一種思想上／精神上的反物質，說結構主義「是一批直覺或靈感的集合……這些直覺或靈感不是一種科學，但沒有它們，科學又是不可想像的；它們一點都沒有宗教意味，但又沒有宗教可以忽略；它們不構成一種哲學，但又比哲學更抽象和更有局限性」。結構主義產生自一種部分基於事實經驗、部分基於遐思的心智傾向，「總是在尋求做為宇宙架構的回聲、反映及和諧」。[21]李維史陀後來指出，凱盧瓦送出的書面演講稿其實更尖銳，是後來經人勸說才減低火力。這不禁讓人好奇，凱盧瓦當初何必投贊成票。

李維史陀在社會人類學實驗室的許多同仁都不樂見他當選院士，但理由卻有別於凱盧瓦。法蘭西學術院畢竟是個男性文人的俱樂部（當時還不曾有女性當選過院士），是一個僵化、菁英主義的機構，與人類學這門新學科的勃勃朝氣不是很搭調。不過，李維史陀自己卻愈來愈變得像個老紳士。如今，他在勃艮第的利涅羅勒鎮（Lignerolles）擁有一片可觀地產：入口有一道大鐵柵門，進鐵門後是一條車道，通到一座古典比例的法式渡假別墅。每年夏天他都會在這裡避暑。早上，他會先吃一頓英式早餐（包含培根蛋和烤吐司），然後再到別墅四周的林地散步。到了下午，他會坐在寬敞的起居室，利用從大窗戶和落地窗照進來的自然光寫作、處理盈案的來信，或是翻閱十九世紀初編成的那套全七十二冊的自然科學百科全書。[22]

隨著他邁入老年，他一直以來奉為圭臬的觀念也變得更加硬巴巴。他對人口膨脹、文化同質化和環境破壞的恐懼，如今被他連結到一種強烈的反人文主義和反西方的措詞去。「我想人類無異於長在一袋麵粉裡的蛀蟲，會在食物和空間還不缺的時候便開始以自己的毒素毒害自己。」他在一個場合這樣說。在另一個場合，他又把西方比作一種病毒，「是某種程式的執行者，注入活細胞（指原住民文化）後會迫使它們根據特定的模式自我生產。」人文主義（李維史陀自二次大戰後便一直跟人文主義角力，致力於「逐漸抽空它的實質」）這時更成了他的主要箭靶。[23]「我不信仰上帝，」他在接受《時代》雜誌的訪談時表示，「但我也不信仰人。人文主義已經失敗。它沒能制止我們這一代的各種滔天罪行，反而任由自己充當各種恐怖事件的藉口與理據。它一直對人有所誤解。它一直設法把人割離開所有自然界的顯現。」在接受《世界報》訪問時，他把話說得更白：人文主義的極致體現是殖民主義、法西斯主義和納粹集中營。[24]

換言之，老去後的李維史陀再一次逆潮流而行，只不過這一次是扮演極端的保守主義者。一九七一年，他應聯合國教科文組織的邀請，在「反種族主義戰鬥行動國際年」主持開幕演講。聯合國教科文組織原本預期，他會鋪陳的是二十年前在《人種與歷史》裡那些毫無爭議的觀念。不過，當大會的總主持馬厄（René Maheu）在大會開幕四十八小時前接到李維史陀寄來的演講稿時，卻當場傻眼。在講稿中，李維史陀質疑「反種族主義」的觀念（按其原來的構想方式）只是在助長一個文化衰頹的過程，是在助長「邁向一個世界性文明，其總傾向是摧毀古代的個人主義，而這種個人主義帶來了我們的美學價值觀和精神價值觀，這些價值觀使我們的生活變得有價值。」[25]雖然激烈反對種族主義，但李維史陀走的卻是一條細細的鋼索，力主某種文化優越感甚至文化冷漠感反而可以維持距離，有助於保存風俗和觀念，反觀文化接觸卻會破壞風俗與觀念。現代世界因為鼓吹相互接納和多元文化主義，反而會窒息文化交流所可能碰撞出的創意火花。他又引用戈比諾伯爵（Count Gobineau）的十九世紀種族主義小冊子《人類種族不平等論》（*Essai sur l'inégalité des races*）的話指出，異族通婚充滿危害——對一個打擊種族主義的運動的開幕式而言，這種論調可說極不合適。[26]馬厄傷透腦筋，無計可施之下只好在致開幕詞時盡量拖延，以縮短李維史陀分配到的演講時間，

永遠發別人所未發，做為法國頂尖知識分子和西方批評者的李維史陀一再讓他的擁護者張口結舌。一九七三年，在接受《新批評》一次訪談時，他迴避對越戰表態，但指出北越對越南原住民蒙塔格納德人（Montagnards）的威脅不下於南越。他日後將會擴大這個論證，修正自己早期對去殖民化的支持，指出在一個新獲獨立的國家裡，原住民的處境往往會變得更糟。[27]一九七六年五月，在國家法律改革委員會面前作證時，他力主自由這個觀念完全是

相對的。他攻擊一九四八年的「世界人權公約」，認為它不適用於發展中國家的情況，又補充說有鑑於極權國家的生活水平，「強迫勞動、食物配給和思想控制對一群一無所有的人民來說或許才是一種解放。」[28]政治上，他始終保持自己在第二次世界大戰時支持戴高樂派的立場，所以每次保守派在選舉得勝，他都會雀躍萬分。一九八〇年，當瑪格麗特・尤瑟娜（Marguerite Yourcenar）成為法蘭西學術院歷來第一位女性候選人時，他投下反對票，所持的理由是讓女性成為院士有違幾百年來的傳統。

李維史陀慢慢失去了與二十世紀末法國的聯繫。到了一九七〇年代末，去殖民化的後果已愈來愈明顯地見於巴黎的街頭、商店和餐館，而這座城市的面貌也逐漸變得截然不同。這種多元文化主義曾讓流寓紐約時的李維史陀深感著迷，但如今他卻認為那是對法國文化的威脅。早在一九五〇年代中葉，李維史陀便在《憂鬱的熱帶》裡哀嘆說：「不多久前，第十六區還是燦爛奪目，但它的光華如今已被雨後春筍般的辦公大樓和公寓大樓給模糊掉，逐漸變得與巴黎的其他街區毫無分別。」而到了一九八〇年代，他的態度更是從哀嘆升高為咒罵。他對葉希邦說：「這一區讓我感到無趣乏味。」[29]面對這種變化，李維史陀的逃避方法是像他父親一樣，退縮到一個空洞的過去，退縮到一個已經不存在的法國（更精確地說是一個從不存在的法國）。

與這種退縮相呼應的是李維史陀愈來愈自外於學術爭論。一九七四年，李維史陀參加了一個當代思想界巨人的會議（這會議日後被認為是認知科學的一個里程碑）。會議是人類學家愛特蘭所召集，他當時還只是個二十多歲的哥倫比亞大學博士班學生，因為不知天高地厚而把一群顯赫的思想家——語言學家杭士基、發展心理學家皮亞傑、人類學家貝特森（Gregory Bateson）以至生物學家莫納德（Jacques Monod），還有李維史陀等——拉在一起開會。會議地點假山嵐朦朧的羅亞蒙修道院（Abbaye de Royaumont）舉行，那是天主教熙篤會（Cistercian）的修道院，建成於十三世紀，座落在巴黎郊區。在好幾天的議程裡，與會的思想巨頭所辯論的莫不是李維史陀奉獻了一輩子鑽研的問題：語言、文化和心靈的關係；哲學與認知科學的修好；人類共同性的探尋，等等。

這個會議的辯論激烈而充滿啟發性，很多時候都是由正當盛年的杭士基以他典型的好戰精神主導議題和反駁對手。不過，李維史陀在會議上卻出奇地沉默，完全不像他從前參加學術會議（如二十年前的布魯明頓會議）的樣子。「當其他人發表意見或自我辯護或大聲駁斥對手時，李維史陀只是靜靜坐著，什麼都沒說。」愛特蘭回憶說。「當我們起身要去吃最後一頓午餐時，杭士基……走到李維史陀身邊，帶點靦腆地說：『大概你還記得我吧？我曾經在哈佛聽過你的課，在座的還有雅各布森。』李維史陀看了看杭士基，回答說：『抱歉，我不記得了。』這是他在會議室裡唯一說過的話。」他開會期間大多數時間都是在塗鴉，畫的是「貓和其他真實或想像出來的動物」——每天開會結束，他會把這些塗鴉留在桌上，引得大家爭相搶奪。愛特蘭這番回憶讓人不勝唏噓。在拆解一組又一組的美洲神話時，李維史陀的頭腦顯得極為靈活，不過，進入六十中旬以後，他看來已再無力吸收新穎的思想觀點。日後，他把羅亞蒙修道院的會議稱作二十世紀下半葉最重要的學術事件，這種評價符合他的一貫作風：習慣恭維同時代人的作品卻又不會投入鑽研。

除了在思想上遺世獨立，李維史陀的保守藝術品味也日益強化。當代文化對他殊少意義。他不喜歡當代戲劇，也極少到電影院看電影，寧可在家裡看希區考克和溝口健二的老電影的錄影帶。及至退休，他對二十世紀藝術與音樂的興趣已幾乎完全消失，但對十九世紀歌劇與繪畫的鍾愛卻日甚一日。他對現代小說不屑一顧，但還是喜愛讀美國的偵探小說：如賈德納（Erle Stanley Gardner）的「梅森探案系列」和斯托特（Rex Stout）的「沃爾夫探案系列」。[30]這是他對流行文化所做的唯一讓步，至於搖滾樂和漫畫等，「它們全然引不起我的注意，」他在一九八〇年代這樣表示，「這種說法還是低估的！」他可以崇拜最粗陋的原住民文物，但在自己的社會裡卻堅持高級文化和低級文化的二分法。「『搖滾文化』或『連環圖文化』這些用語都是在製造偶像，是為了偏袒『文化』的某一個意義而扭曲它的另一個意義，形同一種知性的詐騙。」[31]

然而，李維史陀仍然有著激進的一面。他思想的某些部分仍然可以引起左翼學生和學者的共鳴。透過《人種與歷史》和《憂鬱的熱帶》二書，他把二十世紀人類學的中心觀念（即所有人類具有根本的心理統一性）帶給了更廣大的聽眾。「不管人現在是什麼樣子，」他告訴《時代》雜誌的記者，「人早已是這個樣子。」這是個強有力的信息，對全世界各地受壓迫的人群都帶有潛在的革命性暗示。雖然沒有用行動捍衛原住民，但李維史陀從不忌諱在媒體上發表強烈聲明，譴責西方和人類學的罪行，這種觀點在當時仍然非常新鮮而充滿爭議性。他在一九六〇年代中葉接受BBC訪談時告訴斯坦納：「正因為我們殺害、剝削了他們（原住民）好幾世紀，才可能把他們當成物件看待。我們能夠把他們當成研究對象，是因為我們把他們看成物件。毫無疑問，人類學乃是這個暴力時代的女兒。」[32]他甚至早在《憂鬱的熱帶》裡便預見到生態破壞帶給人類的荒涼前景，後來又一再在作品中提到人口過剩和人類掠奪大自然的可怕後果。

他的著作上那些引人遐想的書名和封面都帶有一種反文化（counter-cultural）的張力。例如，《憂鬱的熱帶》的封面原是一幅朦朦朧朧的抽象畫，畫的是一個卡都衛歐婦女刺了青的臉部，但再版的時候，出版社卻把它換成一張乍看像是南比夸拉妙齡少女的照片（相中人其實是一個留著波浪形長髮的豐唇男孩）：「她」鼻子上穿戴著一根精緻的稻草鼻飾，頭微微後仰，目光凝視著鏡頭，表情茫然。李維史陀對這種更動很不高興，但新的封面照片卻發揮著強烈吸引力。它述說著青春和異國情調，也有一點點情色暗示，與當時正在發生的文化大變動起著呼應效果。就這樣，以一種更新過的吸引力，李維史陀的經典之作連同「人類的大地」系列的其他作品一起邁入了一九七〇年代。

在《裸人》裡，李維史陀把研究美洲神話比作編織一塊巨大的布，有需要來回用針，好把不同顏色的線條連接在一起，希望能達到質地上的均勻一致。直到完成四部曲之後很久，李維史陀猶在做著這種縫縫補補的工作，以便可以「強化弱處」，好讓「最微小的細節（不管它們看起來有多麼多餘、古怪，甚至荒謬）都可以顯示出意義與功能」。其成果就是他所稱的「小神話學」系列（《面具之道》、《嫉妒的製陶女》和《猞猁的故事》），它們在一九七五至一九九一年之間出版，共同構成了龐然四部曲的「尾聲」。「小神話學」不只填補了《神話學》留下的縫隙，還把李維史陀更早期的研究整合到他的神話研究方案中。

「面具之道」（La Voie des masques）是另一個無法翻譯的書名，因為「道」（voie）這個字暗示著「聲音」（voix）。此書把我們帶回到李維史陀流寓紐約期間最常流連的地方：美國自然史博物館。在十九世紀晚期由鮑亞士負責管理，這博物館的一樓陳列著許多圖騰柱和一排排太平洋西北海岸的印第安面具。以木頭雕成並以原色油漆，這些面具的凸眼、吐舌、鷹鉤鼻和O形嘴長久以來都讓李維史陀非常著迷。從瓜求圖人誇張的用色和形式，到貝拉庫拉人（Bella Coola）較沉潛的鈷藍色面具，再到薩利什人粗獷的原始主義風格，這些太平洋西北海岸的面具形同是（李維史陀這樣形容）大教堂和露天市集的結合、古典雕刻與嘉年華會的結合。[33]

這書是李維史陀兩次造訪卑詩省之後寫成（卑詩省的原住民文化在他的著作裡一直扮演吃重角色，特別是《神話學》最後一冊）。第一次是在一九七三年二月，當時他應卑詩大學的邀請，在溫哥華及其周遭待了一個月。在朋友和同事馬蘭達（Pierre Maranda）的陪同下，李維史陀逛了一些古物店和民族學精品店，又參觀了一些展示太平洋西北海岸印第安人藝術品的博物館。[34]在其中一家店，他驚訝地發現店家竟把他奉若神明的原住民面具與一個米老鼠面具陳列在一起。[35]他也參觀了瓜求圖人的「誇富宴」（potlatch）：這種競相互送大禮的儀式在過去場面非常壯觀，也是牟斯《禮物》一書的核心，但如今已盛況不再，人們只以交換小禮物來虛應故事。

在溫哥華綜合醫院兩位與原住民有交情的精神醫師的幫助下，馬蘭達安排李維史陀參觀了瑪斯昆保留區（Musqueam）進行的一場夜間舞蹈（一般禁止白人觀看）。這儀式的主角是一些有藥癮和酒癮的青年，他們被從溫哥華或西雅圖的市中心抓回來，被迫禁食並在有冰河流過的弗雷澤河（Frazer river）沐浴，最後在所謂的「冬舞」中由薩滿師引導，完成戒毒戒酒的重生過程。一整夜的擊鼓聲和吟唱聲讓李維史陀留下極深刻的印象，九個月後他從巴黎寫信給馬蘭達，信中說當時的場景仍讓他「深感震撼」。翌年夏天，在妻子莫妮克和兒子馬蒂厄的陪同下，李維史陀再去了一趟卑詩省，在哈里斯泉（Harrison Springs）與一些薩利什人會了面。薩利什人完全沒有讀過李維史陀的作品，但卻在他面前侃侃而談「生」與「熟」這兩個範疇在他們文化裡的重要性。

第一次造訪卑詩省期間，李維史陀有機會跟一些土著的雕刻師傅見面，他們仍在製作與祖先同樣形狀和形式的物件。其中一位是住在溫哥華島維多利亞市的努卡特族（Nuu-chah-nulth）雕刻師漢密爾頓（Ron Hamilton），他的工作室裡擺著一系列半完成、樹幹粗細的圖騰柱，地上布滿木屑。這個場面被一部加拿大的紀錄片《面具背後》（*Behind the Masks*）攝入鏡頭，散發著強烈的一九七〇年代風味。畫面中，漢密爾頓穿著厚厚的圖案羊毛背心和牛仔褲，蓄著兩撇搶眼的八字鬍和一頭中分的黑色長髮；馬蘭達則穿著高圓領的毛線衣，另外還有一個戴飛行員眼鏡的第三者。與此形成鮮明對比的是李維史陀：他穿著沒有時空特色的大衣和圍巾，看來就像是誤闖這個經過精心設計的舞臺。他問了漢密爾頓圖騰柱上各種角色的寓意，以及它們與當地神話的關係，又特別問了佐諾克瓦（Tsonokwa）* 面具各種眼睛雕刻法的寓意何在，例如，深陷或半閉的眼睛是不是意味著盲眼。

在《面具之道》裡，他設法對幾組不同的面具進行結構分析。這一次，他沒有著眼於「神話素」，而是聚焦在一些美學單位：「張開的眼睛／半閉的眼睛」、「露出的舌頭／隱藏的舌頭」、「深色調／淺色調」、「使用羽毛作裝飾／使用毛皮作裝飾」。做為其方法的另一次大師級展示，李維史陀發現，這些面具和與它們相對應的神話呈現出一種顛倒的對稱關係：每當幾個相鄰神話的訊息不變時，面具中的元素就會顛倒過來（凹眼變成凸眼、羽毛變成毛皮

---

* 譯注：瓜求圖神話中的一個人物。

等），而每當相鄰神話中的元素顛來倒去時，面具中的形式元素就會保持不變。[36]

回應對《面具之道》的批評時，李維史陀指出：「我自己知道它的不足之處。寫完它之後，我又有了新的發現，材料多得足以再寫一章。」[37]他確實有機會把這些新材料加進去。初版之時（由瑞士的史基拉出版社〔Albert Skira〕出版），這書是由薄薄的兩冊構成，中間穿插著許多插圖。日後再版時，普隆出版社把它改為一冊裝，又加入一些新寫的章節。

但李維史陀的抽屜裡仍藏著許多觀念、許多《神話學》計畫用剩的材料、好些未走過的道路和一些著作的寫作大綱。然而，他卻感到自己的創作生涯已經結束。據馬蘭達回憶，在《面具之道》出版後，李維史陀告訴他，那是他最後一部作品。不過，在伏案那麼多年之後，擱筆當然是個極難做出的存在（existentially）抉擇。「寫作並沒有讓我更快樂，」他告訴葉希邦，「但至少可以幫我打發時間。」[38]

一九七七年十二月，李維史陀為「馬賽講座」（Massey Lectures）錄音，以供加拿大廣播公司的《觀念》（Ideas）節目播放。他日後埋怨說：「這講座讓我再一次被迫意識到自己的英語有多爛……其實，光是以法語廣播便足以讓我的口齒引人厭惡。」[39]其實他的英語不差，只是說得比較慢且帶有濃濃的法國腔。另外，用非母語講演也對他有好處：逼著他把表達方式盡量精簡。這講座後來出版成書，取名《神話與意義》（*Myth and Meaning*），是他的各種著作中把自己思想表達得最扼要清晰的一本。它包含李維史陀各種耳熟能詳的觀念，也瀰漫著一股謙遜的味道。結構主義只是「一種對自然科學非常微弱和蒼白的模仿」。雖然已經寫出過十本書和數十篇文章，但他在《神話與意義》裡卻把這番努力的成果評價得非常謙遜：「我的目的只是試圖看看，在各種看似無序的現象背後，是否存在著某種秩序。我也並未宣稱這樣的嘗試一定會有結果。」[40]

當李維史陀終於在一九八二年退休，把編織了半世紀的事業留在背後之時，結構主義亦開始退流行。翌年，他第三本也是最後一本論文集編印出版。雖然明明是《結構人類學》的第三冊（第二冊是在一九七三年出版），但這時候的李維史陀已無法忍受一個帶有「結構主義」意味的書名。他告訴葉希邦：「『結構主義』一詞已經成色不純且受到過度濫用，再沒有人知道它指的是什麼。這個詞已經失去了內容。」[41] 他把這部論文集題獻給前一年去世的雅各布森，並決定給它取一個充滿蒼涼意味的書名：《遙遠的回眸》（*Le Regard éloigné*）。*

一九八五年，在接受人類學家（也是他從前的學生）比謝（Bernadette Bucher）訪談時，李維史陀把自己的職業選擇說得像是退而求其次。「如果您容許，可否請問您目前的興趣何在？」比謝恭恭敬敬地問他，而李維史陀則這樣回答：

* 譯注：此書通行的中文譯名為《廣闊的視野》或《遙遠的目光》。

> 我不知道。也許是舞臺設計吧。從前我有過設計舞臺的機會，跟木匠、畫師甚至技術人員一起工作，架設燈光和各種道具，只覺得人生從未那麼快樂過。在我，手工勞作是一種被壓抑的志趣，如果再有機會……但算了，我太老了，不可能再有那樣的事發生，所以，我將會以人類學家的身分終老。[42]

結構主義也許正在式微，但李維史陀在法國的名聲卻是有增無已。一九八〇年，《閱讀雜誌》（*Lire*）在沙特逝世之後進行了一場調查，讓六百個知識分子、政治家和學生選出他們心目中最有影響力的三位當代思想家，結果李維史陀高居榜首，阿宏和傅柯次之，拉岡和波娃緊追在後。一九八〇年代的前半葉更是把李維史陀的競爭者一一剔除。一九八〇年二月，巴特在法蘭西學院附近的學院路被一輛快遞車撞上，送院後不治。拉岡於翌年謝世，得年八十歲。然後，雅各布森逝於一九八二，阿宏逝於一九八三，傅柯逝於一九八四，布勞岱爾逝於一九八五，而杜梅齊和波娃都逝於一九八六。於是，隨著八〇年代的落幕，能做為戰後一代人才濟濟的法國思想界代表的，便只剩下李維史陀一人。

一九八五年，李維史陀重遊巴西——此行是為了陪同密特朗總統進行五天的國是訪問。

一行人去了聖保羅，然後又去了巴西利亞，受到巴西總統薩爾內（José Sarney）的接待。還待在聖保羅的時候，李維史陀從百忙的行程中抽出一天早上，坐計程車沿聖保羅大道尋訪昔時位於森西納托－布拉卡街的寓所。但他年輕時認識和愛過的那個聖保羅——它那些起伏的山丘和殖民風格的建築——俱已消失無蹤。山與山之間都有高架道路連接，溪谷中也有高速公路通過。任何自然景觀都被一座座高樓大廈給切割得支離破碎。這城市比從前擴大了超過十五倍，每條道路都擠滿巴士、電車和轎車。李維史陀被困在車陣中，最後被迫折返。

稍後，在全國性報紙《聖保羅州報》的安排下，李維史陀在馬托格洛索州的龍東諾波利斯（Rondonópolis）坐上一架輕型飛機，前往他在一九三〇年代中期去過的那座波洛洛人村子。抵達之後，飛機在一片半開拓過的灌木叢林上方盤旋。李維史陀勉強看得見林中空地的一群小屋子，而飛機師透過引擎的噪音告訴他，飛機是可以降落，但降落後便無法再起飛。所以，李維史陀便只能在空中與波洛洛人重逢。從飛機上，他看到的單車輪形的聚落布局跟他畫在書本上和文章裡的一模一樣：一間長形屋座落在輪子的中央，一些泥土路從這裡向外輻射，延伸至沿著輪框分布的小屋子。這趟事隔半世紀的舊地重遊像是一個反高潮。再二十年之後，我問他有沒有對巴西之行感到失望。「沒有，」他回答說，「我受到感動。」

既擁有一顆極好探問的心靈，李維史陀一直沒有重回巴西（無論是講學或參加會議）著實讓人覺得不可思議。他終於回去的時候，卻是為了參加國是會議，是以法國代表的身分而不是個人的身分舊地重遊。類似的，他直到事業生涯的尾聲才第一次造訪卑詩省（那是另一個他的著作大為倚重的地區）。在那裡，搭乘一艘渡輪前往溫哥華島時，他從甲板遠眺樹林覆蓋的海灣，這樣告訴馬蘭達：「這裡的生態環境對我非常重要，它在神話中扮演的角色非常吃重，讓我覺得有必要在這地方住上一住而不只是看一看，才能明白許多事情的箇中意義。」[43] 所以說，他對卑詩省是充滿感情的，欠缺的只是把感情貫徹到底的動機。

這種對第一手文化接觸的興趣缺缺常會被他晚年對日本的著迷所掩蓋。在一九七七至八八年之間，他去過日本五次，每次除講演外還會抽時間探索這個國家。他把日本形容為西方的一種顛倒：位於歐亞大陸的最東沿，它與位於歐洲大陸西陲的法國儼如鏡像。日本精雕細琢的地貌（層次分明的稻田、茶園、竹林和櫻花樹），還有它種種僵硬的儀式禮節，全都與李維史陀的思想品味和美學品味密合無間。輕如羽毛的屏風、漆器面具、美學化的儀式和輕視小我的國民性——擁有這些特徵的日本社會會吸引一系列結構主義思想家（最知名的是巴特和傅柯）一點都不奇怪。

從巴西回國後，李維史陀出版了「小神話學」的第二部：《嫉妒的製陶女》。他形容，與歌劇般的《神話學》四部曲相比，《嫉妒的製陶女》的規模相當一齣芭蕾舞劇。這書更精練，玩心也更重，其材料是李維史陀從一九六〇年代「一直保留到現在」。那段期間他都是在盲目摸索，在一組組神話之間進行知性發現的旅程。不過，現在他已經有了焦點，有了既有的「證明」可資憑藉，所以便縱情於自己最喜歡做的事：在一些大觀念與一些大思想家之間進行自由聯想。

這書重訪了佛洛伊德。自中學時期讀過這位精神分析大師的作品後，李維史陀便一直把佛洛伊德做為自己研究工作的一個基準點。除了受其整體理論方向的影響外，李維史陀終其一生都在使用一些佛洛伊德的概念，如「顛倒」(inversion)、「置換」(displacement)、「潤飾」(secondary elaboration)和「變形」。就像佛洛伊德可以從原材料中看出一些出人意表的關聯性(例如指出「迷宮神話」*其實是象徵一趟肛門生產〔anal birth〕的過程：錯綜複雜的迷宮走道象徵的是腸道，阿莉阿德尼的線球則是臍帶)，李維史陀亦有類似的旁敲側擊能力。李維史陀稱讚佛洛伊德了不起之處在於「可以用神話思考的方式來思考」，又稱自己擁有同樣本領。[44]

為了不讓精神分析學對排泄器官的著重專美於前，《嫉妒的製陶女》把吉瓦羅神話中的樹懶和夜鷹解釋為一組對立項，說前者象徵的是口腔和肛門的阻留(retention)，後者象徵的是口腔和肛門的失禁(incontinence)。†這樣，人類的嫉妒情緒便變成了一種心理學阻留的形式：人的身體相當於製陶女的窯，只不過它的作用是烘烤排泄物而不是烘烤陶器。李

* 譯注：「迷宮神話」為古希臘神話，講述希臘王子忒修斯拿著阿莉阿德尼的線球進入一座迷宮斬除妖魔，然後憑著進迷宮時沿路留下的繩線走出迷宮。

† 譯注：「口腔阻留」指節制口欲，「肛門阻留」指節制排泄；「口腔失禁」指縱情口欲，「肛門失禁」指肆意排泄。

維史陀以此認定，在西方被認定具有革命突破性的精神分析理論其實早在幾百年前便被吉瓦羅人發明了出來。他半開玩笑地說：「美國人把精神分析師稱作『縮頭者』（headshrinkers）著實聰明，因為那將精神分析師跟吉瓦羅人給連結起來！*」。[45]

他繼而指出，佛洛伊德本人還有穆勒（Max Müller）、弗雷澤和榮格（Carl Jung）等一系列想要破解神話的思想家，所犯的核心錯誤都是以為每個元素都有特定的意義，以為單靠一組代碼可以解釋得了所有的神話（和夢境）。在李維史陀看來，這是一個沒希望的任務，因為共相並不可能在浮面的層次尋得。真正的黃金是「神話素」彼此之間的關係，以及眾多神話同時在使用的許多組代碼之間的互動。正是這些關係所構成的不變邏輯串起了千奇百怪的一大堆意象和情節。神話思維總是在廣大空間裡自由飄浮，過程中會扭曲、移位或翻轉，但從不會喪失整體的結構形貌，從不會「想要在自身之外找到一個立足點——一個獨立於一切脈絡的絕對參照點」。[46]

李維史陀經常被人描繪為一個隱士，而他自己也樂於推廣此說：「我並沒有太多社交的興趣，我的本能是避開人群和回家去。」[47]不過，剛進入八十歲的時候，他卻又願意接受葉希邦的長時間訪談，訪談內容出版為《咫尺天涯》一書，英譯本稱作《與李維史陀談話》。他會有這個意願，是因為覺得自己欠葉希邦一個人情：他的精神導師杜梅齊也曾接受葉的訪談，出版過一本稱為《與葉希邦談話》（*Entretiens aves Didier Eriben*）的書（杜梅齊在書出版的前一年逝世），李維史陀讀後大為動容，表示多虧了葉希邦，他「才得以從墳墓外面聽到杜梅齊的聲音」。此外李維史陀也對以下這個問題感到好奇：

> 一個我兒子輩甚至孫子輩的年輕作家會想問我哪些問題，會對我人生與作品的哪些方面感興趣呢？我承認，我很想知道，我曾參與過或見證過的事件之中，有多少在下一代看來是染有傳奇色彩的。所以，我規定自己不可以迴避任何問題，哪怕該問題不符合從我自己角度看待過去的方式。[48]

雖然嚴格避談私生活，但對於葉希邦所提的一系列範圍廣闊的問題，李維史陀的回答都認真而詳細。許多答案都在他更早前接受過的數十次訪談出現過，不過這一次他談得更多，也更坦率，包括承認自己偏好某些民族（如日本）的藝術多於其他民族，承認自己沒有耐性從事田野工作，又哀嘆自己的英語帶有「可恨的腔調」，以及基本上缺乏語言天分。[49]

在葉希邦的追問之下，李維史陀承認自己具有猶太人意識：但這種意識不是宗教性或血緣

* 譯注：「縮頭者」是一九六〇年代開始流行的諢稱（起源不詳）。至於這跟吉瓦羅人的關係，則是因為吉瓦羅人有把敵人首級風乾縮小的習俗。

性的，而是一種心靈狀態。因為屬於一個被迫害的群體，他必須加倍努力才可望獲得公平競爭的機會。他也表示自己曾對以色列的觀念著迷。「我遲疑了很長一段時間才前往以色列，因為與自己的根源重建實質聯繫是一件令人恐懼的事。」然而，當他終於在一九八〇年代中葉去了一趟以色列（此行是要為以色列博物館主持一個以無文字社會的藝術與溝通為主題的研討會），這個國家卻沒能引起他的共鳴。畢竟，他的祖先早早就離開了巴勒斯坦，而且自十八世紀初便落腳在阿爾薩斯——這段漫長的時間分隔讓他和故土的關聯性「被化約成了抽象知識」。[50]

談到「猶太人問題」時，葉希邦提起李維史陀寫給阿宏的一封信（阿宏曾把此信發表在回憶錄裡）。在該信件中，李維史陀表示自己支持巴勒斯坦人的政治追求，但又重申自己不喜歡伊斯蘭文化：「明顯的是，既然我把印第安人的被摧毀視為自己身上一個傷口，就不可能對巴勒斯坦阿拉伯人的處境持相反態度，哪怕我與阿拉伯世界有過的短暫接觸讓我對它深深反感。」對此，李維史陀解釋說，他在信中只是誇大其詞，因為「我不想讓阿宏誤解我的態度，以為我同情支持阿拉伯人」。[51]

接受葉希邦訪談時，李維史陀還提到自己準備撰寫另一部探討原住民神話的作品，一部《嫉妒的製陶女》的補篇。他大聲納悶：「我真有必要在我許許多多的神話證明裡再添一個嗎？」又說迄今還沒有動手的主要原因是還沒有想出書名。「書名會決定作品的調子。」他解釋說。[52]

他最終想出的書名是「猞猁的故事」。出版於一九九一年，《猞猁的故事》把李維史陀五十年學術研究的所有線頭聚攏在一起，編織成為一個整整齊齊的結論。在一九四〇和五〇年代，李維史陀曾跟二元性社會組織的問題角過力。他對這種社會組織毫不陌生，因為他早前便研究過波洛洛人對稱性的聚落布局並勾勒過他們的相互權利義務、嫁娶和喪葬的藍圖。[53]在一九六〇年代，他又研究過一系列薩利什人的神話（內容涉及霧與風的對立、猞猁與郊狼的對立，以及漸行漸遠的孿生子），後來又擱置一旁。現在，他終於明白，這些不同的問題其實只是相同問題的不同表達方式。它們全都可以透過他早期研究親屬時提出的一個概念加以解釋，那就是，一個同時包含著互惠關係和層級關係的社會總會潛藏著不穩定性。這是一種位於結構主義最核心的不安感。雖然文化產品看來是邁向平衡的，會達到一種完美的社會對稱和文化對稱，但淪為某種階級制度（如種姓制度）的威脅總是如影隨形。

以這個讓人不安的音符，李維史陀結束了他龐大的神話學事業。這事業編織了二十年，加起來的篇幅大約二千五百頁，其複雜性和原創性都無可置疑。不過，到了一九九〇年代，唯一還依附這事業的幾乎就只剩下李維史陀一人。自一九七〇年代中葉開始，他的追隨者便開始減少。「小神話學」系列（特別是《嫉妒的製陶女》）仍然暢銷，但它的觀念已不再新鮮、不再尖端。談到李維史陀的晚期作品時，尼達姆指出：「具想像力的刺激性已經消失，取而代之的是機械性的重複。」[54]對廣大的讀者而言，李維史陀的結構主義近乎成了一種思想品牌：熟悉、可信賴、幾乎會讓人感到舒服。就像一個找到個人聲音的大作家或一個找到個人畫風的大畫家那樣，雖然李維史陀把同類作品一寫再寫而不願在情節或用色上做出最微小的更動，讀者照樣願意原諒他。

還是有一少部分感興趣的學者（主要是法國和巴西的學者）繼續沿著李維史陀作品的某些方面進行探索，但基本上，他已成了一個一人學派，繼續踩水車似地賣力進行一種極度個人色彩化而別人不可能賴以奠基的分析。他付出了龐大的精力去為神話世界建立模型，但卻從沒有人對這些模式加以系統性的發揮。換成是別人，面對這樣的結果一定會深感失望，但李維史陀卻不是這樣子。隨著年紀愈大，他就愈不在乎自己是不是後繼有人。

＊＊＊

評估李維史陀的影響力是件難事。在法國的大眾想像裡，他總是跟卡都衛歐人、波洛洛人及南比夸拉人相連在一起（哪怕他只是在七十多年前接觸過這些族群幾個月），或是跟結構主義相連在一起。結構主義的觀念是他在一九四〇年自結構語言學借來，後來語言學雖然有了飛速發展，但李維史陀始終沒有把自己的觀念更新。他也被視為一個大理論家，但他自己卻否認結構主義是一種理論或哲學，反覆重申那是一種分析的方法，是一種挖掘「隱藏著的和聲」的工具。他又以複雜難懂而聞名，可是他一生作品賴以運作的那個模式又簡單得出奇。

一九六〇年代在回答英國人類學家李區提出的一個疑問時，李維史陀用了一個很實際的比喻來概括自己的方法。他說，實在（reality）就像一客總滙三明治，是由結構相似的三層成分所構成：自然、大腦、神話。而這三大元素又彼此交疊：大腦只是自然的一部分，而神話思維是心智功能的一個子集。這三層成分之間又分隔著「兩薄層的混亂：感官知覺與社會論述」。[55]

李維史陀相信，在一個活文化乍看下的一團混亂和雜亂無章之中，存在著嚴謹的邏輯關係，也就是他從不倦於去辨識的那些「對稱」、「顛倒」與「對立」。這些結構是所有自然現象的基底——無論這些自然現象是結晶體、生物、語言、親屬系統或是透過口語傳播的人類思想（像是一個薩滿巫師在亞馬遜雨林或北美大草原深處的營火旁第一千次覆述一個神話）。「我比黑格爾還要靠近十八世紀的唯物主義。」李維史陀自言，理由是他相信人腦的「運作法則與自然法則並無二致」。

李維史陀的學術領域極為寬廣，但他卻把這些領域套進一個足以引起幽閉恐懼的思想空間裡。終其一生，民族誌材料、神話敘事和他自己的觀念都不斷互相包疊，形成一個無窮無盡的自我指涉過程。同是神話學家的溫蒂・道寧格（Wendy Doniger）把李維史陀的思考方式比擬為「克萊恩瓶」（Klein bottle）：那是一個三維的數學形體，由兩個互相顛倒的「莫比烏斯帶」（Möbius strip）黏在一起構成（李維史陀自己曾在《嫉妒的製陶女》裡用「克萊恩瓶」的插圖來說明一個神話的結構）。溫蒂這個比擬相當貼切。「克萊恩瓶」雖是一種數學建構物，卻給人以一種有機的感覺，既像玻璃瓶又像球莖，其迴波狀的形體自我消費而難以用日常概念來掌握。它沒有真正的內部和外部之分。就像一個「克萊恩瓶」那樣，李維史陀的全部作品總是不斷地自我反饋。

讓李維史陀的作品顯得有生氣並引入一種讓他的英美同行困惑的抒情調子的，是他對美學表達和美學鑑賞的深感興趣。另外，他一輩子都致力於調和「感性」和「知性」，換言之是把赤裸的感官知覺（這方面的材料在口傳文化特別豐富）聯繫於一種抽象的知性理解，而這一點也讓他本來乾巴巴的學院演練添上一種藝術風味。在一九六〇年代接受電影理論家貝盧爾訪談時，李維史陀指出，他的整個神話研究方案都是致力於回答一些年深日久的難題：何謂美的事物？何謂美感情緒？這些問題隨著他的事業愈向前推展而讓他牽繫愈深。在另一個訪談裡，他對這種牽繫有更詳細的解釋：

> 神話是非常美的物事，會讓人永不倦於沉思它們、操弄它們或設法弄明白它們為什麼會讓人覺得那麼美。我之所以花那麼長的時間去研究神話，為的是希望透過拆解這些在美學上讓人仰慕的物體，可以對美從何而來的問題有所貢獻，從而得知一幅畫、一首詩或一片風景為什麼會讓我們覺得美。[56]

他思想中的這個面向在最後一部著作《看、聽、讀》（*Regarder, écouter, lire*）裡躍到前臺。這書幾乎不再對原住民文化進行闡釋。它屬於李維史陀的「現代主義／古典主義」陣列的古典主義一邊，透過沉思狄德羅、盧梭、普魯斯特、普桑和一個已將近被人遺忘的十八世紀音樂採集家沙巴農（Chabanon）的見解，貫穿過一部美學觀念史並考察了各種有關聲音、顏色和文字的理論。此書採取一種談話的調子，點綴著各種引入好奇的思緒，如：「我們法國人偏好金黃色」，繼而又引用十八世紀耶穌會教士卡斯特爾（Louis-Bertrand Castel）的話補充說：「把我們認為乏味的純黃色留給英國人欣賞」，又對感官聯通（sensory crossover）的問題多所著墨：從卡斯特爾發明的「視覺翼琴」（ocular clavichord）*談到「有顏色的聽覺」（coloured hearing）再談到音樂代碼與語言代碼的契合。[57]

結構主義從不像存在主義那樣把自己植入到大眾文化裡。它毋寧是懸在空中的，靠著思想創發的風向而飄浮。它翱翔在存在主義對「本真性」（authenticity）的焦慮渴求之上，相信「本真性」永不可能在左岸知識分子那種小眉小眼而自戀的選擇中找到。這是因為，「本真性」業已存在於心靈的抽象運作中。追求它是多餘的，因為它本就在我們周遭、我們裡面，甚至

* 譯注：翼琴為鋼琴的前身。基於不同感官可以聯通的前提，卡斯特爾發明的這部「視覺翼琴」在彈奏出每個音符時會顯示出一種與之對應的顏色，理論上可以讓聾人憑顏色聽出樂曲的內容。

就是我們自身。它與二十世紀的西方哲學或一個自苦的靈魂都了無關係，因為自大腦演化完成以後，「本真性」就已經不費吹灰之力地自行運轉，表現在人類思維的運作上。如果說索邦式思考風格有做成過什麼的話，那就是它把心靈給鈍化掉，讓心靈受到汙染。

結構主義暗示著深度，然而，因為總是著眼於無指涉的符號的互動，它又常常讓人感到它是在一片打磨過的玻璃上滑行。自我的抹去，以及自我在盲目結構的融合裡被原子化，全都讓人產生一種虛浮和失焦的感覺。隨著過去的基準點（上帝、內在經驗、自我、人）一一失落，李維史陀及其許多追隨者所帶來的是一種晚期現代主義的暈眩感。意義的實質因此受到消解，不再是「一種模糊的振動，一種深度謎樣意識的模糊釋出」。[58] 有些論者認定，由於結構主義相信這世界是由一種近乎神聖的必然性構成，它等於是倒退回前笛卡兒的時代，倒退回前人文主義的時代，等於是一種民族學版本的喀巴拉派釋經學（kabbalistic exegesis）。* 但在其他人看來，結構主義卻是回歸到一種迴然不同的立場。例如，傅柯在一九六六年接受《文學雙週刊》的訪談時便這樣表示：

> 問：你是幾時開始不相信有「意義」這回事的？
>
> 傅柯：這種斷裂來自李維史陀和拉岡，他們分別在社會的領域和潛意識的領域證明，「意義」恐怕只是一種浮面效應，只是一種水影、泡沫，而真正貫穿過我們、在我們前

面並在時空裡支撐著我們的是「系統」。

……

問：那麼，是誰分泌出這「系統」來的呢？

傅柯：這個沒有主體的無名系統（anonymous subject）是什麼，是什麼在思考？正如我們從現代文學所看見的，「我」已經爆炸，由是而發現了「在者」（there is）。在者是一（one）。某個意義下，我們是回到了十七世紀的觀點，不同的只是：我們用來取代上帝位置的不是人，而是無名的思維、無主體的知識和無身分的理論。[59]

一種看待李維史陀的方式是他看待自己的方式：一個「有志無才的藝術家」（artiste manqué）。換言之，如果有那個天分，他會選擇當畫家或音樂家。在「馬賽講座」裡，他提到一九四〇年代同樣流亡紐約的作曲家米堯（Darius Milhaud）曾告訴他，第一次意識到自己會成為作曲家是兒時一個晚上，當時米堯躺在床上快要睡著，卻突然在腦中聽到一段未聽過的旋律——這是他人生的第一次作曲，是一次發自潛意識的作曲。這番話道出了一個讓人傷心的事實：音樂天分是與生俱來的，所以不管李維史陀多努力，都不可能實現自己的真正願望。[60]

* 譯注：喀巴拉派為猶太教中神祕主義傳統的一支。

他試過創作小說、劇本和寫詩，但都很快放棄了。但做為一個業餘攝影家，他卻留下了一些讓人難忘的映像，鮮明記錄下卡都衛歐人、波洛洛人、南比夸拉人、蒙蝶人和吐比卡瓦希普人的生活。這些照片捕捉住了一個重要的歷史時刻，因為自此而下，巴西政府就會把一個發軔於殖民時代的過程貫徹完成。不過，在人生接近尾聲之際，李維史陀卻對攝影藝術嗤之以鼻。他在二〇〇二年告訴《世界報》的記者：「我從不認為攝影有多重要。我從前也常拍照，但那只是出於實際需要。拍照時我總有一種自己在浪費時間和浪費注意力的感覺。」他同樣不信任人類學的活動映像：「我得承認，民族學紀錄片讓我感到無趣乏味。」[61]一九四四年出版的《懷戀巴西》很多方面都是李維史陀最反感的一類書籍：一本由探險家從蠻荒拍回來的攝影集，它的圖說感覺像是一九三〇年代李維史陀拍照之時寫下的。（例如這一則：「雖然南比夸拉人名聲狼藉，卻很吸引人，而這種吸引力主要是發生在有非常妙齡的女子在場的場合：她們儘管腰身頗粗，卻非常有風韻。」[62]）李維史陀自己也在緒言裡毫不諱言地指出，他那些老舊田野筆記所散發的殺蟲劑氣味可以一下子召喚起他的田野記憶，反觀攝影集裡的老照片卻讓他一無所感。翻閱這些六十年前的舊照片只讓他產生「一種空虛感，覺得它們缺少了一些相機鏡頭本質上無法捕捉的東西。」[63]但除了他本人以外，大概任何人都會覺得這些照片引人入勝，也透露出拍攝者具有一雙敏銳的眼睛。

他最終在《憂鬱的熱帶》裡實現了自己的作家志趣，不過，到了這階段，他的人生方向已經定型，不可能更改。他將會成為一個思想家，一個學院人，以生產觀念為業。但他內心那個藝術家將繼續出現在他的作品裡，體現在他的寫作手法、體現在他生產的觀念，也體現在他把消化過的豐富民族誌材料像拼貼那樣組合在一起的方式。做為一位形式（form）的分析家。他的全部作品像是一首講究比例（proportionality）的頌歌；如果以畫為喻，這批作品就像是一幅出於普桑手筆的油畫，不費吹灰之力便達到了古典的平衡境界。他留下的龐大作品類似學院裡的野性思維：他在圖書館裡梭巡，採集和混合，再丟出許多讓人難忘（即便帶有臆測性）的觀念，如：「冷社會」與「熱社會」之分、「修補術」、「具體性的科學」，更不用說《神話學》四部曲所烹調出來那許多奇怪又漂亮的二元對立組。他對人類心靈、文化和原住民思想的大理論愈來愈印象主義化，變得像是他作品的一個舞臺背景。雖然沒有從事田野工作的耐性，但他從未停止系統性地檢視自己思想的涵蘊。他不停地向前推進，不斷從觀念衍生出觀念。即便他的創發力隨著年老而日漸衰微，但試問又有哪個思想家能在八秩中旬還寫得出《看、聽、讀》這種品質的作品？

李維史陀的偉岸身影讓他一些最嚴苛的批評者亦不能不讚嘆服其影響力的驚人。例如，絕非結構分析之友的美國人類學家紀爾茲（Clifford Geertz）便說得好：

> 「交換女人」、「神話素」、「二元理性」和「具體性的科學」這些觀念的未來命運我們

不得而知，不過，結構主義帶給人類學（又特別是民族學）的分量感……將不會太快消失。這門學科從前也對更普遍意義的文化生活起過影響力：艾略特（Eliot）讀過弗雷澤的著作，恩格斯讀過摩根（Morgan）的著作，佛洛伊德讀過阿特金森（Atkinson）的著作，而米德的著作更是（至少在美國）人人都讀過。不過，在李維史陀之前，人類學從未大舉入侵過鄰近的學科（文學、哲學、神學、史學、藝術、政治學、心理學、語言學，甚至部分的生物學和數學）……更重要的是，他砍伐出的空間曾是一整代的重要角色所爭相要占據。64

在知識分工愈來愈細的趨勢下，也許再也不會出現一組作品的涵蓋幅員和雄心大志可與李維史陀全集相媲美。具有不懈創發性的思想家本就不多，能馳騁在那麼廣大一片領域的人更是少之又少。在二十世紀中葉由李維史陀發端的那個思想革命永遠地改變了人文學的面貌。站在「大敘事」已經坍塌和舵手已不復見的今日回顧，李維史陀的驚人產出力讓人不能不對一個已消失的時代充滿鄉愁：其時，思想家還有寬廣的空間可以揮灑，不像今日那般被局促在愈來愈狹窄的知識走廊裡。

尾聲

我六歲那一年，家父給了我一幅漂亮的日本浮世繪。你可以說，那是我第一次感受到何謂異國情調。現在它非常舊，狀況也非常差——就像我一樣。我一輩子都在揣摩那幅畫的意義。有時我會覺得自己已經明白。

——李維史陀，轉引自亨德里克森（Paul Hendrickson），〈象牙塔裡的巨獸〉（Behemoth from the Ivory Tower），《華盛頓郵報》，一九七八年二月二十四日

在今日的馬托格洛索州和龍東尼亞州，李維史陀昔年從事田野工作時曾看過的風景已所餘無幾。這片曾經塵土飛揚的稀樹乾草原現已變成一個農工業的前沿地帶，布滿甘蔗田和黃豆種植園，其間夾雜著一些用圓拱形爐子燒製木炭的小村子（製造木炭的木材是從更北的亞馬遜雨林用貨車運來）。在一片鮮明藍天的照映下，一些小塵球在種植園間的支路上滾動著：

那是由運送農產品的巨無霸聯結貨車所捲起。大草原上一度開滿眩目紫紅色和黃色花朵的地帶已經被整片鏟掉。

龍東電報線的殘餘線段蜿蜒在原住民保留地的再生林裡，矮樹叢之間散落著數以百計七零八散的瓷殼接線器。李維史陀曾接觸過的那些原住民的後裔孤立無援地棲身於一些由隔板屋構成的聚落裡，靠著政府發放的食物包維生。現在，閱讀李維史陀那些口袋大小的筆記本時，我們很難不感到哀傷，感受到半個世紀前即已瀰漫在《憂鬱的熱帶》裡的悲觀情緒。

李維史陀因為夠長壽，以致看得見自己最擔心的惡夢成為事實：世界人口無情的膨脹、環境遭到肆意破壞、許多發展了幾千年的文化被消滅。晚年，在審視當代的現實時，他表示：「這不是我認識、喜歡或是還能想像的世界。對我來說，這是一個不能理解的世界。」[1]

長壽也讓他愈來愈與世界脫節。一九八七年，《紐約時報》形容李維史陀仍然「耳聰目明和敏捷」，驚訝於一個七十九歲的老人還能如此健康。在這篇訪談裡，李維史陀也半開玩笑地說自己正在趕寫「身後出版的遺作」。[2]「不過，當他到達九十歲的時候，年歲的壓力開始變得沉重。這時候，他基本上已不再寫作，也懶得更新護照。在法蘭西學院為他舉行的一個尊榮茶會上，他談到自己的心靈狀態，語氣動人：

> 蒙田說過，「老」會每天把我們叼走一點，所以，當死亡最後來到，它帶走的只是一

個人原來的八分之一。但蒙田只活到五十九歲，所以完全不可能知道活到像我這樣極端老邁是什麼樣的感覺。在這個我從不敢想像自己可以到達的壽數裡，我覺得自己像是碎散的全像圖（hologram）。[3]

在這份致詞中，他又把自己的人生形容為一個九旬衰翁與一個「理想自我」（ideal self）的對話，而這個「理想自我」還是會構想各種研究計畫，哪怕明知不會開花結果。這對話直至他九十好幾時猶未停止。他在九十二歲時指出，他的知性興趣隨著老邁逐漸消失，但還是會大量閱讀英文和法文的作品，包括了珍·奧斯汀、薩克雷（Thackeray）、特羅洛普（Trollope）和狄更斯的小說，甚至還「第四十次讀了巴爾札克的《人間喜劇》，而且再次被完全迷住」。[4]不過，他的脫位感也愈來愈甚。兩年後，當《現代》的採訪者問到他對死有何想法時，他回答說：「我不會求死，但這世界已經沒有我的位置。那是一個不同的世界，而我的工作已經做完。」[5]

百歲誕辰的幾個月前，李維史陀的作品集被伽里瑪出版社收入了「七星文庫」。「七星文庫」聲望崇高，收錄的作品都是出自法國的文學巨人（包括了李維史陀愛戴的普魯斯特、魏倫、波特萊爾和韓波），能在生前便入選者少之又少。這部選集共七冊，由李維史陀自行選書，而他的選擇相當引人好奇。《憂鬱的熱帶》和《野性的思維》這兩本經典都收入了，但李維史陀卻捨自己一生學術事業的冠冕（《神話學》四部曲）而選擇了「小神話學」系列。這部鉅著在作品集裡的唯一痕跡是一篇由貝盧爾提問的短篇訪談，李維史陀在其中解釋了《神話學》頭三冊那迷宮似的理路。[6]另一個明顯的遺珠是《親屬關係的基本結構》：它是李維史陀的博士論文，對親屬研究的領域進行了重新詮釋，也是讓李維史陀在戰後法國一躍而為領導性思想家的踏腳石。看起來，他就像是要在人生的最後時刻與自己的核心作品劃清界線。

他的百歲誕辰在世界各地都受到慶祝，又以在法國最為熱烈。薩科齊總統親赴李維史陀的寓所探訪他，而德法雙語的「阿泰」（Arte）電視臺把全天的節目都聚焦在他；法國第三電視臺播出了一場現場辯論，讓年輕的德巴納（Vincent Debaene，他是哥倫比亞大學的法語系教授，也是「七星文庫」版李維史陀作品集的主編之一）與八十歲的人類學家巴朗迪耶針鋒相對（在一片歌功頌德聲中，巴朗迪耶是極少數的異議者之一）。當天，布朗利碼頭博物館免費開放參觀，而其地下室（稱為「李維史陀演講廳」）也雲集了一百個學者，向李維史陀致敬。但李維史陀沒有公開現身，因為他先前摔斷了大腿骨，只能以輪椅代步。對於大眾的熱情，他只淡淡表示：到達這麼一個病怏怏的里程碑沒什麼好慶祝的。很難想像還有別的知識分子能受到如此高度的推崇，英國或美國的人類學家更不可能得到如此待遇。但在法國，尊崇文哲性思想家卻是一個歷史悠久的傳統，因為這種思想家被認為在民族的靈魂裡據有一個特殊地位。

死前不久，李維史陀接見了一個在龍東尼亞州為原住民服務的法國醫生。這位叫德卡特（Gilles de Catheu）的醫生後來向巴西《環球日報》（*O Globo*）的記者回憶了這趟會面：李維史陀穿戴整齊地坐在寫字桌後頭的輪椅裡，身體衰弱但精神仍然清瞿。兩人談到了蒙蝶人，也就是李維史陀在「北山考察」期間短暫接觸過的部落。離開時，德卡特送了李維史陀一個「馬瑞科」(marico)：那是一種原住民的提袋，用巴西棕櫚（tucumã）的纖維織成。「他拿著那個『馬瑞科』，饒感興趣地打量它的把手。然後，他以一雙一百歲的手輕輕撫摸那個有一千年傳統的提袋……我從未見過有人那麼快樂和情緒激動……」[7]

兩星期後，離一百零一歲生日沒多少天，李維史陀因心臟衰竭逝世。當他的死訊在二〇〇九年十一月三日公開後，頌揚之聲再一次如潮湧現，電視上有關他的報導排山倒海，而光是《世界報》就用了六、七頁篇幅和三則訃聞來紀念他。[8] 薩科齊總統是幾千個向李維史陀致哀的人之一，但他卻擺了一個烏龍：在一份官方公報中，他稱李維史陀為一個「永不倦怠的人文主義者」。[9]

這樣一個備受尊崇的知識人物如果舉行公開出殯，勢必萬人空巷，送葬的行列連綿幾條街，會有許多的政治人物、知識分子、學生和數以千計的一般人尾隨靈車，要對二十世紀中葉最後一位知識巨人致上敬意。但這卻不是李維史陀的調調。當社會大眾得知他的死訊時，他業已下葬在利涅羅勒鎮內離他度假別墅不遠的一個小墓園裡。送他最後一程的都是近親，包括他的妻子莫妮克、兩個兒子（洛朗和馬蒂厄）和兩個孫子。唯一的外人是利涅羅勒鎮的鎮長科尼貝爾（Denis Cornibert）。李維史陀的遺願是毫不張揚地下葬。「這不容易，」科尼貝爾回憶說。[10]墳頭上只有一個簡單的金匾額，上面刻著：「克勞德・李維史陀：一九〇八至二〇〇九」。離這個樸素的墳墓一箭之遙，就是李維史陀從前愛在夏天午後散步的森林：他一面走一面尋找野菇，找到便採下來，包在圍巾裡。

延伸閱讀

閱讀李維史陀的作品有時會讓人感到洩氣。他是個多產作家，寫作超過半世紀，漫長一生寫出過幾百篇文章和十幾部書（光是神話學方面的書便有七部）。一九八〇年代曾有一部收錄所有研究李維史陀二手資料的書目問世，不過，自那之後，與他相關的著作繼續湧現，並在趨向他百歲誕辰時出現又一波的高潮。除了生產力驚人，李維史陀著作的觀念密度與資料密度同樣驚人，例如，《親屬關係的基本結構》和《神話學》四部曲有些部分便是心臟不強的讀者不宜閱讀的。

不過，雖然常常被視為一個艱深晦澀的作者，李維史陀也有通俗的一面。特別是在許多訪談、收音機廣播和紀錄片裡，他的表達都極度清晰，能把他那些最難懂的著作提綱挈領。他的作品也常常帶有自傳色彩，把他的生平事件與思想交織在一起，甚至融合無間。對不諳法文的讀者，一大福音是李維史陀的全部書籍和大部分文章皆已有英譯本。

在他接受過的許多訪談中，範圍涵蓋最全面、探索最深入的是葉希邦的《咫尺天涯》。[1]這書分為三部分，分別涉及李維史陀的早年遊歷、結構主義的興起，以及他對藝術、政治和文化的看法。沙博尼耶在一九五〇年代對李維史陀的收音機訪談亦已出版成書。[2]在這個訪談裡，李維史陀談了許多他對當代藝術和音樂的看法。在神話研究的領域，他的訪談以「馬賽講座」（後出版為《神話與意義》）最為清晰。[3]最有可看性的紀錄片是布唐（Pierre-André Boutang）和舍瓦萊（Annie Chevallay）合作拍攝的《李維史陀：他自己的說法》(*Lévi-Strauss: In His Own Words*)，而加拿大紀錄片《面具背後》則拍攝了他在一九七〇年代第一次造訪卑詩省的過程，其中包含李維史陀對神話與面具進行分析的一段影片。[4]

在介紹李維史陀思想的英語著作中，最好的其中一本是李區（Edmund Leach）的《李維史陀》（*Claude Lévi-Strauss*），它按部就班帶領讀者穿過李維史陀的複雜論證。[5]同樣讓人津津有味的是佩斯（David Pace）的《李維史陀：荷煙灰的人》（*Claude Lévi-Strauss：The Bearer of Ashes*），這書是對李維史陀思想觀念的一個批判性評價。[6]多斯（François Dosse）兩大冊的《結構主義史》（*History of Structuralism*）敘述了一個思想時代，把李維史陀的作品放回脈絡，並細述了他對同時代人的巨大影響。[7]要找一本風趣、精悍的簡介，首推維斯曼（Boris Wiseman）和格羅夫斯（Judy Groves）合著的《簡介李維史陀與結構人類學》（*Introducing Claude Lévi-Strauss and Structural Anthropology*），書中以漫畫的方式呈現李維史陀，讓主角解釋自己的論證。此書是一個簡要明快但絕非輕量級的導論。[8]

法國人類學家斯佩博（Dan Sperber）的〈李維史陀今日〉（Claude Lévi-Strauss Today）對李維史陀既推崇又置疑，是最均衡而睿智的李維史陀評論文章之一。[9]美國人類學家紀爾茲（Clifford Geertz）的〈深思的野蠻人：論李維史陀的作品〉（"The Cerebral Savage": On the Work of Claude Lévi-Strauss）則從一個較文學的角度批評了李維史陀的文化觀（紀爾茲稱之為「令人厭膩的文化機器」〔infernal culture machine〕），又質疑李維史陀的理論究係「科學還是煉金術」。[10]以下幾種著作都對李維史陀的工作有一章篇幅的摘要：加德納（Howard Gardner）的《心靈的新科學：認知革命的歷史》（*The Mind's New Science: A History of the Cognitive Revolution*）、斯特羅克（John Sturrock）的《結構主義》（*Structuralism*）、梅基奧爾（J. G. Merquior）的《從布拉格到巴黎：對結構主義和後結構主義思想的一個批判》（*From Prague to Paris: A Critique of Structuralism and Post- Structuralist Thought*），以及維斯曼在《現代法國思想百科全書》（*Encyclopaedia of Modern French Thought*）所寫的條目。[11]出版於一九七〇年的論文集《李維史陀：人類學家做為英雄》（*Claude Lévi-Strauss: The Anthropologist as Hero*）包含了蘇珊・桑塔格（Susan Sontag）、梅伯利—路易（David Maybury-Lewis）和德格拉蒙（Sanche de Gramont）等人所寫的短篇評論，全是寫成於李維史陀的名聲如日中天之際。[12]

對於希望啃讀原典的讀者，李維史陀的經典回憶錄《憂鬱的熱帶》仍是最有可讀性也最怡人的切入點。[13]他在書中回顧了自己大學時代的幻滅感，他是怎樣發現人類學，然後又把讀者帶到巴西的田野現場。奇怪的是，這書略去了他流寓紐約的重要歲月，這個空白後來得到部分填補：他第三本人類學論文集《遙遠的回眸》裡有一篇文章，談到他初到曼哈頓時的觀感。[14]可與《憂鬱的熱帶》同讀的是攝影集《懷戀巴西》(*Saudades do Brasil*)，此書充分顯示出李維史陀的田野攝影長才。[15]

李維史陀的學術著作往往有某幾章特別易懂，濃縮著全書的精粹。他常常把一部書的開頭和結尾寫得很清楚，能把自己在書中的主要觀念扼要道來。真正讓普通讀者頭痛的是書中間那些錯綜複雜的論證和數以百計的民族誌舉證。例如，《神話學》四部曲的「序曲」和「終曲」都清通好讀，但中間的兩千多頁卻需要高度專注才能跟得上李維史陀思路的各方各面和他愈積愈多的神話材料。[16]同樣地，《野性的思維》以一篇清晰宣言發端（其中包含「無利害考量的分類」、「修補術」、「具體性科學」等主要觀念），但接下來便漂向了對這些觀念的複雜民族學應用。[17]《親屬關係的基本結構》的情況也類似，它一開始是一些基本討論（如自然與文化的區分和亂倫禁忌的根本重要性），然後變得愈來愈繁複，滿眼都是親屬關係圖式和各種民族誌細節。[18]

李維史陀寫的文章斷然要比書籍易懂。〈神話的結構研究〉是他早期的經典文章，文中以索福克勒斯的《伊底帕斯王》做為主要基準點，證明結構分析方法的可行性。[19]想要以更輕鬆方式掌握李維史陀的基本觀念，可讀他為聯合國教科文組織的《信使》雜誌所寫的一系列短文（全都在網路上找得到[20]），它們有談「原始」這個觀念的虛幻，有談巫師與精神分析的關係，也有對烹飪進行結構分析。

對懂法文的讀者來說，可供選擇的二手研究著作幾乎無窮無盡。不過，有幾部近期出版的特別出眾。其一是貝多萊（Denis Bertholet）在二〇〇三年面世的《李維史陀》（*Claude Lévi-Strauss*），此書以極為詳細的方式回顧了李維史陀的人生與觀念。[21]蓋克（Frédéric Keck）也寫過一系列清晰的簡介，包括了《李維史陀與野性的思維》（*Lévi-Strauss et la Pensée sauvage*）、《李維史陀：一個導論》（*Claude Lévi-Strauss, une introduction*），以及與德巴納（Vincent Debaene）合著的《李維史陀：遙遠回眸的人》（*Claude Lévi-Strauss, l'homme au regard éloigné*）。[22]七星文庫版的李維史陀作品集（出版於他九十九歲之時）是李維史陀人生與工作一個恰如其分的總結。[23]這作品集不只包含李維史陀著作的主力，還包含一些收藏在法國國家圖書館而原先未發表過的材料，包括他那部流產小說的片段、寫於巴西那齣戲劇的最初幾幕和他的田野筆記。這一切全都是以「七星文庫」的一貫莊嚴方式呈現：幾乎沒有重量的聖經用紙、柔軟的皮革封面、淡粉紅色的襯頁，書脊上燙著金色字體：Claude Lévi-Strauss Oeuvres。

1. Claude Lévi-Strauss and Didier Eribon, *Conversations with Claude Lévi-Strauss*, University of Chicago Press, 1991.
2. Georges Charbonnier, *Conversations with Claude Lévi-Strauss*, Jonathan Cape, 1969.
3. Claude Lévi-Strauss, *Myth and Meaning*, Routledge, 2006.
4. Pierre-André Boutang and Annie Chevallay, *Claude Lévi-Strauss in His Own Words* (*Claude Lévi-Strauss par lui-même*), Arte Éditions, 2008; Tom Shandel, *Behind the Masks*, National Film Board of Canada, 1973.
5. Edmund Leach, *Claude Lévi-Strauss*, Fontana/Collins, 1974.
6. David Pace, *Claude Lévi-Strauss: The Bearer of Ashes*, Routledge and Kegan Paul, 1983.
7. François Dosse, *History of Structuralism*, Vol. 1: *The Rising Sign*, 1945–1966, University of Minnesota Press, 1997; *History of Structuralism*, Vol. 2: *The Sign Sets*, 1967–*present*, University of Minnesota Press, 1997.
8. Boris Wiseman and Judy Groves, *Introducing Lévi-Strauss and Structural Anthropology*, Icon Books, 2000.
9. Dan Sperber, 'Claude Lévi-Strauss Today' , in *On Anthropological Knowledge*, Cambridge University Press, 1985.
10. Clifford Geertz, '"The Cerebral Savage" : On the Work of Claude Lévi-Strauss' , in *Works and Lives: The Anthropologist as Author*, Stanford University Press, 1988.
11. Howard Gardner, *The Mind's New Science: A History of the Cognitive Revolution*, Basic, 1987; John Sturrock, *Structuralism*, Fontana, 1993; J. G. Merquior, *From Prague to Paris: A Critique of Structuralist and Post-Structuralist Thought*, Verso, 1988; Boris Wiseman, 'Claude Lévi-Strauss' , in Christopher John Murray, ed., *Encyclopaedia of Modern French Thought*, Fitzroy Dearborn, 2004; http://www.routledge-ny.com/ref/modfrenchthought/levistrauss.PDF.
12. *The Anthropologist as Hero*, ed. E. Nelson Hayes and Tanya Hayes, MIT Press, 1970.
13. Claude Lévi-Strauss, *Tristes Tropiques*, Picador, 1989.
14. Claude Lévi-Strauss, 'New York in 1941' , in *The View from Afar*, Basil Blackwell, 1985.
15. Claude Lévi-Strauss, *Saudades do Brasil: A Photographic Memoir*, University of Washington Press, 1995.
16. Claude Lévi-Strauss, *The Raw and the Cooked: Introduction to a Science of Mythology 1*, Jonathan Cape, 1970; Claude Lévi-Strauss, *The Naked Man: Introduction to a Science of Mythology* 4, Jonathan Cape, 1981.

17. Claude Lévi-Strauss, *The Savage Mind*, Weidenfeld and Nicolson, 1966.
18. Lévi-Strauss, *The Elementary Structures of Kinship*, Beacon Press, 1969.
19. Lévi-Strauss, 'The Structural Study of Myth', in *Structural Anthropology*, Vol. 1, Penguin, 1968.
20. Claude Lévi-Strauss, 'The View from Afar', *UNESCO Courier*, No. 5, 2008: http://unesdoc.unesco.org/images/0016/001627/162711E.pdf.
21. Denis Bertholet, *Claude Lévi-Strauss*, Plon, 2003.
22. Frédéric Keck, *Lévi-Strauss et la pensée sauvage*, Presses universitaires de France, 2004; Frédéric Keck, *Claude Lévi-Strauss, une introduction*, Pocket, 2005; Frédéric Keck and Vincent Debaene, *Claude Lévi-Strauss : L'homme au regard éloigné*, Gallimard, 2009.
23. *Claude Lévi-Strauss: Oeuvres*, Gallimard: Bibliothèque de la Pléiade, 2007.

致謝

我最需要感謝的人是我哥哥雨果，我們許多次的談話和電郵通信對本書貢獻良多，他又細讀過本書的不同初稿。我還要感謝已故的李維史陀教授願意接見我並跟我通信，以及允許我翻閱他的田野筆記和《憂鬱的熱帶》的稿子。蒙李維史陀教授的家人惠允，本書得以使用某些田野照片和家庭照片。有許多人都跟我分享過他們對李維史陀教授作品的看法，我特別需要感謝的是尼達姆（Rodney Needham）、德科拉（Philippe Descola）、安妮・泰勒（Anne-Christine Taylor）、貝珊（Alban Bensa）、拉宗（Jean-Patrick Razon）、斯佩博（Dan Sperber）、菲奧里尼（Marcelo Fiorini）、紐金特（Stephen Nugent）、斯特羅克（John Sturrock）、薩林斯（Marshall Sahlins）、亨明（John Hemming）和德卡斯特羅（Eduardo Viveiros de Castro）。

我要感謝「作家協會」，它的一筆研究基金填補了我往返法國的其中一次旅費。「邱吉爾基金會」所贈與的一筆出差獎助讓我可以前往李維史陀出過田野的地區走訪。特別要感謝弗蘭薩（Alfeu França），他在巴西中西部坑坑疤疤的路面為我開了五千公里的車子。待在馬托格洛索州期間，我受到布薩托（Ivar Busatto）、達科斯塔夫婦（Anna Maria and José Eduardo da Costa）和達爾波斯（João dal Poz）的招待，在此謹申謝忱。

我還要感謝我的經紀人戈德溫（David Godwin），他從一開始就對我的寫作計畫充滿熱情，過程中又不斷給我加油打氣。對於布倫斯伯里出版社，我要感謝主編斯溫森（Bill Swainson）的寶貴意見，以及執行編輯斯威特（Emily Sweet）暨格林菲爾德（Mandy Greenfield）和道斯（Richard Dawes）兩位技術編輯的鼎力相助。對於美國的企鵝出版社，我的感謝要歸給主編斯蒂克尼（Laura Stickney）。另外，巴黎的國家檔案庫、倫敦大英圖書館，還有里約熱內盧的印第安博物館和天文暨科學博物館，都給了我徹底專業的協助。

這書有些部分是在巴西寫成，當時我先後受到了弗蘭薩（Maria Alice França）、德保拉（Zenir de Paula）和奧利韋拉夫婦（Laura and Edyomar Vargas de Oliveira Filho）的好客接待。在倫敦（二〇〇八年），蒙泰羅索（Leila Monterosso）幫助我一家度過了人生中一段艱難但有朝氣的日子。一如往常，我住在澳洲的家人一直是我的鼓舞來源。我另外也要對住在尼姆（Nîmes）的戈達爾夫婦（Helen and Paul Godard）致上感謝。

最後，我要謝謝內人安德莉亞（Andreia）在本書漫長而顛簸的寫作過程中對我的全力支持。我們的女兒蘇菲亞（Sophia）是在本書寫到一半的時候出生，並在過去兩年來見證著本書的終抵於成。

No. 628, August–October 2004, p. 17.

6 Claude Lévi-Strauss, 'Entretien par Raymond Bellour' , in *Claude Lévi-Strauss: OEuvres*, pp. 1654–5.

7 Gilles de Catheu, 'Saudades do Brasil' , *O Globo*, 7 November 2009.

8 此文引起了一些反對聲音，例如，一篇登在左翼雜誌《瑪麗安娜》(*Marianne*) 的文章便非常不滿李維史陀在種族問題上的立場和他對伊斯蘭教的態度。(見 Philippe Cohen, 'Claude Lévi-Strauss sans formol' , *Marianne*, 4 November 2009.)

9 'Tous les anthropologues français sont les enfants de Claude Lévi-Strauss' , *Le Monde*, 3 November 2009.

10 'Les obsèques de Claude Lévi-Strauss ont déjà eu lieu' , *Le Point*, 3 November 2009.

Anthropology, Vol. 31, No. 1, February 1990, p. 85.
49 Eribon, *Conversations*, pp. 87, 151.
50 Ibid., pp. 156–7.
51 Ibid., p. 151.
52 Ibid., p. 94.
53 See 'Do Dual Organizations Exist?' , *Structural Anthropology*, Vol. 1, pp. 132–63. 在這篇反駁文章中，李維史陀以一種錯綜複雜的方式論證他先前認定是二元社會組織的那些例外情況其實不是例外。他進而主張，二元主義其實可以分為「對角型」和「同心型」兩種不同類型，兩者又以一個三重的結構作為中介。
54 Rodney Needham, 'The Birth of the Meaningful' , *Times Literary Supplement*, 13 April 1984.
55 Cited in Stanley J. Tambiah, *Edmund Leach: an anthropological life*, Cambridge University Press, 2001, p. 253.
56 Lévi-Strauss in Boutang and Chevallay, *Claude Lévi-Strauss in His Own Words*, 1:15:00.
57 *Claude Lévi-Strauss: OEuvres*, pp. 1572–3.
58 Merquior, *From Prague to Paris*, p. 191.
59 Cited in Didier Eribon, *Michel Foucault*, Faber and Faber, 1991, p. 161.
60 Lévi-Strauss, *Myth and Meaning*, p. 47.
61 Claude Lévi-Strauss, 'Entretien' , *Le Monde*, 22 February 2005.
62 Lévi-Strauss, *Saudades do Brasil*, p. 142.
63 Ibid., p. 9.
64 Clifford Geertz, *Works and Lives: The Anthropologist as Author*, Stanford University Press, 1988, pp. 25–6.

尾聲

1 Claude Lévi-Strauss, *Le Nouvel Observateur*, No. 1979, 10 October 2002.
2 James M. Markham, 'Paris Journal; A French Thinker Who Declines a Guru Mantle' , *New York Times*, 21 December 1987.
3 *Claude Lévi-Strauss: OEuvres*, p. lvii.
4 Claude Lévi-Strauss in Didier Eribon, 'Visite à Lévi-Strauss' , *Le Nouvel Observateur*, No. 1979, 10 October 2002.
5 Lévi-Strauss in 'Le Coucher de Soleil: entretien avec Boris Wiseman' , *Les Temps modernes*,

們雖然不見容於今日，但在戈比諾伯爵自己的時代卻是稀鬆平常。（見Eribon, *Conversations,* pp. 145-63.）

27 Cited in Pace, *Claude Lévi-Strauss: The Bearer of Ashes*, pp. 193–4.

28 Claude Lévi-Strauss, 'Refl ections on Liberty' , *The View from Afar*, p. 280.

29 Lévi-Strauss, *Tristes Tropiques*, p. 106; Eribon, *Conversations*, p. 3.

30 According to Maranda, 'Une fervente amitié' , in *Claude Lévi-Strauss*, L' Herne, No. 82, p. 54.

31 Claude Lévi-Strauss in Eribon, *Conversations*, p. 165 (translation modifi ed).

32 'Claude Lévi-Strauss in Conversation with George Steiner' , BBC Third Programme, 29 October 1965.

33 Lévi-Strauss, *The Way of the Masks*, pp. 5–8.

34 馬蘭達是一個對結構分析感興趣的人類學家，他與李維史陀在一九六〇年代見過幾次面，後來在李維史陀的邀請下成了高等研究實用學院的副主任。有關兩人的綿長友誼，請參見Maranda, 'Une fervente amitié' , in *Claude Lévi-Strauss*, L' Herne , No. 82, pp. 52-75.

35 Lévi-Strauss, *Saudades do Brasil*, p. 17.

36 李維史陀在加拿大紀錄片《面具背後》對此有一扼要清晰的說明。

37 Maranda, 'Unc fcrvente amitié,' p. 57.

38 Didier Eribon, *Conversations*, p. 95.

39 Lévi-Strauss, *The View from Afar*, p. 235.

40 Claude Lévi-Strauss, *Myth and Meaning*, Routledge, 2006, 2001, pp. 7, 9.

41 Didier Eribon, *Conversations*, p. 91.

42 'Bernadette Bucher with Claude Lévi-Strauss, 30 June 1982' , *American Ethnologist*, Vol. 12, No. 2, 1985, pp. 365–6.

43 Tom Shandel, *Behind the Masks*, National Film Board of Canada, 1973.

44 Claude Lévi-Strauss, *The Jealous Potter*, University of Chicago Press, 1996, p. 190.

45 Ibid., p. 186.

46 Ibid., p. 206.

47 Lévi-Strauss, 'Le Coucher de Soleil: entretien avec Boris Wiseman' , *Les Temps modernes*, No. 628, 2004, p. 12. In an earlier interview, Lévi-Strauss was more direct: 'I am by temperament somewhat of a misanthrope' ; see A. A. Akoun, F. Morin and J. Mousseau, 'A Conversation with Claude Lévi-Strauss: The Father of Structural Anthropology Takes a Misanthropic View of Lawless Humanism' , *Psychology Today*, vol. V, 1972, p. 82.

48 Lévi-Strauss in Marc Augé, 'Ten Questions Put to Claude Lévi-Strauss' , *Current*

10 Lévi-Strauss, *The Naked Man*, p. 35.

11 Ibid., p. 624.

12 Ibid., p. 510; 'nous comprenons pourquoi c' est lui, entre tous les mythes américains disponibles, qui s' est imposé à nous avant même que nous en sachions la raison', *L'Homme nu*, Plon, 1971, p. 458.

13 Claude Lévi-Strauss in Eribon, *Conversations*, pp. 136–7.

14 李維史陀自言，他把自稱從「吾人」改為「我」，是為了把主體化約為「一個可供無名思維（anonymous thought）發展的非實體場所或空間，俾使其在發展時能與自身保持距離，恢復並實現其真正意旨，按照其獨特本性所固有的種種限制條件進行自我組織」。（Claude Lévi-Strauss, *The Naked Man,* p. 625.）

15 李維史陀在一九五〇年代曾深受美國科學家阿穆爾（J. E. Amoore）的作品吸引。事實上，阿穆爾主張，只有頭五種氣味是透過分子形狀被嗅覺接收器辨認，至於最後兩種氣味（刺激味和腐爛味）則是透過它們的電荷被辨認。在阿穆爾之後，其他科學家提出了其他的嗅覺模型，包括了圖林（Luca Turin）的「振動理論」（vibration theory），它是伯爾（Chandler Burr）暢銷的非小說作品《香水帝王》（*The Emperor of Scent*）的基礎。

16 Lévi-Strauss, *The Naked Man*, p. 692.

17 Boutang and Chevallay, *Claude Lévi-Strauss in His Own Words*, 1:24:00.

18 Eribon, *Conversations*, p. 84.

19 Pierre Maranda, 'Une fervente amitié', in Michel Izard (ed.) *Claude Lévi-Strauss*, L' Herne, No. 82, 2004, p. 56.

20 'Réponse de M. Roger Caillois au discours de M. Claude Lévi-Strauss', Académie française, 27 June 1974; http://www.academie-francaise.fr/immortels/discours_reponses/caillois.html.

21 Ibid.

22 See Maranda, 'Une fervente amitié', in *Claude Lévi-Strauss*, L' Herne, No. 82, p. 55; Bertholet, *Claude Lévi-Strauss*, pp. 397–8.

23 Claude Lévi-Strauss letter to Denis Kambouchner, cited in 'Lévi-Strauss and the Question of Humanism' in Boris Wiseman, *The Cambridge Companion to Lévi-Strauss*, Cambridge University Press, 2009, p. 37.

24 Bertholet, *Claude Lévi-Strauss*, p. 369.

25 Cited in Pace, *Claude Lévi-Strauss: The Bearer of Ashes*, p. 193.

26 戈比諾伯爵是李維史陀極景仰的科學家，《野性的思維》和《裸人》兩書都引用過他的觀念。李維史陀認為，戈比諾伯爵的觀念受到了錯誤的忽視，指出它

58 Ibid., February 2007.
59 Lévi-Strauss, *The Raw and the Cooked*, p. 13.
60 Dosse, *History of Structuralism*, Vol. 2, p. 15.
61 Dan Sperber, *On Anthropological Knowledge*, Cambridge University Press, 1985, p. 69.
62 Viveiros de Castro, 'Entrevista: Lévi-Strauss nos 90, a antropologia de cabeça para baixo', *Mana*, 4 (2), 1998, p. 120.
63 Claude Lévi-Strauss, *From Honey to Ashes*, p. 473.
64 Lévi-Strauss, *The Origin of Table Manners*, p. 468.
65 Lévi-Strauss, *The Naked Man*, p. 291.
66 Ibid., p. 515.
67 Lévi-Strauss, *The Origin of Table Manners*, pp. 474–5.
68 Lévi-Strauss, 'Le triangle culinaire', *L'Arc*, No. 26, 1965, pp. 19–29.
69 Lévi-Strauss, *The Origin of Table Manners*, p. 484.
70 Ibid., pp. 15–16.
71 Ibid., p. 469.
72 Ibid., p. 131.
73 Lévi-Strauss, *The Raw and the Cooked*, p. 26.

11 輻輳

1 Cited in Dosse, *History of Structuralism*, Vol. 2, p. 144.
2 'Man's New Dialogue with Man', *Time*, 30 June 1967.
3 一九六八年五月學運之時，傅柯正在突尼斯大學做研究，人不在巴黎。不過，回國後他將會非常積極地參與抗議運動，在新創立的巴黎第八大學（他是該校哲學系的系主任）裡站在學生一邊。
4 Louis-Jean Calvet, *Roland Barthes: A Biography*, Polity Press, 1994, pp. 163–70.
5 'Le structuralisme, a-t-il été tué par Mai '68?,' *Le Monde*, 30 November 1968.
6 Georges Balandier cited in François Dosse, *History of Structuralism*, Vol. 2, p. 152.
7 Lévi-Strauss, interview with *L'Express*, trans. Kussell, *Diacritics*, p. 45.
8 Bertholet, *Claude Lévi-Strauss*, p. 283.
9 唯一例外是一九六八至六九年那個學年。在該學年的課堂上，他檢視了薩利什人一些涉及「火／水」和「霧／風」主題的神話，其成果日後被用在《猞猁的故事》（1991）裡。

44 François Furet, 'Les intellectuels français et le structuralisme' , in *L'Atelier de l'histoire*, Flammarion, 1982, pp. 37–52 (originally published in *Preuves*, 92, February 1967).

45 Dosse, *History of Structuralism,* Vol. 1, p. 325.

46 Boris Wiseman and Judy Groves, *Introducing Lévi-Strauss and Structural Anthropology*, Icon Books, 2000, p. 132.

47 Eribon, *Conversations*, p. 133.

48 Ibid., p. viii.

49 See David Maybury-Lewis, 'The Analysis of Dual Organizations: A Methodological Critique' , *Bijdragen tot de Taal-, Land- en Volkenkunde*, Vol. 116, No. 1, 1960, pp. 17–44; Claude Lévi-Strauss, 'On Manipulated Sociological Models' , in ibid., pp. 45–54; both available online at http://www.kitlv-journals.nl/.

50 David Maybury-Lewis, 'Science or Bricolage?' , in Hayes and Hayes (eds), *The Anthropologist as Hero*, pp. 154–5, 162.

51 This was in relation to a review of the following volume, *The Origin of Table Manners*, in the *New Yorker*, 30 July 1979, p. 85.

52 Maybury-Lewis, 'Science or Bricolage?' , in Hayes and Hayes (eds), *The Anthropologist as Hero*, pp. 161–2.

53 Interview with the author, February 2006.

54 尼達姆把話說得更強烈：「李維史陀教授正式拒絕在本書付梓前檢查譯文，也以同樣的方式拒絕看校樣。」（見 *The Elementary Structures,* 1969, p. xviii.）

55 這篇序言所引起的不快又被別的小摩擦所加強。尼達姆告訴筆者，當他去信李維史陀，要求對方把兩人的通信全部燒光時，李維史陀回信說這樣更好，因為那些信毫無有價值的內容。尼達姆又告訴筆者，李維史陀為人冷漠而高傲，到牛津大學接受榮譽學位時並沒有向任何人致謝。不過，這個說法卻與其他人（包括筆者在內）的印象大相逕庭。李維史陀為人有時（視場合而定）固然拘謹和沈默寡言，但總不忘保持彬彬有禮。

56 Rodney Needham, 'The Birth of the Meaningful' , *TLS*, 13 April 1984. 問題有一部分可能是出在尼達姆本人，因為他生性極端敏感和自我，一生中多次與人結怨。有一次，在跟系上的同事發生爭吵後，他把自己的所有圖書從人類學系的辦公室搬走，此後從未踏足系館，授課都是在全靈學院以外的地方進行，有什麼消息要與系上聯絡都是通過跑腿。（見 Jeremy MacClancy, 'Obituary: Rodney Needham, Oxford Social Anthropologist and Champion of Structuralism' , *Independent,* 13 December 2006.）

57 Interview with the author, February 2007.

Jonathan Cape, 1973, p. 469.

25 Lévi-Strauss, *The Raw and the Cooked*, p. 335.

26 Ibid., p. 340.

27 Now collected in 'Claude Lévi-Strauss: The View from Afar', *UNESCO Courier*, No. 5, 2005; http://unesdoc.unesco.org/images/0016/001627/162711e.pdf.

28 懷斯曼（Boris Wiseman）對李維史陀這種主張有過有趣討論，又指出象徵主義詩人馬拉美和梵樂希（Paul Valéry）都說過類似的話。（見Boris Wiseman，*Claude Lévi-Strauss: Anthropology and Aesthetics,* Cambridge University Press, 2007, pp. 202-3.）

29 Merquior, *From Prague to Paris*, p. 128.

30 同樣重要的還有梅茲（Christian Metz）的作品，它把一種拉岡式的符號學引入電影研究。

31 Anne-Christine Taylor, interview with the author, February 2007.

32 Dosse, *History of Structuralism*, Vol. 2, p. xiii.

33 Ibid., pp. xiii–xiv.

34 Robert F. Murphy, 'Connaissez-vous Lévi-Strauss?', in Hayes and Hayes (eds), *Claude Lévi-Strauss: The Anthropologist as Hero*, p. 165.

35 Eribon, *Conversations*, p. 76.

36 Bertholet, *Claude Lévi-Strauss*, p. 291.

37 Guy Sorman, 'Lévi-Strauss, New Yorker', *City Journal*, Autumn 2009, Vol. 19, No. 4, 6 November 2009.

38 Lévi-Strauss, 'Entretien par Raymond Bellour', in *Claude Lévi-Strauss: OEuvres*, p. 1662.

39 De Gramont, 'There Are No Superior Societies', pp. 9–10. 李維史陀日後將會進而質疑傅柯的學問不紮實，甚至在傅柯競選法蘭西學院席位時投下反對票。

40 This is according to a letter he sent to Catherine Backès-Clément on 30 May 1970; see Bertholet, *Claude Lévi-Strauss*, p. 316.

41 精神分析學家安齊厄（Didier Anzieu）在談到拉岡時指出，拉岡喜歡讓學生「不斷地依賴一個偶像（一種邏輯或一種語言），總是暗示某種基本真理在不久後將會被揭示，而且只會向繼續追隨他的人揭示」。（見Ricahrd Webster, 'Lacan Goes to the Opera' [review of *Jacques Lacan* by Elisabeth Roudinesco, Polity Press, 1997], *New Statesman*[1996], Vol. 126, 7 November 1997, p. 44.）

42 Cited in Dosse, *History of Structuralism,* Vol. 1, p. 271.

43 Sanche de Gramont, 'There Are No Superior Societies', in Hayes and Hayes (eds), *The Anthropologist as Hero*, p. 18 (originally published in the *New York Times* magazine, 28 January 1968).

4 Lévi-Strauss, 'Entretien par Raymond Bellour' , in *Claude Lévi-Strauss: OEuvres*, p. 1657.

5 Eribon, *Conversations*, p. 132.

6 Ibid., p. 36.

7 塞巴格曾接受拉岡的精神分析，並在這段與拉岡的女兒朱迪絲（Judith）談戀愛。知道這件事之後，拉岡終止為塞巴格分析，塞巴格便朝自己臉部開槍。

8 Lévi-Strauss, *The Raw and the Cooked*, p. 1.

9 Sanche de Gramont (aka Ted Morgan), 'There Are No Superior Societies' , in Hayes and Hayes (eds), *The Anthropologist as Hero*, p. 16 (originally published in the *New York Times* magazine, 28 January 1968).

10 Claude Lévi-Strauss, *The Naked Man: Introduction to a Science of Mythology* 4, Jonathan Cape, 1981, p. 25; Sanche de Gramont, 'There Are No Superior Societies' , in Hayes and Hayes, (eds), *The Anthropologist as Hero*, p. 17.

11 Lévi-Strauss, *The Raw and the Cooked*, p. 31.

12 Lévi-Strauss, 'Entretien par Raymond Bellour' , in *Claude Lévi-Strauss: OEuvres*, p. 1664.

13 In an interview with the BBC in 1966, Lévi-Strauss made this link explicit, telling George Steiner that while mythic structures recurred, there might be 'several species' of myths, 'Claude Lévi-Strauss in Conversation with George Steiner' , BBC Third Programme, 29 October 1965.

14 Lévi-Strauss, *The Raw and the Cooked*, pp. 3–6.

15 'Claude Lévi-Strauss in Conversation with George Steiner' , BBC Third Programme, 29 October 1965.

16 Lévi-Strauss, *The Raw and the Cooked*, p. 15.

17 Lévi-Strauss, *The View from Afar*, p. 219.

18 Lévi-Strauss, *The Raw and the Cooked*, p. 27.

19 Ibid., pp. 31–2.

20 Claude Lévi-Strauss in Boutang and Chevallay, *Claude Lévi-Strauss in His Own Words*, 20:10.

21 D. Antonio Colbacchini, *I Bororos Orientali 'Orarimugudoge' del Matto Grosso (Brasile)*, Torino, 1925. 李維史陀才把《生食與熟食》寫完，另一部由撒肋爵會編的重要的文獻（《波洛洛人百科全書》第一冊）便問世了，讓李維史陀不得不推遲《生食與熟食》的出版日期，好把書讀過一遍，把材料整合到《生食與熟食》裡。

22 Lévi-Strauss, *The Raw and the Cooked*, p. 37.

23 Ibid., pp. 59, 64.

24 Claude Lévi-Strauss, *From Honey to Ashes: Introduction to a Science of Mythology* 2,

35 'Claude Lévi-Strauss: A Confrontation' , *New Left Review*, 62, July–August 1970, p. 74.
36 For the critic Jean Lacroix, writing in *Le Monde*, *La Pensée sauvage* represented 'the most rigorously atheistic philosophy of our time' , while over two issues in 1963 *Les Temps modernes* subjected Lévi-Strauss' s ideas to a Marxist critique; Dosse, *History of Structuralism*, Vol. 1, p. 234.
37 Philippe Simonnot interview with Claude Lévi-Strauss, 'Un anarchiste de droite' , *L'Express*, 17 October 1986.
38 Letter from Sartre to de Beauvoir, February 1946, in Jean-Paul Sartre and Simone de Beauvoir, *Lettres au Castor et à quelques autres*, Vol. 2, Gallimard, 1983, p. 335.
39 *Claude Lévi-Strauss: OEuvres*, p. 1778.
40 Lévi-Strauss, *The Savage Mind*, p. xxi.
41 Ibid., pp. 257–8, 249.
42 Lévi-Strauss cited in Paul Hendrickson, 'Claude Lévi-Strauss: Behemoth from the Ivory Tower' , *Washington Post*, 24 February 1978.
43 Pierre Bourdieu, *Réfl exions faites*, Arte France TV, 31 March 1991.
44 Pierre Bourdieu, *Homo Academicus*, Stanford University Press, 1988, p. xxi.
45 Alain Badiou, 'The Adventure of French Philosophy' , *New Left Review*, Vol. 35, September–October 2005, p. 68.
46 This idea is taken from J. G. Merquior, *From Prague to Paris: A Critique of Structuralist and Post-Structuralist Thought*, Verso, 1988, p. 89.
47 Lévi-Strauss, *Tristes Tropiques*, Picador, p. 64.
48 Claude Lévi-Strauss, 'Le Coucher de Soleil: Entretien avec Boris Wiseman' , *Les Temps modernes*, No. 628, August–October 2004, p. 4.
49 Michel Foucault, *Les mots et les choses: une archéologie des sciences humaines*, Gallimard, 1966, p. 398.

10 神話的星雲

1 Lévi-Strauss, *Structural Anthropology*, Vol. 1, pp. 228–9.
2 Claude Lévi-Strauss in Boutang and Chevallay, *Claude Lévi-Strauss in His Own Words*, 1:15:00.
3 Claude Lévi-Strauss, *The Origin of Table Manners: Introduction to a Science of Mythology* 3, Jonathan Cape, 1978, p. 102.

12 Ibid., p. 163.

13 Ibid., p. 162; *Le Totémisme aujourd'hui* in *Claude Lévi-Strauss: OEuvres*, p. 533.

14 Lévi-Strauss, *Totemism*, p. 84.

15 *Claude Lévi-Strauss: OEuvres*, pp. 1792–3.

16 Ibid., p. 1777.

17 Lévi-Strauss, *The Savage Mind*, pp. 3–9.

18 Claude Lévi-Strauss in Boutang and Chevallay, *Claude Lévi-Strauss in His Own Words*, 34:23.

19 Lévi-Strauss, *The Savage Mind*, p. 149.

20 Ibid., p. 153.

21 Eribon, *Conversations*, p. 113.

22 在該處，李維史陀指出澳洲原住民有時候「真的很自命不凡……他們一旦學會這類風雅的技藝後就頗以能繪製枯燥而造作」的水彩畫而自傲，那怕這畫「有可能會讓人誤以為是一個老姑娘所畫」。（Claude Lévi-Strauss, *The Savage Mind,* p. 89.）

23 Claude Lévi-Strauss in Boutang and Chevallay, *Claude Lévi-Strauss in His Own Words*, 1:10:00.

24 Lévi-Strauss, *The Raw and the Cooked*, pp. 147–63.

25 Lévi-Strauss, *The Savage Mind*, p. 269.

26 See exchange in 'The Savage Mind', Claude Lévi-Strauss and Sybil Wolfram, *Man*, 1967, New Series, Vol. 2, No. 3, September 1967, p. 464; M. Estellie Smith, 'Sybil Wolfram Obituary', *Anthropology Today*, Vol. 9, No. 6, December 1993, p. 22.

27 *Claude Lévi-Strauss: OEuvres*, pp. 1799–1801.

28 Ibid., p. 1800, note 2.

29 'Claude Lévi-Strauss: A Confrontation', *New Left Review*, 62, July–August 1970, p. 72. 例如，在倒數第二章（題為「可逆的時間」），李維史陀用了一個三角圖形來表現澳洲原住民的一種儀式，而這三角形的三個角分別代表「生」（＋－）、「夢」（＋）、「死」（－），儼然是一種「普魯斯特式結構主義」。

30 A. A. Akoun, F. Morin and J. Mousseau, 'A Conversation with Claude Lévi-Strauss: The Father of Structural Anthropology Takes a Misanthropic View of Lawless Humanism', *Psychology Today*, Vol. 5, 1972, p. 79.

31 '*Les Chats* de Charles Baudelaire', *L'Homme*, II, 1962, pp. 5–22.

32 'Claude Lévi-Strauss: A Confrontation', *New Left Review*, 62, July–August 1970, p. 74.

33 Bertholet, *Claude Lévi-Strauss*, p. 279.

34 Lévi-Strauss, *The Raw and the Cooked*, University of Chicago Press, p. 11.

40 Georges Charbonnier, *Conversations with Claude Lévi-Strauss*, 1969, pp. 69–70.

41 Robert Hughes, 'The Artist Pablo Picasso' , *Time*, 8 June 1998.

42 這些評論還算是溫和的，因為，李維史陀日後將會進一步指控現代藝術家是在汙染自己的靈感源頭。一九六六年，當他接受《藝術》(*Arts*)雜誌採訪，談到巴黎大皇宮的一個畢卡索新畫展時，指出立體主義運動相當於美國人所說的「室內裝潢」，類似於家具的配件。(見Claude Lévi-Strauss, *Structural Anthropology*, Vol. 1, p. 2, pp. 277, 283.)

43 Lévi-Strauss, interview with *L'Express*, trans. Kussell, *Diacritics*, p. 50.

44 Lévi-Strauss, *Structural Anthropology*, Vol. 2, p. 278.

45 Charbonnier, *Conversations with Claude Lévi-Strauss*, pp. 32–42.

46 Claude Lévi-Strauss, *The Savage Mind*, Weidenfeld and Nicolson, 1966, p. 234.

47 See Eduardo Viveiros de Castro, 'Entrevista: Lévi-Strauss nos 90, a antropologia de cabeça para baixo' , *Mana*, 4 (2), 1998, p. 119.

48 Vincent Debaene in *Claude Lévi-Strauss: OEuvres*, p. xxxiv.

9 肆恣的心靈

1 Claude Lévi-Strauss, *Totemism*, Penguin, 1973, p. 76.

2 Ibid., p. 97. 不過，梯可皮亞人的塔夫亞氏族(Tafua Clan)有一個分支把海豚視為禁忌。

3 *Claude Lévi-Strauss: OEuvres*, p. 1775.

4 Lévi-Strauss, *The Raw and the Cooked*, p. 9.

5 '*dans un état de hâte, de précipitation, presque de remords*' , *Claude Lévi-Strauss: OEuvres*, p. 1777.

6 Lévi-Strauss, *Totemism*, p. 83.

7 Bertholet, *Claude Lévi-Strauss*, p. 262.

8 Lévi-Strauss, *Totemism*, p. 72.

9 Ibid., p. 134.

10 例如，福蒂斯(Fortes)便認為塔倫西人(Tallensi)高度複雜的圖騰系統與他們的祖先崇拜有相關性。因為塔倫西人相信，他們的祖先「捉摸不定、無所不在、行為不可預測和極富侵略性」，就像他們圖騰系統裡的鱷魚、蛇和花豹那般。(見Claude Lévi-Strauss, *Totemism,* p. 146.)

11 Ibid., pp. 155–61.

Vol. 42, Nos. 1–2, 1999.
23 See Kristin Ross, *Fast Cars, Clean Bodies*, p. 186.
24 牟斯的作品雖然非常人類學取向，但他在法蘭西學院執的是社會學的講席。
25 Lévi-Strauss in Eribon, *Conversations*, p. 60.
26 Eribon, *Conversations*, p. 61; Claude Lévi-Strauss and Didier Eribon, *De prés et de loin*, Editions Odile Jacob, 1988, p. 90.
27 Claude Lévi-Strauss, 'The Scope of Anthropology' , in *Structural Anthropology*, Vol. 2, pp. 7–8; Didier Eribon, *Conversations*, p. 61.
28 Lévi-Strauss, 'The Scope of Anthropology' , in *Structural Anthropology*, Vol. 2, pp. 6–7.
29 Ibid., p. 17.
30 Ibid., p. 32.
31 Eribon, *Conversations*, p. 63.
32「人類關係地區檔案」並不是無人批評，如米德便形容它的分類方式刻板，就像是一種「即溶咖啡般的速食人類學」。（見 Isac Chiva, 'Une communauté de solitaires: le Laboratoire d' anthropologie sociale' , in Michel Izard [ed.], *Claude Lévi-Strauss*, L' Herne, No. 82, 2004, p. 74.）
33 Ibid., p. 68; Susan Sontag, 'The Anthropologist as Hero,' in E. Nelson Hayes and Tanya Hayes (eds), *Claude Lévi-Strauss: The Anthropologist as Hero*, 1970, MIT Press, p. 186.
34 See Luis-Jean Calvet, *Roland Barthes: A Biography*, Polity Press, 1994, pp. 129–30.
35 這封信日後收入一部伽里瑪出版社在一九七〇年代晚期出版的李維史陀文集裡，見 *Claude Lévi-Strauss*, Gallimard, 1977, pp. 495-7；李維史陀對巴特的觀感見 Eribon, *Conversations,* p. 73；巴特覺得李維史陀的分析「驚人地有說服力」一點，見 Dosse, , *History of Structures,* Vol. 2: *The Sign Sets, 1967-present,* University of Minnesota Press, 1997, p. 115.
36 Scott Atran, 'A memory of Lévi-Strauss' , 4 November 2009, *Cognition and Culture.net*, http://www.cognitionandculture.net/index.php?option=com_content&view=category&id=67:scott-atrans-blog&layout=blog&Itemid=34
37 Eribon, *Conversations*, p. 34.
38 Pierre Dumayet with Claude Lévi-Strauss, 'Claude Lévi-Strauss à propos de "Soleil Hopi"' , *Lectures pour tous*, 15 April 1959; http://www.ina.fr/art-et-culture/litterature/video/I00014610/claude-levi-strauss-a-propos-de-soleil-hopi.fr.html.
39 The interviews were later published as Georges Charbonnier, *Entretiens avec Claude Lévi-Strauss*, Plon, 1969; English version: Georges Charbonnier, *Conversations with Claude Lévi-Strauss*, Jonathan Cape, 1969.

6 Fernand Braudel, *On History*, University of Chicago Press, 1980.

7 Lévi-Strauss in Elisabeth Roudinesco, *Jacques Lacan & Co: A History of Psychoanalysis in France* 1925–1985, University of Chicago Press, 1990, p. 362.

8 Interview with the author, February 2007.

9 Lévi-Strauss, *Structural Anthropology*, Vol. 1, p. 207.

10 Edmund Leach, *Claude Lévi-Strauss*, Penguin, 1976, p. 65.

11 Lévi-Strauss, *Structural Anthropology*, Vol. 1, p. 228.

12 李維史陀在一九六九年告訴加拿大學者馬蘭達（Pierre Maranda），說他從未把這公式「看成多於一幅用來說明『雙重對應關係』的『圖畫』，相當於把隱喻轉化為換喻」。（見Elli Kongäs Maranda and Pierre Maranda, *Structural Models in Folklore,* Mouton, 1971, p. 28.）

13 這觀點是得自Dan Sperber, 'Claude Lévi-Strauss Today', in *On Anthropological Knowledge,* Cambridge University Press, 1985, pp. 65-6.斯佩博指出，當李維史陀說他從未停止受自己的公式指引時，「口氣不像個科學家，更像是個受自己的梵咒（mantra）指引的超驗冥想者。」

14 Claude Lévi-Strauss, 'The story of Asdiwal', *Structural Anthropology*, Vol. 2, p. 184.

15 Lévi-Strauss, *Structural Anthropology*, Vol. 1, p. 229.

16 Lévi-Strauss, *Tristes Tropiques*, Picador, p. 70.

17 Dosse, *History of Structuralism*, Vol. 1, p. 160.

18 Foucault in ibid., p. 160.

19 Eribon, *Conversations*, p. 68.

20 不過，日後伽里瑪出版社還是取得了李維史陀一本文集暨評論集的出版權和《人種與歷史》的再版權。在李維史陀人生近尾聲之際，伽里瑪又出版了一套他的著作選集（收入「七星文庫」）。這三種作品分別是Raymond Bellour and Catherine Clément（ed.）, *Claude Lévi-Strauss*, Gallimard, 1979; Claude Lévi-Strauss, *Race et histoire,* Gallimard, 1987; Claude Lévi-Strauss, *Oeuvres,* ed. Vincent Debaene et al., Gallimard, 2007.

21 就像李維史陀對凱盧瓦的還擊一樣，這些還擊都是炮火全開。對於社會學家居爾維什把他就社會關係所進行的數學模型化說成是「徹底的失敗」，李維史陀指居爾維什不夠資格評論人類學領域的進展。他把相同策略用在雷韋爾，又反擊站在馬克思立場批判他的羅丹松說：「我的概念比他的要接近馬克思的立場無限倍」，並奚落對方對《資本論》的理解是以偏概全。（見Claude Lévi-Strauss, *Structural Anthropology,* Vol. 1, p. 338; David Pace, *Claude Lévi-Strauss*, pp. 96-9.）

22 Beatriz Perrone Moisés, 'Entrevista: Claude Lévi-Strauss, aos 90', *Revista de Antropologia*,

的暴行（這是因為先前傳出，印第安人保護局對土著進行了一連串的毆打和謀殺行為）。

35 Charbonnier, *Conversations with Claude Lévi-Strauss*, p. 13.

36 這宣言的連署人包括前衛音樂家布列茲（Pierre Boulez）、女演員仙諾（Simone Signoret）、女作家莒哈絲（Marguerite Duras）和李維史陀的兩位同事兼好友：普利翁和雷利斯。

37 Bertholet, *Claude Lévi-Strauss*, p. 230.

38 Ibid., p. 229.

39 Eribon, *Conversations*, p. 59.

40 他日後告訴葉希邦：「《憂鬱的熱帶》出版之後，我好幾次夢想會有出版社出錢請我去旅行和寫作。」（見Eribon, *Conversations,* p.159.）

41 Bertholet, *Claude Lévi-Strauss*, p. 220.

42 Lévi-Strauss, *Tristes Tropiques*, Picador, p. 529.

43 Ibid., p. 530.

44 Eribon, *Conversations*, p. 7.

45 Lévi-Strauss, *Tristes Tropiques*, Picador, p. 539.

46 See I. Strenski, 'Lévi-Strauss and the Buddhists' , *Comparative Studies in Society and History*, Vol. 22, 1980, pp. 3–22.

47 Lévi-Strauss, *Tristes Tropiques*, Picador, p. 542; *Claude Lévi-Strauss: OEuvres*, 2007, p. 442.

48 Lévi-Strauss, *Tristes Tropiques*, Picador, p. 541.

49 Lévi-Strauss, *Tristes Tropiques*, Picador, p. 543.

50 Ibid., p. 544.

8 現代主義

1 Lévi-Strauss, *Tristes Tropiques*, Picador, p. 157.

2 Interview with the author, March 2005.

3 Alex Ross, *The Rest Is Noise: Listening to the Twentieth Century*, Fourth Estate, 2008, p. 392.

4 Kristin Ross, *Fast Cars, Clean Bodies: Decolonisation and the Reordering of French Culture*, The MIT press, 1995, p. 2.

5 Dosse, *History of Structuralism*, Vol. 1, p. 105.

13 Levi-Strauss, cited in Grupioni, *Coleções e Expedições Vigiadas*, p. 150.

14 See Pace, *Claude Lévi-Strauss: The Bearer of Ashes*, pp. 20–1.

15 Claude Lévi-Strauss in Boutang and Chevallay, *Claude Lévi-Strauss in His Own Words*, 1:04:50.

16 Lévi-Strauss, *Tristes Tropiques*, Picador, p. 43.

17 更後來，南比夸拉人還會用裝過DDT的空桶子來燒飯，並飽受其後遺症所苦。

18 Lévi-Strauss, *Tristes Tropiques*, Picador, pp. 534–5.

19 Ibid., p. 348.

20 Lévi-Strauss, *Tristes Tropiques*, Picador, p. 256.

21 Claude Lévi-Strauss, 'Des Indiens et leur ethnographe' , *Les Temps modernes*, No. 116, August 1955, p. 1; translation from Lévi-Strauss, *Tristes Tropiques*, Picador, p. 229.

22 Lévi-Strauss, *Tristes Tropiques*, Picador, p. 229.

23 'shopgirl metaphysics' : Lévi-Strauss, *Tristes Tropiques*, Picador, p. 71; '*métaphysique pour midinette*' : Lévi-Strauss, *Tristes Tropiques*, Plon, p. 63.

24 這是根據沙特一個好朋友普利翁（Jean Pouillon）所述，他本人也是《現代》的編委之一。（見Dosse, *History of Structures*, Vol. 1, p. 7.）雖然李維史陀的哲學取向明明跟《現代》大異其趣，但《現代》將會繼續刊登他的文章和別人評論他的文章。

25 For a summary of *Tristes Tropiques* in the French press see Dosse, *History of Structuralism*, Vol. 1, p. 133; Bertholet, *Claude Lévi-Strauss*, p. 219.

26 *Claude Lévi-Strauss: OEuvres*, p. 1717.

27 John Peristiany, 'Social Anthropology' , *Times Literary Supplement*, 22 February 1957; David Holden, 'Hamlet among the Savages' , *Times Literary Supplement*, 12 May 1961.

28 Susan Sontag, 'A Hero of Our Time' , *New York Review of Books*, Vol. 1, No. 7, 28 November 1963.

29 Eribon, *Conversations*, p. 59.

30 Interview with Luc de Heusch by Pierre de Maret, *Current Anthropology*, Vol. 34, No. 3, June 1993, pp. 290–1.

31 Jean Pouillon, 'L' OEuvre de Claude Lévi-Strauss' , *Les Temps modernes*, No. 126, July 1956, pp. 150–73.

32 François Dosse, *The History of Structuralism*, Vol. 1, p. 137.

33 Ibid., p. 266.

34 事實上，李維史陀後來還插手過另一件有點政治味的事情。一九六八年，他連同雷利斯、迪蒙（Louis Dumont）、羅丹松和巴朗迪耶在內的一百多位學界人士，寫了一封公開信給巴西軍事獨裁者西爾瓦（Costa e Silva），譴責當局對巴西原住民說裡的蛇蠍美人。

37 Lévi-Strauss in Eribon, *Conversations*, p. 85.

38 Roger Caillois, 'Illusion à rebours' , *La Nouvelle Revue française*, No. 24, December 1954, pp. 1010–24; and No. 25, January 1955, pp. 58–70.

39 In *Caillois: The Edge of Surrealism*, ed. Claudine Frank, Duke, 2003, p. 48.

40 'Illusion à rebours,' *La Nouvelle Revue française*, No. 25, January 1955, pp. 67–70.

41 Lévi-Strauss, 'Diogène couché' , *Les Temps modernes*, No. 110, 1955, p. 1214.

42 Alfred Métraux in Bertholet, *Claude Lévi-Strauss*, p. 219.

43 Eribon, *Conversations*, p. 85.

44 Lévi-Strauss, 'Diogène couché,' *Les Temps modernes*, No. 110, pp. 1218–19.

7 回憶錄

1 Jan Borm, *Jean Malaurie: un homme singulier*, Editions du Chêne, 2005, pp. 53, 56.

2 Vincent Debaene, 'Atelier de théorie littéraire: La collection Terre humaine: dans et hors de la littérature' , *Fabula*, 2007: http://www.fabula.org/atelier.php?La_collection_Terre_humaine%3A_dans_et_hors_de_la_litt%26eacute%3Brature.

3 Lévi-Strauss, *Le Magazine littéraire*, No. 223, October 1985, p. 24.

4 Dosse, *History of Structuralism*, Vol. 1, p. 130.

5 'Auto-portrait de Claude Lévi-Strauss' , in *Claude Lévi-Strauss*, Editions Inculte, 2006, p. 183.

6 Lévi-Strauss, *Tristes Tropiques*, Picador, p. 543.

7 'Tristes Tropiques: docs préparatoires 10/10 carnet vert' , Archives de Lévi-Strauss, p. 56: '*Voyages = même chose et contraire d'une psychoanalyse*' .

8 「在這個充滿魅力的文明裡，美女都是用彩妝來勾勒集體的夢：她們的圖案都是些象形文字，訴說著一個無法返回的黃金時代。因為沒有文字符號可資使用，她們便用彩繪謳歌那個黃金時代，讓它的祕密開顯在她們裸露的身體上。」(Claude Lévi-Strauss, *Tristes Tropiques,* Picador, p. 256.)

9 *Claude Lévi-Strauss: OEuvres*, p. 1695.

10 '*Que sont nos poudres et nos rouges à côté!*' , 'Tristes Tropiques: vol. 2 de la dactylographie', Archives de Lévi-Strauss, Bibliothèque nationale de France, p. 200.

11 *Claude Lévi-Strauss: OEuvres*, pp. 1746, 1769.

12 Lévi-Strauss, *Tristes Tropiques*, Picador, pp. 15–16.

December 1951, pp. 167–9.

17 *Claude Lévi-Strauss: OEuvres*, p. 1689.

18 Lévi-Strauss, *Tristes Tropiques*, Picador, p. 169.

19 Ibid., pp. 161–2.

20 Ibid., p. 179.

21 Lévi-Strauss in Eribon, *Conversations*, p. 50.

22 Ibid., p. 102.

23 Claude Lévi-Strauss, *Anthropology and Myth: Lectures* 1951–1982, Basil Blackwell, 1984, p. 2.

24 For an account of Descola' s ordeal, see *The Spears of Twilight: Life and Death in the Amazon Jungle*, HarperCollins, 1996, pp. 22–3.

25 Philippe Descola, interview with the author, February 2007.

26 Lévi-Strauss, *Anthropology and Myth*, p. 199.

27 Claude Lévi-Strauss, *Structural Anthropology,* Vol. 1, p. 70. 雖然李維史陀取笑把人類大腦視為由一些隔間構成的主張，但這種主張卻不無支持者，參見 *The Modularity of Mind: An Essay on Faculty Psychology,* MIT Press, 1983.

28 In Pace, *Claude Lévi-Strauss: The Bearer of Ashes*, p. 154.

29 Claude Lévi-Strauss, in *An Appraisal of Anthropology Today,* ed. Sol Tax et al., University of Chicago Press, 1953, p. 293. 例如，對於工具，他提出一個包含三層差異的分析架構：一種工具是做何用途（用來切東西、磨東西還是擊打）、它的主刃是什麼樣式（是尖、鈍還是鋸齒狀？）、它是怎樣操作（是垂直施力、傾斜施力還是以圓形的方式施力？）。

30 Ibid., p. 294.

31 Ibid., p. 321.

32 Ibid., pp. 349–52.

33 Elisabeth Roudinesco, *Jacques Lacan & Co: A History of Psychoanalysis in France* 1925–1985, University of Chicago Press, 1990, p. 560.

34 Bertholet, *Claude Lévi-Strauss*, p. 209.

35 Claude Lévi-Strauss, *Race et histoire*, Gonthier, 1968, pp. 46–50.

36 在社會學學院裡，「神聖」不是被當成一個宗教用語。大凡可以引人進入一種高敏感狀態的，不管那是敬畏、恐懼還是入迷，都可以稱為「神聖」。因為巴塔耶本人對「色情」和「死亡」情有獨鍾，所以它們也是社會學學院的研究重點。這群思想家致力於把社會再神聖化，為它注入已經被現代性（modernity）淡化的人類精力。凱盧瓦慢慢對母螳螂的意象感到著迷，把這種會吃掉配偶的昆蟲比作小

1659.

61 Lévi-Strauss, *Elementary Structures of Kinship*, p. xxvii.

62 一個例子見於《生食與熟食》:「我在《親屬關係的基本結構》中，從那些支配婚姻的規律在表面上的隨機性和雜亂多樣性的背後，辨識出了少數幾條簡單原理，藉助它們可以把非常複雜的一大堆風俗和習尚……化約為一個有意義的體系。」（*The Raw and The Cooked*, p. 10.）

6 在巫師的沙發上

1 'Claude Lévi-Strauss: A Confrontation', *New Left Review*, I/62, July–August, originally published as 'Réponse à quelques questions', *Esprit*, No. 322, November 1963.

2 Claude Lévi-Strauss, 'The Sorcerer and His Magic', in *Structural Anthropology*, Vol. 1, pp. 167–85.

3 Claude Lévi-Strauss, 'The Effectiveness of Symbols', in ibid., pp. 186–205.

4 Claude Lévi-Strauss, 'Witch-doctors and Psychoanalysis', *UNESCO Courier*, No. 5, 2008 [1956], pp. 31–2.

5 Lévi-Strauss, *Structural Anthropology*, Vol. 1, p. 204.

6 Claude Lévi-Strauss, *An Introduction to the Work of Marcel Mauss*, Routledge & Kegan Paul, 1987, p. 45.

7 Claude Lefort, 'L' échange et la lutte des hommes', *Les Formes de l'histoire*, Gallimard, 1978, p. 17; originally published in *Les Temps modernes*, No. 6 (64), February 1951.

8 Lévi-Strauss, *The Scope of Anthropology*, p. 50.

9 Lévi-Strauss in Eribon, *Conversations*, p. 49.

10 Ibid., p. 34.

11 Jonathan Judaken, *Jean-Paul Sartre and the Jewish Question*, University of Nebraska Press, 2006, p. 69.

12 Lévi-Strauss in Eribon, *Conversations*, p. 50.

13 Lévi-Strauss, *Tristes Tropiques*, Picador, p. 165.

14 Ibid., p. 166.

15 Ibid., pp. 175, 176.

16 Claude Lévi-Strauss, 'Kinship Systems of the Chittagong Hill Tribes (Pakistan)', *Southwestern Journal of Anthropology*, Vol. 8, No. 1, Spring 1952, pp. 40–51; 'Miscellaneous Notes on the Kuki of the Chittagong Hill Tracts, Pakistan', *Man*, Vol. 51,

45 Lévi-Strauss, *Elementary Structures*, p. 124.

46 Ibid., p. 443.

47 Ibid., p. 497.

48 Simone de Beauvoir, 'L' Etre et la parenté' , in *Le Magazine littéraire*, hors-série no. 5, 4e trimestre, 2003, p. 60.

49 Ibid., p. 63. The '*la*' refers to '*oeuvre*' .

50 Georges Bataille, *Eroticism*, Penguin, 2001, pp. 200–1.

51 美國人類學家墨菲（Robert Murphy）指出：「《親屬關係的基本結構》印量極少，以致很快便被購買一空。至於藏在圖書館裡的那些，則不是自己散掉（此書裝訂極差）就是被偷掉。所以，擁有這書的人都像從前對待亨利．米勒（Henry Miller）的禁書那樣珍而重之。」（見 'Connaissez-vous Claude Lévi-Strauss?' , *Saturday Review,* 17 May 1969, pp. 52-3, reprinted in *The Anthropologist as Hero,* ed. E. Nelson Hays and Tanya Hayes, MIT Press, 1970, p.165.）

52 Dosse, *History of Structuralism*, Vol. 1, pp. 18–19.

53 不過，荷蘭的人類學界卻有《親屬關係的基本結構》的摘要本可讀，執筆者是荷蘭人類學家德容（Josselin de Jong），他在研究印尼原住民的親屬體系時獨立得出一些與李維史陀相類似的見解。

54 In Stanley J. Tambiah, *Edmund Leach: An Anthropological Life*, Cambridge University Press, 2002, pp. 114–15.

55 From Cambridge University Anthropological Ancestors interviews at http://www.dspace.cam.ac.uk/handle/1810/25. The specifics of the argument are highly complex. See Leach' s original article, 'The structural implications of matrilineal cross-cousin marriage' , *Journal of the Royal Anthropological Institute*, Vol. 81, 1951, pp. 166–7, and Tambiah' s summary in *Edmund Leach*, p. 117.

56 Edmund Leach, 'Claude Lévi-Strauss – Anthropologist and Philosopher' , *New Left Review*, Vol. 34, November–December 1965, p. 20.

57 Lévi-Strauss, *Elementary Structures*, p. 49, footnote 5; Lévi-Strauss was responding to a similar criticism made by David Maybury-Lewis.

58 See Arthur P. Wolf and William H. Durham (eds), *Inbreeding, Incest and the Incest Taboo*, Stanford University Press, 2004, p. 5.

59 See Maurice Godelier' s *Métamorphoses de la parenté*, Fayard, 2004; and Jack Goody' s review, 'The Labyrinth of Kinship' , *New Left Review*, Vol. 36, November–December 2005.

60 Claude Lévi-Strauss, 'Entretien par Raymond Bellour' , in *Claude Lévi-Strauss: OEuvres*, p.

25 Lévi-Strauss in Eribon, *Conversations*, p. 48.

26 Lévi-Strauss in Bertholet, *Claude Lévi-Strauss*, p. 162.

27 Lévi-Strauss, 'The Use of Wild Plants in Tropical South America' , *Handbook of South American Indians: Physical Anthropology, Linguistics and Cultural Geography of the South American Indians*, Vol. 6, pp. 465–86.

28 Cohen-Solal, 'Claude L. Strauss in the United States' , *Partisan Review*, pp. 258–9.

29 Lévi-Strauss, *The View from Afar*, p. 266.

30 In Alfred Métraux, *Itinéraires* 1 *(*1935–1953*): Carnets de notes et journaux de voyage*, Payot, 1978, 13 March 1947, p. 171.

31 Lévi-Strauss in Eribon, *Conversations*, p. 56.

32 James Atlas, *Bellow: A Biography*, Faber & Faber, 2000, p. 138.

33 Michel Foucault in David Macey, *The Lives of Michel Foucault*, Hutchinson, 1993, p. 33.

34 Lévi-Strauss cited in Bertholet, *Claude Lévi-Strauss*, p. 180.

35 In Fournier, *Marcel Mauss*, pp. 349, 423.

36 *Le Magazine littéraire*, No. 223, October 1985, p. 23.

37 Lévi-Strauss, *The Elementary Structures of Kinship*, Eyre and Spottiswoode, 1969, p. 125. 李維史陀這番描繪是借澳洲人類學家斯坦納（W. E. H. Stanner）的觀察再加以發揮。當斯坦納於一九三二年開始在北領地（Northern Territory）的原住民聚落進行調查時，這樣寫道：「他們因為記不住那麼多的親屬稱謂，便把它們畫在土上。他們看著這些稱謂時那副困惑和滑稽的表情讓我印象深刻。」（見 Melinda Hinkson, 'The Intercultural Challege of W.E.H. Stanner's Frist Fieldwork' , *Oceania,* Vol. 75, No. 3, March-June 2005, p. 198.）

38 Lévi-Strauss, *Elementary Structures*, p. xxiii.

39 Ibid., p. 12; 他日後說：「因此，亂倫抑制乃是人類社會的基礎；某個意義下，它就是人類社會本身。」（見 'The Scope of Anthropology' , *Structural Anthropology,* Vol. 2, p.19.）

40 Marcel Mauss, *The Gift, Forms and Functions of Exchange in Archaic Societies*, Norton, 1967, pp. 77–8.

41 Lévi-Strauss, *Elementary Structures*, p. 454.

42 Ibid., p. 51.

43 後來，拉岡換一種方式把同一句話重說了一遍：「交換過程中交換的是陽具，不是女人。」（見 Dosse, *History of Structures,* Vol. 1, p. 118.）

44 Claude Lévi-Strauss, in Eribon, *Conversations,* p. 105. 不過，在較早期的文章裡，李維史陀卻明明白白說過相反的話：「在人類社會，是男人在交換女人，不是反過來。」

5 基本結構

1 Fournier, *Marcel Mauss*, p. 345.
2 Lévi-Strauss in Jean-Marie Benoît, 'Claude Lévi-Strauss Reconsiders: from Rousseau to Burke' , *Encounter*, No. 53, July 1979, p. 20.
3 Denis de Rougemont, *Journal des Deux Mondes*, Gallimard, 1948, pp. 151–3.
4 Lévi-Strauss, *Structural Anthropology*, Vol. 1, Penguin, 1972, pp. 226, 257.
5 Ibid., p. 261.
6 Lévi-Strauss in *Le Magazine littéraire*, No. 223, October 1985, p. 23.
7 Jeffrey Mehlman, *Emigré New York: French Intellectuals in Wartime Manhattan,* 1940–1944, Johns Hopkins University Press, 2000, p. 133.
8 Lévi-Strauss in Eribon, *Conversations*, p. 5.
9 *Claude Lévi-Strauss: OEuvres*, p. 1689.
10 Lévi-Strauss in Eribon, *Conversations*, p. 46.
11 Lévi-Strauss in *Le Magazine littéraire*, hors-série no. 5, 4e trimestre, 2003, p. 13.
12 Maurice Merleau-Ponty, *The Phenomenology of Perception*, Routledge and Kegan Paul, 1962, pp. 91–3.
13 Mehlman, *Emigré New York*, p. 184.
14 Ibid., p. 181.
15 Lévi-Strauss in Eribon, *Conversations*, p. 45.
16 'L' Analyse structurale en linguistique et en anthropologie' , *Word: Journal of the Linguistic Circle of New York*, Vol. 1, No. 2, August 1945, pp. 1–21, reprinted in *Structural Anthropology,* Vol. 1, pp. 31–54.
17 Lévi-Strauss, *Structural Anthropology*, Vol. 1, pp. 34, 46.
18 母系社會是指透過母親繼嗣的社會。
19 李維史陀曾明確指出，在他的用法裡，「母舅」只是「妻子給予者」(wife-giver) 的代稱，所以不是母親兄弟的人一樣可以扮演同樣角色，見 *Structural Anthropology,* Vol. 2, Penguin, 1978, p. 83。
20 *Structural Anthropology*, Vol. 1, p. 42.
21 這是我哥哥雨果告知，特此致謝。
22 Lévi-Strauss, *Structural Anthropology*,Vol. 1, p. 50.
23 Annie Cohen-Solal, 'Claude L. Strauss in the United States' , *Partisan Review*, Vol. 67, No. 2, 2000, p. 258.
24 Lévi-Strauss, *The Way of the Masks*, p. 10.

56 Lévi-Strauss in Eribon, *Conversations*, p. 36.

57 Lévi-Strauss, *The Scope of Anthropology*, Jonathan Cape, 1967, p. 44.

58 Lévi-Strauss in Eribon, *Conversations*, p. 38.

59 Ibid., p. 30.

60 Peter M. Rutkoff and William B. Scott, *New School : A History of the New School for Social Research*, Free Press, 1986; Claus-Deiter Krohn, *Intellectuals in Exile: Refugee Scholars and the New School for Social Research*, University of Massachusetts Press, 1993.

61 Isabelle Waldberg in Patrick Waldberg, *Um Amour acéphale: Correspondance* 1940–1949, La Différance, 1992, pp. 184–5.

62 Lévi-Strauss, *The View from Afar*, p. 102.

63 The Marx comparison is taken from Robert Parkin in *One Discipline, Four Ways: British, German, French and American Anthropology*, University of Chicago Press, 2005, p. 209.

64 Lévi-Strauss in Eribon, *Conversations*, p. 43.

65 Lévi-Strauss, *The View from Afar*, p. 267.

66 See, for instance, Jerry Fodor and Massimo Piattelli-Palmarini, *What Darwin Got Wrong*, Profi le Books, 2010.

67 Lévi-Strauss in Eribon, *Conversations*, p. 41.

68 François Dosse, *History of Structuralism*, Vol. 1: *The Rising Sign*, 1945–1966, University of Minnesota Press, 1997, p. 53.

69 Bengt Jangfeldt, 'Roman Jacobson in Sweden 1940–41' , *Cahiers de l'ILSL*, No. 9, pp. 141–9; Andrew Lass, 'Poetry and Reality: Roman O. Jakobson and Claude Lévi-Strauss' , in Christopher Benfey and Karen Remmler (eds), *Artists, Intellectuals and World War II: The Pontigny Encounters at Mount Holyoke College*, 1942–1944, University of Massachusetts Press, 2006, pp. 173–84.

70 Lévi-Strauss, 'Cahiers du terrain,' Archives de Lévi-Strauss, boîtes 4–6; '*langue semble différente*' : see boîte 6, Tiroir 'expéditions' Campos Novos (2e quinzaine août 1938).

71 Lévi-Strauss, interview with *L'Express*, trans. Kussell, *Diacritics*, p. 47.

72 Lévi-Strauss in Eribon, *Conversations*, p. 114.

73 Roman Jakobson, *Six Lectures on Sound and Meaning*, Harvester Press, 1978, p. 19.

74 Ibid., p. 20.

75 Ibid., p. 66.

76 Lévi-Strauss in ibid., p. xiii.

conscience irrationelle' : Lévi-Strauss, *Regarder, écouter, lire*, Plon, 1993, p. 141.

29 Breton in Polizzotti, *Revolution of the Mind*, p. 496.

30 Lévi-Strauss, *Tristes Tropiques*, Picador, pp. 27–8.

31 Ibid., p. 26.

32 Claude Lévi-Strauss in Paul Hendrickson, 'Behemoth from the Ivory Tower' , *Washington Post*, 24 February 1978.

33 Polizzotti, *Revolution of the Mind*, p. 497.

34 Lévi-Strauss, *Tristes Tropiques*, Picador, p. 39; *Claude Lévi-Strauss: OEuvres*, p. 1736.

35 Lévi-Strauss, *Tristes Tropiques*, Picador, p. 40.

36 Lévi-Strauss, *The View from Afar*, pp. 259–60.

37 Ibid., p. 259.

38 Ibid., p. 263.

39 Lévi-Strauss, 'Anthropology: Its Achievements and Future' , *Nature*, Vol. 209, No. 5018, January 1966, p. 10.

40 Lévi-Strauss in Tom Shandel, *Behind the Masks*, National Film Board of Canada, 1973.

41 Claude Lévi-Strauss, *The Way of the Masks*, Jonathan Cape, 1983, p. 10.

42 Waldberg in Bertholet, *Claude Lévi-Strauss*, p. 133.

43 這是根據埃爾曼（Claudine Herrmann）的回憶，他在紐約當過李維史陀的導生，後來又幫李維史陀打工，為他的索引卡片打字，「薪水是非常棒的一小時三美元」。（見*Lévi-Strauss: L'homme derrère l'oeuvre*, ed. Joulia, pp. 20-1.）

44 See picture inset between pages 264 and 265 in Michel Izard (ed.), *Claude Lévi-Strauss*, L' Herne, No. 82, 2004.

45 Lévi-Strauss, *The View from Afar*, p. 260.

46 Sawin, *Surrealism in Exile*, p. 185.

47 Interview with Lévi-Strauss, *Boîte aux lettres*, France 3, 1984.

48 Lévi-Strauss in Eribon, *Conversations*, p. 31.

49 Waldberg in Bertholet, *Claude Lévi-Strauss*, p. 142.

50 Ibid., p. 143.

51 Bill Holm and Bill Reid, *Indian Art of the Northwest Coast: A Dialogue on Craftsmanship and Aesthetics*, Institute of the Arts, Rice University, 1975, pp. 9–10.

52 Lévi-Strauss, *The View from Afar*, pp. 260–1.

53 *VVV: Poetry, Plastic Arts, Anthropology, Sociology, Psychology*, No. 1, 1942, p. 2.

54 Lévi-Strauss, 'Indian Cosmetics' , ibid., pp. 33–5.

55 Lévi-Strauss, 'Souvenir of Malinowsky [*sic*]' , ibid., p. 45.

dimensions apparentes de la lune au zénith et sur l'horizon, la relativité de nos impressions visuelles' ; *Lévi-Strauss: OEuvres*, pp. 1628, 1630.

3 Lévi-Strauss in Eribon, *Conversations*, p. 91.

4 Lévi-Strauss in Bertholet, *Claude Lévi-Strauss*, p. 121.

5 Ibid., p. 121.

6 Bertholet, *Claude Lévi-Strauss*, p. 122.

7 Interview with the author, February 2007.

8 Bertholet, *Claude Lévi-Strauss*, p. 122: '*la bouffonnerie la plus totale*' .

9 Interview with Lévi-Strauss, Jérôme Garcin, *Boîte aux lettres*, France 3, 1984.

10 Jean Rouch in Lucien Taylor, 'A Conversation with Jean Rouch' , *Visual Anthropology Review*, Spring 1991, Vol. 7, No. 1, p. 95.

11 Lévi-Strauss in Eribon, *Conversations*, p. 25.

12 Gaston Roupnel in Braudel, *On History*, University of Chicago Press, 1982, p. 7.

13 集中營內的生活環境有可能非常惡劣。在居爾（Gurs），集中營的官員看到囚犯寫給親戚的信中愈來愈常出現「拉夫叔叔」（Uncle Raaf）一詞，起初莫名其妙，後來才知道那是「飢餓」的暗語。自此信件審查員每逢看到這個詞都會塗掉。（見 Richard Vinen, *The Unfree French: Life under the Occupation,* Allan Lane, 2006, p. 142.）

14 Eribon, *Conversations*, p. 26.

15 Interview with the author, February 2007.

16 Eribon, *Conversations*, p. 99.

17 Lévi-Strauss, *Tristes Tropiques*, Picador, p. 24.

18 *Claude Lévi-Strauss: OEuvres*, pp. 1734–5.

19 Interview with the author, February 2007.

20 Victor Serge in Martica Sawin, *Surrealism in Exile and the Beginning of the New York School*, MIT Press, 1995, p. 120.

21 Lévi-Strauss, *Tristes Tropiques*, Picador, p. 25.

22 Ibid., p. 25.

23 Victor Serge in Mark Polizzotti, *A Revolution of the Mind: The Life of André Breton*, Bloomsbury, 1995, p. 494.

24 Victor Serge cited in *Claude Lévi-Strauss: OEuvres*, p. 1736.

25 Lévi-Strauss, *Tristes Tropiques*, Picador, p. 26.

26 Claude Lévi-Strauss, interview with the author, February 2007.

27 Lévi-Strauss, *Tristes Tropiques*, Picador, pp. 25–6.

28 See Claude Lévi-Strauss, *Look, Listen, Read*, Basic Books, 1997, pp. 143–51; '*prise de*

63 Castro Faria, *Um Outro Olhar*, p. 185.

64 這倒不是說李維史陀自此再沒有跟原住民面對面接觸過。在一九五〇年代，他花了一星期時間在吉大港山區研究了兩個村落，在一九七〇年代，他又兩度短程造訪加拿大的卑詩省。但若把這些旅程稱為田野調查便言過其實。

65 Lévi-Strauss cited in *Les Temps modernes*, No. 628, p. 263.

66 See Lévi-Strauss, interview with *L'Express*, trans. Kussell, *Diacritics*, p. 47.

67 'Claude Lévi-Strauss in Conversation with George Steiner' , BBC Third Programme, 29 October 1965.

68 *Les Temps modernes*, No. 628, p. 6; Eribon, *Conversations*, p. 45.

69 Eribon, *Conversations*, pp. 44–5.

70 Lévi-Strauss, *Tristes Tropiques*, Picador, pp. 492–3.

71 Castro Faria, 'Mission Tristes Tropiques' , *Libération*, 1 September 1988.

72 Lévi-Strauss, interview with the author, February 2007.

73 Lévi-Strauss, *The Raw and the Cooked* p. 8.

74 Alban Bensa, interview with the author, January 2007.

75 Alfred Métraux, *Itinéraires* 1, p. 42.

76 事實上，只把總數一千兩百件原住民器物的三百二十八件留在了巴西。這大概是幸事，因為他帶走的東西在巴黎獲得很好保存，反觀他留在聖保羅大學博物館那些則乏人料理，也沒有編目，有些已經解體了。請參見 Elio Gaspari, "Parte da coleção de Lévi-Strauss virou pó' , *Folha de São Paulo,* 11 November 2009。當Gaspari在二〇〇五年走訪該博物館時，館員甚至說不出李維史陀當初留下的器物放在哪裡。

77 Lévi-Strauss, *Tristes Tropiques,* Plon, p. 29. 譯文出自筆者，因為英譯本把「打赤膊的黑人小孩」譯為「打赤膊的黑鬼小孩」(*Tristes Tropiques,* Picador, p. 34)，但原文(une bande de négrillons à demi nus)明顯沒有種族歧視意味。

4 流寓

1 With the exception of the last phrase, 'bitter yet cleansing wind' , the translation is taken from Jeffrey Mehlman, *Emigré New York: French Intellectuals in Wartime Manhattan,* 1940–1944, Johns Hopkins University Press, 2000, pp. 62–3.

2 '*Il respira profondément . . . de façon très vague, Paul Thalamas pensa à Berkeley et à la célèbre théorie par laquelle l'évêque anglais prétend prouver, par la différence entre les*

37 Lévi-Strauss, *Tristes Tropiques*, Picador, pp. 492–3.

38 Lévi-Strauss describes the play in *Tristes Tropiques* (pp. 495–500); the text has been published in Gallimard' s Bibliothèque de la Pléiade edition (pp. 1632–50).

39 Lévi-Strauss, *Tristes Tropiques*, Picador, p. 493.

40 Ibid., pp. 495–500.

41 Robert F. Murphy and Buell Quain, *The Trumaí Indians of Central Brazil*, J. J. Augustin, 1955, pp. 103–6.

42 Alfred Métraux, *Itinéraires* 1 *(*1935–1953*): Carnets de notes et journaux de voyage*, Payot, 1978, p. 41.

43 Letter from Buell Quain to Heloísa Alberto Torres, 2 August 1939, in Mariza Corrêa and Januária Mello (eds), *Querida Heloísa: cartas de campo para Heloísa Alberto Torres*, Unicampo, 2008, p. 84.

44 Ibid. p. 103.

45 這些不同的猜測被卡瓦豪編織到他引人入勝的小說體記載《九夜》裡，見Bernard Carvalho, *Nine Nights,* Vintage Books, 2008.

46 Murphy and Quain, *The Trumaí Indians*, p. 2.

47 Lévi-Strauss, *Tristes Tropiques*, Picador, p. 393.

48 See *Tristes Tropiques*, Picador, pp. 389–90.

49 Castro Faria, *Um Outro Olhar*, p. 131; *Claude Lévi-Strauss: OEuvres*, p. 1727.

50 Lévi-Strauss, *Tristes Tropiques*, Picador, p. 416.

51 Ibid., pp. 421–2.

52 Ibid., p. 449.

53 Ibid., p. 435.

54 Ibid., pp. 434, 221.

55 Ibid., p. 436.

56 Ibid., p. 451.

57 Castro Faria, *Um Outro Olhar*, p. 174: '*Impressionante. Ossos esmigalhados, nervos expostos, dedos partidos*' .

58 Reproduced in *Le Magazine littéraire*, No. 223, 1985, p. 56.

59 Reproduced in *Le Magazine littéraire*, No. 311, 1993, p. 17; compare Lévi-Strauss, *Saudades do Brasil*, p. 191.

60 Lévi-Strauss, *Tristes Tropiques*, Picador, pp. 456–7.

61 *Claude Lévi-Strauss: OEuvres*, p. 1767.

62 Lévi-Strauss, *Tristes Tropiques*, Picador, pp. 471–2.

reproduced between pages 96 and 97；四千法朗約合現在的二萬美元。

15 Lévi-Strauss, *Tristes Tropiques*, Picador, p. 346.
16 Castro Faria, *Um Outro Olhar*, p. 59.
17 Lévi-Strauss, *Tristes Tropiques*, Picador, p. 351.
18 Castro Faria, *Um Outro Olhar*, p. 63.
19 Lévi-Strauss cited in *Les Temps modernes*, No. 628, p. 260.
20 Lévi-Strauss, *Tristes Tropiques*, Picador, p. 354; Castro Faria, *Um Outro Olhar*, p. 68.
21 Lévi-Strauss to Andrade, cited in *Les Temps modernes*, No. 628, pp. 260–1.
22 Castro Faria, *Um Outro Olhar*, p. 73.
23 Lévi-Strauss, *Tristes Tropiques*, Picador, p. 363.
24 Ibid., p. 374.
25 See Lévi-Strauss, *Saudades do Brasil*, p. 126.
26 Lévi-Strauss, *Tristes Tropiques*, Picador, pp. 374, 427.
27 Castro Faria, *Um Outro Olhar*, p. 85.
28 也就是火、水、地、太陽、月亮、風、夜晚；小、大、近、遠、多、美、醜。李維史陀也記下一些葡萄牙文字彙，這是一種他還不熟悉的語言。在某一頁他寫道：'*Nombre d'expressions employées pour dire: on = "o homen", "o camarada", "o collega"*[sic], *"o negro", "o tal", "o fulano"*'（「用來表達『一』〔意思是『你』〕的各種方式）；另一頁則寫著：'*Arroz-sem-sal (riz-sans-sel). On prononce "Rossemsal"*'（不加鹽的飯，發音是*Rossemsal*）Claude Lévi-Strauss, 'Tristes Tropiques: Docs Préparatoires 4/10 souvenirs', Archives de Lévi-Strauss, Bibliothéque nationale de France, pp. 100, 104.
29 李維史陀的田野筆記現藏於巴黎的國家圖書館。部分內容收錄在 *Lévi-Strauss: Oeuvres*, pp. 1617-26.
30 Cited in Bertholet, *Claude Lévi-Strauss*, p. 116.
31 See 'Cahiers du terrain', Archives de Lévi-Strauss, Bibliothèque nationale de France, boîtes 4–6.
32 Castro Faria, *Um Outro Olhar*, pp. 88, 93.
33 Ibid., p. 85; Luiz de Castro Faria, cited in 'Mission Tristes Tropiques', *Libération*, 1 September 1988.
34 Grupioni, *Coleções e Expedições Vigiadas*, p. 152.
35 Castro Faria, *Um Outro Olhar*, pp. 102, 109–10.
36 Claude Lévi-Strauss, 'Cahiers du terrain, Tiroir "expéditions" Campos Novos (2e quinzaine août 1938)', Archives de Lévi-Strauss, Bibliothèque nationale de France: '*Route très longue et sans interêt . . . une longue et pénible traversée de forêt sèche*'.

74 Lévi-Strauss, *Saudades do Brasil*, p. 56.

75 Maugüé, *Les Dents agacées*, pp. 118–19.

76 Lévi-Strauss, *Tristes Tropiques*, Picador, p. 158.

77 Maugüé, *Les Dents agacées*, p. 121.

78 Lévi-Strauss, *Sociedade de etnografia e folclore,* Boletim No. 2, 1937, p. 5. 奧瑞納史前文化（約介於三萬二千至二萬五千年前）包含著人類最早期的一些藝術作品，最著名者是在法國南部的奧瑞納（Aurignac）發現的洞穴繪畫（「奧瑞納史前文化」之名源於此）。

79 Maugüé, *Les Dents agacées*, p. 121.

80 Ibid., p. 111.

81 Lévi-Strauss in *Le Magazine littéraire*, No. 223, October 1985, p. 20.

82 Eribon, *Conversations*, p. 54.

3 龍東電報線

1 Lévi-Strauss, *Tristes Tropiques*, Picador, pp. 325–8.

2 On the extraordinary story of the building of the Rondon line, see Todd A. Diacon, *Stringing Together a Nation: Cândido Mariano da Silva Rondon and the Construction of a Modern Brazil,* 1906–1930, Duke University Press, 2004.

3 Ibid., p. 357.

4 Grupioni, *Coleções e Expedições Vigiadas*, pp. 142–6.

5 Castro Faria interview, *Acervo Histórico de Luiz de Castro Faria*, Museu de Astronomia e Ciências Afi ns, Rio de Janeiro, 1997.

6 Cited in Luiz de Castro Faria, *Um Outro Olhar: Diário da Expedição à Serra do Norte*, Ouro Sobre Azul, 2001, p. 17.

7 In Bernardo Carvalho, *Nine Nights*, Vintage Books, 2008, p. 33.

8 Grupioni, *Coleções e Expedições Vigiadas*, p. 152.

9 Castro Faria, *Um Outro Olhar,* p. 43.

10 Ibid., p. 50.

11 Ibid., p. 51.

12 Lévi-Strauss, *Tristes Tropiques*, Picador, p. 345.

13 Castro Faria interview, *Acervo Histórico de Luiz de Castro Faria*, 1997.

14 Letter to Rivet, 17 June 1938, from Utiarity, in *Critique,* Jan-Feb 1999, 620-1,

49 Ibid., p. 239.

50 'Lettres à Mário de Andrade' , *Les Temps modernes*, No. 628, August–October 2004, p. 257.

51 Boris Wiseman, *Lévi-Strauss, Anthropology and Aesthetics*, Cambridge University Press, 2007, p. 137.

52 Lévi-Strauss, *Tristes Tropiques,* Picador, pp. 216–17.

53 Lévi-Strauss, 'Le Coucher de Soleil: entretien avec Boris Wiseman' , *Les Temps modernes*, No. 628, p. 4.

54 Lévi Strauss, *Tristes Tropiques*, Picador, p. 275.

55 Lévi Strauss in Boutang and Chevallay, *Claude Lévi-Strauss in His Own Words*, 15:30.

56 Lévi Strauss, *Tristes Tropiques*, Picador, p. 278.

57 Lévi-Strauss, interview with the author, February 2007.

58 Lévi-Strauss, *Tristes Tropiques*, Picador, p. 279.

59 Ibid., p. 283.

60 See footnote in Claude Lévi-Strauss, 'Contribution à l' étude de l' organisation sociale des Indiens Bororo' , *Journal de la Société des Américanistes*, 1936, Vol. 28, Issue 2, pp. 275-6.

61 Lévi Strauss in Boutang and Chevallay, *Claude Lévi-Strauss in His Own Words*, 22:50.

62 Lévi-Strauss, *Tristes Tropiques,* Picador, p. 318.

63 Ibid., p. 320.

64 In the documentary fi lm *À propos de Tristes Tropiques*, by Jean-Pierre Beaurenaut, Jorge Bodanzky and Patrick Menget, Editions l' Harmattan, 2005.

65 直到二十世紀中葉為止都有人把Mato Grosso拼作Matto Grosso。

66 Eribon, *Conversations*, p. 21.

67 *Jornal do Comércio* in Luís Donisete Benzi Grupioni, *Coleções e Expedições Vigiadas: Os Etnólogos no Conselho de Fiscalização das Expedições Artísticas e Científi cas no Brasil*, Hucitec/ANPOCS, 1988, p. 137.

68 Claude Lévi-Strauss, 'Contribution à l' étude de l' organisation sociale des Indiens Bororo' , *Journal de la Société des Américanistes*, 1936, Vol. 28, No. 2, pp. 269–304.

69 Cited in Bertholet, *Claude Lévi-Strauss*, p. 95.

70 Eribon, *Conversations*, p. 24.

71 Grupioni, *Coleções e Expedições Vigiadas*, p. 150.

72 Lévi-Strauss cited in Bertholet, *Claude Lévi-Strauss*, p. 90.

73 Lévi-Strauss cited in Grupioni, *Coleções e Expedições Vigiadas*, p. 124.

21 Marcel Mauss, *Marcel Fournier*, Princeton University Press, 2006, p. 291.

22 Eribon, *Conversations*, p. 20.

23 Fernanda Peixoto, 'Lévi-Strauss no Brasil: A formação do etnólogo' , *MANA*, 4 (1), 1998, pp. 90–1.

24 Ibid., pp. 88–9.

25 Lévi-Strauss, interview with *L'Express*, trans. Kussell, *Diacritics*, p. 45.

26 Braudel cited in Thomas E. Skidmore, 'Lévi-Strauss, Braudel and Brazil' , p. 345.

27 其主要成員包括了米勒（Sérgio Millet）、莫賴斯（Rubens Borba de Moraes）、杜華德（Paulo Duarte）和奧斯瓦・安德拉德。

28 除安德拉德外，蒂娜也是建立「民族學和民俗學社」的重要推手之一。

29 Cited in Dorothea Voegeli Passetti, *Lévi-Strauss, Antropologia e arte: minúsculo – incomensurável*, Edusp, 2008, pp. 85, 93. 30 Ibid., p. 82.

31 Lévi-Strauss, *Tristes Tropiques*, Picador, p. 150.

32 Ibid., pp. 150–4.

33 Eribon, *Conversations*, p. 21.

34 Lévi-Strauss, *Tristes Tropiques*, Picador, p. 197.

35 Ibid., p. 200.

36 Ibid., pp. 200–2.

37 Ibid., pp. 204–5.

38 Claude Lévi-Strauss, *Saudades do Brasil*, p. 21.

39 英語對「卡都衛歐人」有好幾種不同的拼法，包括Caduveu、Kaduven和Kaduveo，我選擇的是李維史陀採取的拼法。

40 Dina Lévi-Strauss, 'Tristes Tropiques: Docs préparatoires 2/10, récit du voyage São Paulo–Porto Esperança par Dina Lévi-Strauss' , Archives de Lévi-Strauss, Bibliothèque nationale de France, p. 2.

41 Ibid., p. 1.

42 *Claude Lévi-Strauss: OEuvres*, p. 1724.

43 Now a separate state, Mato Grosso do Sul.

44 Dina Lévi-Strauss, 'Tristes Tropiques, Docs préparatoires' , p. 3.

45 Re Dina' s illness, which is not mentioned in *Tristes Tropiques*, see 'Note sur les expéditions' , *Claude Lévi-Strauss: OEuvres*, p. 1724.

46 Dina Lévi-Strauss, 'Tristes Tropiques, Docs préparatoires' , p. 10.

47 Ibid., p. 14.

48 Lévi-Strauss, *Tristes Tropiques*, Picador, p. 221.

61 Bertholet, *Claude Lévi-Strauss*, p. 100.

62 Eribon, *Conversations*, p. 12.

63 Claude Lévi-Strauss, *Myth and Meaning*, Routledge, 2006, p. 47.

2 奇風異俗

1 Lévi-Strauss, *Tristes Tropiques*, Picador, 1989, p. 75.

2 Ibid., p. 87.

3 Maugüé, *Les Dents agacées*, p. 81.

4 Lévi-Strauss, *Tristes Tropiques*, Picador, pp. 77–84.

5 Ibid., p. 96.

6 Ibid., p. 106.

7 Interview with the author, March 2005.

8 Lévi-Strauss, *Tristes Tropiques,* Picador, 1989, p. 104.

9 Ibid., p. 113.

10 Claude Lévi-Strauss, *Saudades de São Paulo*, Companhia das Letras, 1996, p. 18.

11 Ibid., p. 43.

12 Oscar Niemeyer, *The Curves of Time: The Memoirs of Oscar Niemeyer*, Phaidon, 2000, p. 62.

13 一九三〇年代早期到過巴西東北部和聖保羅的法國旅遊作家穆拉列斯（Louis Mouralis）指出：「法國人在巴西會有回到家的感覺。法語在這裡很普遍；法國文化被接受的程度不平均，但常常很不錯，也是談話的主題；風俗語和日常意見與法國類似，但帶有明顯的伊比利亞腔調。」（見G. Havcy Summ [ed.], *Brazilian Mosaic: Portraits of a Diverse People and Culture,* SR Books, 1995, p. 102.）

14 Lévi-Strauss, interview with *L'Express*, trans. Kussell, *Diacritics*, p. 45.

15 Peter Fleming, *Brazilian Adventure*, World Books, 1940, p. 72.

16 Claude Lévi-Strauss, *Saudades do Brasil: A Photographic Memoir*, University of Washington Press, 1995, p. 22.

17 Lévi-Strauss, *Saudades de São Paulo*, pp. 25, 51, 71, 80.

18 Lévi-Strauss, *Tristes Tropiques*, Picador, 1989, p. 138; Lévi-Strauss, *Saudades do Brasil*, p. 20.

19 Maugüé, *Les Dents agacées*, p. 102.

20 Eribon, *Conversations*, p. 23.

Picasso special edition, 1929–30, pp. 139–40.

38 Fournier, *Marcel Mauss*, p. 285.

39 A. A. Akoun, F. Morin and J. Mousseau, 'A Conversation with Claude Lévi-Strauss: The Father of Structural Anthropology Takes a Misanthropic View of Lawless Humanism', *Psychology Today*, Vol. 5, 1972, p. 83.

40 Bertholet, *Claude Lévi-Strauss*, p. 42; *Lévi-Strauss: L'Homme derrière l'oeuvre*, ed. Joulia, p. 169.

41 Lévi-Strauss quoted in 1929 in Bertholet, *Claude Lévi-Strauss*, p. 44.

42 Lévi-Strauss, *Tristes Tropiques*, Picador, p. 64.

43 Eribon, *Conversations*, p. 12.

44 Ibid., p. 11.

45 Ibid., p. 10.

46 Ibid., p. 13.

47 德雷福斯日後是雷諾汽車公司的執行長，又在密特朗總統的政府裡擔任過工業部長。

48 Lévi-Strauss in Boutang and Chevallay, *Claude Lévi-Strauss in His Own Words*, 34:23.

49 Claude Lévi-Strauss, *Tristes Tropiques*, Picador, p. 69; Richard Fortey, 'Life Lessons', *Guardian*, 7 April 2005.

50 'three sources of inspiration', Lévi-Strauss, *Tristes Tropiques*, Picador, p. 71; 'trois maîtresses', *Tristes Tropiques* in *Claude Lévi-Strauss: OEuvres*, p. 46.

51 'Ce que je suis, par Claude Lévi-Strauss', *Le Nouvel Observateur*, 28 June 1980, p. 16.

52 Paul Nizan, *Aden Arabie*, Monthly Review Press, 1968, pp. 61, 65.

53 Véronique Mortaigne, 'Claude Lévi-Strauss, grand témoin de l' Année du Brésil', *Le Monde*, 22 February 2005.

54 Bertholet, *Claude Lévi-Strauss*, p. 71.

55 James A. Boon, *From Symbolism to Structuralism*, Blackwell, 1972, p. 144.

56 Claude Lévi-Strauss, *Tristes Tropiques*, Picador, pp. 55–6.

57 Jean Maugüé, *Les Dents agacées*, Editions Buchet/Chastel, 1982, p. 76.

58 Quoted in Thomas E. Skidmore, 'Lévi-Strauss, Braudel and Brazil: A Case of Mutual Influence', *Bulletin of Latin American Research*, Vol. 22 (3), 2003, p. 345.

59 Lévi-Strauss, *Tristes Tropiques*, Picador, p. 21.

60「南極法國」建立於一五五五年，為的是在里約熱內盧的瓜納巴拉灣創立一片法國新教徒的殖民地。但它未幾便因為宗教對立而崩潰，然後又在一五六〇年被葡萄牙人攻占。

事件和法國社會。

18 Lévi-Strauss, *Tristes Tropiques*, Picador, p. 494.

19 Claude Lévi-Strauss, *The Raw and the Cooked: Introduction to a Science of Mythology* 1, University of Chicago Press, 1983, p. 15.

20 Interview with Jean-José Marchand for l' ORTF in *Lévi-Strauss: L'Homme derrière l'oeuvre*, ed. Joulia, p. 174.

21 「野獸派」和「立體主義」這兩個稱呼就是沃克塞爾首創，分別用它們來形容布拉克（Braques）把人物和房屋等化約為幾何形狀和一堆立方體的手法。他另一個較少人記得的自創術語是「管子主義」（tubisme），指的是萊熱（Léger）那種把事物畫成管子般的畫風。沃克塞爾非常不信任現代主義，也對李維史陀開出的題目興趣缺缺，不過身為父執輩，他還是鼓勵李維史陀寫文章。

22 Eribon, *Conversations*, p. 172.

23 Ibid., p. 5.

24 Bertholet, *Claude Lévi-Strauss*, p. 28.

25 Lévi-Strauss cited in Philippe Simonnot, *Claude Lévi-Strauss: un anarchiste de droite*, *L'Express*, 17 October 1986.

26 Eribon, *Conversations*, p. 8.

27 See the interview with Jean-José Marchand for l' ORTF, reprinted in *Lévi-Strauss: L'Homme derrière l'oeuvre*, ed. Joulia, pp. 170–1.

28 Cited in Bertholet, *Claude Lévi-Strauss*, p. 27.

29 巴黎法學院當時還沒有合併到索邦大學去。

30 Claude Lévi-Strauss interview with Jean-Jos Marchand, Arte France TV, 1972. 李維史陀在一九六〇年代告訴《時代》雜誌一名記者，他會選擇唸哲學「不是真的把它當成志業，而是因為我把其他的學問分支一一淺嚐過後，發現它們全都讓我感到厭惡」。（見 'Man' s New Dialogue with Man' , *Time,* 30 June 1967.）

31 Claude Lévi-Strauss in Boutang and Chevallay, *Claude Lévi-Strauss in His Own Words*, 31:25.

32 Bertholet, *Claude Lévi-Strauss*, p. 31.

33 'Claude Lévi-Strauss, 'Autoportrait' , *Le Magazine littéraire*, hors-série no. 5, 4e trimestre, 2003, p. 8; Eribon, *Conversations*, p. 8.

34 Eribon, *Conversations*, p. 15.

35 Bertholet, *Claude Lévi-Strauss*, p. 49.

36 Ibid., pp. 56–7.

37 Claude Lévi-Strauss (signed Georges Monnet), 'Picasso et le Cubisme' , *Documents*,

1 早期歲月

1 Pablo Picasso cited in Françoise Gilot and Carlton Lake, *Life with Picasso*, Penguin, 1966, p. 257.

2 Marcel Mauss, *The Gift*, Routledge, 2006.

3 與牟斯一道主持這個機構的還有社會學家李衛（Paul Rivet）和哲學家暨「原始心靈」的理論家列維—布留爾（Lucien Lévy-Bruhl）。

4 Marcel Fournier, *Marcel Mauss*, Princeton University Press, 2006, pp. 277–8.

5 Michel Leiris, *L'Age d'homme*, Gallimard, 1946, pp. 189–90; translation from Colin Nettelbeck, *Dancing with de Beauvoir: Jazz and the French*, Melbourne University Press, 2004, p. 113.

6 James Clifford, *The Predicament of Culture: Twentieth Century Ethnography, Literature and Art*, University of Harvard Press, 1988, pp. 117–51.

7 See Vincent Debaene, 'Les surréalistes et le musée d' ethnographie' , *Labyrinthe*, Vol. 12, 2002 (http://labyrinthe.revues.org/index1209.html), for a discussion on this point.

8 Claude Lévi-Strauss in the documentary fi lm by Pierre-André Boutang and Annie Chevallay, *Claude Lévi-Strauss in His Own Words* (*Claude Lévi-Strauss par lui-même*), Arte Editions, 2008, time code 33:43.

9 From a 1973 interview with Jean-José Marchand for l' Offi ce de Radiodiffusion-Télévision française (l' ORTF), reprinted in *Lévi-Strauss: L'Homme derrière l'oeuvre*, ed. Emile Joulia, Editions Jean-Claude Lattès, 2008, p. 167.

10 Lévi-Strauss, *Tristes Tropiques*, Picador, p. 300.

11 Eribon, *Conversations*, p. 6.

12 Boutang and Chevallay, *Claude Lévi-Strauss in His Own Words*, 32:08.

13 Eribon, *Conversations*, pp. 93–4.

14 Ibid., p. 93.

15 Ibid., p. 172.

16 Claude Lévi-Strauss, *The View from Afar*, Basil Blackwell, 1985, p. 275.

17 Claude Lévi-Strauss interview with *L'Express,* trans. Peter B. Kussell, *Diacritics,* Vol. 1, No. 1, Autumn 1971, p. 46. 李維史陀指的是羅曼的連續性長篇小說《善意的人們》（*Les Hommes de bonne volonté*, 1932-46），其時代背景與李維史陀的童年時代重疊。雅萊斯（Pierre Jallez）和傑潘利安（Jean Jerphanion）是書中兩個角色，是在高等師範學院唸書的時候認識，後來結為知交，後來分別成了哲學家和政治家。他們在小說第一集便登場，後來多次出現，以通信或在巴黎長途散步的方式討論當代

注釋

緒言

1 Claude Lévi-Strauss, *Tristes Tropiques*, Picador, 1989, p. 277. 這個影像是李維史陀早年在波洛洛人那裡考察的時候所拍攝，重製於Claude Lévi-Strauss, *Saudades do Brasil: A Photographic Memoir*, University of Washington Press, 1995, p. 87.

2 李維史陀的太太蒂娜在探險活動剛開始便因為罹患眼疾而先行離隊。

3 Claude Lévi-Strauss, *Tristes Tropiques*, Plon, 1971, p. 59.

4 Marc Augé, 'Ten Questions Put to Claude Lévi-Strauss' , *Current Anthropology*, Vol. 31, No. 1, February 1990, p. 86.

5 Pierre Dumayet with Claude Lévi-Strauss, 'Claude Lévi-Strauss à propos de "Soleil Hopi"' , *Lectures pour tous*, 15 April 1959; http://www.ina.fr/art-et-culture/litterature/video/I00014610/claude-levi-strauss-a-propos-de-soleil-hopi.fr.html.

6 Claude Lévi-Strauss in Claude Lévi-Strauss and Didier Eribon, *Conversations with Claude Lévi-Strauss*, University of Chicago Press, 1991 (hereafter Eribon, *Conversations*), p. 59. 李維史陀引用他的朋友及美洲研究同行梅特羅的話。

7 Ibid., p. vii.

8 Alfred Métraux, *Itinéraires* 1 *(*1935–1953*): Carnets de notes et journaux de voyage*, Payot, 1978, p. 41.

9 Françoise Héritier, 'Claude Lévi-Strauss était "un passeur exceptionnel"' , *Le Monde*, 4 November 2009.

10 Interview with the author, March 2005.

11 Lévi-Strauss, *Tristes Tropiques*, Picador, p. 71; Vincent Debaene et al. (eds), *Claude Lévi-Strauss: OEuvres*, Gallimard: Bibliothèque de la Pléiade, 2007, p. 47.

12 See Denis Bertholet, *Claude Lévi-Strauss*, Plon, 2003, p. 404.

13 Cited in David Pace, *Claude Lévi-Strauss: The Bearer of Ashes*, Routledge & Kegan Paul, 1983, p. 4.

Beyond

07

世界的啟迪

李維史陀：實驗室裡的詩人

Claude Lévi-Strauss: The Poet in the Laboratory

作者	派翠克・威肯 (Patrick Wilcken)
譯者	梁永安
執行長	陳蕙慧
總編輯	張惠菁
責任編輯	莊瑞琳、吳崢鴻、張惠菁
行銷總監	陳雅雯
行銷企劃	尹子麟、姚立儷
封面設計	廖韡
內頁排版	宸遠彩藝
社長	郭重興
發行人兼出版總監	曾大福
出版	衛城出版／遠足文化事業股份有限公司
發行	遠足文化事業股份有限公司
地址	23141 新北市新店區民權路 108-2 號九樓
電話	02-22181417
傳真	02-22180727
客服專線	0800-221029
法律顧問	華洋法律事務所 蘇文生律師
印刷	呈靖彩藝有限公司
二版一刷	2020 年 3 月
Printed in Taiwan	
定價	550 元

國家圖書館出版品預行編目(CIP)資料

李維史陀：實驗室裡的詩人 / 派翠克・威肯（Patrick Wilcken）著；梁永安譯. – 二版. – 新北市：衛城出版：遠足文化發行, 2020. 3
面；公分. –（Beyond 07）
譯自：Claude Lévi-Strauss: the poet in the laboratory

ISBN 978-986-96817-5-9（平裝）

1. 李維史陀（Lévi-Strauss, Claude）
2. 人類學　3. 傳記　4. 法國

784.28　　100024448

ACRO POLIS
衛城出版

Email acropolismde@gmail.com
Facebook www.facebook.com/acrolispublish

● 親愛的讀者你好，非常感謝你購買衛城出版品。
我們非常需要你的意見，請於回函中告訴我們你對此書的意見，
我們會針對你的意見加強改進。

若不方便郵寄回函，歡迎傳真回函給我們。傳真電話 —— 02-2218-0727

或上網搜尋「衛城出版FACEBOOK」
http://www.facebook.com/acropolispublish

● 讀者資料

你的性別是 □ 男性 □ 女性 □ 其他

你的職業是 ____________________ 你的最高學歷是 ____________________

年齡 □ 20 歲以下 □ 21-30 歲 □ 31-40 歲 □ 41-50 歲 □ 51-60 歲 □ 61 歲以上

若你願意留下 e-mail，我們將優先寄送 ____________________ 衛城出版相關活動訊息與優惠活動

● 購書資料

● 請問你是從哪裡得知本書出版訊息？（可複選）
□ 實體書店 □ 網路書店 □ 報紙 □ 電視 □ 網路 □ 廣播 □ 雜誌 □ 朋友介紹
□ 參加講座活動 □ 其他 __________

● 是在哪裡購買的呢？（單選）
□ 實體連鎖書店 □ 網路書店 □ 獨立書店 □ 傳統書店 □ 團購 □ 其他 __________

● 讓你燃起購買慾的主要原因是？（可複選）
□ 對此類主題感興趣
□ 參加講座後，覺得好像不賴
□ 覺得書籍設計好美，看起來好有質感！
□ 價格優惠吸引我
□ 議題好熱，好像很多人都在看，我也想知道裡面在寫什麼
□ 其實我沒有買書啦！這是送（借）的
□ 其他 __________

● 如果你覺得這本書還不錯，那它的優點是？（可複選）
□ 內容主題具參考價值 □ 文筆流暢 □ 書籍整體設計優美 □ 價格實在 □ 其他 __________

● 如果你覺得這本書讓你好失望，請務必告訴我們它的缺點（可複選）
□ 內容與想像中不符 □ 文筆不流暢 □ 印刷品質差 □ 版面設計影響閱讀 □ 價格偏高 □ 其他 __________

● 大都經由哪些管道得到書籍出版訊息？（可複選）
□ 實體書店 □ 網路書店 □ 報紙 □ 電視 □ 網路 □ 廣播 □ 親友介紹 □ 圖書館 □ 其他 ______

● 習慣購書的地方是？（可複選）
□ 實體連鎖書店 □ 網路書店 □ 獨立書店 □ 傳統書店 □ 學校團購 □ 其他 __________

● 如果你發現書中錯字或是內文有任何需要改進之處，請不吝給我們指教，我們將於再版時更正錯誤

____
____
____
____
____

請沿虛線剪下

廣告回信
臺灣北區郵政管理局登記證
第 1 4 4 3 7 號

請直接投郵•郵資由本公司支付

23141
新北市新店區民權路108-2號9樓

衛城出版 收

● 請沿虛線對折裝訂後寄回，謝謝！

ACROPOLIS 衛城出版

Beyond

07

世界的啟迪

ACRO
POLIS
衛城
出版

ACRO
POLIS
衛城
出版